岩 波 文 庫

33-651-3

存 在 と 時 間

(三)

ハイデガー著
熊野純彦訳

岩 波 書 店

Martin Heidegger

SEIN UND ZEIT

1927

凡　例

一、本書は、M. Heidegger, *Sein und Zeit*, 1. Aufl., 1927 の全訳である。底本には、第一七版(マックス・ニーマイヤー社、一九九三年)を用いた。

一、原文の» «は、「　」ならびに" "(原文および原語を引用する場合)で示し、強調(イタリック)の箇所は、傍点によってあらわす。底本原文では人名がイタリックになっているが、これについては再現しない。

一、〔　〕内は訳者による補足、〈　〉は、読みやすさのため訳者の付したカッコである。

一、本文の下欄に付した数字は、原書の頁づけとの大まかな対応を示す。

一、「原注」の箇所は訳文中の＊によって示し、本文の直後に訳出する。

一、各分冊の冒頭に「梗概」を置いた。おおむね原書の各節の論述を追うかたちで、各分冊における議論の大要を示す。

一、段落に通し番号を付し、段落ごと、あるいは数段落ごとに「注解」を置いた。注解では、当該段落の主要な論点の所在をあきらかにするとともに、原文あるいは原語との対応をも示している。

一、「訳注」は注解中の†によって示して、注解の直後に置いた。訳注では、注解中ではふれることのできない、哲学史的な脈絡、同時代思潮との関連等についても立ちいっておいた。

一、第一四版以降の原書巻末ならびに全集版・脚注に収録されている、著者自家用本へのハイデガーの「欄外注記」は「書き込み」と呼んで、注解中の†でその位置を示し、訳注の一部として訳出した。また、第一四版以降の原書ならびに全集版テクストと、それ以前のテクストとのあいだで重要な相違がある場合には、訳注で報告している。

一、訳文中の本書への参照指示は、原書の頁づけのままとし、注解ならびに「索引」中のそれについては、節番号ならびに段落の通し番号によった。

一、本文中では、基本的にはドイツ語を補うことはしない。原語との対応は注解に譲ったが、そのさい、すでに原語を挙げた術語については、重複を避けるためにルビによって示した場合が多い。また、ギリシア語やラテン語の原音表記については、慣例にしたがう。

一、ハイデガーが引用するドイツ語以外の文典からの引証については、原文を再現したうえで、ハイデガー自身が本文でドイツ語訳をしている場合をのぞき、〔　〕内にその訳文を示す。

一、注解ならびに訳注で、第一四版(一九七七年)をA、底本とした第一七版(一九九三年)をB、第一九版(二〇〇六年)をC、全集版テクスト(一九七七年)をGと表記したほか、既存の諸訳に言及する場合、以下の略号をもちいた。

H:『存在と時間』(上・下、細谷貞雄訳)ちくま学芸文庫、一九九四年。

K:『存在と時間』(上・中・下、桑木務訳)岩波文庫、一九六〇—一九六三年。

M: *Être et Temps*, traduction nouvelle et intégrale du texte de la dixième édition par E. Martineau, Authentica, 1985.

R: *Being and Time*, translated by J. Macquarrie & E. Robinson, Blackwell, 1962.

T:『有と時』(辻村公一・H・ブフナー訳)創文社、一九九七年。

V: *Être et Temps*, traduit de l'allemand par F. Vezin d'après les travaux de R. Boehm et A. de Waelhens (première partie), J. Lauxerois et C. Roëls (deuxième partie), Gallimard, 1986.

W:『存在と時間』(Ⅰ・Ⅱ・Ⅲ、原佑・渡邊二郎訳)中公クラシックス、二〇〇三年。

目次

凡例
梗概 3
第一部　時間性へと向けた現存在の解釈と、存在への問いの超越論的地平としての時間の解明 …… 五七
第二篇　現存在と時間性 …… 五七
第四五節　現存在の予備的な基礎的分析の成果と、この存在者の根源的な実存論的解釈の課題 …… 五七
第一章　現存在の可能な全体的存在と、死へとかかわる存在 …… 七五
第四六節　現存在に適合的な全体的な存在を存在論的に把握し、規定することの見かけ上の不可能性 …… 七五
第四七節　他者たちの死の経験可能性と、全体的な現存在の把握可能性 …… 八二
第四八節　未済、おわり、および全体性 …… 九七

第四九節　死の実存論的分析を、当の現象について他に可能な解釈に対して境界づけること……一八
第五〇節　死の実存論的‐存在論的構造をあらかじめ素描すること……二三
第五一節　死へとかかわる存在と、現存在の日常性……一四二
第五二節　おわりへとかかわる日常的な存在と、死の完全な実存論的概念……一五五
第五三節　死へとかかわる本来的な存在の実存論的投企……一七六
第二章　本来的な存在可能の現存在によるあかしと、決意性……二〇八
第五四節　本来的な実存的可能性のあかしという問題……二〇八
第五五節　良心の実存論的‐存在論的な諸基礎……二一九
第五六節　良心の呼び声の性格……二二九
第五七節　気づかいの呼び声としての良心……二三八
第五八節　呼びかけの理解と負い目……二六二
第五九節　良心の実存論的解釈と通俗的な良心解釈……三〇五
第六〇節　良心にあってあかしを与えられた本来的な存在可能の実存論的構造……三二一

第三章　現存在の本来的な全体的存在可能と、気づかいの存在論的意味としての時間性 ……三五七
第六一節　現存在の本来的な全体的存在の劃定から、時間性の現象的な発掘へといたる方法的な歩みをあらかじめ素描すること ……三五七
第六二節　先駆的決意性としての、現存在の実存的に本来的な全体的存在可能 ……三七〇
第六三節　気づかいの存在意味を解釈するために獲得された解釈学的状況と、実存論的分析論一般の方法的な性格 ……三九三
第六四節　気づかいと自己性 ……四一七
第六五節　気づかいの存在論的意味としての時間性 ……四四四
第六六節　現存在の時間性、ならびにその時間性から発現する、実存論的分析のより根源的な反復という課題 ……四八〇
解　説――『存在と時間』への途上で ……四九一

総目次

一九五三年　第七版へのまえがき
序論　存在の意味への問いの呈示
第一章　存在の問いの必然性と構造、ならびにその優位
第一節　存在への問いを明示的に反復することの必要性
第二節　存在への問いの形式的な構造
第三節　存在の問いの存在論的優位
第四節　存在の問いの存在的優位
第二章　存在の問いを仕上げるさいの二重の課題　探究の方法とその概略
第五節　存在一般の意味を解釈するための地平を発掘することとしての、現存在の存在論的分析論
第六節　存在論の歴史の破壊という課題
第七節　探究の現象学的方法
A　現象という概念
B　ロゴスという概念

C　現象学の予備的概念
第八節　論述の構図
第一部　時間性へと向けた現存在の解釈と、存在への問いの超越論的地平としての時間の解明
第一篇　現存在の予備的な基礎的分析
第一章　現存在の予備的分析の課題の呈示
第九節　現存在の分析論の主題
第一〇節　人間学、心理学および生物学に対して、現存在の分析論を境界づけること
第一一節　実存論的分析論と未開の現存在の解釈　「自然的世界概念」を獲得することのむずかしさ
第二章　現存在の根本体制としての世界内存在一般
第一二節　内存在そのものに方向づけることにもとづいて、世界内存在をあらかじめ素描すること
第一三節　或る基底づけられた様態による、内存在の範例化　世界認識
第三章　世界が世界であること
第一四節　世界一般の世界性の理念

A　周囲世界性と世界性一般との分析
第一五節　周囲世界のうちで出会われる存在者の存在
第一六節　世界内部的な存在者にそくしてじぶんを告げる、周囲世界の世界適合性
第一七節　指示としるし
第一八節　適所性と有意義性——世界の世界性
B　デカルトにおける世界の解釈に対して、世界性の分析をきわだたせること
第一九節　res extensa としての「世界」の規定
第二〇節　「世界」の存在論的規定の基礎
第二一節　「世界」をめぐるデカルトの存在論についての解釈学的討議
C　周囲世界が〈周囲であること〉と、現存在の空間性
第二二節　世界内部的に手もとにあるものの空間性
第二三節　世界内存在の空間性
第二四節　現存在の空間性と空間

（以上、第一分冊）

第四章　共同存在ならびに自己存在としての世界内存在　「ひと」
第二五節　現存在が〈だれ〉であるかへの、実存論的な問いの着手点
第二六節　他者たちの共同現存在と日常的な共同存在
第二七節　日常的な自己存在と〈ひと〉
第五章　内存在そのもの
第二八節　内存在の主題的分析の課題
A　〈現〉の実存論的構成
第二九節　情態性としての現 - 存在
第三〇節　情態性の一様態としての恐れ
第三一節　理解としての現 - 存在
第三二節　理解と解釈
第三三節　解釈の派生的様態としての言明
第三四節　現 - 存在と語り。ことば
B　〈現〉の日常的存在と、現存在の頽落
第三五節　空談
第三六節　好奇心
第三七節　あいまいさ

第三八節　頽落と被投性
第六章　現存在の存在としての気づかい
第三九節　現存在の構造全体の根源的な全体性への問い
第四〇節　現存在のきわだった開示性である、不安という根本的情態性
第四一節　気づかいとしての現存在の存在
第四二節　現存在の前存在論的自己解釈にもとづいて、気づかいとしての現存在の実存論的解釈を確証すること
第四三節　現存在、世界性、および実在性
a　「外界」の存在と証明可能性の問題としての実在性
b　存在論的問題としての実在性
c　実在性と気づかい
第四四節　現存在、開示性、および真理
a　伝統的な真理概念とその存在論的基礎
b　真理の根源的現象、ならびに伝統的真理概念が派生的なものであること
c　真理が存在するしかたと、真理の前提

（以上、第二分冊）

第二篇　現存在と時間性
第四五節　現存在の予備的な基礎的分析の成果と、この存在者の根源的な実存論的解釈の課題
第一章　現存在の可能な全体的存在と、死へとかかわる存在
第四六節　現存在に適合的な全体的な存在を存在論的に把握し、規定することの見かけ上の不可能性
第四七節　他者たちの死の経験可能性と、全体的な現存在の把握可能性
第四八節　未済、おわり、および全体性
第四九節　死の実存論的分析を、当の現象について他に可能な解釈に対して境界づけること
第五〇節　死の実存論的‐存在論的構造をあらかじめ素描すること
第五一節　死へとかかわる存在と、現存在の日常性
第五二節　おわりへとかかわる日常的な存在と、死の完全な実存論的概念
第五三節　死へとかかわる本来的な存在の実存論的投企
第二章　本来的な存在可能の現存在によるあかしと、決意性
第五四節　本来的な実存的可能性のあかしという問題
第五五節　良心の実存論的‐存在論的な諸基礎

第五六節　良心の呼び声の性格
第五七節　気づかいの呼び声としての良心
第五八節　呼びかけの理解と負い目
第五九節　良心の実存論的解釈と通俗的な良心解釈
第六〇節　良心にあってあかしを与えられた本来的な存在可能の実存論的構造
第三章　現存在の本来的な全体的存在可能と、気づかいの存在論的意味としての時間性
第六一節　現存在の本来的な全体的存在の劃定から、時間性の現象的な発掘へといたる方法的な歩みをあらかじめ素描すること
第六二節　先駆的決意性としての、現存在の実存的に本来的な全体的存在可能
第六三節　気づかいの存在意味を解釈するために獲得された解釈学的状況と、実存論的分析論一般の方法的な性格
第六四節　気づかいと自己性
第六五節　気づかいの存在論的意味としての時間性
第六六節　現存在の時間性、ならびにその時間性から発現する、実存論的分析のより根源的な反復という課題

解説――『存在と時間』への途上で

（以上、第三分冊）

第四章　時間性と日常性
第六七節　現存在の実存論的体制の根本的なりたちと、その体制の時間的解釈の素描
第六八節　開示性一般の時間性
a　理解の時間性
b　情態性の時間性
c　頽落の時間性
d　語りの時間性
第六九節　世界内存在の時間性と、世界の超越の問題
a　目くばりによる配慮的気づかいの時間性
b　目くばりによる配慮的な気づかいが、世界内部的に目のまえにあるものを理論的に覆いをとって発見することへと変様することの時間的意味
c　世界の超越をめぐる時間的問題
第七〇節　現存在に適合的な空間性にぞくする時間性
第七一節　現存在の日常性の時間的意味

第五章　時間性と歴史性
第七二節　歴史の問題の実存論的‐存在論的呈示
第七三節　歴史の通俗的了解と現存在の生起
第七四節　歴史性の根本体制
第七五節　現存在の歴史性と世界‐歴史
第七六節　現存在の歴史性にもとづく歴史学の実存論的根源
第七七節　歴史性の問題のこれまでの呈示と、W・ディルタイの研究ならびにヨルク伯の理念との連関
第六章　時間性、ならびに通俗的時間概念の根源としての時間内部性
第七八節　現存在のこれまでの時間的分析が不完全であること
第七九節　現存在の時間性と、時間についての配慮的な気づかい
第八〇節　配慮的に気づかわれた時間と、時間内部性
第八一節　時間内部性と、通俗的時間概念の発生
第八二節　ヘーゲルによる時間と精神との関係の把握に対して、時間性、現存在ならびに世界時間の実存論的‐存在論的連関をきわだたせること
a　ヘーゲルの時間概念
b　ヘーゲルによる時間と精神との連関の解釈

第八三節　現存在の実存論的‐時間的分析論と、存在一般の意味への基礎存在論的問い

主要訳語対照表

索引（人名・事項・文献）

（以上、第四分冊）

梗 概 3

第一部　時間性へと向けた現存在の解釈と、存在への問いの超越論的地平としての時間の解明

第二篇　現存在と時間性

回顧と展望（第四五節）

現存在の予備的な分析によって見いだされたのは世界内存在であり、その全体性が気づかいとして発見された。そこで暗示されていたのは、現存在にとっては、みずからの存在が問題であることであったいっぽう、気づかいという現象が示したのは、実存が現存在の頽落《たいらく》と関連していることなのである。

ところで、探究にあってもとめられていたのは存在の意味への問いであった。現存在の体制には存在了解がぞくしているが、その存在了解が現存在の本質的な存在契機として解明されるのは、現存在がそれじしん根源的に解釈される場合だけである。それでは存在論的な解釈の根源性とはなんだろうか。ハイデガーはあらためて問題を設定する。

これまで問題とされてきた実存の存在可能は、本来性に対しても非本来性に対してもおなじように開かれている。解釈がこれまでのところ、平均的日常性から出発するものであったかぎり、そこには本来的な存在可能を問題とする根源性が欠けていたのだ、とハイデガーはいう。

これまでの解釈は、そもそも全体的な現存在を、そのはじめからおわりにいたるまで視界におさめるものではなかったのである。日常性とは、むしろ現存在を境界づける、誕生と死とのあいだにある存在にほかならないからである。これまで問題となっていたのは、現存在の非本来的な存在、全体的ではない現存在にすぎない。存在論の基礎たるべき、現存在の存在の解釈は、現存在をその全体性と本来性とにおいて問題とするものでなければならない。

現存在が存在しているかぎりでは、その現存在はなお未済《アウスシュタント》をふくんでいる。この未済におわりがぞくし、現存在にとっておわりとはその死にほかならない。現存在が死においておわりにかかわることを解明し、かくて現存在の全体的存在を究明するためには、死の存在論的‐実存論的概念が獲得されなければならない。死は、現存在にそくしたかたちでは、「死へとかかわる存在《ザイン・ツム・トーデ》」として問題となるはずである。

現存在のありかたにとって、その根源的な根拠となるものは、たほう時間性である。

本篇では、この時間性から、さらに現存在の歴史性が問題となることだろう。

第一章　現存在の可能な全体的な存在と、死へとかかわる存在

問題の困難（第四六節）

しかし、現存在はそもそもその全体《ガンツ》的存在において接近可能なものなのだろうか。現存在の全体性は、とりあえずその気づかいである。気づかいの本質には、ところで、「じぶんに先だって《ジッヒフォアヴェーク》」がぞくしている。このことが意味しているのは、現存在にとっては、現存在自身の存在可能としてなお現実化されていないものがあり、それがなお未済となっているということだ。そうであるかぎり、現存在の存在体制のうちには、不断の未完結性が、つまり非全体性がぞくしているのではないか。

現存在から未済が取りのぞかれるとき、現存在はもはや現に存在していない。現存在にとって、じぶんが全額《ガンツェ》を獲得することはむしろその喪失である。そのかぎりでは、現存在の全体性はそもそも経験されようもないのではないか。――問題に応えるためには、「先だって」「おわり」「死」「全体性」が正しくとらえられる必要がある。そのためにはまた、これまで保留されてきたさまざまな実存現象が分析されなければならない。

他者の死(第四七節)

現存在の死《トート》は、現存在そのものの喪失である。そうであるならば、死という現象は、むしろ他者の死をめぐって分析されるべきものであるかに見える。

他者たちにとっても、死とは、もはや世界内に存在しないことであり、世界の外へと立ちさることである。他者たちの死にあっては、しかし、現存在から、もはや現存在しないことへの反転《ウムシュラーク》が、私にとって経験される。そのさいしかも、他者についてなおとどまりつづけているものはたんなる物体ではない。それは生命をもたない物質以上のものなのである。だから、故人は、たんなる死者とはことなって、葬式、埋葬、墓参といった配慮的な気づかいの対象となる。それればかりではない。遺族は故人のもとにとどまることで、顧慮的な気づかいにおいても故人とともに存在しているのである。とはいえ、このことによっても、他者の死そのものは経験されることがない。ひとはせいぜいその場に居あわせることができるだけなのである。

日常性は、さまざまな代理可能性によって彩られている。日常的には、或る現存在は他の現存在でありうるし、またあらねばならない。だが、「おわること《エンデン》」として現存在の全体性をかたちづくる死ぬこと《シュテルベン》だけは、けっして代理可能ではない。他者のかわりに(他者のために)死ぬことは、他者から死を取りのぞくことではなく、死ぬことは、それぞれの現存在がじぶんで引きうけざるをえない。死はそのつど私のものなのであって、死ぬことは、実存論的に理解されなければならない現象なのである。それでは、死とはなにか。ここにはなお多くの混乱がまとわりついている、とハイデガーはみる。

未済であること、おわること（第四八節）

おわりと全体性とが存在論的に特徴づけられるためには、おわり一般と全体性一般の形式的な構造とその変容があきらかにされる必要がある。そのことで、おわりと全体性がすぐれて実存カテゴリーとして了解され、死の存在論的解釈が保証されなければならないのである。

現存在には死にいたるまで抹消しがたい「なお〜ない《ノッホ・ニヒト》」が、非全体性がぞくしている。これを「未済《アウスシュタント》」と理解することができるだろうか。たとえば、貸金の残金について未済であるといわれる。このばあい未済であるとは、共属しているべきものが、手もとに揃っていないということである。現存在にとって可能なその死である「なお〜ない」は、そのような欠落としての未済ではない。「なお〜ない」が補充されたとき、現存在はもはや存在しないからである。

たとえばまた、月が満月までにはまだ欠けているといわれる場合の「なお〜ない」は、たんに知覚的な把捉にかかわる。現存在の「なお〜ない」は、これに対して、その存在にかかわるものである。また、未熟な果実は、たしかにみずからを成熟へともたらす。熟しつつある果実は熟しながらなお未熟なのであって、「なお〜ない」はたしかに果実の存在のうちにふくまれている。この点は、現存在の「なお〜ない」と共通するかにも思われる。とはいえ、果実にとって成熟はその完成であるけれども、現存在にとって死はかならずしも完成であるとはかぎらない。

　たほうまた、「おわる」とはたとえば雨が止むことであり、道が途絶えることであり、おわることの様態はさまざまでありうる。しかし、そのような様態によっては、現存在のおわりである死は特徴づけられることがない。現存在は、それが存在しているかぎり、すでにじぶんの「なお〜ない」であり、つねにみずからの「おわり」であって、つまり死とは、現存在にとって「おわりへとかかわって存在していること《ザイン・ツム・エンデ》」を意味するからである。死とは、現存在が存在するとただちに、現存在によって引きうけられて存在することの様式なのである。

　死とおわりとは、かくて現存在にあって、あくまでその存在体制から、とりあえずは「気づかい」から把握されなければならないことになるだろう。

視角の限定（第四九節）

死をめぐる存在論的解釈はまず、それがなにを問うものではないのか、という否定的側面から劃定《かくてい》される必要がある、とハイデガーはいう。

もっともひろい意味での死は、生命の現象のひとつであって、そのかぎりでは死は、生物学的－生理学的にも研究されうる。そのような立場からの研究の根底にも、だが、存在論的な問題系が存している。現存在もまた生理学的な意味で「生きおわること《フェルエンデン》」がありうるが、それはまた現存在の存在のしかたによって規定もされている。そのような中間現象を「生をはなれること《アブレーベン》」とハイデガーは呼ぶ。

死をめぐる実存論的な解釈は、生物学に先だつばかりではなく、死にかんする心理学や歴史学にも先行している。そのいっぽう当の解釈は、たとえば死後の生をめぐる特定の立場決定には依存していない。死の形而上学といったものがあるとして、その問い、たとえば死はいつ、どのように世界に到来したのか、といった問いは、むしろ存在者の全体にかかわる存在論を前提とするものである。

たほう、死をめぐる実存論的分析論は、恣意的な死の理念を前提とするわけにはいかない。手がかりは、したがって、現存在の平均的日常性であるほかはない。おわりへとかかわる存在の存在論的構造に、ふたたび注目しておく必要がある。

さし迫り（第五〇節）

死という現象は、現存在の存在体制から解釈される必要がある。現存在の根本体制とは気づかいであり、それを特徴づけるものは「じぶんに先だって」にほかならない。死あるいは「おわりへとかかわる存在」は、こうした諸性格からも規定されなければならないのである。

現存在の「なお〜ない」は、未済ではない。死とは、むしろ「さし迫っていること《ベフォアシュタント》」である。とはいえたほう雷雨が、友人の来訪が、旅行が、さし迫りうる。死は、これに対して、現存在のもっとも固有な存在可能としてさし迫るものである。死は一箇の存在可能性であり、そのつど現存在によって引きうけられなければならないものであるからだ。そこでは現存在にとって他者との関連が絶たれ、さらに現存在は死の可能性を追い越すこともかなわない。「不可能性の可能性」である死とは、だから、もっとも固有な、関連を欠いた、追い越すことのできない可能性なのである。現存在がじぶんに先だっていること、気づかいのこの契機は、死へとかかわる存在のうちでもっとも根源的に実現されている。死は世界内存在としての現存在にぞくし、不安という情態性において、現存在が死のうちに投げこまれている。問題となるのはこの被投性である。

現存在は、しかしさしあたりたいていは、頽落のなかにあって、死へとかかわる存在から逃避し、不気味さから逃避している。そうであるがゆえに、むしろ、実存、事実性、頽落のかかわりが問われ、死へとかかわる存在が、現存在の日常性のうちでも提示されなければならない。

死へとかかわる日常的な存在（第五一節）

死へとかかわる存在はとりわけて自己へとかかわっているいっぽう、日常的な自己とは「ひと《ダス・マン》」であって、ひとは公共的に解釈され、そのありかたは「空談」において示されている。そのような日常における死へとかかわる存在が問題とされる必要がある。

日常的な公共性にあって、死とはある意味で熟知されたできごとである、すなわち、「ひとは死ぬ」ものなのである。ひとは死ぬ、と語られるとき、死はなお脅《おびや》かすものではなく、いわばひとごとにすぎない。死ぬことの代理不可能性が、こうして覆《おお》いかくされてゆく。死は、日常性のなかでそのように回避されて、現存在は、そのもっとも固有な、関連を欠いた存在可能、つまり死から、いわば「疎外」されることになる。

そのように、頽落しながら、死をまえにして、死から逃避することで、現存在の日常性は、しかし逆に、「ひと」自身も死へとかかわる存在であるしだいをあかしてしまう。

ここからむしろ、おわりへとかかわる存在をめぐって、その完全な実存論的概念を獲得することが問題となるのである。

日常性における死の隠蔽（第五二節）

おわりへとかかわる存在とは、もっとも固有な、関連を欠いた、追い越すことのできない存在であった。以下ではさらに、日常的なおわりへとかかわる存在が解釈されなければならない。

日常的には、「ひとはいつかは死ぬが、当分はまだ死ぬことはない」とも語られる。日常性は、こうして、死の確実性をあいまいにしてしまう。なにかを確実であるとするとは、それを真とみなして保持することを意味する。真理は現存在の開示性にもとづき、現存在はそのかぎりで「真理の内で」存在しているのである。日常的な現存在は、これに対して、じぶんの存在のもっとも固有な可能性である死を隠蔽している。だからこそさきに、現存在は「非真理」の内でも存在している、と語られたのである。

死へとかかわる日常的な存在が、死の確実性を規定するしかたから、死へとかかわる存在が見あやまられているしだいがあきらかとなる。日常的には「生をはなれること《アブレーベン》」はたんに経験的に確実であり、高度な蓋然性であるにすぎない。日常的に「ひと」は、確実な死を「知っている」にもかかわらず、死を「確実なものとして」いるわけではない。「死は確実にやってくるが、とはいえ当分はまだである」と語られることによって、「ひと」は死の確実性を否認し、死は「いずれいつかは」へと押しやられる。かくして隠蔽されるのは、死があらゆる瞬間に可能であるしだいなのである。死のもっとも固有な可能性という性格は、死があらゆる瞬間に可能であるということにある。つまり、現存在のおわりとしての死とは、現存在が有する、もっとも固有で、関連を欠いた、確実な、しかもそのようなものとして規定されていない、追い越すことのできない可能性にほかならない。死とは、現存在のおわりとして、現存在のうちで存在しているのだ。

死へとかかわる存在は気づかいにもとづいており、現存在は、そのつどすでに死へと委ねられている。死をまえにしながらそこから回避することは、死へとかかわる非本来的な存在であるけれども、非本来性の根底には本来性が存しているはずである。それでは死へとかかわる本来的な存在とは、どのようなものなのだろうか。

死へとかかわる本来的な存在へ（第五三節）

現存在は日常的には、死へとかかわる非本来的な存在のうちにある。死へとかかわる本来的な存在が存在論的に可能であることは、それではどのようにして客観的に特徴づけられることになるのだろうか。ハイデガーはあらためて問題を提起する。

問題は、死へとかかわる存在を可能性へとかかわる存在として、しかも現存在自身のきわだった可能性へとかかわる存在としてとらえることである。可能的なものとの通常のかかわりは、現実化されるべきものをめざすことで、可能的なものがまさに可能的であることを抹消する。これに対して、死へとかかわる存在は、死の現実化をめざすものではなく、死からその可能性という性格を奪いとることがない。また現存在が、可能的なものに対して、その可能性においてかかわるのは、通常は、なにかを期待することにおいてであろう。期待するとは、とはいえ現実化を待ちうけていることであって、可能的なものは、ここでも飛びこえられている。可能性へとかかわる存在としての、死へとかかわる存在は、これに反して、死をまさに可能性として露呈するものでなければならない。可能性へとかかわるそのような存在が、可能性へと「先駆すること《フォアラウフェン》」なのである。

死とはおよそ、実存一般の不可能性という可能性である。死という可能性は、かくして、実存の法外な不可能性という可能性を意味する可能性となるのであって、そこではけっして可能性が可能性として忘却されることがありえないのである。先駆することは、もっとも固有でもっとも極端な存在可能を理解することにほかならない。

死は現存在のもっとも固有な可能性である。この可能性へとかかわる存在によって、現存在のもっとも固有な存在可能が開示され、そこでは現存在の存在こそが端的に問題となる。もっとも固有な可能性として死はまた、関連を欠いた可能性である。先駆することで現存在は、もっとも固有な存在可能を引きうける。そのことによって、現存在は「単独化《フェルアインツェルング》」されるのだ。もっとも固有で、関連を欠いた可能性として死はさらに、追い越すことのできないものである。先駆することによって現存在は、みずからを追い越すことのできない可能性へと開《あ》けわたし、自由になる。追い越すことのできない可能性へと先駆することのうちには、「全体的現存在」を実存的に先どりする可能性、全体的な存在可能として実存する可能性がふくまれているのである。

もっとも固有な、関連を欠いた、追い越すことのできない可能性である死は、確実なものである。死の確実性は他の存在者について語られる確実性とはことなり、それよりも根源的なものである。それは、世界内存在を確実なものとするからだ。確実な死は、しかしたほうその確実性にかんして未規定的であって、それゆえに不安という情態性がそこにかかわっている。死へとかかわる存在は、本質的に不安なのであって、不安こそがそのかぎりで一箇の根本的情態性である。かくして露呈されるのは、死へとかかわる自由におけるじぶん自身なのである。

死へとかかわる存在の存在論的な可能性がこうしてあきらかになったとはいえ、その実存的な可能性はなおあきらかではない。それ以前にそもそも実存の本来性は、現存在自身の側から要求されるものであるのか。これがまず問われなければならない、とハイデガーはいう。

第二章　本来的な存在可能の現存在によるあかしと、決意性

あかしの問題（第五四節）

問題は、現存在がその実存的可能性にあってあかししている本来的な存在可能であり、その「あかし《ベツォイグング》」が見いだされなければならない。「ひと」のなかに喪《うしな》われていることで現存在のもっとも身近な存在可能について、すでに決定がなされ、現存在はあらかじめ選択を免除されている。本来性へと立ちかえるために現存在は、選択を取りもどして、或る存在可能へと決断する必要がある。「ひと」へと失われている現存在はまずじぶんを見いださなければならないが、そのために現存在は自己存在でありうる「あかし」を必要とするのである。そのあかしとなるものが、つうじょう「良心の声《シュティメ》」と呼ばれているものにほかならない。そこで「良心《ゲヴィッセン》」がその実存論的な基礎と構造へとさかのぼって探究されることになる。

良心はなにごとかを「開示」する以上、良心現象は開示性とかかわっている。良心は

「呼び声《ルーフ》」なのである。良心の呼び声は、「負い目のある存在《シュルディッヒザイン》」へと現存在を呼び醒ます。このような呼びかけの理解は、「良心をもとうと意志すること」であることがあきらかになるだろう、とハイデガーはいう。

呼び声(第五五節)

良心とは「だれかになにごとかを理解するようにさせる」ものである。良心は、このように開示するものとして、「現《ダー》」を構成する。

現存在はさしあたりたいていは配慮的に気づかわれた世界の側から、その存在可能を開示されている。現存在はその場合「ひと」という公共的に解釈されたありかたに引きわたされており、そのなかで他者たちの言うことを聞き《ヘーレン》、「ひとである自己」の言うことを聞くことで、固有な自己を聞きおとす《ユーバーヘーレン》。こうしたありかたが乗りこえられる可能性は、呼び声のうちにある。呼び声は聞くことを覚醒させる。そのように呼びながら理解させるものが良心なのである。かなたからかなたへと呼び声がするとき、連れもどされたいと思っている者、固有の自己から遠ざかった者が、呼び声に打たれることになる。

こうして良心の実存論的構造の分析のために、現象的な地平が輪郭づけられる。良心という現象は、「語り《レーデ》」として、開示性にもとづいて理解されることになるだろう。

良心の呼び声（第五六節）

呼び声は「語り」として、それについて話題になっているものをそなえている。良心の場合それは「呼びかけられている」ものであり、つまり現存在そのものである。呼び声が射あてるのは、日常的‐平均的にじぶんを理解している「ひとである自己」なのである。ひとである自己が「固有の自己」へと向かって呼びかけられている。呼び声は、ひたすら世界内存在として存在している自己に対して、しかも自己に向かって呼びかけているのだ。

良心は、しかし呼びかけられている者に対して、なにごとも言明していない。それはただ現存在を、それがもっとも固有な自己で「在りうること」へと呼び醒まし、現存在のもっとも固有な可能性のうちへと呼びだすことになる。呼び声は、かくて「沈黙《シュヴァイゲン》」という様態において語っている。

にもかかわらず、呼び声の開示するものは一義的である。良心として呼び声は、ひとである自己に、その自己において呼びかけるからである。問題は、こうして、呼ぶ者とはだれであり、呼ばれる者とはだれであるか、にあることになるだろう。

呼び声としての良心（第五七節）

良心は、現存在の自己が「ひとである自己」のうちにあるありかたから呼び醒ます。呼びかけられている者はそこではなお規定されておらず、呼ぶ者もまた規定されてはいない。にもかかわらず、呼び声にあって自己は一義的に取りかえ不能なかたちで射あてられているのである。現存在は良心においてじぶん自身を呼ぶ。その意味で呼び声は、他者から到来するものではない。声は私のうちから、しかし私を超えて到来するのだ。良心の声は、だから、しばしばそう解釈されるように、自己とは疎遠な「威力《マハト》」なのではない。

呼び声にあっては「それ《エス》」が呼ぶ。現存在はそのつどつねに事実的に実存し、被投性によって事実として規定され、実存に委ねられている。この被投性そのものは、情態性のうちで不断に露呈される。気分はたいていこの被投性を覆いかくし、現存在はかくて「ひとである自己」へと逃避している。「不気味さ」は、しかし、現存在が世界のうちで存在していることそのものを「世界という無」のまえに連れだしてしまう。現存在は、こうしてそのもっとも固有な存在可能にかんして不安をおぼえる。そのように情態づけられて存在している現存在自身こそが、良心の呼び声を「呼ぶ者」である。呼ぶ者とは、不気味さにおける現存在、居心地の悪さとして、根源的に被投的な世界内存在なのである。現存在自身が良心として、世界内存在を根拠として呼ぶ。その呼び声が、もっとも固有な存在可能へと投企することを現存在に可能にするのだ。

呼ぶ者は「ひとである自己」にはなじみのない「疎遠な《フレムト》」声である。「ひと」にとって疎遠な、無へと投げこまれている自己が呼ぶ。「それ」として呼びかける呼び声は、こうして「沈黙《シュヴァイゲン》」というそれじしん不気味な様態において語るのである。良心は、かくて「気づかい《ゾルゲ》」の呼び声としてあらわになる。呼ぶ者は不安に駆られている現存在であり、呼びかけられている者はもっとも固有な存在可能へと呼び醒まされている同一の現存在にほかならない。現存在はかくてまた「ひと」への頽落から呼び醒まされる。いわゆる「公共的な」良心とはむしろ「ひと」の声であるにすぎない。呼び声はかえって「私がそのつど自身それである」存在者から到来するものなのである。

良心のあかすところが明瞭になるのは、呼ぶことに対応する「聞くこと《ヘーレン》」があきらかにされるときである。したがってつぎに、「呼びかけの理解」が分析されなければならない。「負い目がある《シュルディッヒ》」ことが実存論的に把握されなければならない。良心の声はなんらかのしかたで「負い目《シュルト》」について語っているからである。

呼びかけと負い目(第五八節)

呼びかけを理解することで聞きとられているものをとらえるために、呼びかけに立ちもどる必要がある。実存的な存在可能を可能とする実存論的な条件が確定されなければならない。

呼び声は知識としてはなにひとつ語らない。呼び声はただ現存在を呼びだし、じぶんの存在可能へと向かうよう指示するだけである。呼び声はかくて、被投的に単独化されていることの不気味さから聞こえてくる。呼び声は「呼びだしながら呼びもどすこと《フォアルーフェンデア・リュックルーフ》」として理解される必要がある。現存在は呼び声によって「負い目がある」と宣告されるのである。しかし私たちはどのように負い目があるのであり、また「負い目」とはなにを意味するのであろうか。「私には負い目がある《イッヒ・ビン・シュルディッヒ》」と語られるとき、「負い目がある」は「私は存在している《イッヒ・ビン》」の述語となる。それでは、負い目とは現存在の存在のうちにふくまれていることになるのだろうか。

「負い目のある存在《シュルディッヒザイン》」には、さしあたり「債務がある」「なにかを借りている」等々の意味がふくまれており、それはたほう「なにかに責任がある」「負債がある」しだいを指示している。負い目のある存在は、かくてまた法に違反していること、刑罰を受けるようになることとして規定されることもありうる。そこでは負い目はなんらかの欠如として理解されており、現存在は、他者たちに対する欠落であるその欠如に対して、みずからその「根拠であること《グルント・ザイン》」においてとらえられているのである。負い目がこのように倫理的な意味で考えられている場合でも、「負い目があること」はふたたび配慮的な気づかいのうちへと押しこめられてしまうことになる。——負い目という現象は、責務や法に関連するとはかぎらない。それはむしろ現存在の存在へと関連づけられなければならないのである。

負い目があることのうちには、なんらかの「ない《ニヒト》」がふくまれている。負い目があるとは、なにかが「無いこと《ニヒティッヒカイト》」の根拠であること、なのである。負い目のある存在は、なんらかの罪過から生じるのではなく、罪過のほうが、或る根源的な「負い目のある存在」という根拠にもとづいて生じる。ことのしだいがさらにとらえかえされる必要がある。

現存在の存在は「気づかい《ゾルゲ》」であり、気づかいのうちにふくまれているのは、事実性（被投性）、実存（投企）ならびに頽落である。現存在はみずから「現」のうちにあるのでは「なく」（被投性）、現存在自身の存在可能は現存在が与えたものではない（投企）。現存在はじぶんの存在可能に対する根拠でありながら、みずからの根拠をけっしてじぶんの手にするにいたら「ない」。現存在は、それでも「実存する」ことで根拠であることを引きうけざるをえない。現存在はみずからの「根拠《グルント》」であり、そのもっとも固有な存在を「根底《グルント》」から手にしているのではない、ということだ。一箇の「ない《ニヒト》」こそが現存在の存在を、その被投性を構成する。現存在とは、かくて、じぶん自身について一箇の「無－性《ニヒティッヒカイト》」なのである。この「ない」は、しかしいまだ冥《くら》がりにとどまっており、弁証法もまた「ない」ことの存在論的根源をとおり過ぎてしまっている。「ない」が問題として設定される条件は、存在一般の意味を主題化することによってのみ見いだされるのである。

現存在とは、その存在が気づかいであるような存在者である。そのような存在者として現存在は、みずからの存在の根拠において負い目を負って存在している。このような存在が、事実的に負い目のあること、道徳的な善悪に対しても、それを可能とする実存論的な条件を与えているのだ。負い目のある存在はどのような知よりも根源的であり、現存在は、その存在の根拠において負い目のある存在であるかぎりで、この存在を根底から理解するように告げる呼び声としての「良心」が可能なのである。

呼び声とは良心の呼び声である。現存在は不気味さにおいて、じぶんのもっとも固有な存在可能性にぞくしている「無－性」に直面する。現存在はこの不気味さによって、「ひと」であるじぶん自身(頽落)から呼び醒まされる。かくて、呼び声は、「呼びだしながら呼びもどす」のである。現存在は実存可能性へと呼びだされて、「ひと」へと喪失されているありかたから呼びもどされる。かくして現存在には「負い目がある」。

呼び声を理解することは、もっとも固有な、本来的に負い目のあるものとなりうることへとみずから投企することとひとしい。現存在は、こうして「みずから自身」を選択したことになるのである。この「選択《ヴァール》」によって現存在にとってもっとも固有な負い目のある存在が可能となる。呼び声を理解するとは選択することであり、そのさい、選択されるのは「良心をもとうと意志すること《ゲヴィッセン・ハーベン・ヴォレン》」なのだ。良心をもとうと意志することが、事実的に負い目のあることの実存的前提にほかならない。

だがこうした良心の解釈は、通常の良心の理解とはあまりにかけ離れたものではないだろうか。良心の日常的な経験が、つぎに問題とされる必要がある。

良心の通俗的解釈(第五九節)

良心とは気づかいの呼び声であり、現存在をもっとも固有な負い目ある存在へと呼び醒ます。そうした良心の解釈《インテルプレタティオン》は、通俗的な良心解釈《アウスレーグング》と一致しないかにみえる。一方しかし、通俗的な良心経験も前存在論的なものであるとはいっても良心という現象とかかわっている。日常的な良心経験は存在論的な分析の基準とはならないけれども、後者が前者を無視することはできないだろう。

通俗的な良心解釈が提起するだろう異論は、四点ありうる。1良心には批判機能があり、2良心はそのつど一定の行為に関係する。3良心の声はかならずしも現存在の存在と関係しない。4良心の存在論的解釈では、「やましい《べーゼ》」良心と「やましくない《グート》」良心とが区別されていない。

4についていうなら、「やましい」良心が示しているのは、負い目があることである。その声はたしかに起こってしまったできごとをさかのぼって指示している。だが、この件は呼び声が呼びだすものであるしだいと矛盾しない。呼び声にあって現存在はじぶんに「先だって《フォアヴェーク》」存在している。声は呼びかえし、被投的な負い目ある存在へと呼びかえす。この存在は犯された罪過のすべてより「先にある」のである。これに対して、日常的な良心の解釈は、負い目をいわば計算と決算の対象と考えているにすぎない。

このことが3とも関連する。3の指摘はとりあえずそのとおりであるとしても、それはむしろ日常的な良心経験にもとづく良心論がある落丁をふくんでいるしだいを示しているのだ。そこではそもそも、存在することが「目のまえに《フォアハンデン》」あることと同一視されているからである。かくて2と1の反論も失効することだろう。2のように呼び声の射程を縮減することはあやまりであり、1をみとめたとしても、良心の機能はたんに消極的なそれに限定されるわけではない。良心とは計算可能性にもとづく格率を与えるものではありえない。かりにそうであるなら、良心が実存に対して拒絶するものはまさに行為する可能性それ自体であることになるだろう。

呼び声とはかえって、もっとも積極的なものである。呼び声が与えるのは、現存在のもっとも固有な可能性にほかならないからである。呼び声とは、現存在を、自己で在りうることのうちへと呼びだし、呼びもどすものなのだ。

本来的な存在可能（第六〇節）

現存在自身のうちに、もっとも固有な存在可能の「あかし」が存在している。良心をもとうと意志することは、もっとも固有な自己を、みずからの負い目ある存在にあって、じぶんのうちで行為させることであり、この件が表現しているのは、現存在そのもののなかであかしを与えられた「本来的な存在可能」だからである。呼び声を理解するとは、現存在を単独化された不気味さにあって開示することであって、良心をもとうと意志することは、不安に直面する用意ができていることなのだ。

呼び声は「語り《レーデ》」でありながら、その語りには「返答」が対応していない。呼び声は沈黙しながら呼び、そのことでもっとも固有な存在可能を理解させようとする。呼び声の沈黙する語りは「ひと」の口出しをゆるさない。「ひと」はむしろ、呼び声を聞きのがし、現存在の開示性を覆ってしまう。良心によってあかしを与えられた、この本来的な開示性《エアシュロッセンハイト》が「決意性《エントシュロッセンハイト》」と呼ばれることになる。決意性は現存在の本来的な真理であり、それゆえにもっとも根源的な真理なのである。

決意性は、とはいえ、現存在を世界から引きはなすものではない。本来的な開示性として決意性はむしろ、自己を、顧慮的に気づかう配慮的な気づかいへと押しもどす。現存在が本来的に存在するのは、あくまでも世界内存在としてだからである。決意した現存在から、かくてはじめて本来的な共同相互性も生じるはずなのである。

それでは現存在は、なににもとづき、なにへと向けて決意するのか。現存在の本質はその「実存」にあるかぎり、その答えは決意そのものが与えうるだけである。決意は、事実的に可能なものを覆いをとって発見する。かくして発見される、実存論的な現象のあらたな契機が「状況《ジトゥアティオン》」にほかならない。「ひと」にとっては、まさしくこの状況が鎖《とざ》されているのである。

決意性は、状況を見知ったうえでそれを表象するものではない。決意性はすでに状況へと身を置きいれ、決意した現存在はすでに行為している。行為という語が連想させる、理論と実践との分断が問題なのではない。気づかいが、現存在の存在を全体的に包括するものであるかぎり、気づかいはその分断のてまえで問題とされなければならない。

第三章　現存在の本来的な全体的存在可能と、気づかいの存在論的意味としての時間性

課題の設定（第六一節）

現存在の「全体的存在可能」を解明することであきらかとなったのは、死へとかかわる本来的な存在が「先駆すること」である事情であった。現存在の本来的な「存在可能」はたほう、「決意性」なのであった。この両者がどのように関連するのかが、つぎの問題となる。決意性そのものがその本来のありかたにあって先駆的決意性であるのかどうかが、問われなければならない。先駆と決意性という実存的な現象を、「実存的」な可能性へと向けて解釈して、その可能性を「おわりまで思考すること《ツー・エンデ・ツー・デンケン》」が問題なのである。

あらためて確認しておくならば、現存在は「目のまえにあるもの」ではない。現存在のなりたちは、実存する自己《ゼルプスト》が「不断に自己であること《ゼルプシュテンディッヒカイト》」にもとづく。自己という現象が「実存論的」に輪郭づけられる必要がある。そのためには気づかいという現象の意味がさぐられなければならない。そのことで、時間性が現存在の本来的な全体的存在であること、時間性がさまざまな可能性において「時間化《ツァイティゲン》」することがあきらかとなる

だろう。

行為への決意（第六二節）

決意性、死へとかかわる存在、良心をもとうと意志すること、現存在の本来的な全体的存在可能について、これまで語られてきた。これらの事象は、どのように関連するのか。また、決意性という現象を「おわりまで思考すること」はなにを意味するのだろうか。

　決意性とは、もっとも固有な「負い目ある存在」へと投企することであった。決意性は、だから、死へとかかわる本来的存在をみずからのうちにふくんでいる。負い目ある存在は、現存在の存在にぞくしており、現存在とは不断に負い目のあるもので「あり《イスト》」、その根源的存在は死へとかかわる存在、きわだった可能性へとかかわる存在であった。そのような現存在が決意することで本来的に引きうけるのは、じぶんの「無-性」の「無的な根拠」であること、みずからの死の「被投的な根拠」であることである。先駆は、たほう、現存在の全体的存在にもとづいて、負い目のある存在をあらわにする。先駆的決意性によってこそ、負い目ある存在可能が本来的かつ全体的に理解されるのである。

良心をもとうと意志することとは、負い目ある存在への呼びかけに対して用意があることであり、決意性という現象によって私たちは実存の根源的真理へとみちびかれる。決意性は事実的な「状況《ジトゥアティオン》」をじぶんに与え、また状況のなかへとみずからをもたらす。状況は自由な決意に対してのみ開示され、決意性は、現存在の全体的な存在可能に向かってじぶんを自由に保持しようとする。先駆することで、こうして決意性は、本来的で全体的な確実性を手にすることになるのである。

死とは、もっとも固有な、関連を欠いた、追い越すことのできない、確実で、しかも未規定的な可能性であった。これまでの分析で、かくて、死へとかかわる本来的な存在のさまざまな様態があきらかになったことになる。先駆的決意性とは死を克服する逃げ道ではない。良心をもとうと意志すること、死へとかかわる存在もまた、世界から逃避することではない。それはむしろ「行為すること《ハンデルン》」への決意性へとみちびくものなのである。

解釈の循環（第六三節）

現存在はそのつど私たちがそれである存在者でありながら、存在論的には「もっとも遠いもの」である。現存在の根源的な存在を獲得するためには、現存在の頽落している傾向に逆行して、現存在の存在が奪いとられなければならない。実存論的分析は、こうして、日常的な解釈に対しては「暴力的《ゲヴァルトザーム》」なものとしてあらわれる。ここには、とはいえ一箇の方法的問題がある。現存在の本来的な実存は、どのようにして見わけられるのか、という問題がそれである。そもそも、実存のさまざまな可能性をあらかじめ与えることは、恣意的なものという批難を免れないのではないか。現存在のきわだった可能性として死をとり上げることも、気ままな選択ではないという保証があるのだろうか、とハイデガーはあらためて問いはじめる。

問題は、こうである。存在一般の理念は、現存在の存在了解をつうじてはじめて獲得されるものであった。当の存在了解は、ただ現存在を「実存理念」として解釈することによってとらえられる。そうであるとするなら、基礎存在論的な問題は、あきらかに一箇の「循環」のうちに巻きこまれていることになるのではないだろうか。いいかえるなら、私たちは実存ならびに存在一般の理念を前提としたうえで現存在を解釈し、そこから存在の理念を獲得しようとしているのではないか。

だが、実存論的分析論は、循環をけっして避けることができない。循環こそ気づかいの根本構造であり、気づかいは現存在の存在のしかたにほかならないからである。理解について循環が批難される場合、まさにこうした事情が見あやまられている。それゆえつぎにあきらかにされる必要があるのは、気づかいの全体的ななりたちなのである。

気づかいと自己性（第六四節）

現存在がそのさまざまな可能性にあって、なおも統一的に実存しているのは、現存在が自己自身この存在であるからである。この構造全体を束ねているのは、だから、「自我《イッヒ》」であり「自己《ゼルプスト》」であるかに思われる。この自我であること、つまり「自我性《イッヒハイト》」と自己であること、すなわち「自己性《ゼルプストハイト》」とが実存論的に把握されなければならない。

現存在は日常的には「私と語ること《イッヒ・ザーゲン》」でじぶん自身について言明する。「私《イッヒ》」はそのつど私ひとりを意味し、それ自身は述語ではなく「主語＝主観《ズプイエクト》」であり、一貫して自己をたもつものである。カントが「単純性」「実体性」「人格性」というカテゴリーを使用するのは、まさにこの場面にあってのことなのである。カントの分析によっては、とはいえ自己性の存在論的解釈は獲得されていない。カントはこの場面でもまた「実体的なもの」の存在論へと滑りおちてしまっているからである。カントが「自我」の内実としてとらえる「私は考える《イッヒ・デンケ》」、つまり超越論的統覚は一箇の論理的な主観にほかならず、デカルトの「思考するもの《レス・コギタンス》」としての自我《エゴ》へと後退している。カントにあっては自我はたんに根底に置かれた「基体《ヒュポケイメノン》」として存在しているだけなのである。——「私は考える」とは「私はなにごとか《エトヴァス》を考える」ことであり、カントの自我はすでに世界を存在論的な前提としている。カントが見のがしているのは、この間の消息にほかならない。

現存在は「私と語ること」で、じぶんを世界内存在として言明している。日常的にはしかし自己解釈は世界の側からなされることになる。「私」についても日常的にはかくてたんに逃避的に語られる。「私」と語るものは、日常的にはむしろ「ひとである自己」なのである。自己性は、これに対して実存論的には、本来的な自己で在りうることにそくして、すなわち気づかいとしての現存在の存在にぞくする本来性にそくして読みとられなければならない。日常的な「ひと」にあっては現存在は「不断に自己ではない《ウンゼルプスト・シュテンディッヒ》こと《カイト》」、つまり非自立性として存在している。これに対して、「自己でありつづける《ゼルプスト・シュテンディッヒ》こと《カイト》」、すなわち自立性とは、実存論的には先駆的な決意性にほかならない。先駆的決意性によってあきらかとなるものは自己の自己性なのである。

気づかいと時間性（第六五節）

現存在の先駆的決意性とは、気づかいの本来的なありかたである。そこには現存在が根源的に自己であること、全体的存在であることがふくまれている。この件から、根源的な時間性のありかたが発掘されなければならない。

それでは、気づかいの意味とはなにか。意味とはそもそも投企の「それにもとづいて《ヴォーラウフヒン》」であった。投企されるものは、現存在の存在を本来的な全体的存在可能として構成するものである。現存在とは、その存在がじぶんにとって問題であるような存在者であり、その存在者の存在の意味、つまり気づかいの意味が存在可能の存在を根源的に形成する。根源的に実存論的投企によって投企されるものが先駆的決意性なのだから、先駆的決意性とは、もっとも固有な存在可能へとかかわる存在にほかならない。このことが可能となるのは、現存在がそのもっとも固有な可能性において、じぶんへと「到来すること《ツーコメン》」が可能であるからだ。その可能性を可能性として保持しつづけることが実存することであり、当の可能性のうちで「じぶんをじぶんへと到来させること《ジッヒ・アウフ・ジッヒ・ツーコメン・ラッセン》」が「将来《ツークンフト》」という根源的現象にほかならない。死への先駆そのものが可能となるのも、現存在が、すでにつねにじぶんへと到来し、「将来的《ツーキュンフティッヒ》」であるからなのである。

先駆的決意性は、たほう、現存在を負い目ある存在として、その被投性において引きうける。被投性を引きうけることにおいて現存在は「私は既在である《イッヒ・ビン・ゲヴェーゼン》」というかたちで存在する。つまり現存在は本来的に、既在して存在している。死へと先駆することは、既在へと「回帰的に到来すること《ツーリュック・コメン》」であるかぎり、「既在的なありかた《ゲヴェーゼンハイト》」は将来から発現するのである。さらに、先駆的決意性が開示するのは、そのときどきの「現《ダー》」の状況である。「現在化《ゲーゲンヴェルティゲン》」するという意味での「現在《ゲーゲンヴァルト》」としてのみ、決意性はありうる。ここで示されている、「既在しつつある現在化する将来」こそが「時間性《ツァイトリッヒカイト》」と呼ばれ、ひとりこの時間性によって、現存在の先駆的決意性、現存在の本来的な全体的存在可能が可能となる。かくして時間性こそが本来的な気づかいの意味であり、ここであきらかとなる時間性が本来的な時間性、すなわち通俗的な未来、過去、現在から区別される本来的時間なのである。本来的な時間性にそくしていえば、実存的なありかたの第一次的な意味は将来にほかならない。

　時間性はそもそも存在者ではない。時間性は存在しない。それは「時間化《ジッヒ・ツァイティゲン》」する。時間性とは根源的な「じぶんの外にある」ありかたであって、将来、既在、現在とは時間性の「脱自的なありかた《エクスターゼン》」である。はじまりもおわりもない「いま」が継起することである通俗的な時間は、この脱自的なありかたを「水平化」してしまう。

　気づかいとは死へとかかわる存在であり、先駆的決意性とは不可能性の可能性にかかわる本来的存在であった。現存在はたんに「おわり《エンデ》」を有しているのではなく、「有限的《エントリッヒ》」に実存する。本来的な将来が、先駆的決意性としての時間性を時間化させ、将来を有限的な将来として露呈するのである。本来的な将来は可能性を閉ざし《シュリーセン》て、それじしん鎖され《ゲシュロッセン》ており、そのことで決意し《エントシュロッセン》たありかたを可能とする。時間性が根源的に有限的であること、時間の「有限性《エントリッヒカイト》」は時間の無限性との対置において問題となることだろう。

通俗的時間と時間内部性(第六六節)

当面の課題は現存在の非本来性における時間性を解明することである。もっとも身近な世界内存在の時間的な了解が問題とされ、日常性がその時間的な意味においてあきらかにされなければならない。時間性が時間化する構造がとらえられることで見とおされることになるのは、現存在の歴史性《ゲシヒトリッヒカイト》にほかならない。日常性と歴史性の解釈をつうじて、根源的時間へと向かう視界が保証されるのである。

世界内部的な存在者が時間的に規定されているありかたが、「時間内部性《インナーツァイティッヒカイト》」と呼ばれる。現存在の時間性が、日常性、歴史性ならびに時間内部性として解明される必要がある。

存在と時間
(三)

第一部　時間性へと向けた現存在の解釈と、存在への問いの超越論的地平としての時間の解明

第二篇　現存在と時間性

第四五節　現存在の予備的な基礎的分析の成果と、この存在者の根源的な実存論的解釈の課題

681 なにが現存在の予備的な分析によって獲得され、さらになにがもとめられているのだろうか。私たちが見いだしたのは、主題である存在者の根本体制である。それが世界内存在であって、その本質からする諸構造は開示性を中心としている。この構造全体の全体性が、気づかいとして露呈された。気づかいのうちには、現存在の存在が包括されて存しているのである。現存在という存在者の分析にさいして手引きとなったのは、あらかじめ現存在の本質として規定されていたもの、つまり実存であった[*1]。実存という名称が形式的な暗示にあって意味しているのは、現存在は理解する存在可能として存在しており、現存在にとってはそうした存在においてじぶん固有の存在としてのこの存在

が問題である、というしだいなのである。この存在者はそのように存在しながら、そのつど私自身である。気づかいという現象をきわだたせることで、実存の具体的な体制、すなわち、実存が現存在の事実性ならびに頽落《たいらく》と等根源的に連関していることへの見とおしが与えられたことになる。

682　もとめられているのは存在一般の意味への問いに対する答えであり、またそれに先だって、いっさいの存在論にとってのこの根本的な問いを根底から仕上げる可能性である。存在一般といったものがそのうちでさしあたり理解可能となる地平を発掘することとはたほう、存在了解一般の可能性を解明することとひとしいのであって、この存在了解がそれじしん私たちが現存在と名づける存在者の体制にぞくしている。[*2] 存在了解が現存在の本質からする存在契機として根底から解明されるのは、しかしながら、存在了解がその存在にぞくしている存在者がそれ自身にそくして、じぶんの存在にかんして根源的に解釈される場合のみなのである。

＊1　本書、第九節、四一頁以下参照。

＊2　本書、第六節、一九頁以下、第二一節、九五頁以下、第四三節、二〇一頁、参照。

注解（681―682）「現存在の予備的な分析」によってなにが獲得され、なにがもとめられているのか。見いだされたのは「世界内存在」という根本体制であり、その「構造全体の全体性」

が「気づかいSorge」として露呈された。そのさい手引きとなったのは現存在の本質、つまり「実存」であった。そこで暗示されていたのは、現存在にとっては「じぶん固有の存在としてのこの存在」が問題であることである。気づかいという現象によってあきらかとなったのは、実存が「現存在の事実性ならびに頽落」と連関していることなのである(681)。

これに対してもとめられているのは「存在一般の意味への問いに対する答え」であり、存在論の「根本的な問い[†1]」を根底から仕上げる可能性である。存在一般がそのうちで理解可能となる「地平を発掘すること」は、「存在了解一般の可能性を解明すること」とひとしい。当の存在了解はそれじしん現存在の体制にぞくしているのである。存在了解が現存在の本質的な「存在契機 Seinsmoment」として解明されるのは、現存在がそれじたい「根源的に解釈《インテルプレティーレン》」される場合だけなのである(682)。

†1 「書き込み」には、「この根本的な問いによって、他方「存在 - 論 Onto-logie」が同時に変容されるのである(『カントと形而上学の問題』第Ⅳ篇、参照)」とある。

683 私たちは気づかいとして(qua)現存在を存在論的に特徴づけることをもって、現存在という存在者の根源的な解釈であると要求してもよいものだろうか。どのような基準にそくして、現存在の実存論的分析論はその根源性あるいは非根源性を測定されるべきなのだろうか。総じてそもそも存在論的な解釈の根源性とは、なにを意味しているのであろうか。

684 存在論的探究は解釈のひとつの可能なしかたであって、解釈とは、理解が仕上げられて我がものとされることとしてしるしづけられた。[*1] あらゆる解釈には、それが〈あ
232
らかじめ持つこと〉〈あらかじめ見ること〉ならびに〈あらかじめ摑むこと〉がある。それが解釈として探究の明示的な課題となる場合には、そうした「前提」の全体――それを私たちは解釈学的状況と呼ぶ――は、開示されるべき「対象」のなんらかの根本経験にもとづいて、またその根本経験のうちで先行的にあきらかにされ、確定されている必要がある。存在者をそれに固有な存在体制にかんして発掘すべき存在論的解釈は、主題である存在者を第一の現象的な特徴づけをつうじて〈あらかじめ持つこと〉のうちへともたらすことによって支えられている。その〈あらかじめ持つこと〉に対して、後続する分析の歩みはすべて適合しているのである。後続するこの分析の歩みはたほう同時に、当該の存在者が存在するしかたを〈あらかじめ‐見ること〉が可能であることによってみちびかれている必要があるだろう。〈あらかじめ持つこと〉と〈あらかじめ見ること〉がそこでは同時に、いっさいの存在構造がそこへととり入れられるべき概念的構成（あらかじめ摑むこと）をまえもって素描しているのである。

＊1 本書、第三二節、一四八頁以下参照。

注解(683—684)　「現存在」を「気づかい」ととらえることは、現存在の「根源的な解釈《インテルプレタティオン》」なのだろうか。そもそも存在論的な「解釈《インテルプレタティオン》」の「根源性 *Ursprünglichkeit*」とはなにか(683)。

「存在論的探究」とはひとつの「解釈《アウスレーグング》」であり、あらゆる解釈には「あらかじめ持つこと Vorhabe」「あらかじめ見ること Vorsicht」「あらかじめ摑むこと Vorgriff†1」がある。こうした「解釈学的状況 *hermeneutische Situation*†2」と呼ばれるものは、「開示されるべき「対象」」の「根本経験」のうちであきらかにされなければならない。「存在論的解釈《インテルプレタティオン》」がもたらすべき「あらかじめ持つこと」に以後の分析はすべて適合し、また「あらかじめ‐見ること Vor-sicht」がその分析をみちびいている必要がある。「あらかじめ持つこと」「あらかじめ見ること」が、いっさいの存在構造の「概念的構成 Begrifflichkeit」つまり「あらかじめ摑むこと」をまえもって素描《フォアツァイヒネン》しているのである(684)。

†1　本書、第三二節423参照。
†2　右とおなじ箇所に予示されているしだいを参照。

685　根源的な存在論的解釈は、しかし一般に現象的な適合にあって確定されている解釈学的状況を要求するばかりではない。そのような解釈は、主題となっている存在者の全体を〈あらかじめ摑むこと〉へともたらしたかどうかを明示的に確認するものでもなければならない。おなじように、現象的に基礎づけられているものであるにせよ、当の存在者の存在をまずあらかじめ素描することだけでは充分ではない。この存在を〈あらかじめ見ること〉は、むしろその存在に帰属する可能な構造契機の統一にかんして当の存在に的中するものでなければならない。その場合にはじめて、この全体的な存在者の存在全体性が有する統一の意味への問いが、現象的な確実さをともなって設定され、また解答されることが可能となるのである。

686　これまで遂行されてきた現存在の実存論的分析ははたして、基礎的存在論によって要求されている根源性がそれをつうじて保証されているという、そうした解釈学的状況から生じてきたものだろうか。獲得された成果——現存在の存在は気づかいであるという成果——から、この構造全体が有する根源的統一への問いに向けて歩みをすすめることができたのであろうか。

注解(685—686)　「根源的な存在論的解釈《インテルプレタティオン》」は、「解釈学的状況」を要求する。それだけではない。主題となっている「存在者の全体」を「あらかじめ摑むこと」へともたらされたかどうかが確認されなければならない。問題の存在者の存在をまず「あらかじめ素描することVorzeichnung」だけでは充分ではない。「あらかじめ見ること」は、その存在の「構造契機の統一」について当の存在をとらえるものでなければならない。そうしてはじめて問題の存在者の「存在全体性 Seinsganzheit」が有する統一の意味への問いが確実に設定され、解答されることができるのである(685)。

現存在のこれまでの分析は、「基礎的存在論」が要求する根源性を保証する解釈学的状況から生じてきたものだろうか。獲得された成果は、この「根源的統一への問い」へと向かうものであったのか。ハイデガーはあらためてそう問いを提起する(686)。

687　これまでのところ存在論的な手つづきを領導してきた〈あらかじめ見ること〉については、どうであろうか。実存の理念を私たちは、理解しながらの存在可能と規定した。この存在可能にとっては、みずからの存在そのものが問題なのである。そのつど私のものとして、いっぽう存在可能は、本来性に対しても、あるいは非本来性に対しても、さらには両者の様相的な〈無差別〉に対しても自由である[*1]。これまでの解釈は平均的日常性に着手点を置くことで、無差別もしくは非本来的に実存することをめぐる分析に限定されていた。たしかにそうした途にあってもすでに実存の実存的なありかたを具体的に分析することは達成されえたし、また達成されなければならなかった。にもかかわらず実存体制の存在論的な特徴づけには、ひとつの本質的な欠陥がまとわりついたままだったのである。実存とは存在可能を意味する――だが、本来的な存在可能をも意味するのだ。

233

本来的な存在可能の実存論的な構造が実存の理念のうちに取りこまれていないかぎりでは、実存論的解釈をみちびく〈あらかじめ見ること〉には根源性が欠けていることになる。

＊1　本書、第九節、四一頁以下参照。

注解(687)　これまでの「存在論的な手つづき」を領導してきた「あらかじめ見ること」はどうか。「実存の理念」は「理解しながらの存在可能 verstehendes Seinkönnen」であり、そこではみずからの存在が問題である。この存在可能はたほう、「本来性に対しても、あるいは非本来性に対しても、さらには両者の様相的な〈無差別〉[†1]」に対しても開かれている。これまでの「解釈《インテルプレタティオン》」は「平均的日常性」から出発し、「無差別もしくは非本来的に実存すること」に限定されていた。実存とは「本来的な存在可能」をも意味するかぎり、そこにはひとつの「本質的な欠陥」が存在している。「本来的な存在可能の実存論的な構造」を欠く解釈《インテルプレタティオン》を領導する「あらかじめ見ること」には「根源性」が欠けていたのである。

†1　Indifferenz.　この表現については、本書、第九節131参照。

688　さらに、これまでの解釈学的状況をめぐる〈あらかじめ持つこと〉についてはどうか。実存論的分析は、その分析が日常性に着手点を置くことで全体的な現存在を――つまりその「はじまり」から「おわり」にまでいたるこの存在者を――主題を与える現象学的視界のうちにおさめたことを、いつまたどのようにして確認したのだろうか。たしかに、気づかいが現存在体制の構造全体が有する全体性である、とは主張されていた。[*1] とはいえ、すでに解釈にさいしての着手点のうちに存していたのは、現存在を全体として視界のうちにもたらす可能性への断念ではなかっただろうか。日常性とは、それでも誕生と死との「あいだにある」存在にほかならない。くわえて、実存が現存在の存在を規定し、また実存の本質が存在可能によってともに構成されているとするならば、現存在は、実存するかぎりでは存在可能にとどまりながら、そのつどいまだなにものかであるのではないはずである。その〈本質〉を実存がかたちづくっているような存在者は、じぶんが全体的な存在者としてとらえられる可能性に対して、その本質からして抗う。解釈学的状況はこれまでのところ、全体的な存在者を「持つこと」を確認してこなかった。そればかりではない。はたしてそのような〈持つこと〉がそもそも到達可能なものであるのか。さらに、現存在の根源的な存在論的解釈は――主題となっている存在者そのものが存在するしかたからして――挫折せざるをえないのではないか。そうしたことすらもなお問題となるのである。

＊1　本書、第四一節、一九一頁以下参照。

注解（688）　つぎに、「解釈学的状況」を「あらかじめ持つこと」についてはどうか。「実存論的分析」は日常性から出発することで、「全体的な現存在 das *ganze* Dasein」、「その「はじまり」から「おわり」にまでいたる von seinem "Anfang" bis zu seinem "Ende"」現存在が、視界のうちにおさめられたことを確認してはいない。むしろすでにその着手点からして、現存在を全体として視界のうちにもたらすことが「断念 Verzicht」されていたのではないか。日常性とは「誕生と死との「あいだにある」存在 das Sein "zwischen" Geburt und Tod」にほかならない。さらに、実存の「本質 Wesen」が「存在可能によってともに構成されている」[†1]ならば、実存するかぎりで現存在は「存在可能」にとどまるのだから、それは「そのつどいまだなにものかであるのではない je etwas *noch nicht sein*」ことになる。実存がその「本質 Essenz」である存在者は、全体的な存在者としてとらえられる可能性に対して抵抗するだろう。これまでのところ、全体的な存在者を「持つこと Habe」は確認されていない。そもそもそのようなことが可能なのか、「現存在の根源的な存在論的解釈《インテルプレタティオン》」はむしろあらかじめ挫折を約束されているのではないか、といったことすらもなお問題となるのである。

†1 「書き込み」には、「同時に、すでに-存在していること〔である〕」とある。

689　ひとつのことがらが、見あやまりようもなくあきらかになっている。現存在のこれまでの実存論的分析は、根源性に対する要求を主張できないということである。〈あらかじめ持つこと〉のうちにあったものはつねに現存在の非本来的な存在にすぎず、そのさいしかも現存在は全体的ではない現存在なのであった。現存在の存在の解釈は存在論的な根本的な問いを仕上げるにさいして、その基礎として根源的なものとなるべきである。そうであるならばその解釈は、現存在の存在をまずもってその可能な本来性と全体性において、実存論的に光のもとにもたらしておかなければならないのである。

注解(689)　あきらかに、これまでの分析は「現存在」について「根源性」を要求しうるものではない。問題となっていたのは、現存在の「非本来的な存在」、「全体的ではない *unganzes*」現存在にすぎない。現存在の存在の「解釈《インテルプレタティオン》」が存在論の基礎となるべきであるなら、その解釈は現存在の存在をその「本来性と全体性 *Eigentlichkeit* und *Ganzheit*」において照明するものでなければならないのである。

690　かくして、全体としての現存在を〈あらかじめ持つこと〉のうちへと設定するという課題が生じてくる。この件が意味しているのは、けれども、この存在者の全体的存在可能への問いを、そもそもはじめてひとまず展開してみるということなのである。現存在がそれでありえ、それになるだろうなにものかは、現存在が存在しているかぎり現存在においてはそのつどなお未済にとどまっている。この未済には、しかし「おわり」そのものがぞくしているのだ。世界内存在の「おわり」とは死にほかならない。このおわりは存在可能に、すなわち実存にぞくするものとして、現存在のそのつど可能な全体性を境界づけ、また規定している。現存在が死においておわりに達していること、かくてまたこの存在者が全体的に存在することが、たほう現象的に適切に、可能な全体的存在の究明のうちに編みこまれることができるのは、ただ死をめぐって、存在論的に充分な、いいかえれば実存論的な概念が獲得されている場合だけであろう。現存在に適合したしかたでしかし死が存在するのは、ひたすら実存論的な死へとかかわる存在においてのみである。この死へとかかわる存在の有する実存論的な構造が、現存在にぞくする全体的存在可能の存在論的体制として証示される。全体的な実存する現存在が、こうして実存論的な〈あらかじめ持つこと〉のうちへもたらされることになる。とはいえ、現存在は本来的にも全体的に実存しうるのだろうか。そもそも実存の本来性は、本来的に実存することを顧慮することなく、どのように規定されるというのであろうか。どこから、私たちはそのための判断規準を手にしてくるのだろうか。本来的実存といったものが現存在に存在的に押しつけられたり、存在論的に捏造されたりすることがかなわないとするならば、現存在自身がその存在において、みずからの本来的実存の可能性とその様式をあらかじめ与えていなければならないことはあきらかである。本来的な存在可能をあかすものは、ところで良心なのである。死がそうであるように、良心という現存在の現象が純正に実存論的な解釈を要求している。その解釈によってみちびかれる見とおしは、現存在の本来的な存在可能が良心をもとうと意志することに存する、というしだいである。この実存的な可能性は、さらにその存在の意味からして、死へとかかわる存在をつうじて実存的に規定されているありかたをめざしてゆくことになるのである。

691　現存在の有する本来的な全体的存在可能が提示されることで、現存在の根源的な存在の体制を実存論的に分析することが保証される。本来的な全体的存在可能はたほうそれと同時に、気づかいという様態として見てとられうるものとなる。かくてそもそもまた、現存在の存在意味にかんする根源的な解釈のための現象的に充分な地盤も確定されるのである。

注解（690—691）「全体としての現存在」が、かくてとらえられなければならない。「現存在がそれでありえ、それになるだろうなにものかは、現存在が存在しているかぎり現存在においてはそのつどなお未済にとどまっている」[†1]。この「未済」に「おわり」がぞくし、「世界内存在」の「おわり」とは「死 Tod」である。このおわりが現存在の「全体性」を境界づけ、規定している。現存在が死において「おわりに達していること」[†2]、現存在の「全体的存在 *Ganzsein*」を究明するためには、死をめぐって「存在論的」-「実存論的な」概念を獲得しなければならない。「現存在に適合したしかたで」[†3] 死が存在するのは、「死へとかかわる存在」[†4] においてのみである。全体的な現存在が、こうして実存論的な見とおしのうちへもたらされることになる。ところで、現存在は「本来的にも全体的に実存しうる」のか。そのことを測る「判断規準 Kriterium」はなんなのだろうか。現存在自身が、じぶんの「本来的実存の可能性とその様式」をあらかじめ与えていなければならない。ハイデガーによれば、「本来的な存在可能」をあかすものが「良心 Gewissen」であり、「現存在の本来的な存在可能」は「良心をもとうと意志すること *Gewissen-haben-wollen*」なのである(690)。

現存在の「本来的な全体的存在可能」によって、現存在の「根源的な」存在体制を実存論的に分析しうるようになる。本来的な全体的存在可能が、「気づかい」において見てとられるようになるのである、とハイデガーは見とおしを立ててゆく(691)。

†1　Im Dasein steht, solange es ist, je noch etwas aus, was es sein kann und wird.「未済にとどまっている」と訳したのは、動詞 ausstehen. 次の文の「未済」は名詞 Ausstand. 複数形で「未回収金」という意味になる。

†2　Zu-Ende-sein.「書き込み」には「おわりにかかわりながら「存在すること」Zum-Ende-"sein"」とある。

†3　Daseinsmäßig. この表現については、本書、第四四節c 669の訳注参照。「書き込み」には、「現存在の本質にあわせて思考された gemäß dem Wesen des Daseins gedacht」とある。

†4　*Sein zum Tode.* この鍵概念に対するHの訳は「死へ臨む存在」、Kは「死への存在」、Tでは「死への有」。ここではWの「死へとかかわる存在」にしたがう。Rの英訳は *Being*

towards death, Mの仏訳は *être pour la mort*, Vでは *être vers la mort*.「書き込み」には、「死」に注記して「非存在の存在 Sein des Nichtseins」とある。

692　現存在の実存的なありかたにとって、ところでその根源的な存在論的根拠は時間性である。現存在の存在は気づかいとして分肢化されたけれども、その分肢化した構造全体性は時間性からはじめて実存論的に理解可能となる。こうしたことがらが証示されたとしても、現存在の存在の意味にかんする解釈はそこにとどまることができない。現存在という存在者の実存論的 - 時間的分析は、具体的な確証を必要とする。現存在についてこれまで獲得された存在論的な構造が、その時間的な意味へとさかのぼりながら発掘されなければならない。日常性は、時間性の様態として露呈されることになる。現存在の予備的な基礎的分析がこのように反復されることによって、同時にしかし時間性という現象そのものがより見とおしのきくものとなるのである。この時間性からしてさらに理解可能となるのは、現存在がその存在の根底において歴史的であり、また歴史的でありうるのはなぜなのか、さらにまた現存在が歴史的なものとして歴史学をかたちづくることができるのはどうしてなのか、ということである。

693　時間性が現存在にぞくする根源的な存在の意味をかたちづくり、現存在という存在者にとってはたほうじぶんの存在においてこの存在自身が問題である。そうであるとするならば、気づかいは「時間」を使用せざるをえないし、したがって「時間」を計算に入れざるをえない。現存在の時間性は「時間計算」を形成するのである。この時間計算のうちで経験される「時間」が、時間性のもっとも身近な現象的アスペクトにほかならない。このような「時間」から日常的‐通俗的な時間了解が育まれる。さらに、この時間了解が伝統的な時間概念へと展開してゆくのである。

注解（692—693）　「現存在の実存的なありかた」の「存在論的根拠」は「時間性 *Zeitlichkeit*」である。現存在の「構造全体性」が時間性によってはじめて理解可能となるはずである。これまで現存在について獲得された存在論的な構造は、その「時間的な意味 zeitlicher Sinn」についてあきらかにされなければならない。これまでの分析がこのように「反復」[†1]されることで同時に、「時間性という現象」自体が見とおされるのである。この時間性にもとづいて理解可能となるのは、現存在が「その存在の根底において im Grunde seines Seins」歴史的である理由であり、現存在が「歴史的なものとして歴史学を」[†2]形成しうる理由にほかならない（692）。「時間性」が、現存在の「存在の意味」であるならば、気づかいは「時間」を使用せざるをえないし、「時間」を計算に入れざるをえない。現存在の時間性は、「時間計算 Zeitrechnung」を形成する。この時間計算のうちで時間性のもっとも身近な「現象的アスペクト」が形成され、そこから、「日常的‐通俗的 alltäglich-vulgäre」な「時間了解」が成立して、さらに「伝統的な時間概念 der traditionelle Zeitbegriff」がなりたってゆくのである(693)。

†1　Wiederholung. この語についてはさしあたりまず、本書、第一節5の訳注参照。

†2　「歴史的なものとして」は *als geschichtliches,* 「歴史学」は Historie. 後者はこの場面では「修史」くらいに訳すこともできる。両者の区別については、これもとりあえずはまず本書、第三節27の訳注参照。

694　世界内部的な存在者が「そのうちで」出会われる「時間」の根源、つまり時間内部性としての時間の根源を解明することによって、時間性が有している、その本質からする時間化可能性があらわになる。そのことで、時間性のより根源的な時間化に対する了解が準備される。この時間化のうちに、現存在の存在にとってそれを構成する存在了解がもとづいているのである。存在一般の意味を投企することは、時間の地平のうちで遂行されうることになる。

695　この篇にまとめられた探究は、かくして以下のような段階を経る。現存在の可能な全体的存在と、死へとかかわる存在(第一章)。本来的な存在可能の現存在によるあかしと、決意性(第二章)。現存在の本来的な全体的存在可能と、気づかいの存在論的意味としての時間性(第三章)。時間性と日常性(第四章)。時間性と歴史性(第五章)。時間性、ならびに通俗的時間概念の根源としての時間内部性[*1](第六章)。

＊1　一九世紀にS・キルケゴールは、実存問題を実存的な問題として明示的につかみとり、徹底的に思考しぬいた。実存論的な問題系が、とはいえキルケゴールにとっては疎遠なものであったので、存在論的な観点からすると、ヘーゲル、およびヘーゲルから見られた古代哲学の支配下に全面的に立つことになったのである。だからキルケゴールの理論的な著作よりも、その「教化的な」著作のほうが哲学的にはより学ぶべきものが多い——ただし不安の概念にかんする論攷は例外である。

注解(694—695)　世界内部的な存在者の「時間」の根源、つまり「時間内部性 Innerzeitigkeit」としての時間の根源を解明することによって、「時間性」の「時間化可能性 Zeitigungsmöglichkeit」があらわになり、時間性の「時間化 Zeitigung」に対する了解が準備される。この時間化のうちに、「現存在の存在」を構成する「存在了解」はもとづいている。「存在一般の意味」への「投企」は、時間の地平のうちで「遂行され[†1]」うることになる(694)。以下、ハイデガーは、注でキルケゴールに言及しつつ[†2]本篇の探究を予示してゆく(695)。

†1　「書き込み」には、「現-存性(来着とできごと) An-wesenheit (Ankunft und Ereignis)」とある。

†2　「書き込み」では原注の「実存論的な」に注記して、「しかも基礎存在論的な、すなわち存在への問いそのものを一般にめざすような」とある。

第一章　現存在の可能な全体的存在と、死へとかかわる存在

第四六節　現存在に適合的な全体的な存在を存在論的に把握し、規定することの見かけ上の不可能性

696 現存在のこれまでの分析がそこから発していた解釈学的状況について、その不充分な点が克服されなければならない。全体的な現存在にかんして避けがたく獲得されるべき〈あらかじめ持つこと〉を顧慮するなら、現存在という存在者は、実存するものとして、そもそもその全体的存在において接近可能となりうるのかどうかが問われなければならない。現存在そのものの存在体制のうちに存している重要な証拠は、要求されている〈あらかじめ持つこと〉が不可能であることを支持しているかのように思われる。

697 気づかいは、現存在の構造全体の全体性をかたちづくるものである。気づかいのそうした存在論的な意味からしてあきらかに、現存在という存在者の可能な全体的存在は気づかいに対して矛盾している。気づかいの第一次的な契機は「じぶんに先だって」であるけれども、それが意味しているのはなにより、現存在はそのつどじぶん自身のた

めに実存するということである。現存在は「それが存在しているかぎり」、じぶんのおわりにいたるまでじぶんの存在可能へとみずからかかわっている。現存在がなお実存していながらも、もはや「じぶんのまえに」なにもたず「じぶんの決算をつけてしまった」ときでさえ、現存在の存在はなお「じぶんに先だって」によって規定されているのである。希望が失われているありかたもたとえば、現存在からそのさまざまな可能性を奪いとってしまうものではない。そのありかたもたんに、現存在の可能性へとかかわる存在のひとつの固有な様態にすぎない。おなじように、幻想をもたずに「いっさいに対して決然としている」ことも、「じぶんに先だって」を内蔵している。気づかいのこの構造がそれでもまぎれもなく語りだしているように、現存在のうちには、現存在自身の存在可能としていまだ「現実的」となっていないなにものかがつねになお未済となっているのだ。現存在が有する根本体制の本質のうちには、だから不断の未完結性が存している。非全体性が意味しているのは存在可能への未済にほかならない。

注解（696—697）　これまでの分析の不充分な点が克服されなければならない。「全体的な現存在」を問題とするかぎり、現存在はそもそもその「全体的存在」において接近可能かどうかが問題となる。現存在の存在体制からして、この件は不可能であるかに思われるからである（696）。「気づかい」が「現存在」の全体性であるとすれば、現存在の「可能な全体的存在」と矛盾する。気づかいは第一に「じぶんに先だって[†1]」であって、それが意味しているのは「現存在はそのつどじぶん自身のために(umwillen)実存」し、存在しているかぎり現存在はじぶんの「存在可能」へとかかわっているということである。現存在がもはや「じぶんのまえに vor sich」なにももたず、「じぶんの決算をつけてしまった seine Rechnung abgeschlossen」ときでさえ、現存在の存在はなお「じぶんに先だって」によって規定されている。気づかいのこの構造が意味しているのは、「現存在のうちには、現存在自身の存在可能としていまだ「現実的」となっていないなにものかがつねになお未済となっている」ということにほかならない。現存在の根本体制のうちには、「不断の未完結性 eine *ständige Unabgeschlossenheit*」がある。「非全体性」つまり全体ではないこと(Unganzheit)とは、「存在可能への未済 Ausstand an Seinkönnen」なのである(697)。

†1　Sichvorweg.　この表現については、本書、第四一節555以下参照。

698　しかしながら、現存在がじぶんには端的になにごとも未済ではないというしかたで「実存する」と、ただちにそのことと軌を一にしてすでに、現存在はもはや現に存在しないことになる。存在の未済を取りのぞくことは、現存在の存在を絶滅させることを意味するのである。現存在が存在者として存在しているかぎり、現存在はじぶんの「全額」をけっして入手していない。現存在がじぶんの全額を獲得すれば、たほうその獲得は世界内存在の端的な喪失となる。存在者としては、現存在はそのときだんじてもはや経験可能ではなくなるのだ。

699　現存在を存在する全体として存在的に経験し、それにしたがって現存在をその全体的存在において存在論的に規定することは不可能である。その根拠は、認識能力のなんらかの不完全さに存するわけではない。障害は現存在という存在者の存在の側にある。経験することが現存在をそのようにとらえようとこころみた、そのようなしかたでそもそも存在しえないものは、原則的に経験可能性といったものを逃れている。そうであるとすれば、だが、存在論的な存在全体性を現存在において読みとろうとすることは、見込みのないくわだてにとどまることになるのではないか。

注解(698―699)「現存在」から「未済」が取りのぞかれるとき、現存在は「もはや現に存在しないNicht-mehr-da-sein」ことになる。現存在が存在しているかぎり、現存在はじぶんの「全額Gänze」を入手せず、その「獲得Gewinn」はむしろ「喪失Verlust」となるのである(698)。

現存在を全体として経験し、現存在をその「全体的存在」において存在論的に規定することはできない。「障害」は現存在という存在者の「存在の側に」ある。「経験することが現存在をそのようにとらえようとこころみた、そのようなしかたでそもそも存在しえないものは、原則的に経験可能性といったものを逃れている」[†1]。現存在の「存在論的な存在全体性」はそもそも読みとりようもないのではないか、とハイデガーは問題をあらためて提起する(699)。

†1　Was *so* gar nicht erst *sein* kann, *wie* ein Erfahren das Dasein zu erfassen prätendiert, entzieht sich grundsätzlich einer Erfahrbarkeit. 私たちは現存在をその全体的な存在においてとらえようとしたけれども、そもそも現存在が存在者として存在しているかぎり、それは全体的に存在していない以上、全体的な現存在は経験されえない、という意味。Rの英訳は That which cannot ever be *such as* any experience which pretends to get Dasein in its grasp would claim, eludes in principle any possibility of getting experienced at all. Mの仏訳は、Ce qui ne peut absolument pas *être* comme l'expérimenter prétend saisir le *Dasein* se soustrait fondamentalement à une expérimentabilité. Vでは、Ce qui est absolument incapable d'*être,* à la *manière* dont l'expérience a prétention de saisir le Dasein, échappe par principe à une expérience possible.

700　「じぶんに先だって」は、気づかいがその本質からして有する構造契機として抹消されえないものである。だがまた、このことから私たちが引きだしたことがらも吟味に耐えるものなのだろうか。ひたすら形式的なものにすぎない論証によっては、全体的な現存在をとらえることは不可能であるはこびが結論されたのではないか。あるいは、それどころか根本において、現存在が思いもかけないことに一箇の目のまえにあるものとして着手点に置かれて、その目のまえにあるものの前方に、いまだ目のまえに存在していないものがたえず押しこまれてはいなかっただろうか。さきの論証は、まだ存在していないことと「先だって」とを純正な実存論的な意味のなかでとらえていたであろうか。「おわり」や「全体性」は、現存在に現象的に釣りあうかたちで問題とされていたのか。「死」という表現は生物学的な意義を有していたのか、それとも実存論的‐存在論的な意義を有していたのか。否、そもそもそれはじゅうぶん確実に境界づけられた意義を有していたのだろうか。さらにいったい、じっさいのところ、現存在をその全額において接近可能なものとする可能性のいっさいが汲みつくされているのであろうか。

注解(700)「じぶんに先だって」は、「気づかい」の本質的構造契機として抹消されえない。だが、その帰結もまた確固としたものなのか。もしかすると、「現存在」が不注意にも「目の《フォア》まえにあるもの《ハンデネス》」として設定されてしまい、そのさらにかなたに、「いまだ目のまえに存在していないもの Noch-nicht-vorhandenes」を定立するかたちになっていなかっただろうか。「まだ存在していないこと Noch-nicht-sein」と「先だって」が、また「おわり」や「全体性」が、「実存論的」に正しくとらえられていたのか。「死」という表現すら、なおじゅうぶんに劃定《かくてい》されていないのではないだろうか。ハイデガーは反省をくわえてゆく。

701　現存在の全体性の問題が空虚な問題として排除されうるまえに、これらの問いが解答を要求している。現存在の全体性への問い、つまり可能な全体的存在可能への実存的な問いも、「おわり」と「全体性」の存在体制への実存論的な問いも、これまで保留されてきたさまざまな実存現象を積極的に分析するという課題をそのうちに蔵しているのである。こうした考察の中心にあるものは、現存在が〈おわりに達していること〉を存在論的に特徴づけて、死にかんする実存論的概念を獲得することにほかならない。この点に関係する探究は以下のような様式で区分される。他者たちの死の経験可能性と、全体的な現存在の把握可能性(第四七節)。未済、おわり、および全体性(第四八節)。死の実存論的分析を、当の現象について他に可能な解釈に対して境界づけること(第四九節)。死の実存論的‐存在論的構造をあらかじめ素描すること(第五〇節)。死へとかかわる存在と、現存在の日常性(第五一節)。死へとかかわる日常的な存在と、死の完全な実存論的概念(第五二節)。死へとかかわる本来的な存在の実存論的投企(第五三節)。

注解(701)　右のような問いに答えなければならない。そのためには、これまで保留されてきた「さまざまな実存現象 Existenzphänomenen」が積極的に分析されなければならないのである。「現存在が〈おわりに達していること〉daseinsmäßiges Zu-Ende-sein」を存在論的に特徴づけ、「死にかんする実存論的概念」を獲得することが、中心的な課題にほかならない。こうしたことの消息を確認したうえでハイデガーは本章の構成を予示してゆく。

第四七節　他者たちの死の経験可能性と、全体的な現存在の把握可能性

702　現存在は死においてその全額に到達する。それは同時に、〈現〉の存在の喪失である。もはや現存在しないことへと移行することによって、現存在からは、まさにこの移行を経験し、またそれを経験されたこととして理解する可能性が奪われてしまう。そうしたことは、そのときどきの現存在にとって、じぶん自身にかんしてはともあれ拒まれていることだろう。それだけにますます、他者の死がやはり差しせまってくるのである。現存在の終結ということが、そこで「客観的に」接近可能となるからだ。現存在は、ましてその本質にそくして他者たちとの共同存在であるがゆえに、そこでこそ死の経験を獲得することができる。死がこのように「客観的に」与えられていることからして、そこでまた現存在の全体性を存在論的に限界づけることも可能となるにちがいない。

703　これは手近な方策であり、また現存在が共同相互存在として存在するしかたから汲みとられた方策である。その方策とはつまり現存在の全体性を分析するかわりに、それを補完するものとして、おわりに到達した他者たちの現存在を主題として選択するこ

とにほかならない。そのような方策によって、はたして企図された目標にみちびかれるのだろうか。

注解(702—703)「現存在」の「死」は、「〈現〉の存在の喪失」である。「もはや現存在しないこと」によって、現存在からはその「移行」を経験する可能性が奪われてしまう。それだけに、「他者の死 der Tod Anderer」が差しせまった主題となるかにみえる。現存在の「終結 Beendigung」が、そこでは「客観的に」接近可能となるからである。現存在は他者たちとの「共同存在」であるがゆえに、他者においてこそ死が経験されるかに思われるのである(702)。

他者の死を主題化するという手近な「方策 Auskunft」によって、「現存在の全体性」をめぐる困難は克服され、企図された目標へと到達することができるのだろうか。ハイデガーはまずそのように問題を提起する(703)。

704　他者たちの現存在も、しかし死においてその全額を達成してしまい、それとともに、もはや世界内に存在しないという意味で、もはや現存在しないものとなる。死ぬことは世界の外に立ちさること、世界内存在を喪失することを意味するのではないか。死者がもはや世界内存在しないことは、それにもかかわらずなお——極端に解するなら——ひとつの存在である。つまり、出会われる物体的事物がなおわずかに目のまえに存在するという意味では一箇の存在である。他者たちが死ぬことにあって、注目すべき存在現象が経験されうる。その存在現象は、現存在(あるいは生命)という存在のしかたから、もはや現存在しないことへの存在者の反転と規定されるものなのである。現存在としての(qua)存在者のおわりは、たんなる目のまえにあるものとしての(qua)この存在者のはじまりにほかならない。

注解(704)「他者たちの現存在」も、死とともに「もはや世界内に存在しない Nicht-mehr-in-der-Welt-sein」という意味で「もはや現存在しない」。「死ぬこと[†1]」は「世界の外に立ちさること Aus-der-Welt-gehen」ではないか。しかし、「死者 das Gestorbene」がもはや世界内存在しないことは、「物体的事物」が「なおわずかに目のまえに存在する」という意味で一箇の「存在」である。他者たちの死にあって、現存在という存在のしかたから、「もはや現存在しないこと」への「反転 Umschlag」という、「存在現象」が経験される。現存在のおわりは、「目のまえにあるもの」としてのこの存在者のはじまりなのである。

†1 Sterben. K、Tでは「死ぬこと」、Hは「死ぬということ」、すぐあとで、「ほかの人びとの「死去」」、Wは「死亡するということ」。Rの英訳ではdying. Mの仏訳はmourir. Vもここではmourir だが、直後で la mort d'autrui. Ableben との差異については、本書、第四九節739の訳注参照。

705 現存在が、わずかに目のまえにあるありかたへと反転してゆく。このような解釈は、しかしながら、なおとどまりつづけている存在者が純然たる物体的事物としてはあらわれていないかぎり、現象的ななりたちをとらえ損なっている。目のまえにある死体であっても、理論的に見られるならなおも病理学的な解剖が可能な対象であって、そうした解剖が示す理解の傾向はあくまで生命の理念に方向づけられている。それはわずかに目のまえにあるものであるとはいっても、生命をもたない物質的事物「より以上」のものなのである。そこで出会われているものは、生命を喪失してしまって立ちさった生きてはいないものにほかならない。

706　とはいえ、なおとどまりつづけているものを右のように特徴づけたとしても、現存在に適合した現象的な所見をかんぜんに汲みつくしたことにはなっていない。

注解（705―706）「現存在」の「反転」という「解釈《インテルプレタティオン》」は、しかし現象の「なりたちBestand」をとらえきっていない。「なおとどまりつづけている nochverbleibend」存在者は純粋な「物体的事物」ではないからである。「死体 Leiche」であっても、病理学的な解剖の対象となりえ、そのばあい死体は「わずかに目のまえにあるもの」とはいっても、「生命をもたない *leblos*」物質的事物「より以上 mehr」のものであり、「生命を喪失してしまって立ちさった生きてはいないもの ein des Lebens verlustig gegangenes *Unlebendiges*」なのである（705）。

とはいえ、そのようにいってもなお充分ではない、とハイデガーは付けくわえてゆく（706）。

707 「故人」とは、死者とはことなって「遺族」から引きはなされたものであり、故人は、葬式、埋葬、墓参といった様式で「配慮的な気づかい」の対象である。さらにこのことの理由はふたたびまた、故人がその存在のしかたにあって、たんに配慮的に気づかわれうる、周囲世界的に手もとにある道具「より以上」のものである点にある。哀悼と追憶の念とともに故人のもとで佇《たたず》むとき、遺族は、敬虔な顧慮的気づかいという様態において故人とともに存在しているのである。死にびとへの存在関係はそれゆえにまた、手もとにあるもののもとで配慮的に気づかいながら存在することととらえられてもならない。

708 このように死にびとと共に在ることにあって、故人そのひとはもはや事実的には「現にそこに」存在してはいない。共同存在は、しかしながらつねに同一の世界のうちでの共同相互存在のことを意味する。故人は私たちの「世界」をたち去り、その「世界」をあとに遺していった。この世界のほうからすれば、遺された者たちはなお故人とともに存在していることができるのである。

注解（707—708）「故人」[†1]とは、死者とはことなって、「遺族 Hinterbliebene」から引きはなされたものであり、故人は「葬式、埋葬、墓参」といった「配慮的な気づかい《ベソルゲン》」の対象となる。故人は、たんに配慮的に気づかわれる道具「より以上 noch mehr」のものである。哀悼の念とともに故人のもとで佇み、滞在する(Verweilen)とき、遺族は顧慮的気づかい《フュールゾルゲ》において「故人とともに存在している *sind ... mit ihm*」(707)。

このように「死にびと」[†2]と「共に在ること《ミットザイン》」にあって、故人自身は「現にそこに《ダー》」はいない。「共同存在《ミットザイン》」とはつねに「同一の世界のうちでの共同相互存在」のことであって、この場合の同一の世界とは、故人が「たち去り verlassen」、しかし「あとに遺して zurückgelassen」いった、「この世界」のことであり、そのかぎりでは「遺された者たち die Bleibenden」はなお故人とともに在ることができるのである(708)。

†1　Verstorbene. 本節704の「死者 das Gestorbene」と対比される。Rの英訳では deceased と dead person. Mの仏訳では le défunt と le simple mort. Vでは逆に後者が le défunt で、前者は le disparu.

†2　der Tote. Rの英訳では the dead. Mの仏訳では le mort. Vも同様。

709　故人がもはや現存在していないということが現象的により適切にとらえられると、それだけはっきりと示されてくるように、死にびととそのように共に在ってさえも、その故人が本来的におわりに到達したというまさにそのことが〔共に〕経験されるわけではない。死はたしかに喪失として露呈されるけれども、死はしかしあとに遺されたひとびとが経験する喪失以上の喪失なのである。喪失をこうむることにあって、にもかかわらず、死にゆく者が「こうむる」存在喪失そのものへの接近は可能ではない。私たちは、純正な意味では他者たちが死ぬことを経験することがない。むしろせいぜいのところ、つねにただ「その場に居あわせて」いるだけである。

注解（709） 「死にびと」と「共に在って《ミットザイン》」さえも、そのことは、故人が「本来的におわりに到達した das eigentliche Zuendegekommensein」ということを共に「経験」することではありえない。「死」は「あとに遺されたひとびと die Verbleibenden」が経験する喪失以上の「喪失」である。喪失を「こうむること Erleiden」にあっても、「死にゆく者 der Sterbende」がこうむる「存在喪失 Seinsverlust」そのものは接近可能ではない。ひとは「他者たちが死ぬこと」を経験せず、せいぜいのところ、ただ「その場に居あわせて dabei」いるだけなのである。

710 さらに、その場に居あわせて、他者たちが死にゆくことを「心理学的に」明瞭にすることが、可能でありまた許容されたことだとしても、他者たちが死ぬことで意味されている存在の様式、つまりおわりに到達するという存在様式は、それでもまったくとらえられないことだろう。死にゆく者が死ぬことは、死にゆく者の存在のひとつの存在可能性である。問題は、そのような、死にゆく者が死ぬことが有する存在論的な意味を問うことにあるのであって、故人が遺族と共に現に存在したり、なお現に存在したりする様式を問うことにあるのではない。他者たちについて経験される死を、現存在のおわりならびに全体性を分析するための主題とせよ、とする指示は、この指示が与えうると思いなしていることがらを、存在的にも存在論的にも与えることがかなわないのである。

注解(710)　「他者たちが死にゆくこと《シュテルベン》」を「心理学的に」明確にすることが可能であったとしても、他者たちが死ぬことという存在の様式、つまり「おわりに到達する」という存在様式は、まったくとらえられない。「死にゆく者が死ぬこと Sterben des Sterbenden」は、その者のひとつの「存在可能性」である。問題は、そのことそのものの存在論的意味を問うことにある。他者たちについて経験される死を主題化したとしても、「現存在のおわりならびに全体性」を分析することには、「存在的にも存在論的にも」なりようがないのである。

711　なによりしかし、他者たちが死ぬことを、現存在の完結性および全体性の存在論的な分析を補完する主題とせよ、との指示は、ひとつの前提にもとづいている。その前提は、現存在の存在のしかたをまったく見あやまっているしだいが証示されるのである。この前提は以下のような思いなしのうちに存する。すなわち、現存在は任意に他の現存在によって置きかえられうるのであり、だからじぶんに固有な現存在にあって経験不能でありつづけることがらは、他の現存在にそくして接近可能となる、というものである。

とはいえ、こうした前提はほんとうにそれほど無根拠なのだろうか。

注解(711)　他者たちの死を分析することで、「現存在の完結性 Daseinsabgeschlossenheit」およびその「全体性」の「存在論的な分析」に替えることは、ひとつの前提のもとでのみ可能である。つまり、現存在は任意に他の現存在によって「置きかえられ ersetzt」うるのであり、じぶんの現存在にあっては「経験不能」なことがらも他の現存在にそくして「接近可能」となる、ということである。この前提は、ところでそれじたい無根拠なのだろうか。

712　世界のうちでの共同相互存在のさまざまな存在可能性には、或る現存在が他の現存在によって代理されうる可能性がぞくしている事情については争う余地がない。配慮的な気づかいの日常性にあってはそのような代理可能性が、多様なしかたでかつ不断に使用されている。〜へ出かける、〜を持ってくるといったことは、もっとも身近に配慮的に気づかわれている「周囲世界」の領分においては、ことごとく代理可能なのである。世界内存在の代理可能な様式は広範で多様なありかたに及んでいる。その多様性は、公共的な相互性の洗練された様式のうえにひろがっているばかりではない。一定の領分に制限され、職業や身分、年齢に応じて配分された、配慮的な気づかいのうえにも同様にひろがっている。そうした代理はたほうではその意味からして、つねになにかに「おいての」代理であり、なにかの「もとでの」代理であって、いいかえればなにかについて配慮的に気づかうことにおける代理である。日常的な現存在は、ところでさしあたりたいていは、みずからが配慮的に気づかうのがつねであることがらから、じぶんを理解している。「ひと」は、ひとが従事している当のものなので「ある」。このような存在、つまり配慮的に気づかわれている「世界」のもとに日常的に互いに共に没入していることにかんしては、代理可能性が一般に可能である。それればかりではない。代理可能性は、構成要素として相互性にぞくしてもいる。そこでは、或る現存在はなんらかの限界内で他の現存在で「あり」うるし、また「あら」ねばならないのである。

注解(712)「共同相互存在」のさまざまな「存在可能性」には、「或る現存在が他の現存在によって代理されうる可能性」[†1]がぞくしている。日常的には、そのような代理可能性が、多様かつ不断に見うけられる。「世界内存在の代理可能な様式」は広範に及び、「公共的な相互性 Miteinander」の様式や、「職業や身分、年齢に応じて配分された」ふるまいにも及んでいる。そうした「代理 Vertretung」は、つねになにかに「おいて《イン》の」代理であり、なにかの「もとで《バイ》の」代理であって、「なにかについて配慮的に気づかうこと」の代理である。日常的な現存在はところでそれが従事している当のものなので「ある」から、配慮的に気づかわれている「世界」のもとでの日常にかんしては、代理可能性が一般に可能であり、それは「相互性《アインアンダー》」そのものをかたちづくってもいる。日常的には、「或る現存在はなんらかの限界内で他の現存在で「あり」うるし、また「あら」ねばならない」のである。

†1 die *Vertretbarkeit* des einen Daseins durch ein anderes. Rの英訳は the fact that one Dasein *can be represented* by another. Mの仏訳では、la *représentabilité* d'un Dasein par un autre, Vでは la *possibilité* qu'a un Dasein *d'être délégué pour en représenter* un autre.

713　しかしながらこうした代理可能性は、現存在をおわりに到達させる存在可能性、そうした可能性として現存在にその全額を与えるような存在可能性を代理することが問題となる場合には、かんぜんに座礁してしまう。だれも他者から、その者が死ぬことを取りのぞくことはできない。だれかが「ある他者のかわりに死へとおもむく」ことはたしかにありうる。この件が意味するのはしかしながらつねに、その他者のかわりに「ある特定のことがらにおいて」犠牲になるということにすぎない。そのような～のかわりに死ぬことは他方だんじて、他者からそのことでその者の死がほんのすこしでも取りのぞかれたことを意味することができない。死ぬことは、それぞれの現存在がそのときどきにみずからじぶんで引きうけざるをえないものである。死は、それが「存在する」かぎりその本質からいってそのつど私のものなのである。しかも死は、ひとつの固有な存在可能性を意味しているのであって、その存在可能性にあってはそのつど固有な現存在の存在が端的に問題なのだ。死ぬことにおいて示されているのは、死は存在論的にそのつど私のものであることと、実存とによって構成されているということである。[*1] 死ぬことはいかなる事件でもなく、実存論的に理解されるべき一箇の現象である。しかもきわだった、より限界づけられるべき意味にあって一箇の現象なのである。

＊1　本書、第九節、四一頁以下参照。

注解(713)　こうした「代理可能性 Vertretungsmöglichkeit」は、「現存在をおわりに到達させる存在可能性」にあって座礁する。「だれも他者から、その者が死ぬことを取りのぞくことはできない *Keiner kann dem Anderen sein Sterben abnehmen*」からである。他者の「かわりに死ぬこと Sterben für」は、他者から死を取りのぞくことではなく、死ぬことは、それぞれの現存在が「じぶんで引きうけ auf sich nehmen」ざるをえない。死は「そのつど私のもの」である。しかも死は、「そのつど固有な現存在の存在が端的に問題」であるような「ひとつの固有な存在可能性」を意味している。死ぬことにおいて示されているのは、[†1] 死は「存在論的」に「そのつど私のもの」であり、実存によって構成されているしだいである。死ぬことは「事件 Begebenheit」ではなく「実存論的に理解されるべき一箇の現象 Phänomen」なのである。

†1　「書き込み」には、死とは「現存在にまとわりついている死へのかかわり(Der daseins-

hafte Bezug zum Tod)〔であり〕、死そのものは、死の来着 —— 発生(Ankunft — Eintritt)、つまり死ぬことである」とある。

714 「おわること」が死ぬこととして現存在の全体性を構成している。そうであるとすれば、しかし全額の存在そのものは、そのつどじぶんに固有な現存在の実存論的現象として把握されなければならない。「おわること」と、それによって構成された現存在の全体的存在にあっては、その本質からしてどのような代理も与えられていない。この実存論的なことのなりたちを、さきに提案された打開策は見あやまっているのである。その打開策は、他者たちが死ぬことを全体性の分析を補完する主題として置きかえようとしたからである。

715 だから、現存在の全体的存在を現象的に適切なかたちで接近可能なものとしようとするこころみは、あらためて座礁していることになる。いっぽう、これまでの反省の成果は否定的なものにとどまっているわけではない。それはたとえ雑駁な方向づけにおいてであったにせよ、現象にそくして遂行されていたのである。死は実存論的な現象として暗示されている。このことによって探究は、そのつどじぶんに固有な現存在に純粋に実存論的に方向づけることを迫られている。死ぬこととしての死を分析するにさいして残されているのは、ただつぎのような可能性だけである。つまり、この現象を純粋に実存論的な概念へともたらすか、あるいはそれに対して当の現象を存在論的に了解するのを断念するか、なのである。

注解(714—715)「おわること das "Enden"」が「死ぬこと」として「現存在の全体性」を構成するのであれば、全体性はそのつどじぶんに固有な現存在の「実存論的現象」として把握されなければならない。そこには、どのような「代理」も「与えられて gibt es」いない。「他者たちが死ぬこと」を分析することでは、この「ことのなりたち Tatbestand」が見のがされてしまう(714)。

こうして、現存在の「全体的存在」に接近しようとするこころみは、いまいちど座礁してしまうことになる。このことによって、他方ではしかし、探究は「そのつどじぶんに固有な現存在」へと「実存論的に方向づけ existenziale Orientierung」られることを余儀なくされる。死という現象が「純粋に実存論的な概念」にもたらされなければならないのである(715)。

716　現存在は、もはや世界内存在しないことである、もはや現存在しないことへと移行する。その移行を特徴づけたさい、さらに示されたのは、現存在が死ぬという意味で世界の外にたち去ることは、たんに生きているだけのものが世界の外にたち去ることとは区別されなければならない事情である。生きているものがおわることを、術語的に

〈生きおわること〉ととらえておこう。この区別を見てとることができるようになるのは、ただ、現存在がおわることを生命のおわりに対して境界づけることによってだけである。[*1]死ぬことはたしかに生理学的‐生物学的にも把握されはする。「死亡」という医学的概念は、しかし生きおわるという概念とは覆《おお》わないのである。

717　死を存在論的に把握する可能性をめぐって、これまで究明してきた。そこから同時にあきらかになるのは、つぎのことにほかならない。すなわち、他の存在のしかた(目のまえにあるありかたや、生命)を有する存在者による基礎工事が、そうとは気づかれないままに圧倒してきて、そのために死という現象の解釈が、それればかりかこの現象を第一に適切にあらかじめ与えることすらも、すでに混乱させられる惧《おそ》れがあるということだ。ただ、おわりとか全体性といった、死という現象を構成するさまざまな現象がじゅうぶんに存在論的に規定されているありかたをさらなる分析のためにもとめるかたちで、死という現象が出会われなければならない。

＊1　本書、第一〇節、四五頁以下参照。

注解(716―717)　「現存在」は「もはや現存在しないこと」へと移行する。そこでさらに示されたのは、世界内存在としての現存在が「世界の外にたち去ること」は、「たんに生きているだけのもの das Nur-lebende」の場合とはことなるということである。「生きているものがおわること Enden eines Lebendigen」を、術語的に「生きおわること[†1]」と表現することにする、とハイデガーはいう。現存在が「おわること Enden」を生命の「おわり Ende」に対して境界づけなければならない。「死亡 Exitus」という医学的概念は、「生きおわる」という概念とは一致しないのである(716)。

これまでの究明から同時にあきらかになるのは、他の存在者のありかた(「目のまえにある《フォアハンデン》ありかた」や「生命」)が、死をめぐって気づかれないままに侵入してきて、死という現象の「解釈《インテルプレタティオン》」ばかりか、その現象を「あらかじめ与えること」すら混乱させられる可能性があるというしだいである。「おわり」とか「全体性」といったさまざまな現象を「存在論的」にじゅうぶん規定しながら、死という現象に立ちむかい、さらなる分析へと向かわなければならない、とハイデガーはいう(717)。

†1　Verenden. Hの訳では「絶命」、Kでは「死留め」、Tは「斃止」、Wは「終焉する」。Rの英訳は perishing. Mの仏訳は périr. Vでは arrêter de vivre. 本節704の訳注ならびにそこで挙げられている後続箇所をも参照。

第四八節　未済、おわり、および全体性

718　おわりと全体性についての存在論的な特徴づけは、この探究の枠内ではただ暫定

的なものでしかありえない。それを充分に解決するためには、おわり一般と全体性一般との形式的な構造をきわだたせることが要求されるばかりではない。そのためには同時に、両者のそれぞれについて可能な、領域にかかわる変容を展開することが、すなわち構造的な変容を展開することが必要となる。その変容は、脱形式化され、そのつど一定の「ことがらにそくした」存在者に関係づけられ、しかもその存在者の存在によって規定されているのである。そのような課題はそのものとしてふたたび、さまざまな存在のしかたをじゅうぶん一義的かつ積極的に解釈することを前提とするのであって、当の存在のしかたは存在者の全体を領域的に区分することを要求している。そうした存在様式を了解することは、さらに存在一般の理念を解明することを要求しているのだ。おわりと全体性とにかんする存在論的な分析を適切に解決するこころみは座礁してしまう。それはたんに、主題が広範であるからだけではない。主題が原則的に困難であるためでもある。つまり、この課題を克服するには、まさしくこの探究で探しもとめられているもの（存在一般の意味）がすでに見いだされ、熟知されているものとしてあらかじめ前提とされていなければならない、ということなのである。

注解（718）「おわりと全体性」は、ここではただ暫定的なかたちで「存在論的」に特徴づけられるだけである。充分な解決のためには、おわり一般と全体性一般の「形式的な構造」があきらかにされ、両者の「構造的な変容」が展開されることが必要となるからである。その変容は、「脱形式化され entformalisiert」、「ことがらにそくした sachhaltig」存在者に関係づけられているから、そのような課題はそれ自身、さまざまな「存在のしかた」を一義的かつ積極的に「解釈《インテルプレタティオン》」することを前提とする。そうした「存在様式」を了解することは、つまりは「存在一般の理念を解明すること」を要求しているのである。こうして、おわりと全体性とにかんする存在論的な分析は座礁する。それは、この探究で「探しもとめられているもの」†1(存在一般の意味)が、すでに見いだされ熟知されていることを前提とするからである。

†1　das Gesuchte.　本書、第二節の「問いの形式的構造」をめぐる所論、とくに16を参照。

719　以下の考察を支配する関心は、おわりと全体性の「諸変容」に向けられている。そうした変容は現存在の有する存在論的に規定されたありかたなのであって、それによって現存在という存在者の根源的な解釈へとみちびかれてゆくはずである。現存在の実存論的な体制については、すでにきわだたせられている。それにたえず着目しながら、私たちが決定すべくこころみなければならないのは、おわりと全体性をめぐってさしあたり押しせまってくる諸概念が――カテゴリー的にはそれがなおひどく未規定的なままであるにしても――現存在にとって存在論的にはどれほどまで不適切なものであるか、なのである。そうした概念を却下することは、さらにそれらの概念をそれに特種的な領域へと積極的に割りあてることへとすすまなければならない。そのことで、おわりと全体性が実存カテゴリーへと変容を受けながら了解されるはこびが確定される。このことが死の存在論的解釈の可能性を保証するものなのである。

注解(719)　以下の考察は、「おわりと全体性」の「諸変容 Abwandlungen」へと向けられる。そうした変容は「現存在」の「存在論的に規定されたありかた」なのである。すでにあきらかになった現存在の「実存論的な体制」に着目しながら、おわりと全体性をめぐる暫定的な諸概念が――それはなお未規定的なままであるが――、現存在にとって「存在論的」に不適切なものである事情が見きわめられなければならない。そうした概念に対してはむしろ、それが「特種的」にぞくする領域へと「割りあてること Zuweisung」が必要なのである。そのことによって、おわりと全体性がかえって「実存カテゴリー」として了解され、かくてまた「死の存在論的解釈の可能性」が保証されることになるだろう。

720　現存在のおわりと全体性にかんする分析は、このように広大な方向づけをふくんでいる。このことはしかしだからといって、おわりと全体性をめぐる実存論的概念が、演繹という途《みち》によって獲得されるべきだということではない。逆である。問題は、現存在がおわりに到達することが有する実存論的な意味を、現存在そのものからとり出して、そのように「おわること」が、実存するこの存在者の全体的存在をどのようにして構成しうるものなのかを示すことなのである。

721　これまで死について究明されたことがらは、以下の三つのテーゼへと定式化される。1 現存在には、それが存在しているかぎり、現存在がそれになるだろう〈なお〜ない〉がぞくしている——つまり不断の未済がぞくしているのである。2 そのつど、なおおわりにはない存在者がじぶんのおわりへと到達すること（未済を存在という面で除去すること）は、もはや現存在しないことという性格を有する。3 おわりへと到達することは、そのときどきの現存在にとって端的に代理不可能な存在様態をうちに包括している、ということになる。

注解（720―721）　右に述べたことがらは、しかし、「おわりと全体性をめぐる実存論的概念」が、「演繹[†1]」によって獲得されるべきしだいを意味してはいない。「現存在がおわりに到達すること」の「実存論的な意味」が現存在そのものからとり出され、それが現存在の「全体的存在」を構成するさまを示すことが問題なのである（720）。

これまで死について究明されたのは、1 現存在が存在しているかぎり、現存在には、「なお〜ない Noch-nicht」が、不断の「未済」がぞくしており、2 そのつど「なおおわりにはない存在者 das Noch-nicht-zu-Ende-seienden」は、おわりへと到達することで、もはや現存在しないものとなるのであって、3 それはまったく「代理不可能」なことがらである、ということであった。あらためてハイデガーは、そう確認する(721)。

†1 Deduktion. ここでは、帰納‐演繹の演繹ではなく、カントの「カテゴリーの超越論的演繹」の意味での「演繹」。「現存在のおわりと全体性にかんする分析」は「広大な方向づけ weitgespannte Orientierung」を有する。たほう「カテゴリーの演繹はきわめて多くの難問とむすびあい、また私たちの認識一般を可能とする第一の根拠にまでふかく立ちいることを強いるものである」(『純粋理性批判』第一版、九八頁)。

722　現存在には不断の「非全体性」が存在しており、その非全体性は死とともにおわりを告げる。このことは抹消しがたい。現存在には、それが存在しているかぎり、こうした〈なお～ない〉が「ぞくして」いる。しかしこの現象的なことのなりたちは、未済として解釈されてよいのだろうか。どのような存在者との関連で、私たちは未済について語るのであろうか。未済という表現が指しているのは、或る存在者にたしかに「ぞくして」はいるけれども、なお欠落しているもののことである。未済であることは欠落していることであるかぎり、なんらかの帰属したありかたにもとづいている。未済であるのは、たとえば貸金のうちなお受けとるべき残額である。未済であるものは、まだ手に届くところにない。「貸金」が返済されることは未済が除去されることであるかぎりでは、返済とは残額を「回収すること」、つまりそれがつぎつぎと入金されてくることである。そのことで〈なお～ない〉がいわば補充され、さいごに貸金の総計が「揃う」ことになるのである。未済であるとは、だから、共属しているべきものがなお揃っていないことを意味する。存在論的にいえばここに存しているのは、もたらされるべき部分がまだ手もとにないということである。そうした部分は、すでに手もとにあるものと同等の存在のしかたをしており、すでに手もとにあるものの側も、残額の回収によってその存在のしかたを変様させることがない。現在のことのなりたちとしては揃っていないとしても、継ぎ足しが積みかさなってゆけば、〈揃っていないこと〉は根絶される。なお或るものが未済であるような存在者は、手もとにあるものという存在のしかたを有しているのである。揃っていることを――揃っていないことは〈揃っていること〉に基底づけられているのであるけれども、その揃っていないこともまた――私たちは総計と特徴づけているのである。

注解(722)　現存在には、死にいたるまで終止しない、「抹消しがたい undurchstreichbar」不断の「非全体性 Unganzheit」が、「なお～ない」がある。しかしこのような「ことのなりたち」[†1]が「未済」なのだろうか。未済とは、或る存在者に「ぞくして gehört」いながら、なお欠けているものである。「欠落 Fehlen」として未済は、「帰属したありかた Zugehörigkeit」

にもとづいている。たとえば、貸金の残額がそうである。返済されることで「なお～ない」が補充され、さいごに貸金が「揃う beisammen」ことになる。未済であるとは、だから、「共属しているべきもの das Zusammengehörige」がなお揃っていないことであり、つまり「まだ手もとにない」ということである。したがって、「なお或るものが未済であるような存在者は、手もとにあるものという存在のしかたを有している」ことになるのではないだろうか。「揃っていること Zusammen」が、そして「総計 *Summe*」と呼ばれるのではないだろうか。ハイデガーはこの段落では、このようにいわば意図的にひとたびは議論を攪乱させてゆく。

†1　いくどかそう訳してきたように、原語は Tatbestand. Rが指摘しているように、おそらくは「未済 Ausstand」との対照が意識されていよう。ちなみに、後段で「現在のことのなりたちとしては揃っていない」と訳したのは、Das bestehende Unzusammen.

723　こうした様態において〈揃っていること〉には、〈揃っていないこと〉がぞくしている。その〈揃っていないこと〉、つまり未済としての欠落によっては、しかしだんじて、可能な死として現存在に帰属している〈なお～ない〉を存在論的に規定することができない。現存在という存在者は、そもそも世界内部的に手もとにあるという存在のしかたをそなえていないのである。「じぶんの経歴において」「じぶんの経過」を全うするまで、現存在がそのものとして存在しているような存在者が〈揃っている〉ということは、なんらかのしかたで、またなんらかの場所で、それ自身の側からすでに手もとに存在している存在者が「たえず経過しながら」継ぎ足されることで構成されるのではない。その〈なお〜ない〉〔部分が〕が補充されたとき、現存在ははじめて揃って存在するのではない。それどころか、そのときには現存在はまさにもはや存在しないのだ。現存在はそのつどつねに、じぶんの〈なお〜ない〉が帰属しているというしかたで実存している。つぎのような存在者が、それでもあるのではないだろうか。つまり、それが存在しているとおりに存在していながら、なんらかの〈なお〜ない〉が帰属しうるものであり、しかも現存在という存在のしかたを有する必要のないような存在者が、である。

注解(723)　右のような「揃っていること」に対応する「揃っていないこと」、つまり「未済としての欠落」によっては、現存在の「可能な死」である「なお〜ない」は存在論的に規定されえない。現存在について、「揃っている」とは、その「経歴 Verlauf」において、じぶんの「経過 Lauf」を全うするまで、なにか手もとにある存在者が「たえず経過しながら fortlaufend」継ぎ足されてゆく、といったことではありえない。「なお〜ない」部分が補充されたとき、現存在は「まさにもはや存在しない」。「現存在はそのつどつねに、じぶんの〈なお〜ない〉が帰属しているというしかたで実存している Das Dasein existiert je schon immer gerade so, daß zu ihm sein Noch-nicht *gehört*」。だが現存在のほかにもなお、そうしたしかたで「なお〜ない」が帰属しうる存在者があるのではないか。ハイデガーは、さらに問いを立ててゆく。

724 ひとは、たとえばこう語ることができる。満月になるまで、月には最後の四分の一がまだ欠けている。〈なお〜ない〉は、覆いかくしている影が消えてゆくにつれて減少してゆく。そのばあい月は、それでもやはりつねにすでに全体として目のまえにある。月は満月であってもけっして全体的には把捉されることができないことはべつとして、〈なお〜ない〉はここでは、ぞくすべき諸部分がなおそろって存在していないことをまったく意味してはいない。ただたんに知覚的に把捉することにかかわっている。現存在にぞくする〈なお〜ない〉はたほう、じぶんの経験についても他者の経験にかんしても、いまのところ、あるいはときとして、接近可能ではないというにとどまらない。この〈なお〜ない〉はそもそも、いまだ「現実に」「存在して」いないのである。問題がかかわっているのは、現存在の〈なお〜ない〉を把捉することではない。問題は、現存在の〈なお〜ない〉の可能な存在あるいは非存在なのである。現存在は、じぶん自身として、それがなおないものに成らなければならない。つまり、そのように存在しなければならないのである。だから、現存在にそくした〈なお〜ない〉の存在を比較によって規定しうるために私たちは、生成がその存在のしかたに帰属している存在者を考慮にいれておかなければならない。

注解（724） たとえば、満月まで月にはまだ最後の四分の一が「欠けている steht … aus」（未済である）。月はそれでも、つねにすでに「全体」として目のまえにあるのだから、「なお〜ない」は「そろって存在していないこと」を意味しているのではなく、たんに「知覚的に把捉すること das wahrnehmende *Erfassen*」にかかわっている。現存在にぞくする「なお〜ない」はたほう、そもそも「いまだ「現実に」「存在して」いない」。問題は、現存在の「なお〜ない」の「可能な存在あるいは非存在」なのである。「現存在は、じぶん自身として、それがなおないものに成らなければならない。つまり、そのように存在しなければならない Das Dasein muß als es selbst, was es noch nicht ist, *werden*, das heißt *sein*」。だからつぎに、「生成 Werden」がその存在のしかたにぞくしている存在者を考えておく必要がある、とハイデガーはいう。

725 たとえば熟していない果実はその成熟へと向かってゆく。その場合、成熟してゆくことにあって、果実がなおそれでないものが、なお目のまえにはないものとして果実に継ぎ足されてゆくのではだんじてない。果実そのものがみずからを成熟へともたらす。そして、そのように〈みずからをもたらすこと〉によって果実としてのその存在が特徴づけられるのである。かりに果実という存在者がおのずから成熟へと達するのでないならば、たとえ考えうるあらゆるものを取りあわせたところで、果実の未熟を除去することはかなわないだろう。未熟という〈なお〜ない〉は、外部に存在する他のものを指しているのではない。そのような他のものなら、果実に対して無関係に、その果実に付着し付随するかたちで、目のまえに存在しうることになるだろう。ここで〈なお〜ない〉が指しているのは、その特種的な存在のしかたにおける果実そのもののことである。なお完全ではない総計であるなら、手もとにあるものとして、欠落して手もとにはない残額に対して「無関係」に存在する。厳密に考えるなら総計は、残余に対して無関係であるとも無関係でないともいうことができない。熟しつつある果実はしかしながら、じぶん自身とは他なるものである未熟に対して無関心でないばかりではない。かえって、熟しつつある果実は熟しながら未熟なのである。〈なお〜ない〉は果実の固有の存在のうちに引きいれられているのであり、しかもそれは恣意的な規定としてではまったくなく、構成要素としてである。これに平仄《ひょうそく》をあわせて現存在もまた、それが存在しているかぎり、そのつどすでにじぶんの〈なお〜ない〉なのである。*1

726 現存在にあって「非全体性」をかたちづくるもの、不断に〈じぶんに先だっていること〉は、総計されて揃っているものの未済でも、ましてなお接近可能となっていないことでもない。それは、それぞれの現存在が、現存在である存在者としてそのつどそれでなければならない〈なお〜ない〉のことである。にもかかわらず、果実の未熟と比較してみると、そこにはある種の一致があるとともに、それでもやはり本質的な区別が示される。この本質的な区別に注目することが、おわりやおわることについてこれまで語ってきたことが、いまだ規定されていないしだいを認識することにほかならない。

＊1　全体と総計、ὅλον と πᾶν, totum と compositum とのあいだの区別は、プラトンとアリストテレス以来よく知られている。だからといってもちろんなお、この弁別のうちですでに包括されているカテゴリー的な変容が有する体系的なありかたが認識され、概念にまで高められているわけではない。問題の構造を詳細に分析するための着手点としては、E・フッサール『論理学研究』第二巻、第三研究「全体と部分の教説によせて」参照。

注解(725―726)　たとえば「熟していない果実 unreife Frucht」が「成熟 Reife」してゆく場合、果実が「なおそれでないもの was sie noch nicht ist」が継ぎ足されてゆくのではない。「果実そのものがみずからを成熟へともたらす Sie selbst bringt sich zur Reife」。この「みずからをもたらすこと Sichbringen」が、果実の存在を特徴づけている。「未熟 Unreife」という「なお〜ない」は、果実に対して無関係に「外部に存在する他のもの」ではない。「なお〜ない」とはここで、特種な存在のしかたをしている「果実そのもの」のことである。「総計」と

「残額」は、たがいに「無関係」に存在する。あるいは正確には、無関係であるとも無関係でないともいえない。「熟しつつある果実」は、未熟に対して無関心でないばかりか、「熟しながら未熟なのである reifend *ist* sie die Unreife」。「なお～ない」がむしろ「構成要素」として、果実の存在のうちにふくまれている。同様に、「現存在もまた、それが存在しているかぎり、そのつどすでにじぶんの〈なお～ない〉なのである」(725)。

　現存在にあって「非全体性」をかたちづくるものとは、それぞれの現存在が、現存在として「そのつどそれでなければならない〈なお～ない〉」のことである。そこには果実の未熟とのあるていどの一致があるにもかかわらず、両者のあいだには「本質的な区別」もある、とハイデガーは考察をつなげてゆく(726)。

727　熟するということが果物の特種的な存在であり、〈なお～ない〉の(未熟の)存在するしかたとして、形式的にはつぎの点で現存在と一致している。つまり現存在も果実も、さらに限界づける必要のある意味においてであるとはいえ、そのつどすでにじぶんの〈なお～ない〉である、ということである。そうであるにしてもこの件は、「おわり」としての成熟と、「おわり」としての死とが、おわりの有する存在論的構造にかんしても覆うというしだいを意味しうるものではない。成熟とともに、果実はじぶんを完成させる。それではいっぽう、現存在が到達する死はこのような意味での完成なのだろうか。

現存在はたしかに、みずからの死とともにその「経過を完成させる」。現存在は、かくてまた必然的に、その特種的な可能性を汲みつくしたことになるだろうか。さまざまな可能性が現存在からむしろまさに奪われるのではないか。「未完成の」現存在もまたおわる。他面では、現存在はじぶんの死とともにはじめて成熟に達する必要はない。それどころか現存在は、おわりにいたる以前にすでに成熟を踏みこえてしまっている場合もある。たいていはしかし現存在は、未完成のうちにおわるか、あるいはまた頽折《くずお》れ、力つきておわるのである。

728　おわることは、じぶんを完成させることをかならずしも意味しない。いっそう喫緊なものとなる問いはこうである。すなわち、どのような意味でそもそも死は、現存在がおわることであると把握されなければならないか。

注解(727―728)「熟する」ことは「未熟」の存在するしかたであり、現存在も果実も「そのつどすでにじぶんの〈なお～ない〉である」という点で共通しているとはいえ、「おわり」としての成熟と「おわり」としての死とが存在論的にも一致するわけではない。「成熟とともに、果実はじぶんを完成させる」。[†1] しかし「現存在が到達する死」は、そのような意味での「完成 Vollendung」ではない。死によって現存在はその「特種的な可能性」を汲みつくしはせず、むしろさまざまな可能性が死によって奪われるからであり、また「未完成の」[†2] 現存在すらもおわることがあるからである。現存在はたいていは未完成のうちにおわり、あるいは「頽折れ、力つきて zerfallen und verbraucht」おわるのである(727)。おわることは、かならずしも完成ではない。ならば、「どのような意味でそもそも死は、現存在がおわること(*Enden des Daseins*)であると把握されなければならないか」。そうハイデガーは問いを立てて、以下「おわること」が分析されてゆく(728)。

†1　*vollendet* sich. ふつうは「完成する」。vollenden および Vollendung(完成)のうちに「おわり Ende」がふくまれていることに注意。

†2　unvollendetes. 「完全におわってはいない」。

729　おわることは、さしあたり止むことを意味するが、止むことの側にはまた存在論的にさまざまな意味がある。雨が止む。雨はもはや目のまえに存在していない。道が止む〔途絶える〕。おわることはこのばあい道を消滅させるものではない。止むことがここでは、その道をこの目のまえにあるものとして規定しているのである。止むこととしてのおわることはこうして、目のまえにはないことへと移行することを意味するか、あるいはたほうではおわりとともにはじめて目のまえに存在することを意味する。最後に問題としたおわることは、それはそれで、仕上がらずに目のまえに存在しているものを規定するか――工事中の道路が中断している場合がそうである――、もしくは目のまえに存在するものが「仕上がっていること」を構成するか――最後のひと刷毛《はけ》で絵が仕上がるといった場合のように――のどちらかでありうる。

730 とはいえ、仕上がることとしてのおわることは、完成することをそのうちにふくんではいない。思うにその逆に、完成されようとしているものは、その可能な仕上がりに到達しなければならない。完成とは「仕上がっていること」の基底づけられた様態である。仕上がっていることはそれ自身、目のまえにあるもの、あるいは手もとにあるものが有する規定としてのみ可能なのである。

731 消滅するという意味でのおわることもまた、存在者が存在するしかたに対応して変様しうる。雨が止んだとは、雨が消滅したことである。パンがおわったとは、それが消費されて、手もとにあるものとしてはもはや手が届かないことなのである。

732 おわることのこうした様態のいずれによっても、現存在のおわりである死は適切に特徴づけられない。死ぬことが、いま挙げたような種類のおわることという意味で、おわりに達していることと解されるなら、現存在はそのことで目のまえにあるもの、または手もとにあるものとして定立されていることになってしまう。死にあって現存在は完成されるのでも、単純に消滅してしまうのでもない。まして仕上がってしまうのでもなければ、手もとにあるものとしてかんぜんに手に届くものとなるのでもないのである。

注解(729—732)　「おわること」はまず「止むこと *Aufhören*」を意味する。たとえば「雨が止む」場合には雨はもはや「目のまえに存在していない」のに対して、「道が止む」(途絶える)ときは、道が消滅するのではなく、目のまえにあるものとしての道を限界づけ、規定している。「止むことしてのおわること」は、目のまえにはないことへの移行であるか、それによってはじめて目のまえに存在することか、である。後者については、「仕上がらずに目のまえに存在している」か、目のまえに存在するものが「仕上がっている」か、のどちらかでありうる(729)。

　だが、仕上がることとしてのおわることは、「完成すること」ではない。逆に、完成されようとしているものが、その仕上がりに到達しなければならず、仕上がっていることは「目のま《フォア》えにあるもの《ハンデネス》、あるいは手もとにあるもの《ツーハンデネス》」の規定としてのみ可能である(730)。

「消滅する Verschwinden」という意味で「おわること」も、さまざまでありうる。が、それもまた目のまえにあるもの、あるいは手もとにあるものにかかわる(731)。

「おわることのこうした様態のいずれによっても、現存在のおわりである死は適切に特徴づけられない」。そのように解されるなら「現存在」が、目のまえにあるもの、あるいは手もとにあるものとなってしまうからである。死にあって現存在は「完成」されるのでも、「消滅」するのでも、「仕上がって fertig」しまうのでもないのである(732)。

733　現存在はむしろ不断に、それが存在しているかぎり、すでにじぶんの〈なお～ない〉である。それとおなじように現存在はまた、すでにつねにみずからのおわりなのである。死がおわることを意味するとして、そのおわることは、現存在がおわりに達していることを意味するのではない。むしろ現存在という存在者がおわりへとかかわって存在していることを意味している。死とは、現存在が存在するとただちに現存在によって引きうけられる、存在する様式なのだ。「人間が生まれるとすぐに、ただちに人間は死ぬのにじゅうぶん年老いている」[*1]。

734 おわりへとかかわる存在としてのおわることは、現存在の存在のしかたにもとづいて存在論的に解明されることを要求する。さらにおそらくはまた、おわることの実存論的な規定にもとづいてはじめて、〈なお～ない〉――〈なお～ない〉は「おわり」の「まえに」ある――という実存しつつある存在の可能性が理解可能となるだろう。おわりへとかかわる存在が実存論的に明瞭にされることによってまた、現存在の全体性をめぐって語ることについて、その可能な意味を限界づけるのに充分な地盤が与えられる。もしもこの全体性が「おわり」としての死によって構成されているはずだとするなら、充分な地盤が与えられるのである。

＊1　『ボヘミア生まれの農夫』A・ベルント／K・ブールダッハ編（『中世から宗教改革へ　ドイツ的教養の歴史』K・ブールダッハ編、第三巻、第二部）一九一七年、第二〇

章、四六頁。

注解(733—734)　「現存在」はそれが存在しているかぎり、すでにじぶんの「なお〜ない」であり、すでにつねにみずからの「おわり」である。「おわること」としての死は、現存在が「おわりに達していること」ではなく、むしろ[†1]現存在が「おわりへとかかわって存在していること」を意味している。[†2]「死とは、現存在が存在するとただちに現存在によって引きうけられる、存在する様式」なのである(733)。

「おわりへとかかわる存在」としての「おわること」が、存在論的に解明されなければならない。さらに、おわることの「実存論的」規定から、「おわり」のまえにある「なお〜ない」という、「存在の可能性」が理解可能となるだろう。「おわりへとかかわる存在」の実存論的解明によって、「現存在の全体性」について語ることの意味もあきらかとなるはずなのである(734)。

†1　「書き込み」には、「むしろ sondern」につづけて、「死ぬこととしての死 der Tod als Sterben」とある。

†2　「おわりに達していること」は Zu-Ende-sein, 「おわりへとかかわって存在していること」 *Sein zum Ende*」。Kの訳は「終りに＝直面して＝いる」と「終りへの存在」、Hは「終末に達していること」と「終末へ臨んでいること」、Tでは「終って-しまって-いること」と「終末への有」、Wは「終わりに達していること」と「終わりへとかかわる存在」。Rの英訳

ではBeing-at-an-endと*Being-towards-the-end*, Mの仏訳はêtre-à-la-finと*être pour la fin*, Vではêtre-à-la-finと*être vers la fin*.

735 私たちは〈なお〜ない〉を明瞭にすることからはじめ、〈おわること〉の特徴づけを経て、現存在に適合する全体性を了解することをこころみてきた。このこころみは、目標に到達しなかったことになる。このこころみによってただ消極的に示されたのは、〈なお〜ない〉は、そのつど現存在がそれであるものであるけれども、それは未済という解釈に抗するということである。おわりは、現存在がそれにかかわって実存しつつ存在している当のものであり、そのおわりを〈おわりに達していること〉によって規定するのはやはり不適切なのである。同時にたほう、以上の考察は、これまでのみちゆきが逆転されなければならないしだいをはっきりさせたはずである。問題となっている現象（なお〜ない、おわること、全体性）を積極的に特徴づけることはひとり、現存在の存在体制に一義的に方向づけられることによってのみ成功する。この一義性は、しかし存在論的には現存在に逆行するようなおわりや全体性の構造が、どのような領域に帰属しているのかを見とおすことをつうじて、消極的にいえば迂路に逸れることから守られるのである。

736 死と、その〈おわり〉という性格を実存論的分析によって積極的に解釈しようとすれば、その解釈は、これまで獲得された現存在の根本体制を手引きとして遂行されなければならない。その手引きとは、つまり気づかいという現象なのである。

注解(735—736) これまでの分析は、「現存在」に固有の「全体性」に到達するものではなかった、とハイデガーはいう。これまでのところ消極的なかたちで示されたのは、現存在の「なお～ない」が、たんなる「未済」とは「解釈《インテルプレタティオン》」されないことである。「おわり」は、現存在がそれに「かかわって」「存在している」ものであり、それを「おわりに達していること」と規定することはできない。これまでの方向がむしろ逆転され、「なお～ない」「おわること」「全体性」は、ひたすら「現存在の存在体制」へと考察を方向づけることによって規定されるはずである(735)。

「死」と、「おわり」という性格の積極的な「解釈《インテルプレタティオン》」は、現存在の根本体制、つまり「気づかい」という現象を手引きとして遂行されなければならない、ととりあえずハイデガーは結論づける(736)。

第四九節 死の実存論的分析を、当の現象について他に可能な解釈に対して境界づけること

737　死をめぐる存在論的な解釈は一義的なものとならなければならない。その解釈はなにを問うことができないか。さらにその解釈から、なにについての情報や指示を期待してもむだになるほかないのか。解釈の一義性を劃定《かくてい》するためにまず、この件を明示的に意識しておくべきである。

738　もっともひろい意味での死とは、生命の現象のひとつである。生命は、一箇の世界内存在がぞくしている存在のしかたとして理解されなければならない。その存在のしかたは、現存在に対して欠如的に方向づけられる場合にのみ、存在論的に確定されうるのである。現存在もまた、純然たる生命として考察されることができる。生物学的‐生理学的な問題設定にとって現存在はその場合、動物界や植物界として見知っている存在圏域のうちへと移ることになる。この領野にあっては、存在的な確定をつうじて、植物や動物や人間の寿命にかんする資料や統計が獲得されうる。つまり、寿命と生殖と生長とのあいだの連関が認識されるのである。死のさまざまな「種類」、死が到来するさまざまな原因、「仕組み」と様式が研究されうるわけである。[*1]

＊1　この点については、E・コルシェルト『寿命、老化および死』第三版（一九二四年）における、包括的な叙述を参照。とりわけ、四一四頁以下の豊富な文献目録をも参照。

注解(737―738)　死をめぐる「存在論的な解釈《インテルプレタティオン》」†1が一義的なものとなるためには、その解釈がなにを問うものではないかを劃定する必要がある、とハイデガーはいう(737)。「もっともひろい意味での死」は「生命†2の現象のひとつ」である。生命は「世界内存在」の存在のしかたではあるが、その存在のしかたは、現存在を「欠如的 privativ」に、つまりそれがなにでないかをあきらかにすることで存在論的に確定されうる。現存在も「純然たる生命 pures Leben」、ただの生命として考察されうるが、現存在はその場合には、動物や植物とおなじ「存在圏域 Seinsbezirk」にぞくするものとして考察され、その死も「生物学的‐生理学的」に研究されうるわけである(738)。

†1 「書き込み」によれば、「存在論的な解釈」とは「すなわち、基礎存在論的」なもののことである。

†2 「書き込み」によれば、ここで生命とは「人間の生命が意味されており、それ以外のなにものでもないとすれば――「世界」」である。

739　死をめぐるこのような生物学的‐存在的な研究の根底には、存在論的な問題系が存している。生命の存在論的本質から死の存在論的本質が規定されるのは、どのようにしてであるか。そう問うことがなお残されているのである。死の存在的な探究はそれなりの様式においてであれ、この件についてつねにすでに決定をくだしている。生と死と

247

について多少ともあきらかにされた予備的概念が、存在的な探究のなかではたらいているのである。そうした予備的概念は、現存在の存在論によってあらかじめ素描されている必要がある。生命の存在論よりも現存在の存在論が上位に位置しているけれども、その現存在の存在論の内部ではふたたび、死の実存論的分析が現存在の根本体制の特徴づけの下位に位置していなければならない。生命あるものがおわることを、私たちは〈生きおわること〉と名づけた。現存在もまたその生理学的な、生命に即応した死を「所有」しているが、しかしその死は存在的に孤立しているわけではなく、現存在の根源的な存在のしかたによってともに規定されている。現存在もまた、本来的に死ぬことなくして〈おわる〉ことができるとはいえ、他面では現存在としては(qua)単純に生きおわるということがない。そのかぎりで、私たちはこの中間現象を〈生をはなれること〉としるしづけておくことにする。死ぬことをこれに対して、現存在がその死にかかわりながら存在している存在様式を示す名称としておこう。これにしたがって、現存在はけっして生きおわるのではない、と語るべきである。現存在が生をはなれることができるのも、しかしただ現存在が死んでゆくかぎりでのことである。生をはなれることを医学的 - 生物学的に探究することで、存在論的にも意義を有しうる成果を獲得することが可能であろうが、それは、死についてのなんらかの実存論的解釈に対する根本的な方向づけが確保されている場合なのである。それとも、そもそも病気や死すらも――医学的にも――実存論的現象として第一次的に把握しなければならないのだろうか。

注解(739)　生物学的で「存在的」な、死の研究の根底には、「存在論的」問題系が存している。そのさい、生と死とについて「予備的概念」が存在的な探究のなかではたらいているのである。「生命の存在論」より「現存在の存在論」が上位に位置しているいっぽう、現存在の存在論の内部では、「死の実存論的分析」がふくまれていなければならない。現存在もまた、生理学的な意味で「生命に即応した lebensmäßig」死を「所有」し、そのかぎりでは「生きおわること」がありうるが、その死は現存在の存在のしかたによっても規定されている。現存在としての現存在は他面では、単純に生きおわることがない。この中間現象を「生をはなれること」†1と呼んでおく。「死ぬこと」は、これに対して「現存在がその死にかかわりながら存在している存在様式 die *Seinsweise*, in der das Dasein *zu* seinem Tode *ist*」なのである。そうであるならば、「現存在はけっして生きおわるのではない」。現存在は死んでゆくかぎりで、「生をはなれること」ができる。後者を医学的‐生物学的に探究することも有意義であろうけれども、それも、死についての「実存論的解釈」に対して方向づけがなされている場合なのである。

†1　*Ableben.* Hの訳は「死亡」、Kでは「死亡すること」、Tは「絶命すること」、Wは「落命すること」。Rの英訳では *demise.* Rの訳注によれば、Ableben は "literally means something like "living out" one's life" であるが、通常のドイツ語ではむしろ "legalistic term for a

"person's death" として使用されるという。Mの仏訳は *décéder*, Vでは名詞化されて *décès*.

740　死の実存論的な解釈は、いっさいの生物学と生命の存在論とに先だっている。その解釈がさらにまた、死をめぐるあらゆる伝記的‐歴史学的探究と、民族学的‐心理学的探究をはじめて基底づけるのである。「死ぬこと」の「類型学」は、〈生をはなれること〉が「体験」されるさまざまな状態と様式を特徴づけるものであって、それはすでに死の概念を前提としている。そのうえ、「死ぬこと」の心理学が与えるのは死ぬことそのものにかんする解明であるよりも、「死ぬ者」の「生命」をめぐる解明なのだ。現存在は事実的な〈生をはなれること〉を体験するさい、またそれを体験することにおいてはじめて死ぬものではなく、まして本来的に死ぬものでもない。さきのことがらは、たんにそのことの反映にすぎない。おなじように、未開人にあっての死のとらえかたや、呪術や祭式における死への態度なども、第一次的に現存在の了解を照明するとはいえ、その了解を解釈するためにはすでに、死についての或る実存論的分析論と、それに対応した死の概念とが必要なのである。

注解(740)　「死の実存論的な解釈《インテルプレタティオン》」は、生物学と「生命の存在論」に先だつばかりでなく、死をめぐる歴史学的探究や心理学的探究をも基底づける。「死ぬこと」の「類型学 Typologie」はすでに死の概念を前提とし、「死ぬこと」の心理学は「死ぬこと」自体の解明である以前に、「死ぬ者」の「生命」をめぐる解明である。現存在は「事実的な〈生をはなれること〉を体験するさい」†1、はじめて死ぬわけではない。おなじように、「未開人」†2の死のとらえかたが、「現存在の了解」を照明するものであるとしても、その了解を「解釈《インテルプレタティオン》」するためにはすでに実存論的分析論と、それに応じた死の概念が必要なのである。

†1 in einem Erleben des faktischen Ablebens. 「生をはなれること」も「体験する」も、語のうちに「生命 Leben」をふくむことに注意。

†2 「未開人」への言及はやや唐突に見えるけれども、この点については、本書、第一一節の議論を、わけてもまた、同、149の原注におけるカッシーラーへの言及を参照。ちなみに、多様な民族資料によりながらカッシーラーの論じるところによれば、多くの「自然民族」にあっては、夢と覚醒のあいだに確乎とした区別が存在しないのと同様に、神話的思考にとっては生の領域と死の領域とが確然と劃定されていない(『シンボル形式の哲学』第二巻、第一部第一章)。

741 おわりへとかかわる存在をめぐる存在論的分析は、他面では、死に対するどのような実存的な態度決定をもあらかじめ摑んではいない。死が、現存在の、つまりは世界内存在の「おわり」であると規定されるとはいっても、そのことによって――「死後に」なおもうひとつべつの、より高次あるいは低次の存在が可能であるかどうか、現存在は「生きつづける」のか、あるいはさらにじぶんを「超えて存え《ながら》」「不死である」のか、といったことについて――なんらかの存在的な決定がなされているわけではない。あたかも、死に対するかかわりの規範や規則が「教化」のために呈示されるべきだとでもいうかのように、「彼岸」とその可能性にかんして存在的に決定されているわけではないのである。それは此岸についても決定されていないのと同様である。死の分析はたほう、純粋に「此岸的」なものにとどまる面もある。それは、死という現象がそのときどきの現存在の存在可能性として、どのように現存在のなかに立ちあらわれてくるのかのみをひたすら問題として、分析が死という現象を解釈するかぎりにおいてのことである。死後になにが存在するのかが、意味と権利をもって総じてはじめて方法的に確実なしかたで問われることだけでも可能となるのは、死がその完全な存在論的本質にあって把握されているときなのだ。そのような問いがいったい可能な理論的な問いを表示するものであるのか。この件についてここでは未決定なままにしておく。死をめぐる此岸的な存在論的解釈は、あらゆる存在的‐彼岸的な思弁に先だっているのである。

注解(741)　「おわりへとかかわる存在」の「存在論的」分析は、死への「実存的な態度決定」

をも「あらかじめ摑んで」†1はいない。死後の存在の可能性、「現存在」が「不死である unsterblich」かどうか、といった問題については、なんの「存在的な決定」もなされていない。「彼岸 Jenseits」の可能性にかんしては――「此岸 Diesseits」と同様――なにも決定されてはいないのである。死の分析が「此岸的」なものにとどまるとすれば、それは、死という現象が、「現存在の存在可能性」として「どのように現存在のなかに立ちあらわれてくるのか」のみが問題となる場合である。死後の存在について問うことが方法的に有意味なのは、そもそも死が存在論的に把握されている場合にかぎられる。死をめぐる「存在論的解釈《インテルプレタティオン》」は、あらゆる「存在的」な思弁に先だっているのである。

†1 vorgreifen. この表現については、本書、第三二節423参照。

742 最後に、「死の形而上学」といった名称のもとで究明されうるかもしれないことがらも、死の実存論的分析の圏域の外部にある。いつどのようにして死は「世界のうちに到来した」のか。死は災厄や苦悩として、存在者のすべてのなかでどのような「意味」を有しえ、有するべきであるのか。こういった問いは死の存在性格についての或る了解を必然的に前提とするばかりではない。全体としての存在者すべてにかんする存在論を、とりわけまた災厄と否定性一般の存在論的な解明を前提としているのである。

743 死をめぐる生物学や心理学、弁神論や神学といったものの問いに対して、実存論的分析のほうが方法的に先だって位置づけられている。存在的に考えるなら、この実存論的分析の成果は、存在論的特徴づけのすべてに特有な形式性と空虚さとを示すものにすぎない。このことによって、しかしながら、死という現象の豊かで錯綜した構造に対して目を閉ざしてはならない。現存在の存在のしかたには可能存在が固有の様式でぞくしているのだから、現存在は目のまえにあるものとしてはそもそもけっして接近可能とはならない。そうであるならば、しかも死が現存在の或るきわだった可能性であるかぎり、それだけになおさら死の存在論的構造がかんたんに読みとられうるなどと期待してはならないのである。

注解（742―743）　最後に、「死の形而上学 Metaphysik des Todes」も、「死の実存論的分析」の圏外にある。いつどのようにして死は世界のうちに到来したのか。「災厄や苦悩 Übel und Leiden」としての死は、「存在者のすべて All des Seienden」のなかでどのような「意味」を有するのか、といった問いは、むしろ存在者全体にかんする存在論と、否定的なもの一般の存在論的な解明を前提としているのである[†1]（742）。

死をめぐる「生物学」「心理学」、「弁神論」や「神学」が立てる問いよりも、「実存論的分析」のほうが優位にある。「存在的」に考えるなら、当の分析は「存在論」に「特有な形式性と空虚さ」しか示さない。とはいえ、「現存在」は「目のまえにあるもの」としては接近可能とはならないのだから、死の「存在論的構造」はたやすく読みとられるものではないのである(743)。

†1 Theodizee. ギリシア語の「神」(テオス)と「正義」(ディケー)から、ライプニッツがつくったことば(『弁神論』*Essais de théodicée*)。世界に存在する悪に対して、完全な存在者、善そのものである神の正義を弁ずる。神義論とも訳される。前段落の「災厄や苦悩」を受けた表現。

744 他面で分析は、偶然的かつ恣意的に考えだされた死の理念をよりどころとすることもできない。そうした恣意を防止するためには、「おわり」が現存在の平均的日常性のうちへ立ちあらわれるさいの存在のしかたを、先だって存在論的にしるしづけておくことを介しておくほかはない。そのために、さきにきわだたせておいた日常性の構造をじゅうぶん想いうかべておく必要がある。死の実存論的分析のうちには、死へとかかわる存在の実存的可能性がともに響いている。ことのこのしだいが、存在論的探究すべての本質のうちに存しているのである。それだけにいっそう明示的に、実存論的な概念規定と実存的な非拘束性とが手をたずさえていなければならない。さらにこの件は、とりわけ現存在の有している可能性という性格がもっとも尖鋭に露呈される死にかんして、とりわけて当てはまる。実存論的な問題系はひたすら、現存在のおわりへとかかわる存在の存在論的構造をあきらかにすることのみを目ざしているのである。*1

*1　キリスト教神学のうちで仕上げられた人間学は、つねにすでに――パウロからカルヴァンの meditatio futurae vitae〔来世の生の省察〕にいたるまで――「生」の解釈にさいして死をもともに考えてきた。――W・ディルタイの本来の哲学的傾向は「生」の存在論をめざすものであったけれども、そのディルタイでも、生と死との関連を見あやまることはありえなかった。「そして最後に、私たちの現存在の感情をもっとも深く、もっとも普遍的に規定する関係――それは生の死に対する関係である。私たちの実存が死によって境界づけられていることが、生をめぐる私たちの了解と評価とにとってつねに決定的なものであるからだ」『体験と詩作』第二版、二一二頁。最近ではついでG・ジンメルも死の現象を「生」の規定のなかに明示的に引きいれているけれども、もちろん生物学的‐存在的な問題系と存在論的‐実存論的問題系とが明晰に区別されているわけではない。『人生観　形而上学的な四章』一九一八年、九九―一五三頁参照。――当面の探究にとって、とりわけて参照されるべきは、K・ヤスパース『世界観の心理学』第三版、一九二五年、二二九頁以下、とくに二五九―二七〇頁である。ヤスパースは死を、みずからがあきらかにした「限界状況」という現象を手引きとしてとらえている。その現象の基礎的な意義は「態度」や「世界像」のあらゆる類型論を超えたところにある。W・ディルタイの示唆を、ルドルフ・ウンガーがその著作『ヘルダー、ノヴァーリス、

およびクライスト　疾風怒濤時代からロマン派にいたる思索と詩作とにおける死の問題の発展にかんする研究』一九二二年、のなかにとり入れている。じぶんの問題設定への原理的省察を、ウンガーは、講演「問題史としての文学史　精神史的総合の問題によせて、とくにW・ディルタイに関係して」(『ケーニヒスベルク学会論集』精神科学、類別Iの一、一九二四年）のうちで与えている。ウンガーは、「生の諸問題」をより根底的に基礎づけるために現象学的な研究が有する意義を明晰に見てとっている。同書、一七頁以下。

注解(744)　たほう分析は、「恣意的 beliebig」な「死の理念 Idee vom Tode」をたよりにすることもできない。そのような「恣意 Willkür」を防止するには、「現存在の平均的日常性」にふたたび注目しておくほかはない。「死の実存論的分析のうちには、死へとかかわる存在の実存的可能性がともに響いている」のである。この件は死にかんしてとりわけあてはまる。死のうちでは、「現存在の有している可能性という性格がもっとも尖鋭に露呈される」からである。「実存論的な問題系」は、「おわりへとかかわる存在の存在論的構造」をあきらかにすることのみをめざすのである。†1

†1　原注のウンガーの講演題目「問題史としての文学史 Literaturgeschichte als Problemgeschichte」については、本書、第三節27参照。

第五〇節　死の実存論的‐存在論的構造をあらかじめ素描すること

745 未済、おわり、および全体性をめぐる考察によってあきらかになったのは、おわりへとかかわる存在としての死という現象を、現存在の根本体制にもとづいて解釈する必要性である。そのことによってのみ、おわりへとかかわる存在によって構成されている全体的存在が、現存在そのものにおいて現存在の存在構造に応じてどこまで可能かが、あきらかとなりうる。現存在の根本体制として見てとられうるようになったのは、気づかいである。気づかいという表現の存在論的意義は、「定義」というかたちで表現するなら、(世界内部的に)出会われる存在者〈のもとでの存在〉として、〈じぶんに先だって(世界の)内ですでに存在していること〉であった。*1 このことで、現存在の存在の基礎的な性格が表現されている。つまり、〈じぶんに先だって〉のうちには実存が、〈〜の内ですでに存在している〉のなかでは事実性が、〈のもとでの存在〉にあっては頽落が表現されているのである。死が或るきわだった意味において現存在の存在にぞくしているとすれば、そのばあい死(もしくはおわりへとかかわる存在)は、こうした諸性格の側から規定されなければならない。

250

746 さしあたり問題となるのは、現存在の実存と事実性ならびに頽落が、死という現象にそくしてどのように露呈されているかを、ともあれひとたびあらかじめ素描しながらあきらかにしておくことである。

＊1 本書、第四一節、一九二頁参照。

注解(745―746) 「未済、おわり、および全体性」の考察があきらかにしたのは、「死」という現象を「現存在の根本体制」から「解釈する《インテルプレティーレン》」必要があることである。そのことで、「おわりへとかかわる存在」としての「全体的存在 Ganzsein」が現存在そのものにおいてどこまで可能かが、あきらかとなる。現存在の根本体制である「気づかい」とは、定義的にいえば、「(世界内部的に)出会われる存在者〈のもとでの存在〉として、〈じぶんに先だって(世界の)内ですでに存在していること〉 Sich-vorweg-schon-sein-in (der Welt) als Sein-bei (innerweltlich) begegnendem Seienden」である。「じぶんに先だって」のうちで「実存 Existenz」が、「～の内ですでに存在している」で「事実性 Faktizität」が、「のもとでの存在」では「頽落 Verfallen」が表現されているのである。死あるいは「おわりへとかかわる存在」は、こうした諸性格から規定される必要がある(745)。

さしあたりの問題は、右の三つの性格が、死という現象にそくしてどのように露呈されているかを、あきらかにしておくことである(746)。

747 〈なお〜ない〉を、かくてまたもっとも極端な〈なお〜ない〉である現存在のおわりを、未済という意味で解釈することは、不適切であるかどで斥けられた。そのように解釈することのうちには、現存在を目のまえにあるものへと存在論的に転倒させることがふくまれていたからである。おわりに達しているとは、実存論的には、おわりへとかかわって存在していることを意味するものにほかならない。もっとも極端な〈なお〜ない〉は現存在がそれへとみずからかかわる或るものという性格を有している。おわりは、現存在にさし迫っているのである。死は目のまえにはなお存在していないものではない。最小限に縮減された最後の未済でもない。むしろさし迫っていることなのである。

748 世界内存在としての現存在にさし迫りうるものには、しかしながら多くのものがある。さし迫っていることという性格は、それだけでは死をきわだってしるしづけるものではない。その反対である。死をさし迫っていることと解釈したところで、死が、周囲世界的に出会われるさし迫ったひとつのできごとという意味で解されなければならないという憶測を、なおも呼びこむ可能性があるだろう。さし迫ることができるのは、たとえば雷雨、家屋の改築、友人の到着であり、したがって目のまえに、あるいは手もとに、もしくは共に現存在している存在者である。こうした種類の存在を、さし迫っている死は有してはいない。

749　現存在にさし迫りうるものはいっぽうまた、たとえば旅行、他者たちと対決すること、現存在自身がそれでありうるものを断念することでもある。これらは、他者たちとの共同存在にもとづいた固有の存在可能性にほかならない。

注解(747—749)　「現存在」の「なお〜ない」を「未済」として解釈《インテルプレタティオン》することはできないのであった。そのように解釈すれば、現存在は「目のまえにあるもの」へと「存在論的に転倒」させられるからである。「おわりに達している」とは、「実存論的」には「おわりへとかかわって存在していること」にほかならない。「おわりは、現存在にさし迫っている Das Ende steht dem Dasein bevor」。死とは、「さし迫っていること」†1なのである(747)。

「世界内存在」としての現存在にさし迫りうるものは、しかしたとえば「雷雨、家屋の改築、友人の到着」であり、つまり「目のまえに、あるいは手もとに、もしくは共に現存在している」もろもろの「存在者」である。「さし迫っていること」だけでは「死」をきわだたせることはできない(748)。

現存在にさし迫りうるものは、たほうまた「旅行、他者たちと対決すること、現存在自身がそれでありうるものを断念すること」である。これらは、「他者たちとの共同存在にもとづいた固有の存在可能性」にほかならない(749)。

†1　*Bevorstand.* Hの訳は「目前に差し迫っていること」、Kは「差し迫り〔切迫していること〕」、Tでは「差し迫っているもの」、Wは「切迫」。Rの英訳は *something impending.* M

の仏訳は *précédence*, Vでは *imminence*. Rは、「未済 Ausstand」と「さし迫っていること Bevorstand」が、それぞれ standing out, standing before という原義を響かせていることに注意する。おなじように、Mも注記して、excédent (Ausstand) と précédence (Bevorstand) との対比に注意を喚起している。Vの imminence はメルロ＝ポンティ『見えるものと見えないもの』の用語系からの逆輸入かとも思われる。

750　死は一箇の存在可能性であって、そのつど現存在自身が引きうけなければならないものである。死とともに現存在そのものが、じぶんのもっとも固有な存在可能にあってじぶんにさし迫っている。この可能性において、現存在にとってはじぶんの世界内存在が端的に問題となる。現存在の死とは、もはや現存在しえないという可能性なのである。現存在がじぶん自身のこのような可能性としてじぶんにさし迫っているとき、現存在はじぶんにもっとも固有な存在可能へとさながら指示されている。このようにじぶんにさし迫るばあい現存在にあっては、他の現存在との関連のいっさいが絶たれている。このもっとも固有な、関連を欠いた可能性は、同時にもっとも極端な可能性でもある。存在可能としての現存在は、死の可能性を追いこすことができない。死は現存在の端的な不可能性の可能性なのだ。このようにして死は、もっとも固有な、関連を欠いた、追いこすことのできない可能性であることが露呈される。そのようなものとして死は、きわだってしるしづけられた〈さし迫っていること〉なのである。このようにさし迫っていることが実存論的に可能であるはこびは、現存在がじぶん自身に対してその本質からして開示されていること、しかも〈じぶんに先だって〉という様式で開示されていることにもとづいている。〈じぶんに先だって〉という気づかいのこの構造契機は、死へとかかわる存在のうちにそのもっとも根源的で具体的なありかたを有する。おわりへとかかわる存在は、このように特徴づけられ、きわだってしるしづけられた、現存在の可能性へとかかわる存在として、現象的により明瞭なものとなるのである。

注解(750)　「死」は「一箇の存在可能性 eine Seinsmöglichkeit」であって、「そのつど現存在自身が引きうけなければならない je das Dasein selbst zu übernehmen hat」ものである。死において現存在そのものが、その「もっとも固有な存在可能 *eigenste* Seinkönnen」にあってさし迫っている。現存在の死とは「もはや現存在しえないという可能性 Möglichkeit des Nicht-mehr-dasein-könnens」である。そこでは現存在にとって、他の現存在との「関連 Bezüge」がいっさい絶たれている。現存在は「死の可能性 die Möglichkeit des Todes」を追いこしえない。死は「現存在の端的な不可能性の可能性 Möglichkeit der schlechthinnigen Daseinsunmöglichkeit」である。死とは、こうして、「もっとも固有な、関連を欠いた、追いこすこと

のできない可能性 *die eigenste, unbezügliche, unüberholbare Möglichkeit*」として、「きわだってしるしづけられた〈さし迫っていること〉*ausgezeichneter* Bevorstand」なのである。このような事態の可能性は、現存在が「じぶんに先だって」という様式でみずからに対して開示されていることにもとづいている。「じぶんに先だって」という「気づかい」の契機は、「死へとかかわる存在 Sein zum Tode」のうちでもっとも根源的に具体化されるのである。

751 もっとも固有な、関連を欠いた、追いこすことのできない可能性を、しかし現存在はあとから、またときおりじぶんの存在の経歴のなかで身につけるわけではない。かえって、現存在が実存するときには、現存在はすでにまたこの可能性のうちへと投げこまれているのである。現存在はじぶんの死へと委ねられており、死はかくてまた世界内存在にぞくしている。この件にかんして現存在は、さしあたりたいていは、どのような明示的な知も、まして理論的な知も有してはいない。死のうちに投げこまれていることが、現存在にとってより根源的に、またより切実に露呈するのは、不安という情態性においてなのである。[*1] 死をまえにしての不安は、もっとも固有な、関連を欠いた、追いこすことのできない存在可能「をまえに」しての不安である。この不安の〈なにをまえに〉は、世界内存在それ自身である。この不安の〈なにのために〉は、現存在の存在可能そのものなのだ。生をはなれることに対する恐れと死をまえにしての不安とが、混同されてはならない。死をまえにしての不安は、個々人が抱く恣意的で偶然的な「脆弱な」気分ではない。それはむしろ現存在の根本的情態性であるから、現存在がじぶんのおわりへとかかわる被投的な存在として実存していることをあかす開示性なのである。このことによって、死ぬことをめぐる実存論的な概念は、もっとも固有な、関連を欠いた、追いこすことのできない存在可能へとかかわる被投的な存在であるしだいがあきらかとなる。こうして、純然たる消滅に対し、さらにはたんに生きおわることに対して、最後に生をはなれることの「体験」に対しても、死がいっそう尖鋭に境界づけを獲得したことになるのである。

*1　本書、第四〇節、一八四頁以下参照。

注解(751)　「もっとも固有な、関連を欠いた、追いこすことのできない可能性」のうちに、「現存在」は「実存する」とただちに「投げこまれて *geworfen*」いる。「死」が「世界内存在」にぞくしているのである。「不安《アングスト》という情態性《ベフィントリッヒカイト》」にあって、死のうちに「投げこまれていること Geworfenheit」が露呈されている。この不安の「なにをまえにWovor」は「世界内存在それ自身」であり、その「なにのために Worum」は、現存在の「存在可能そのもの」なのだ。死をまえにしての不安は「個々人 der Einzelne」の「気分」ではなく、現存在の「根本的情態性」である。「死ぬことをめぐる実存論的な概念」は、「もっとも固有な、関連を欠いた、追いこすことのできない存在可能」へとかかわる被投的な存在にかかわっているのである。

752　おわりへとかかわる存在は、とある態度によって、またときおり浮かびあがる態度としてはじめて生じるものではない。それは、本質からして現存在の被投性にぞくしており、その被投性は、情態性(気分)にあってあれこれのものとして露呈されるのである。そのつどの現存在においては、おわりへとかかわるもっとも固有な存在にかんする「知」あるいは「無知」が支配している。そのことはただ、この存在のうちでさまざまな様式で身を置くことができるという実存的な可能性を表現するものにすぎない。事実的には、多くの者がさしあたりたいていは、死について知らずにいる。この件は、死へとかかわる存在が「普遍的に」現存在にぞくするものではないことの証拠と称されてはならない。むしろ現存在がさしあたりたいていは、死へとかかわるもっとも固有な存在をまえにしながらそこから逃避して、そうした存在を覆いかくしていることの証拠なのである。現存在は、実存しているかぎり事実的に死につつある。しかしさしあたりたいていは、頽落という様式で死につつあるのである。事実的に実存していることは、たん 252
に一般的かつ無差別に、被投的に世界内存在しうるということであるばかりではなく、つねにまたすでに、配慮的に気づかわれた「世界」のうちへと没入していることでもあるからだ。このように頽落しながら〜のもとに存在することのうちで、不気味さからの逃避が、つまりここでは死へとかかわるもっとも固有な存在をまえにした、そこからの逃避が告げられている。実存、事実性、頽落が、おわりへとかかわる存在を特徴づけ、それらが、したがって、死の実存論的概念を構成している。死ぬことは、その存在論的な可能性にかんして気づかいにもとづくものなのである。

注解(752) 「おわりへとかかわる存在」は「ときおり浮かびあがる態度」といったものではない。それは「現存在の被投性 Geworfenheit」にぞくするものである。「事実的」には、多くの者が「死について知らずにいる」ということは、現存在がさしあたりたいていは「死へとかかわるもっとも固有な存在」を「まえにしながらそこから逃避して」[†1]、そうした存在を覆いかくしていることの証拠なのである。現存在は「事実的に死につつある stirbt faktisch」。しかしさしあたりたいていは「頽落」しつつ、死につつある。「事実的に実存していること」は、つねにまた「世界」のうちへと没入していることでもあるからである。このことのうちで「不気味さからの逃避」、「死へとかかわるもっとも固有な存在」からの逃避が告げられている。「実存、事実性、頽落」によって「おわりへとかかわる存在」が特徴づけられ、「死ぬことは、その存在論的な可能性にかんして」「気づかい」[†2]にもとづいているのである。

†1　flüchtig *vor* ihm.　イタリックになっている vor を二重に訳す。

†2　「書き込み」には、「しかし気づかいは、〈存在 Seyn〉の真理によって在りつづける west」とある。

753　しかし死へとかかわる存在は根源的に、また本質からして現存在の存在にぞくしている。そうであるなら、死へとかかわる存在はまた――さしあたり非本来的にであるにせよ――日常性のうちでも提示されうるものでなければならない。さらに、およそおわりへとかかわる存在は、現存在の実存的な全体的存在に対して実存論的な可能性を提供するものであるはずである。そうであるとすれば、そのことのうちには、気づかいは現存在の構造全体が有する全体性をあらわす存在論的な名称である、とするテーゼを現象的に確証するものがふくまれていることになるだろう。この命題をかんぜんに現象的に正当化するためには、しかしながら死へとかかわる存在と気づかいとのあいだの連関について、あらかじめ素描しておくだけでは充分ではない。この連関はなにより、現存在のもっとも身近な具体的なありかたであるその日常性にあって、見てとられうるものとならなければならないのである。

注解(753)　「死へとかかわる存在」が「現存在の存在」にぞくしているなら、「死へとかかわる存在」は「日常性」のうちでも提示されなければならない。さらに「おわりへとかかわる存在」が現存在の「全体的存在」に対して「実存論的な可能性」を提供するものであるとすれば、そこには、「気づかいは現存在の構造全体が有する全体性をあらわす存在論的な名称である」とするテーゼを確証するものがふくまれているはずである。この件を正当化するためには、まず現存在の日常性において「死へとかかわる存在と気づかいとのあいだの連関」が見てとられなければならない。

第五一節　死へとかかわる存在と、現存在の日常性

754 日常的で平均的な、死へとかかわる存在をとり出すにあたっては、これまで獲得された日常性の諸構造にみずからを方向づけておくことになる。死へとかかわる存在にあって現存在は、ひとつのきわだってしるしづけられた存在可能としての、じぶん自身へとかかわっている。日常性における自己は、これに対して〈ひと〉であって[*1]、〈ひと〉は公共的に解釈されたありかたのなかで構成されており、そのありかたは空談のうちで言いあらわされている。空談によって、だから日常的な現存在が、死へとかかわるじぶんの存在をどのような様式でみずから解釈しているのかが、あらわになるにちがいない。

解釈の基礎をかたちづくるのはそのつど一箇の理解であって、理解はつねにまた情態的な理解であり、つまりは気分づけられた理解である。かくして問われなければならないのは、〈ひと〉の空談のなかに存している情態的な理解によって、死へとかかわる存在はどのように開示されてしまっているか、なのである。〈ひと〉は、もっとも固有な、関連を欠いた、追いこすことのできない、現存在の可能性に対して、理解することでどのようにかかわっているのだろうか。死に委ねられていることを〈ひと〉に開示するのは、どのような情態性なのか。それはまた、どのような様式にあってのことなのだろうか。

＊1　本書、第二七節、一二六頁以下参照。

注解(754)　日常的な「死へとかかわる存在」をとり出すためには、「日常性の諸構造」に目を向けなければならない。死へとかかわる存在にあって現存在は、きわだって「じぶん自身へと *zu ihm selbst*」かかわっているいっぽう、日常的な「自己《ゼルプスト》」は、「ひと《ダス・マン》」である。「ひと」は公共的に解釈され、解釈されたそのありかた《アウスゲレークトハイト》は「空談」[†1]のうちで言いあらわされる。空談が、だからあらためて注目される必要がある。日常的な「解釈《アウスレーグング》」の基礎となるのはそのつど一箇の「理解」、しかも「情態的な理解」であるから、「ひと」の空談が示す情態的な理解が、死へとかかわる存在をどのように開示しているか、が問題となる。どのような情態性が、どのようなしかたで、「死に委ねられていること Überantwortung an den Tod」を「ひと」に開示するのか、が問われなければならない。

†1　Gerede. 本書、第三五節参照。

755　日常的な共同相互的なありかたにぞくしている公共性は、死をたえず現前する事件として、「死亡事例」として「見知って」いる。あれこれの身近なひと、あるいは疎遠な者が「死ぬ」。見知らぬひとびとが日々、また刻々と「死んでゆく」。「死」は、世界内部的に現前する、熟知されたできごととして出会われている。そのようなものとして死は、日常的に出会われることがらにとって特徴的な〈目立たないありかた〉[*1]のうちにとどまっているのである。〈ひと〉はこのできごとに対して、またすでに解釈を確定してしまっている。このできごとにかんして、はっきりと口にだして、あるいはまたたいていは憚《はばか》りながら「逃避的に」語られる。その語りが言おうとするところは、ひとは結局はいつかは死ぬものであるけれども、さしあたりじぶん自身にはかかわりのないことだ、というしだいなのである。

＊1　本書、第一六節、七二頁以下参照。

注解(755)　日常的な「公共性」にあって死は、「たえず現前する事件」とみなされている。身近なひと、疎遠な者が死に、見知らぬひとびとが「日々、また刻々と täglich und stündlich」

死んでゆく。「死」は「熟知された《ベカント》できごと」なのである。「ひと」の「解釈《アウスレーグング》」もまたすでに確定してしまっている。死というできごとにかんして、「逃避的に」†1語られることは、要するに、「ひとは結局はいつかは死ぬものであるけれども、さしあたりじぶん自身†2にはかかわりのないことだ」ということなのである。

†1 flüchtig.「逃避的」であるとともに、「一時しのぎ」ということでもある。
†2 「じぶん自身」と訳したのは、ここでは man selbst.

756 「ひとは死ぬ」を分析することで、死へとかかわる日常的な存在が存在するしかたがまぎれもなく露呈されてくる。死は、そのような語りにあって未規定的ななにごとかとして理解されている。そのなにごとかは、なにより、どこからか入りこんでくるにちがいないものであるにしても、さしあたりはしかし、じぶん自身にとってはなお目のまえに存在しておらず、だから脅《おびや》かすものではないのである。「ひとは死ぬ」ということでひろめられる思いなしは、死はいわば〈ひと〉にかかわるひとごとにすぎないというものである。公共的な現存在解釈が「ひとは死ぬ」と語るのは、そのことによって、あらゆる他のひとびともじぶん自身も、みずからにつぎのように言いきかせることができるからである。死ぬのはそのつど、ほかならぬ私ではない、この〈ひと〉とはだれでもない者だからである。「死ぬこと」はたんに出来《しゅったい》することへと水平化されるのであり、そのように出来することはたしかに現存在にかかわりはするものの、しかしだれかにことさらに帰属するものではない。空談にはそのつどあいまいさが固有のものとしてそなわっているかぎり、死についてこのように語ることもまたあいまいなのである。死ぬことはその本質からして、代理不可能なしかたで私が死ぬことである。その死ぬことが、公共的に出来するできごとへと転倒されて、〈ひと〉〔のみ〕が出会うものとなる。このように特徴づけられた語りは、死について、それは不断に出来する「事例」であると言いたてているわけである。そのような語りは、死はつねにすでに「現実的なもの」であると言いひろめて、死が有している可能性という性格を蔽《おお》いかくす。さらにそれと軌を一にして、関連を欠いていて、追いこすことのできないものであるという、死にぞくしている契機をも蔽いかくしてしまう。こうしたあいまいさとともに現存在が身を置くことになるのは、もっとも固有な自己に帰属している、きわだってしるしづけられた存在可能にかんして、〈ひと〉のなかでじぶんを喪失するという状態なのである。〈ひと〉によって、もっとも固有な死へとかかわる存在をみずからに覆いかくす権利が与えられ、その誘惑もまた深まるのだ。[*1]

＊1　本書、第三八節、一七七頁以下参照。

注解(756)　「ひとは死ぬ」[†1]と語ることで、「死」は「未規定的ななにごとか」となり、さしあたりはじぶん自身にとっては「なお目のまえに存在しておらず」、だから「脅かすものではない」ことになる。「ひとは死ぬ」とは、「死はいわば〈ひと〉にかかわるひとごとにすぎない」[†2]ということである。そうした「公共的な現存在解釈《アウスレーグング》」にあっては、「死ぬのはそのつど、ほかならぬ私ではない(je nicht gerade ich)、この〈ひと〉とはだれでもない者(das *Niemand*)だからである」というしだいとなる。「死ぬこと」は「たんに出来することVorkommnis」へと「水平化され nivelliert」てゆく。「空談《ゲレーデ》」一般とおなじように、死についての空談もまた「あいまい」なものなのである。死ぬことは「代理不可能」であるのに、それが「公共的に出来するできごと」へと転倒される。そこでは、死は「不断に出来する「事例 Fall」」であると語られているわけである。死がこのようにすでに「現実的なもの」であるならば、「死が有している可能性という性格」は蔽いかくされる(verhüllt)ことになる。こうして現存在は、「もっとも固有な自己に帰属している、きわだってしるしづけられた存在可能」、つまりは死にかんして「ひと《ダス・マン》」のなかでじぶんを喪失していることになる。「ひと」が、「死へとかかわる存在」を「覆いかくす verdecken」権利を与え、その「誘惑」[†3]を与えるのである。

†1　man stirbt.　Rの英訳は one dies.　Rは注をくわえて、通常は man を one と訳し、das Man を the "they" と訳すが、その対応にしたがった訳がここでは適さないことに注意している。Mの仏訳は on meurt.　Vも同様であるが、訳注では、ドイツ語の man はここでは ce n'est chaque fois justement pas moi というニュアンスをともなっているが、フランス語表

現としての on meurt はふつう、その反対に、*tous* les hommes sont mortels(人間はみな死すべきものである)という意味になるとしるす。

†2 der Tod treffe gleichsam das Man. treffen には「襲う」というニュアンスもあるが、とりあえず「私」には「かかわらない」ひとごと、という意味に重点を置いて訳しておく。

†3 *Versuchung.* 「水平化」とともに、キルケゴールを意識した表現。

757 死をこのように覆いかくしながら回避することは、日常性を執拗に支配している。そのけっか互いに共に在る「もっとも身近なひとたち」は、まさに「死にゆく者」に対してこそしばしばなお、死をまぬがれて、ほどなくもう一度、その者が配慮的に気づかうあの安らかな日常性のうちへ戻ることができよう、と言いきかせる。そうした「顧慮的な気づかい」は、「死にゆく者」をそのことで「慰めて」いるつもりでさえあるものなのである。この顧慮的な気づかいは、死にゆく者に手をさし伸べて、そのもっとも固有な、関連を欠いた存在可能性をなお完全に蔽いかくすことで、その者を現存在のうちへと連れもどそうとする。〈ひと〉はそのようなかたちで、死について不断の安らぎを配慮的に気づかうのだ。これが安らぎであることは、しかし根本においては、「死にゆく者」にあてはまるばかりではなく、おなじように「慰めているひとびと」にもあてはまる。さらに、生をはなれるという場合であっても公共性は、そのできごとによって、じぶんが配慮的に気づかっている気がかりのないありかたにおいて、かき乱されたり、安らぎを乱されたりしてはならないのである。だからこそひとは、他者が死ぬとき、そこに不始末とはいわないまでも、ひとつの社交的な不愉快さを見て、公共性がそのようなものから守られていなければならないと考えることも稀ではない。[*1]

＊1　L・N・トルストイは、『イワン・イリッチの死』という物語のなかで、この「ひとは死ぬものである」ことが引きおこす動揺と崩壊の現象を描いてみせた。

注解(757)　「死」をこのように「回避する Ausweichen」けっか、「もっとも身近なひとたち」は、「死にゆく者 Sterbende」に対して、その者がもういちど配慮的に気づかう「日常性」へと戻ることができる、と言いきかせる。そうしたことばは、「死にゆく者」を「慰め」る「顧慮的な気づかい」のつもりで語られるものでさえある。この顧慮的な気づかいは、死にゆく者の「もっとも固有な、関連を欠いた存在可能性」つまり死を蔽いかくすことで、その者を「現存在」のうちへと連れもどそうとする。「ひと」は、このように、「死について不断の安らぎ *ständige Beruhigung über den Tod*」を配慮的に気づかう。その安らぎは、根本的には「慰めているひとびと」のためでもあるのである。公共性は、「気がかりのないありかた Sorglosigkeit」をたもつことをこそ配慮的に気づかう。「生をはなれる」、あるいはいのちを落とすという場合であっても、その気づかいのないありかたがかき乱されてはならないのである。だからこそ「他者が死ぬ」ことは、「不始末 Taktlosigkeit」ではないにしても、「社交的な不愉快さ gesellschaftliche Unannehmlichkeit」とすらみなされるのだ。

758 〈ひと〉はしかし同時に、現存在をその死から押しのけてしまう、このような安らぎとともに、ひとはそもそもどのように死へとかかわるべきかというしかたについても暗黙の規律をくわえることで、権威と威信とを身につける。「死のことを考える」ことからしてすでに、公共的には、臆病な恐れ、現存在の不確実さ、陰気な世界逃避であるとみなされるのである。〈ひと〉は、死をまえにしての不安へと向かう勇気が起こらないようにさせる。〈ひと〉という、公共的に解釈されたありかたがふるう支配は、死へとかかわる態度がそれによって規定されるべき情態性をめぐって、すでにまた決定をくだしてしまっている。死をまえにしての不安にあって現存在はじぶん自身に直面させられ、そのじぶん自身が追いこすことのできない可能性に委ねられている。〈ひと〉はこの不安を逆転させ、到来しつつあるできごとに対する恐れへと変えようとして、配慮的に気づかっているのだ。恐れというかたちであいまいにされた不安は、そのうえ弱さであると宣言され、自信をもった現存在ならそれを見知っていてはならないとされる。〈ひと〉の声なき訓令にしたがうなら「しかるべきこと」とされるのは、ひとは死ぬという「実際のありかた」に対して無関心で、平静であることなのである。このような「冷然たる」無関心が形成されることで現存在は、そのもっとも固有な、関連を欠いた存在可能から疎外されることになる。

注解(758)「ひと」は、しかし同時に、このような「安らぎ」を与えて「現存在」をその死から遠ざける。「ひと」は、それとともに「ひと(*man*)はそもそもどのように死へとかかわるべきか」についても「暗黙の規律 Regelung」をくわえ、その結果、死を考えることからして、「臆病な恐れ、現存在の不確実さ、陰気な世界逃避 Weltflucht」であるとみなされる。「〈ひと〉は、死をまえにしての不安へと向かう勇気(*Mut*)が起こらないようにさせる」。「死をまえにしての不安」にあって現存在は、追いこすことのできない可能性に委ねられた「じぶん自身」に直面させられるのに対して、「ひと」はこの不安を「恐れ《フルヒト》」へと「逆転」させ、そのうえ、恐れとしてあいまいにされた不安を、「自信をもった selbstsicher」現存在にふさわしくない「弱さ Schwäche」であると宣言する。「しかるべきこと」†1とされるのは、ひとは死ぬという「実際のありかた」†2に対して「無関心で、平静であること gleichgültige Ruhe」なのである。かくして、現存在は、「そのもっとも固有な、関連を欠いた存在可能」から「疎外され *entfremdet*」ることになる。

†1　gehört. hören(聞く)という意味を響かせている。

†2 Tatsache. この語については、本書、第二節14の訳注参照。

759 誘惑、安らぎ、ならびに疎外によって、ところで、頽落が存在するしかたがしるしづけられる。死へとかかわる日常的な存在は、頽落したものとして、死をまえにしながら、そこから不断に逃避することなのである。おわりへとかかわる存在は、そのおわりを転釈し、非本来的に理解し、蔽いかくしながら、そのおわりをまえにして、それを回避するという様態をそなえている。そのつど固有な現存在は、事実つねにすでに死につつある。すなわち、みずからのおわりへとかかわる存在のうちで存在している。この事実を現存在はおおい隠してしまう。それは、現存在が死を、他者たちのもとで日常的に現前する死亡事例へと改鋳することによってであって、この死亡事例こそがともあれ私たちに、「じぶん自身」はなお「生きている」ことを、それだけますますはっきりと確証してくれるものなのだ。頽落しながら、死をまえにして、死から逃避することで、しかしながら現存在の日常性は、〈ひと〉自身もそのつどすでに死へとかかわる存在として規定されているしだいをあかししてしまう。それは、〈ひと〉が明示的に「死のことを考えて」はいないときですら、かわることがない。現存在にとっては、平均的な日常性にあってですら、このもっとも固有な、関連を欠いた、追いこすことのできない存在可能こそが――じぶんの実存のもっとも極端な可能性に抗して、それに対して煩わされない無関心にとどまる、という配慮的な気づかいの様態のみにおいてであるにせよ――問題なのである。

760　死へとかかわる日常的な存在をこのようにとり出すことで、同時にしかしつぎのようなこころみに対して指示が与えられていることになる。つまり、頽落したしかたでの死へとかかわる存在を、死をまえにして、それを回避することとしていっそう立ちいって解釈することをつうじて、おわりへとかかわる存在の完全な実存論的概念を確定する、というこころみがそれである。逃避の〈なにから〉は現象的にじゅうぶん見てとられうるようになったのだから、その〈なにから〉にそくして、回避しつつある現存在自身はみずからの死をどのように理解しているのかが、現象学的に構想されるはずである。＊1

＊1　この方法的な可能性については、不安の分析にかんして語られたことを、つまり、本書、第四〇節、一八四頁を参照。

注解(759―760)　「誘惑、安らぎ、ならびに疎外 Versuchung, Beruhigung und Entfremdung」が、「頽落」を特徴づける。「死へとかかわる日常的な存在」は、「死をまえにしながら、そこから不断に逃避すること」[†1]なのである。「おわりへとかかわる存在」が、そのおわりを「転釈しながら(umdeutend)、そのおわりを回避する。「そのつど固有な現存在」が、「事実」[†2]死につつあり、みずからのおわりへとかかわって存在しているという「事実」を、「現存在」が隠匿してしまう。他者たちの「死亡事例」こそが、ともあれ「じぶん自身 man selbst」はなお「生きている」ことをはっきり確証してくれるものなのである。死をまえにして、死から逃避することで、とはいえ、「現存在の日常性」すら、「ひと」自身も「死へとかかわる存在」として規定されていることをかえってあかしだてる。「現存在にとっては、平均的な日常性にあってすら、このもっとも固有な、関連を欠いた、追いこすことのできない存在可能」が問題なのだ。それは、死「に抗して、それに対して[†3]」「煩わされない無関心 *unbehelligite Gleichgültigkeit*」であっても同様なのである(759)。

「死へとかかわる日常的な存在」がこのようにとり出されたことで、「死をまえにして、それを回避する」しだいを立ちいって「解釈《インテルプレタティオン》」することをつうじて、「おわりへとかかわる存在」の「実存論的概念」が確定されなければならない。「逃避の〈なにから〉」にそくして、「現存在」そのものが死をどのように理解しているのかを、現象学的に解明する必要がある(760)。

†1　*vor.* この語の訳しかたについては、前節752の訳注参照。

†2　faktisch. つぎの Faktum とともに、前段落の Tatsache との対照において使用されている。

†3　*gegen* を二重に訳す。

第五二節　おわりへとかかわる日常的な存在と、死の完全な実存論的概念

761　おわりへとかかわる存在は、実存論的にあらかじめ素描されるさいに、もっとも固有な、関連を欠いた、追いこすことのできない存在可能へとかかわる存在と規定された。こうした可能性へとかかわって実存する存在は、実存の端的な不可能性に直面する。死へとかかわる存在をめぐる、一見したところ空虚にみえるこうした特徴づけを越えて、日常性という様態においてこの存在が具体化したありかたが露呈された。日常性にとって、本質からしてそれにぞくするものである頽落傾向に応じて、死へとかかわる存在は、死をまえにしながら、そこから〔死を〕覆いかくしながら〔死を〕回避することであるしだいが証示されたのである。探究はまえもって、死の存在論的構造について、それを形式的にあらかじめ素描することから出発して、おわりへとかかわる日常的な存在を具体的に分析することへと移行してきた。これに対していまや進路を逆転させて、おわりへとかかわる日常的な存在をさらに補足して解釈することをつうじて、死の完全な実存論的概念が獲得されるべきである。

注解(761)　「おわりへとかかわる存在」は「もっとも固有な、関連を欠いた、追いこすことのできない存在可能へとかかわる存在」と規定された。つぎに、こうした特徴づけにくわえて、「日常性」にあって「死へとかかわる存在」が問題とされたのである。日常的には、死へとかかわる存在は、「死をまえにしながら、そこから〔死を〕覆いかくしながら〔死を〕回避」している。ここではさらに、「進路を逆転させて」、おわりへとかかわる日常的な存在をさらに「解釈《インテルプレタティオン》」しながら、「死の完全な実存論的概念 der volle existenziale Begriff des Todes」が獲得されなければならない。

762　死へとかかわる日常的な存在を解明するにさいして、いままで〈ひと〉の空談が手がかりとされてきた。つまり、ひとはいつかは死ぬものであるけれども、当分はまだ死ぬことはない、ということである。これまでのところは、「ひとは死ぬものである」ということだけが、そのものとして解釈されてきたにすぎない。「いつかは、けれども当分はまだない」において日常性は、死の確実性といったことを承認している。ひとは死ぬということを、だれひとりとして疑っていない。しかしながら、この「疑っていない」ということは、死が——さきに特徴づけられた、きわだってしるしづけられた可能性という意味において——どのようなものとして現存在のなかに立ちあらわれてくるかというはこびに応じた、まさにその確実さをうちに蔵しているとはかぎらない。日常性は、死の「確実性」にぞくするこのようなあいまいな承認のもとで立ちどまってしまう――そのけっか日常性は、死ぬことをますます覆いかくし、この確実性を弱めて、死のうちへの被投性をみずから軽減することになるのである。

763 死をまえにしながら、それを覆いかくし、死を回避することは、その意味からして、本来的には死を「確実である」とすることはかなわないにもかかわらず、確実であるとしている。「死の確実性」について、事情はどのようになっているのだろうか。

注解(762―763)「死へとかかわる日常的な存在」の解明は、「ひと」の「空談」を手がかりとするものであった。つまり「ひとはいつかは死ぬものであるけれども、当分はまだ死ぬことはない man stirbt auch einmal, aber vorläufig noch nicht」ということである。これまでは、「ひとは死ぬものである」ことだけが「解釈《インテルプレティーレン》」されてきたが、たほう日常性は、「いつかは、けれども当分はまだない」において「死の確実性 *Gewißheit* des Todes」をいちおうは承認もしている。だれも「ひとは死ぬ」ことを疑っていないとはいえ、この「疑っていない」ことは、死が「現存在」のうちに立ちあらわれてくるありかたに適合した、「まさにその確実さ *das* Gewißsein」をふくむとはかぎらない。日常性は、死の「確実性」をあいまいに承認するにとどまる。その結果むしろ、「死ぬこと」がますます覆いかくされ、「死のうちへの被投性 Geworfenheit in den Tod」は軽減されることになるのである(762)。

死をまえにしながら、それを回避することでは、「本来的には」死を「確実である」とすること[†1]、つまり死を確信することはできない。「死の確実性」は、どのようになっている(Wie steht es)のだろうか(763)。

†1 "gewiß" zu sein. gewiß sein で「確信する」という意味。

764 或る存在者を確実であるとするとは、その存在者を真なるものとして、真とみなして保持することを意味する。真理とはたほう、存在者が覆いをとって発見されていることを指している。覆いをとって発見されたありかたのすべてがしかし存在論的には、もっとも根源的な真理、つまり現存在の開示性にもとづいている[*1]。現存在は開示されながら開示し、覆いをとって発見する存在者として、その本質からして「真理の内で」存在しているのである。確実性は、ところで真理にもとづいている、あるいは真理に等根源的に帰属している。「確実性」という表現は「真理」という術語とおなじように、二重の意義を有する。真理は根源的には、現存在のかかわりかたとしての、開示しつつ存在していることとおなじ意味である。そこから導出された意義によって指示されるのが、存在者の覆いをとって発見されているありかたなのだ。これに対応して、確実性も根源的には現存在の存在するしかたである、確実であるとすることとおなじしだいを意味している。そこから導出された意義にあってはしかしながらまた、現存在がそれを確実であるとすることのできる存在者が「確実なもの」と言われるのである。

＊1　本書、第四四節、二一二頁以下、とりわけ二一九頁以下参照。

注解(764)　「或る存在者を確実であるとする」とは、その存在者を「真とみなして保持すること」†1を意味する。「真理」とは「覆いをとって発見されていること《エントデックトハイト》」であり、それは存在論的には、「現存在の開示性《エアシュロッセンハイト》」にもとづく。現存在は「開示されながら開示 erschlossen-erschließend」する存在者として、「「真理の内で」存在している」のである。「確実性は、ところで真理にもとづいている」。真理は根源的には、現存在の「かかわりかた Verhaltung」として、「開示しつつ存在していること」であり、派生的には「存在者の覆いをとって発見されているありかた」である。おなじように、確実性も根源的には「現存在の存在するしかた」であり、「確実であるとすること」を意味するいっぽう、派生的には、現存在がそれを「確実であるとする」ことのできる存在者が「確実なもの gewisses」と言われるのである。

†1　für wahr *halten*. 通常はたんに「真とみなすこと」。Rの英訳は、*hold* it for true. MとVの仏訳はともに *tenir* pour vrai. hold, tenir ともに、「たもつ」という意味をふくむ。

765　確実性のひとつの様態が確信である。確信にあって現存在は、ひたすら覆いをとって発見された(真なる)事象そのものの証拠によってのみ、理解しながらこの事象へとかかわる存在として規定される。真とみなして保持することが、真理の内でじぶんを保持することとして充分であるのは、それが覆いをとって発見された存在者そのものにもとづいており、そのように覆いをとって発見された存在者へとかかわる存在として——じぶんが当の存在者に対して適合しているという点にかんして——じぶんを見とおしている場合なのである。このようなことのしだいは、恣意的な虚構や、存在者をめぐるたんなる「見解」には欠けている。

注解(765)「確実性」の一様態が「確信」[†1]である。そこでは「現存在」は、「覆いをとって発見された(真なる)事象」を証拠として、この事象へかかわる存在となる。「真とみなして保持すること Für-wahr-halten」が「真理の内でじぶんを保持すること Sich-in-der-Wahrheit-halten」であるのは、それが「覆いをとって発見された存在者」にもとづいており、その存在者に適合的に、それへかかわる存在としてじぶんを見とおしている場合にほかならない。

†1　*Überzeugung*.　このあたりの行論では、カント『純粋理性批判』「超越論的方法論」における「思いなすこと、知ること、信じること」をめぐる考察が思いうかべられていよう。「Fürwahrhalten とは、私たちの悟性におけるできごとであり、そのできごとは客観的な根拠にもとづくものであれ、たほうまたそのように判断する者のこころにおける主観的な原因も必要とする。Fürwahrhalten が、およそ理性を有するかぎりのあらゆるひとびとに妥当す

るなら、その根拠は客観的に充分であって、Fürwahrhalten はそのとき *Überzeugung* と呼ばれる。それがたんに主観の特殊な性質のうちにだけその根拠を有するものなら、信じこみ(Überredung) と名づけられる」(第二版、八四八頁)。

766　真とみなして保持することが充分であるかどうかは、そのようにみなすことが帰属する真理要求にしたがって測られる。当の真理要求は、開示されるべき存在者が存在するしかたと開示する方向とにもとづいて、その権利を受けとることになる。存在者がことなるとともに、また開示の主導的な傾向や射程に応じて、真理であるありかたは変化し、かくてまた確実性も変化する。当面の考察は、死に対して確実であるとすることの分析にあくまで限定されているのであるけれども、この確実であるとすることによって結局は、きわだってしるしづけられた現存在の確実性が示されるのである。

注解(766)「真とみなして保持すること」が充分であるかは、それが帰属する「真理要求 Wahrheitsanspruch」によって測られる。存在者の差異と開示の方向に応じて、「真理であるありかた Art der Wahrheit」と「確実性」も変化する。当面の考察は「死に対して確実であるとすること」に限定されているが、このことによってまた「きわだってしるしづけられた現存在の確実性 *Daseinsgewißheit*」が示されことになるだろう、とハイデガーはいう。

767 日常的な現存在はたいていは、じぶんの存在のもっとも固有な、関連を欠いた、追いこすことのできない可能性を覆いかくしている。この事実的な隠蔽傾向によって確証されるのは、現存在は事実的な現存在としては、「非真理」の内で存在しているというテーゼにほかならない。*1 したがって、死へとかかわる存在をこのように覆いかくすことに帰属している確実性は、疑うという意味での不確実性といったものではないにしても、適切ではないかたちで真とみなして保持することであるはずである。不適切な確実性は、じぶんが確実であるとしているものを覆いかくされたままにしておくのだ。「ひと」は死を、周囲世界的に出会われるできごととして理解している。そうであるならば、その件に関係づけられた確実性は、おわりへとかかわる存在を打ちぬいてはいないのである。

*1 本書、第四四節b、二二二頁参照。

注解(767) 「日常的な現存在」は「じぶんの存在のもっとも固有な、関連を欠いた、追いこすことのできない可能性」を隠蔽している。だからこそ現存在は、事実的には、「「非真理」の内で存在している」といわれたのである。このように隠蔽することは「疑う Zweifeln」ことではないけれども、「適切ではないかたちで真とみなして保持すること」であるはずである。「不適切な確実性」によって、確実であるとされているものが覆いかくされたままとどまっているのである。「死」が「周囲世界的」に理解されているかぎりでは、確実性は「おわりへとかかわる存在」にまで達していないのだ。

768　ひとは、死「というもの」が到来するのは確実だ、と語る。ひとはそう語りながら、そこで〈ひと〉が見すごしているのは、死を確実であるとしうるためには、じぶんの固有の現存在自身が、じぶんのもっとも固有で、関連を欠いた存在可能をそのつど確実であるとしていなければならないということの消息である。ひとは死が確実であると語るとはいえ、そのように語ることでひとは、現存在そのものがじぶんの死を確実であるとしているかのような仮象を現存在のうちに植えつける。だが、日常的に確実であるとすることの根拠はいったいどこに存しているのだろうか。あきらかに、たがいにただ信じこませあうことのうちにあるのではない。ひとは、他者が「死ぬこと」を日々それでもやはり経験しているからだ。死とは、一箇の否定しがたい「経験の実際のありかた」なのである。

注解(768)　ひとは、死の確実性について語りながら、「死を確実であるとしうる」には、「じぶんの固有の現存在自身が、じぶんのもっとも固有で、関連を欠いた存在可能をそのつど確実である」とする必要があるしだいを見すごしている。ところで「日常的に確実であるとすることの根拠」はどこにあるのだろうか。たがいにただ「信じこませ[†1]」あうことのうちに、ではない。ひとは、他者の死を日々それでも経験しており、死とは否定しがたい「経験の実際のありかた[†2]」なのである。

†1 Überredung. 本節765の訳注に引いた、カント『純粋理性批判』からの引用を参照。

†2 Erfahrungstatsache. 前節758の訳注参照。

769 死へとかかわる日常的な存在は、このように根拠づけられている確実性をどのような様式で理解しているのか。この件があかされるのは、死へとかかわる日常的な存在が、批判的に慎重といってもよいしかたで、つまりそれなりに適切に、死をめぐって「考えよう」とこころみる場合である。すべての人間は、ひとの知るかぎり「死ぬ」。死は、あらゆる人間にとって最高度に蓋然的である。しかしそれでも「無条件的に」確実なのではない。厳密に考えれば、死に帰属させられてよいのはやはり「ただ」経験的な確実性「にすぎない」。この経験的な確実性は、理論的な認識のある種の圏域内で私たちが到達する最高の確実性、つまり必当然的な確実性にくらべて、避けがたく劣っているのである。

注解(769) 「死へとかかわる日常的な存在」が、死の確実性をどのように理解しているかは、その存在がそれなりに適切に、死をめぐって「考えよう」とこころみる場合にあきらかになる。「すべての人間」は「死ぬ」かぎり、死は最高度に「蓋然的 wahrscheinlich」である。しかし厳密に考えれば、死に帰属するのは、「経験的な確実性」にすぎない。この経験的確実性は、「必当然的」†1 な確実性より劣っているのである。

†1 apodiktisch. カントの「判断表」で、判断の様相として挙げられているのは、「蓋然的」判断、「断定的(実然的)assertorisch」判断、「必当然的」判断で、この順に確実性の度合が高くなる。『純粋理性批判』第二版、九五頁参照。

770 死へとかかわる日常的な存在は、死の確実性と、死がさし迫っていることを、このように「批判的に」規定してみせる。そこであらわになるのは、さしあたりはふたたび、現存在の存在のしかたと、現存在にぞくしている死へとかかわる存在が見あやまられていることなのである。この見あやまりは、日常性に特徴的なことがらにほかならない。生をはなれることは、現前するできごととしては「たんに」経験的に確実であるにすぎない。このことによっては、死の確実性についてなんの決定もくだされていないのだ。死亡事例が事実的な機縁となって、現存在がさしあたり一般に死に注目するようになることもあるだろう。いましるしづけられたような経験的な確実性にとどまるかぎりでは、現存在はしかし死が「存在している」とおりに死を確実なものとすることがかなわない。現存在は、〈ひと〉の公共性にあっては死の「経験的な」確実性についてしか「語ら」ないかにみえる。たとえそうであるにしても、現存在は根本においてはそれでもひたすら、また第一次的に、現前するさまざまな死亡事例だけにかかずらわっているわけではない。じぶんの死を回避しながらも、おわりへとかかわる日常的な存在すらもまた、純粋に理論的な省察において自身が承認しようとしているのとはまたべつのしかたで、死を確実なものとしている。この「べつのしかたで」を日常性は、たいていはじぶんに蔽いかくしてしまう。日常性というものは、この点で見とおしのよいものとなろうとは、あえてこころみない。すでに特徴づけておいたように、日常的な情態性は、死という確実な「実際のありかた」に対して、一見したところでは不安のないように見える超然とした態度を、「不安げに」配慮的に気づかうものであった。そのことで日常性は、たんに経験的な確実性よりも「いっそう高次な」確実性を承認しているのである。ひとは確実な死を知っているにもかかわらず、本来的には死を確実なものと「している」わけではない。現存在の頽落した日常性は、死の確実性を見知っていながら、それを確実なものとすることをそれでも回避している。しかしながらこの回避が、まさに回避される〈なにをまえに、なにから〉をつうじて現象的にあかしているのは、死がもっとも固有な、関連を欠いた、追いこすことのできない、確実な可能性として把握されなければならないという事情なのである。

注解(770)「死へとかかわる日常的な存在」が「死の確実性」を規定するしかたからあらわになるのは、「現存在の存在のしかた」と、「死へとかかわる存在」が見あやまられていることである。「生をはなれることは、現前するできごととしては「たんに」経験的に確実であるにすぎない」。死の確実性がたんなる「経験的な確実性」にとどまるかぎりでは、現存在はほんらい死を「確実なものとすること」ができない。「じぶんの死」を回避しながら、日常的な現存在もまた、「べつのしかたで anders」、死を確実なものとしている。この「べつのしかたで」がたいていは蔽いかくされているだけなのだ。「日常的な情態性」は、死の確実性に対して、「一見したところでは不安のないように見える超然とした態度を、「不安げに」配慮的に気づかう[†1]」ものである。日常的にひとは、「確実な死を知っているにもかかわらず、本来的には死を確実なものと「している」わけではない *weiß* um den gewissen Tod und "ist" doch seiner nicht eigentlich gewiß」。この回避はしかし、それが回避する「なにをまえに、なにから wovor」によって、「死がもっとも固有な、関連を欠いた、追いこすことのできない、確実な可能性」であることをむしろ示しているのである。

†1　der "ängstlich" besorgten, scheinbar angstlosen Überlegenheit. Rの英訳は、a superiority which is "anxiously" concerned while seemingly free from anxiety. Mの仏訳は、la supériorité "anxieusement" préoccupée, apparemment sans angoisse, Vでは、s'en préoc-

cupé "anxieusement", mais qui, dans son sentiment de supériorité, ne connaît apparemment pas d'angoisse.

771 ひとはこう言うものである。死は確実にやってくるが、とはいえ当分はまだやってこない。この「とはいえ〜」によって、〈ひと〉は死の確実性を否認しているのだ。「当分はまだやってこない」というのは、たんなる否定的言明ではない。それは〈ひと〉によるひとつの自己解釈なのであって、そのように自己を解釈することで〈ひと〉は、さしあたりまだ、現存在にとって接近可能なもの、配慮的に気づかうことができるものでありつづけているものへとじぶんを指示する。日常性は、緊急に配慮的に気づかう必要のあるものへと急きたてられて、張りあいのない、「死への無為な想い」という枷《かせ》を脱するのである。死は「いずれいつかは」へと押しやられ、しかもいわゆる「一般的推計」を引きあいに出したうえで押しやられる。こうして〈ひと〉は、死の確実性に特有なことがら、つまり死はあらゆる瞬間に可能であることを覆いかくしてしまう。死の確実性には、死が〈いつなのか〉が規定されていないことがともなう。死が〈いつなのか〉が規定されていないことを、死へとかかわる日常的な存在が回避するのは、このありかたに、規定されたありかたを賦与することによってなのである。そのように規定してみたところで、しかしそれは、生をはなれることに遭遇するのは〈いつなのか〉を算定するというしだいを意味するわけではない。現存在はかえってそのように規定されたありかたをまえに、そこから逃避する。確実な死が規定されていないことを、日常的な配慮的気づかいはじぶんに対して規定する。それはしかも見とおすことのできる、もっとも身近な日常で生じるさまざまに緊急なことがらや可能なものどもを、死が規定されていないということのてまえに押しこんでおくようなしかたで、じぶんに対して規定するのである。

772　死が規定されていないしだいを覆いかくすことは、いっぽう確実性についても波及する。かくて蔽われることになるのは、死のもっとも固有な可能性という性格、確実であるけれども、しかも規定されていないという性格、すなわちあらゆる瞬間に可能であるという性格にほかならない。

注解(771―772)　「死は確実にやってくるが、とはいえ当分はまだやってこない der Tod kommt gewiß, aber vorläufig noch nicht」といわれる。「ひと」は、じつは「とはいえ《アーバー》〜」によって「死の確実性」を否認している。「当分はまだ《ノッホ》やってこない《ニヒト》」とは、「さしあたりまだ、現存在にとって接近可能なもの、配慮的に気づかうことができるもの」へと自己を限定する、「ひと」による「自己解釈《アウスレーグング》」なのである。死は、「いずれいつかは später einmal」へと押しやられる。こうして覆いかくされるのは、「死はあらゆる瞬間に可能であること *daß er jeden*

Augenblick möglich ist」なのである。死の確実性は、死が「いつなのか Wann」が「規定されていないこと *Unbestimmtheit*」と一体のものである。日常的な現存在にとっては、それが規定されていることも、規定されていないことも、じつはひとしい。現存在はいずれにしても、その「ありかたをまえに、そこから逃避する」からである。「日常的な配慮的気づかい」は、いつのことであるのか規定されていない「死」のてまえに、「もっとも身近な日常で生じるさまざまに緊急なことがらや可能なものども」を押しこんでゆくことになるのである(771)。

確実性についても同様である。蔽われることになるのは、「死のもっとも固有な可能性という性格」、すなわち、死が「あらゆる瞬間に可能である」ということにほかならない(772)。

773　死にかんして、また死が現存在のなかへと立ちあらわれる様式をめぐって、〈ひと〉が日常的に語るところを洩れなく解釈したことで、確実性と、規定されていないありかたへと私たちはみちびかれたことになる。死の完全な実存論的 - 存在論的概念は、ここにいたって以下のような規定において限界づけられるわけである。すなわち、現存在のおわりとしての死とは、現存在が有する、もっとも固有で、関連を欠いた、確実な、しかもそのようなものとして規定されていない、追いこすことのできない可能性である。死は現存在のおわりとして、おわりへとかかわる現存在という存在者の存在のうちで存在しているのである。

注解（773）「ひと」が「死」について語るところを「解釈《インテルプレタティオン》」することをつうじて、死の「実存論的‐存在論的概念」が限界づけられたことになる。すなわち、「現存在のおわりとしての死とは、現存在が有する、もっとも固有で、関連を欠いた、確実な、しかもそのようなものとして規定されていない、追いこすことのできない可能性」である。死とは、現存在のおわりとして現存在のうちで「存在している」のである。

774　おわりへとかかわる存在の実存論的構造を限界づけることは、現存在がそのうちで現存在として全体的に存在しうる、現存在の存在のしかたをとり出して仕上げるために役にたつ。日常的な現存在もそのつどすでにじぶんのおわりへとかかわって存在している。すなわち――たとえ「逃避的に」であれ――みずからの死と不断に対決している。この件によって示されるのは、全体的存在を完結させ、規定している、このようなおわりが、現存在が最終的に生をはなれるさいに到達するものではまったくない、というしだいである。じぶんの死へとかかわって存在するものとしての現存在のうちには、現存在そのもののもっとも極度な〈なお～ない〉がつねにすでに引きこまれているのであり、この〈なお～ない〉が他のすべての〈なお～ない〉の背後にひかえているのである。現存在の〈なお～ない〉を未済と解釈することは、それでなくとも存在論的に不適切であったけれども、そうした〈なお～ない〉から現存在の非全体性を形式的に推論するなどということは、それゆえに正当には成立しない。〈じぶんに先だって〉からとり出された〈なお～ない〉という現象は、気づかいの構造一般とおなじように、実存にもとづく可能な全体的存在に対する反証とはならない。それどころか、この〈じぶんに先だって〉こそが、おわりへとかかわるそうした存在をはじめて可能にしているのだ。私たちがそのつどそれである存在者にぞくする、可能な全体的存在という問題が正当になりたつのは、現存在の根本体制としての気づかいが、この存在者のもっとも極度な可能性である死と「連関する」場合なのである。

注解(774)「おわりへとかかわる存在の実存論的構造」を問題とすることで、現存在が「全体的に存在しうる」存在のしかたを規定することが可能となる。日常的な現存在も、たとえ「逃避的に」であれ「じぶんのおわりへとかかわって存在」している以上、当の「おわり」は「生をはなれる」場合にだけ問題となるものではまったくない。現存在のうちには、「現存在そのもののもっとも極度な〈なお～ない〉」がつねにすでに「引きこまれて einbezogen」いるのである。だから、現存在の「なお～ない」から、「現存在の非全体性」が形式的に「推論」されるわけではない。むしろ「じぶんに先だって」こそが、「おわりへとかかわる」存在をはじめて可能としている。現存在にぞくする「可能な全体的存在という問題」が正当になりたつのは、「現存在の根本体制」である「気づかい」が、「死」と「連関する」場合なのである。

775 それにしても、この問題がこれまでのところすでに充分に仕上げられているかどうかについては、なお問われる余地がある。死へとかかわる存在は気づかいにもとづいている。被投的な世界内存在として現存在は、そのつどすでにじぶんの死へと委ねられている。現存在はじぶんが生をはなれるはこびへといたっていないかぎりでは、みずからの死へとかかわって存在しながら、事実的に、しかも不断に死につつある。現存在が事実的に死につつあるとは同時に、現存在は死へとかかわるじぶんの存在にあって、つねにすでになんらかのしかたでじぶんを決定してしまっているしだいを意味している。死をまえにしながらそこから日常的に頽落しつつ回避することは、死へとかかわる非本来的な存在なのである。非本来性は可能な本来性を根底に有している。*1 非本来性がしるしづける存在のしかたは、現存在がそのうちへと身を置きいれることができ、たいていはまたつねに身を置きいれてしまっているものである。現存在は、とはいえその存在のしかたのうちに必然的に、かつ不断に身を置きいれていなければならないわけではない。実存するがゆえに現存在は、じぶんが存在するとおりの存在者として、じぶん自身がそれであり、それを理解している或る可能性からそのつど、みずからを規定しているのである。

＊1　現存在の非本来性については、本書の第九節、四二頁以下、第二七節、一三〇頁、またとりわけ、第三八節、一七五頁以下で論じられている。

注解(775)　問題はいまだ充分には仕上げられていない。「死へとかかわる存在」は「気づかい」にもとづいており、「現存在」はそのつどすでに「死へと委ねられている」。現存在は、みずからの死へとかかわって存在し、「事実的に、しかも不断に死につつある stirbt es faktisch und zwar ständig」。現存在はそのばあい死へとかかわるじぶんの存在にあって、つねにすでになんらかのしかたでじぶんを決定してしまっている。死を「まえにしながらそこから」[†1] 回避することは「死へとかかわる非本来的な存在 ein *uneigentliches Sein zum Tode*」であるが、非本来性の根底には「可能な本来性」が存しているのである。非本来性という存在のしかたは、現存在がたいていはつねに「身を置きいれてしまっている」ものであるとはいえ、現存在は必然的に、そこに身を置きいれていなければならないわけではない。現存在は「じぶん自身がそれであり、それを理解している或る可能性」から規定されているのである。

†1　*vor* を二重に訳す。本書、第五〇節752の訳注参照。

776　現存在はまた、じぶんのもっとも固有で、関連を欠いた、追いこすことのできない、確実な、しかもそのようなものとして規定されていない可能性を本来的にも理解しうるのだろうか。いいかえるなら、じぶんのおわりへとかかわる本来的な存在のうちに身を置くことができるのか。死へとかかわるこの本来的な存在がきわだたせられ、存在論的に規定されていないかぎりは、おわりへとかかわる存在の実存論的な解釈には或る本質からする欠落がつきまとっていることになる。

777　死へとかかわる本来的な存在は、現存在の一箇の実存的可能性を意味する。この存在的な存在可能は、それ自身として存在論的に可能でなければならない。この可能性の実存論的な条件はどのようなものだろうか。この可能性自身は、どのようにして接近可能なものとなるというのだろうか。

注解(776―777)「現存在」は、死という可能性を「本来的にも理解」することができるのか。つまり、「おわりへとかかわる本来的な存在」のうちでみずからを保持しうるのだろうか。この「本来的な存在」が存在論的に規定されないかぎり、「おわりへとかかわる存在」の実存論的な解釈《インテルプレタティオン》にはなお欠落があることになる(776)。

「死へとかかわる本来的な存在 Das eigentliche Sein zum Tode」は、「一箇の実存的可能性」である。この「存在可能 Seinkönnen」が存在論的に可能でなければならないが、その「実存論的な条件」はどのようなものであり、どのように接近可能なものとなるのかが問われなければならない、とハイデガーは課題を予告している(777)。

第五三節　死へとかかわる本来的な存在の実存論的投企

778　事実的には現存在は、さしあたりたいていは死へとかかわる非本来的な存在のうちに身を置いている。現存在が、結局のところじぶんのおわりへと本来的にはけっしてかかわることがなく、あるいはまたこの本来的な存在がその意味からして、他者たちには隠されたままでありつづけなければならないのなら、死へとかかわる本来的な存在が有する存在論的な可能性は、いったいどのようにして「客観的に」特徴づけられるというのだろうか。かくも疑わしい実存的な存在可能にぞくする実存論的な可能性を投企するなどということは、一箇の空想的なもくろみなのではないか。このような投企がたんに虚構的で恣意的な構成を超えたものとなるためには、なにが必要なのであろうか。現存在そのものが、こうした投企のための指令を与えてくれるのだろうか。現存在そのものから、この投企が現象的に正当であることの根拠がとり出されるのか。いま設定されている存在論的課題について現存在のこれまでの分析は、その企図を確実な軌道に嵌《は》めこむように、あらかじめ素描を与えているのであろうか。

注解（778）「現存在」は事実的には、「死へとかかわる非本来的な存在」のうちにある。現存在が、おわりへと本来的にはかかわることがなく、その本来的な存在が他者たちには隠されたままであるなら、「死へとかかわる本来的な存在」の存在論的な可能性は、どのようにして「客観的に」特徴づけられるのか。それは「一箇の空想的なもくろみ」なのではないか。現存在そのものが、そのための指令を与えてくれるのだろうか。現存在のこれまでの分析は、そのようなこころみのためにその軌道をあらかじめ素描するものであっただろうか、とハイデガーはまずは問いを設定する。

779　死の実存論的概念が確定され、そのことでまた、おわりへとかかわる本来的な存在が関係することの可能であるべきものも確定されたことになる。さらに、死へとかかわる非本来的な存在が特徴づけられ、かくてまた死へとかかわる本来的な存在がどのようなものではありえないかも、禁止というかたちであらかじめ素描されていたのである。こうした積極的な指令、また禁止という指令によって、死へとかかわる本来的な存在を実存論的に構築することが投企されなければならない。

780　現存在は開示性によって構成される。つまり、なんらかの情態的な理解をつうじて構成されている。死へとかかわる本来的な存在は、もっとも固有な、関連を欠いた可能性をまえにして、それを回避したり、そのように逃避することでこの可能性を覆いかくしたり、さらに〈ひと〉の分別にあわせて当の可能性を転釈したりすることはできない。死へとかかわる本来的な存在を実存論的に投企することによって、だからそうした本来的な存在のさまざまな契機がとり出されなければならない。それらの契機は、死を理解することとして、その本来的な存在を構成する。本来的存在はしかも、さきにしるしづけられた可能性へとかかわる、逃避するものでも覆いかくすものでもない存在という意味において、死を理解するものなのである。

注解（779—780）「死の実存論的概念」によって、「おわりへとかかわる本来的な存在」が関係するものも確定された。死へとかかわる「非本来的」な存在が特徴づけられて、死へとかかわる本来的な存在がどのようなものではありえないか、もあらかじめ素描されたことになる。こうした成果にもとづいて本来的な死へとかかわる存在が実存論的に構築されなければならない（779）。

「現存在」は「開示性」、つまりなんらかの「情態的な理解」をつうじて構成されている。死へとかかわる本来的な存在は、「もっとも固有な、関連を欠いた可能性」を回避したり、覆いかくしたり、「ひと」の「分別 Verständigkeit」にあわせてその可能性を「転釈したりすること *umdeuten*」はできない。「死へとかかわる本来的な存在を実存論的に投企すること」で、本来的な存在の諸契機がとり出されなければならない。それらの契機は、死を逃避することも隠蔽することもなく理解することとして、その本来的な存在を構成するものなのである(780)。

781　さしあたり問題なのは、死へとかかわる存在をひとつの可能性へとかかわる存在として、しかも現存在自身の或るきわだった可能性へとかかわる存在としてしるしづけることである。ひとつの可能性へとかかわる存在、すなわち或る可能的なものへとかかわる存在は、その可能的なものの現実化を配慮的に気づかうこととして、或る可能的なものを捜して外にいることを意味する場合がある。手もとにあるものと目のまえにあるものの領野では、そうしたさまざまな可能性が不断に出会われている。つまり、達成可能なもの、支配可能なもの、通用可能なもの、等々にほかならない。或る可能的なものを捜して配慮的に気づかいながら外にいることは、その可能的なものの有する可能性を、手の届くものとすることで無化するという傾向をともなっている。手もとにある道具を配慮的に気づかうことで現実化すること(製作する、準備する、置き場所をかえる等々として)はしかし、現実化されたものもまた、なおただちに適所性という存在性格を有しているかぎり、つねに相対的であるにすぎない。現実化されたものは、現実化されているとはいっても、現実的なものとして〜のために可能的なものでありつづけ、なんらかの〈のために〉によって特徴づけられているのである。当面の分析がひたすら明瞭にすべきことは、配慮的に気づかいながらなにかを捜して外にいることが、可能的なものに対してどのようにかかわっているか、である。すなわち、なにかを捜して配慮的に気づかいながら外にいることが、可能的なものを可能的なものとして、ましてその可能的なものの可能性そのものにかんして主題的‐理論的に考察しているのではなく、可能的なものから目くばりによって目を移して、〈なんのために可能的か〉へと目を転じているということなのである。

注解(781) 問題は、「死へとかかわる存在」を「ひとつの可能性へとかかわる存在 *Sein zu einer Möglichkeit*」[†1]、「現存在自身の或るきわだった可能性へとかかわる存在」としてしるしづけることである。ひとつの可能性へとかかわる存在、すなわち「或る可能的なものへと zu einem Möglichen」かかわる存在は、その可能的なものの「現実化」をめざして、或る可能的なもの「を捜して外にいること」[†2]を意味しうる。そうした可能的なものとは、たとえば「達成可能なもの、支配可能なもの、通用可能なもの」等々にほかならない。「或る可能的なものを捜して配慮的に気づかいながら外にいること Das besorgende Aus-sein auf ein Mögliches」には、「その可能的なものの有する可能性を、手の届くものとすることで無化する」[†3]という傾向がある。そのようにして「現実化されたもの」もしかしまた、現実的なものでありながら、「～のために可能的なもの ein Mögliches für ...」でありつづける。当面の分析が明瞭にすべきなのは、「配慮的に気づかいながらなにかを捜して外にいること」が、可能的なものに対してどのようにかかわっているかなのであって、それは「主題的‐理論的」なかかわりではなく、可能的なものから「目くばり」によって(*umsichtig*)「目を移して、〈なんのために可能的か Wofür-möglich〉へと目を転じている」†4 ということなのである。

†1　ここで「きわだった」は ausgezeichnet,「しるしづける」は kennzeichnen.

†2　Aussein auf.　この表現については、本書、第四一節568の訳注参照。

†3　die *Möglichkeit* des Möglichen durch Verfügbar-machen zu *vernichten*.　要するに、手の届きうるものを現実に手の届くものとすることで、それが有する「可能的なもの」であるという性格そのものを抹消すること。

†4　「目を移して」「目を転じている」と訳したのは、*weg*sieht.

782　問題となっている死へとかかわる存在は、死の現実化を捜して配慮的に気づかいながら外にいるという性格を有することができないのはあきらかである。第一に可能的なものとしての死は、可能なしかたで手もとにあるものや目のまえにあるものではなんらない。それはむしろ現存在の一箇の存在可能性なのである。第二にたほう、死という可能的なものの現実化を配慮的に気づかうとは、生をはなれることを招きよせるはこびを意味せざるをえないことだろう。そうなればしかし現存在は、死へとかかわりながら実存する存在であるための、まさにその地盤を、みずから取りさってしまうことになるだろう。

注解(782)「死へとかかわる存在」は上記のような性格を有することができない。第一に「死」の可能性は「手もとにあるものや目のまえにあるもの」の可能性ではなく、「現存在の一箇の存在可能性」である。第二に、「死という可能的なものの現実化を配慮的に気づかう」とは「生をはなれること」をめざすものとなるだろう。そうなれば、現存在は「死へとかかわりながら実存する存在 ein existierendes Sein zum Tode」の地盤を失うことになってしまう。

783 したがって、死へとかかわる存在によって考えられているのが死の「現実化」ではないとすれば、死へとかかわる存在は、その可能性において、おわりのもとで滞留するしだいを意味することもありえない。そうしたふるまいは、「死のことを考える」さいにふくまれているものではあるだろう。そのようなかかわりかたは、その可能性が現実化されることになるのはいつ、どのようにしてだろうか、と当の可能性を思いわずらう。死をめぐってこのように思いなやむことは、たしかに死からその可能性という性格をかんぜんに奪いとりはしないし、死はいぜんとしてなお到来するものとして思いなやまれている。それは、とはいえ死について、計算によってそれを手の届くものとすることで、可能性という死の性格を弱めてしまう。死は可能的なものとして、その可能性を可能なかぎり最小に示すべきだ、ということになる。死へとかかわる存在にあっては、これに対して、それが、すでに特徴づけられた可能性をそのとおりのものとして理解しながら開示すべきだとするならば、可能性は弱められることなく理解されなければならない。つまり可能性として完全に形成され、また可能性へのかかわりのなかで可能性として耐えぬかれなければならないのである。

注解(783)　「死へとかかわる存在」は死の「現実化」ではない。とすれば死へとかかわる存在は、死という可能性が現実化されることになるのは「いつ、どのようにしてだろうか」と「思いわずらい bedenkt」ながら、死のもとで「滞留する aufhalten」ことでもありえない。死をめぐってこのように「思いなやむこと Grübeln」は、死からその「可能性という性格」を奪いさりはしない。死は「到来する」ものとして「思いなやまれて begrübelt」いるからだ。そこでは、とはいえ、可能的なものである死はその可能性を「可能なかぎり最小に möglichst wenig」示すべきだ、ということになる。死へとかかわる存在はこれに対して、死の可能性を弱めることなく理解しながら開示すべきなのであって、可能性はつまり「可能性として完全に形成され、また可能性へのかかわりのなかで可能性として耐えぬかれ *ausgehalten*」なければならないのである。

784 可能的なものに対して、その可能性において現存在がかかわるのは、けれども期待することにおいてである。可能的なものへと向けて緊張していることにとって、可能的なものが出会われるのは、それが「そうなるか、そうならないか、あるいは結局はやはり」というありかたのうちにおいてであって、可能的なものはそこで、妨害も減殺もされることがない。分析は、だがそうなると、期待することという現象をもってすでに、或るものを捜して、配慮的に気づかいながら外にいるということでしるしづけられた存在のしかたと同等な、可能的なものへとかかわる存在のしかたに逢着したことにならないだろうか。期待することのいっさいはたほう、その可能的なものがはたして現実的に目のまえにあるようになるのか、いつどのようにしてなるのかをもとにして、可能的なものを理解し、また「所有して」いるのである。期待することは、たんにときおり可能的なものから目を移して、そのものの可能な現実化へと目を転じるということであるばかりではない。それは本質からして、この現実化を待ちうけていることなのである。期待することのうちにすら、可能的なものを飛びこえて現実的なもののうちに足場を置くということが存しているのであって、この現実的なものこそが、期待されているものがそのために期待されている当のものなのだ。現実的なものから出発して現実的なものへと向かいながら、可能的なものは、期待されるがままに現実的なもののうちへと引きいれられることになる。

注解(784)「可能的なものに対して、その可能性において現存在がかかわる」のは、ふつうはなにかを「期待すること」*Erwarten*」においてであるように見える。期待することの「緊張」において、可能的なものが出会われるように思われるからである。「期待すること」はしかしつねに、その可能的なものが現実化することへと向けて可能的なものを「理解」し、また「所有hat」している。或るものを期待する場合、可能的なものから「目を移して」、そのものの可能な現実化に「目を転じる」[†1]ことがあるだけではない。期待するとは本質的に、「現実化を待ちうけていること*Warten*」[†2]なのである。期待することにあっても、「可能的なもの das Mögliche」は「飛びこえ Abspringen」られて「現実的なもの das Wirkliche」こそが問題となっている。期待することは、現実的なものから出発し、現実的なものへ向かう。そこでは、可能的なものは現実的なもののうちへと引きいれられているのである。

†1　Wegsehen. 本節781の訳注参照。
†2　本書、第六八節998以降で使用される「予期すること」は Gewärtigen.

785　死へとかかわる存在としての可能性へとかかわる存在が、いっぽう死へとかかわる場合には、死がこの存在にあって、またその存在に対して可能性として露呈しなければならない。可能性へとかかわるそのような存在を、私たちは術語的に可能性へと先駆することととらえることにする。このようなかかわりはしかし、可能的なものへの或る接近をうちに蔵しているものなのではないか。だから、その可能的なものへの近さとともに、その可能的なものの現実化が浮上してくるのではないだろうか。この接近は、しかしながら、なんらかの現実的なものを配慮的に気づかいながら手に届くものとすることをめざしてはいない。理解しながら接近してゆくにつれて、可能的なものの可能性はかえって「より大きく」なるばかりなのである。可能性としての死へとかかわる存在の示すもっとも身近な近さは、現実的なものからは可能なかぎり遠いのだ。この可能性が蔽いかくされることなく理解されればされるほどに、理解は、実存一般の不可能性という可能性である可能性へとそれだけ純粋に突きすすんでゆく。可能性としての死は、現存在に対して「現実化されるべき」どのようなものも、現存在が現実的なものとして自身それでありうるようないかなるものも与えない。死とは、およそ〜へとかかわることが、実存することのいっさいが不可能になる可能性なのである。こうした可能性へと先駆することで、この可能性は「ますます大きく」なってゆく。すなわちこの可能性は、そもそもどのような尺度も、どのような増減をも見知らぬ可能性として、つまり実存の法外な不可能性という可能性を意味する可能性として露呈する。その本質にしたがって、こうした可能性は、なにごとかを待ちうけて緊張し、可能な現実的なものを「思いえがき」、こうしてそのために可能性を忘却するための足がかりとなるようななにものも与えることがない。可能性へと先駆することとしての、死へとかかわる存在によってはじめて、この可能性が可能となり、可能性として解放されるのである。

注解(785)　「可能性へとかかわる存在」が、「死へとかかわる存在」として「死」とかかわる場合は、死がまさに「可能性として露呈」しなければならない。可能性へとかかわるそのような存在が以下、「可能性へと先駆すること」[†1]と呼ばれる。ここには、しかしやはり「可能的なものへの或る接近 Näherung」、「可能的なものの現実化」が隠されているのではないか。この接近は、だが、「現実的なもの」を手に届くものにすることをめざしてはおらず、「理解しながら接近してゆく」につれて、可能的なものの可能性はかえって「より大きく」なるのであって、「可能性としての死へとかかわる存在の示すもっとも身近な近さ(*nächste Nähe*)は、現実的なものからは可能なかぎり遠い *so fern als möglich*」とハイデガーはいう。この可能性が理解されるほどに、「実存一般の不可能性という可能性である可能性 die Möglichkeit *als die der Unmöglichkeit der Existenz überhaupt*」があらわになる。死とは、およそ「実存することのいっさいが不可能になる可能性」なのである。こうしてこの可能性は、「実存の法外な不可能性(die maßlose Unmöglichkeit der Existenz)という可能性を意味する可能性」として露呈される。こうした可能性は、「可能性を忘却する」ためのなんの足がかりも与えない。「可能性へと先駆することとしての、死へとかかわる存在によってはじめて、この可能性が可能と(*ermöglicht*)

なり、可能性として解放され(macht ... frei)るのである」。

†1 *Vorlaufen in die Möglichkeit.* Hは「可能性のなかへの先駆」、Kでは「可能性への先駆（可能性へと先走ること《フォアラウフェン》）」、Tは「可能性の内への先駆」、Wの訳は「可能性のうちへの先駆」。Rの英訳は、Vorlaufen が running ahead というとくべつな含意を有することを注記しつつ、"*anticipation*" *of this possibility*, Mの仏訳は *marche d'avance dans la possibilité*, Vでは *devancement dans la possibilité*.

786 死へとかかわる存在は、その存在のしかたが先駆することそのものである、当の存在者が有する存在可能への先駆である。先駆しながらこの存在可能を露呈させることで現存在は、じぶんのもっとも極端な可能性にかんして、じぶん自身に対してみずからを開示するのである。もっとも固有な存在可能へとじぶんを投企することが意味するのはたほう、このように露呈されている存在者の存在においてじぶん自身を理解しうること、すなわち実存しうるということである。先駆するとは、もっとも固有でもっとも極端な存在可能を理解することの可能性、つまり本来的実存の可能性であることが証示される。この本来的実存の存在論的体制は、死への先駆の具体的構造をきわだたせることで見てとられうるものとなるはずである。この構造を現象的に境界づけることは、どのように遂行されるのだろうか。あきらかにそれは、先駆しながら開示することが有する諸性格を私たちが規定することによってである。そうした諸性格が〈先駆しながら開示すること〉に帰属しなければならないのは、〈先駆しながら開示すること〉が、そのことによって純粋に理解するにいたるのが、もっとも固有な、関連を欠いた、追いこすことのできない、確実で、しかもそのようなものとして未規定的な可能性であるべきだからなのだ。どこまでも注意されなければならないのは、理解が意味するのは第一次的には、なんらかの意味をぼんやり眺めることではなく、投企のうちで露呈される存在可能にあってじぶんを理解することにほかならない、というしだいである。[*1]

＊1　本書、第三一節、一四二頁以下参照。

注解(786)「死へとかかわる存在」は或る存在の存在可能への先駆であり、その存在者の存在のしかたそのものが「先駆すること《フォアラウフェン》」なのである。[†1]「先駆しながらこの存在可能を露呈させること」によって「現存在」は、じぶんに対してその「もっとも極端な可能性 äußerste Möglichkeit」を開示する。「もっとも固有な存在可能へとじぶんを投企する」とは、ところで、じぶん自身の存在においてみずからを理解しうること、すなわち「実存」しうることである。先駆するとは「もっとも固有でもっとも極端な存在可能を理解すること」、つまり「本来的実存 *eigentliche Existenz*」の可能性にほかならない。本来的実存の「存在論的体制」は、死への先駆の具体的構造をつうじてあきらかとなるはずである。「先駆しながら開示すること vorlaufendes Erschließen」は、それに帰属する諸性格によって「もっとも固有な、関連を欠いた、追いこすことのできない、確実で、しかもそのようなものとして未規定的な可能性を純粋に理解すること」となる。ここでも注意されるべきは、「理解」とは意味を「ぼんやり眺めること begaffen」ではなく、「投企のうちで露呈される存在可能」にあってじぶんを理解することである、というしだいにほかならない。

†1　初版では dessen Seinsart das Vorlaufen selbst hat. A―C、Gともに hat を ist に訂正している。

787　死とは現存在のもっとも固有な可能性である。この可能性へとかかわる存在が、現存在にそのもっとも固有な存在可能を開示する。その存在可能にあっては、現存在の存在が端的に問題となるのである。その存在可能において現存在にあらわになりうるのは、現存在がじぶん自身のこのきわだった可能性にあっては、〈ひと〉から引きはなされつづけること、いいかえれば、先駆しながら、じぶんをそのつどすでに〈ひと〉から引きはなすことが可能であるというしだいである。この「可能である」はこびを理解することがたほう、〈ひとである自己〉の日常性のうちへと事実的に喪失されているありかたをはじめて露呈させるのである。

注解(787)　「死」は「現存在のもっとも固有な可能性 *eigenste* Möglichkeit des Daseins」である。この「可能性へとかかわる存在」によって、現存在の「もっとも固有な存在可能」が開示される。そこでは「現存在の存在が端的に問題」となるのである[†1]。そこで現存在にあらわになるのは、現存在はそこでは「〈ひと〉から引きはなされつづける entrissen bleibt」こと、「先駆」しながら、じぶんを「ひと」から「引きはなすことが可能である sich entreißen kann」というしだいである。この「可能である Können」の理解が、「日常性」のうちで事実的に「喪失されているありかた Verlorenheit」をはじめて露呈させるのである。

†1　darin es um das Sein des Daseins schlechthin geht. この表現については、本書、第四節33の訳注参照。

788　もっとも固有な可能性は、関連を欠いた可能性である。先駆することによって現存在が理解するのは、端的にじぶんのもっとも固有な存在が問題であるような存在可能を、現存在はひたすらじぶん自身の側から引きうけなければならないということなのである。死はじぶんに固有な現存在に無差別に「ぞくしている」のではない。むしろ死は、現存在を単独な現存在として要求する。先駆にあって理解された、死の関連を欠いたありかたによって、現存在は現存在自身へと単独化される。この単独化は、「現」を実存に対して開示する一箇の様式なのだ。単独化によりあらわにされるのは、もっとも固有な存在可能が問題であるとき、配慮的に気づかわれたもののもとでの存在のすべて、他者たちとのあらゆる共同存在が、ものの役にもたたないということである。現存在が本来的にじぶん自身でありうるのは、現存在がじぶん自身の側から、じぶんがそのようなものとなることを可能にするときだけなのである。配慮的な気づかいと顧慮的な気づかいがものの役にもたたないとはいっても、このことはしかしながらだんじて、現存在のこのふたつの様式が本来的な自己存在から切りはなされることを意味するものではない。現存在の体制に本質からしてぞくする構造として、両者は、実存一般を可能とする条件に所属している。現存在が本来的にじぶん自身であるのはただ、現存在が配慮的に気づかいながら〜のもとに存在し、顧慮的に気づかいつつ〜と共に存在するものとして、第一次的にみずからをそのもっとも固有な存在可能へと投企し、しかし〈ひとである自己〉の可能性へと投企しないかぎりでのことなのである。関連を欠いた可能性へと先駆することによって先駆する存在者は、そのもっとも固有な存在をじぶん自身の側から、じぶん自身にもとづいて引きうける可能性のなかへと置かれることを余儀なくされる。

注解(788)　「もっとも固有な可能性」として死は、「関連を欠いた可能性」[†1]である。「先駆すること」で「現存在」が理解するのは、「じぶんのもっとも固有な存在が問題であるような存在可能」を、現存在は「じぶん自身の側から引きうけ」なければならないということである。

「死」は「単独な *einzelnes*」現存在を要求するのである。死の「関連を欠いたありかた Unbezüglichkeit」によって、現存在は自身へと「単独化される vereinzelt」。この「単独化 Vereinzelung」が、「現」を開示する様式なのである。もっとも固有な「存在可能」が問題であるとき、配慮的に気づかわれたものも、他者たちとの「共同存在」も「ものの役にもたたない versagt」。とはいってもこのことはだんじて、配慮的な気づかいと顧慮的な気づかいが「本来的な自己存在 das eigentliche Selbstsein」から切りはなされることではない。現存在が「本来的にじぶん自身である」のはただ、現存在が配慮的にも顧慮的にも気づかいながら、みずからをその「もっとも固有な存在可能へと投企」するかぎりにおいてのことである。「関連を欠いた可能性」へと先駆することで現存在は、そのもっとも固有な存在を「じぶん自身の側から、じぶん自身にもとづいて引きうける von ihm selbst her aus ihm selbst zu übernehmen」可能性のなかに置かれることになるのである。

†1 *unbezüglich.* これまでもくりかえし使用されてきた語が、ここで正規に説明しなおされる。Hの訳は「係累のない」、Kでは「他と無関係な」。Tは「無関聯な」、Wは「没交渉的な」。Rの英訳は *non-relational,* Mの仏訳は *absolu,* Vでは *sans relation à quiconque.*

789　もっとも固有な、関連を欠いた可能性は、追いこすことのできないものである。そのような可能性へとかかわる存在によって現存在が理解するのは、じぶん自身を放棄することが、実存のもっとも極端な可能性として現存在に切迫しているというしだいなのである。先駆は、しかし死へとかかわる非本来的な存在のように、追いこすことの不可能性を回避することがない。むしろみずからを、追いこすことの不可能性へと向かって開《あ》けわたす。じぶんに固有な死に向かって先駆しながら自由になることによって、偶然的に差しせまってくる、さまざまな可能性のなかで喪失されたありかたから解放される。しかもそのことによって、追いこすことのできない可能性のてまえにひろがっている事実的な可能性のさまざまがはじめて本来的に理解され、選択されるのである。先駆することが、もっとも極端な可能性として実存に開示するのは自己放棄であり、先駆はかくて、そのつど到達された実存に固執することのいっさいを打ちくだく。現存在は、じぶん自身ならびに理解された存在可能の背後へと立ちもどることのないよう、「勝利をおさめるにも、あまりに年をとりすぎてしまう」(ニーチェ)ことのないように、先駆しながら自戒する。もっとも固有な、おわりの側から規定された、すなわち有限的なものとして理解された可能性に向かって自由に開かれていることで、現存在はつぎのような危険を追放している。つまり、じぶんの有限的な実存了解を追いこしている他者たちの実存可能性を、じぶんの実存了解の側から見あやまったり、あるいはまたその実存可能性を誤解して、じぶんに固有の実存可能性へと強要して——かくしてその結果もっとも固有な事実的実存を放棄して——しまうという危険を追放しているのである。関連を欠いた可能性として死が単独化するのも、しかしただ、追いこすことのできない可能性である死が、共同存在としての現存在に、他者たちの存在可能を理解させるためである。追いこすことのできない可能性のうちへと先駆することによって、この可能性のてまえにひろがっているすべての可能性がともに開示される。それゆえこの先駆のうちには、全体的現存在を実存的に先どりする可能性が、すなわち全体的存在可能として実存する可能性がふくまれているのである。

注解(789)　「もっとも固有な、関連を欠いた可能性」として死は、「追いこすことのできないもの」[†1]である。そこで「現存在」は、「じぶん自身を放棄すること sich selbst aufzugeben」が、「実存のもっとも極端な可能性」として切迫していることを理解する。「先駆」は、みずからを、「追いこすことの不可能性 Unüberholbarkeit」へと「開けわたす」[†2]。固有な死へと先駆しながら「自由になること Freiwerden」によって現存在は、「偶然的に差しせまってくる、さまざまな可能性」から解放される。しかもそのことではじめて、さまざまな「事実的な可能性」が本来的に「理解され、選択される」のである。先駆することが「実存」に開示するのは「自己放棄 Selbstaufgabe」であり、先駆は「実存に固執すること」をすべて打ちくだく。現存在は「勝利をおさめるにも、あまりに年をとりすぎてしまう」(ニーチェ)[†3]ことのないように、「先駆しながら自戒する behütet sich, vorlaufend」。「おわり *Ende*」の側から規定された、「有限的

なもの *endliche*」として理解された可能性「に向かって自由に開かれている」†4ことで、現存在は、他者たちの「実存可能性 Existenzmöglichkeiten」を「じぶんの有限的な実存了解 Existenzverständnis」から見あやまったり、他者たちにじぶんに固有の実存可能性を強要して、「もっとも固有な事実的実存」を放棄してしまう危険を追放している。死が単独化するのは、死が「追いこすことのできない可能性」として、現存在に「他者たちの存在可能」を理解させるためなのだ。追いこすことのできない可能性のうちへと先駆することのうちには、「全体的現存在」を「実存的に先どりする existenzielles Vorwegnehmen」可能性、「全体的存在可能として実存する als *ganzes Seinkönnen* zu existieren」可能性がふくまれているのである。

†1 *unüberholbar*. ちなみに、Rの英訳は *not to be outstripped*. MとVの仏訳は、ともに *indépassable*.

†2 gibt sich *frei für* sie. freigeben を「開けわたす」と訳すことについては、本書、第一八節236の訳注参照。

†3 『ツァラトゥストラかく語りき』第一部「自由な死」。「多くの者は、みずからの真理をつかみ、勝利をおさめるにも、あまりに年をとりすぎてしまう(Mancher wird auch für seine Wahrheiten und Siege zu alt)。歯のない口には、もはやどんな真理も味わう権利がない」。

†4 Frei für. frei を二重に訳す。前注†2参照。

790 もっとも固有な、関連を欠いた、追いこすことのできない可能性は確実なものである。当の可能性を確実なものとする様式は、その可能性に対応する真理（開示性）にもとづいて規定されている。現存在がしかし死の確実な可能性を可能性として開示するのはただ、現存在がこの確実な可能性にかかわって先駆しながら、この可能性をもっとも固有な存在可能として、じぶんに対して可能なものとするというしかたにおいてだけなのである。この可能性の開示性は、先駆しながら可能にすることにもとづいている。この真理の内でじぶんを保持すること、すなわち開示されたものを確実なものとすることが、もとより先駆を要求するのだ。死の確実性は、出会われるさまざまな死亡事例の確認にもとづいて算定されることができない。死の確実性はそもそも、目のまえにあるものの真理のうちに保持されていることがない。目のまえにあるものならば、その覆いをとって発見されたありかたにかんして、もっとも純粋に出会われるのは、その存在者をその存在者自身にそくして、ただ眺めやりながら出会わせることに対してである。現存在は——このことは気づかいの固有な課題のひとつであり、その可能性であるのだが——、このような純粋に事象的なありかたを、つまり必当然的な明証性という無関心さを獲得するために、なによりもまず事態のなかにみずからを喪失していなければならない。死にかんしてそれを確実なものとすることは、このような性格を有していない。だからといってそれは、死にかんしてそれを確実なものとすることが、必当然的な明証性よりも低次のものであることを意味するわけではない。むしろ死にかんしてそれを確実なものとすることはそもそも、目のまえにあるものの明証性にかかわる等級のうちにはぞくしていないのである。

注解(790)　「もっとも固有な、関連を欠いた、追いこすことのできない可能性」である死は、「確実」である。「現存在がしかし死の確実な可能性を可能性として開示するのはただ、現存在がこの確実な可能性にかかわって先駆しながら、この可能性をもっとも固有な存在可能として、じぶんに対して可能なものとするというしかたにおいてだけなのである」[†1]。この可能性をじぶんに開示すること、つまり死の確実性という「真理」をみずから確証することは「先駆しながら可能にすること die vorlaufende Ermöglichung」にもとづいており、この可能性を「確実なものとすること」[†2]が「先駆」を要求する。「死の確実性」は、そもそも「目のまえにあるものの真理」とはことなっているのである。目のまえにあるものならば、その「存在者をその存在者自身にそくして」出会わせることができる。このような純粋に「事象的なありかた Sachlichkeit」、「必当然的な明証性 apodiktische Evidenz」を獲得するために現存在は、「事態 Sachverhalt」のなかにみずからを喪失していなければならない。「死にかんしてそれを確実なものとすること」は、こうした必当然的な明証性よりも低次のものではなく、それは「そもそも、目のまえにあるものの明証性にかかわる等級のうちにはぞくしていない」のである。

†1　原文は、Die gewisse Möglichkeit des Todes erschließt das Dasein aber als Möglichkeit nur so, daß es vorlaufend zu ihr diese Möglichkeit als eigenstes Seinkönnen für sich *ermöglicht.* ここでは「現存在 das Dasein」を主語にして訳している。「死の確実な可能性 gewisse Möglichkeit des Todes」を主語と解するなら、「死の確実な可能性がしかし現存在を可能性として開示するのはただ〜」。Rの英訳は「死の確実な可能性」を主語にして訳したうえで、この puzzling sentence において das Dasein を主語ととることも可能であると注記し、さらに、「先駆しながら vorlaufend」がこの一文では前置詞として(「へと in」ではなく)zu をとっていることに注意している。Mの仏訳は、「死の確実な可能性」を主語として、Mais la possibilité certaine de la mort n'ouvre le Dasein comme possibilité que ... と訳しているいっぽう、Vは、現存在が主語であると解して、Mais le Dasein ne découvre la possibilité certaine de la mort comme possibilité que ... と訳す。

†2　Gewißsein.「確実性」は Gewißheit. 両者については、本書、第五二節762他を参照。

791　死を真とみなして保持すること——死はそのつどじぶんに固有な死である——は、世界内部的に出会われる存在者や、形式的な諸対象にかんするあらゆる確実性とはべつのありかたを示し、またそうした確実性よりも根源的なものである。なぜならそれは、世界内存在を確実なものとするからだ。そのようなものとして、死を真とみなして保持することは、現存在のひとつの特定のかかわりかたを要求するばかりではない。現存在を、その実存のかんぜんな本来性にあって要求するのである。*1 先駆することにおいて現存在ははじめて、じぶんのもっとも固有な存在を、追いこすことのできないみずからの全体性にあって確信することができる。それゆえ、体験や自我や意識が直接的に与えられているとする明証性は、先駆のうちにふくまれている確実性に対して必然的に後れをとらざるをえない。それはしかも、それらに所属する把握のしかたが厳密でないからではない。そうした把握のしかたは原則的に、それが真とみなして「現に所有しよう」と根底において欲しているものを——すなわち私自身がそれであり、存在可能として先駆することで本来はじめてそれでありうる現存在を——真とみなして(開示して)保持することができないからなのである。

*1 本書、第六二節、三〇五頁以下参照。

注解(791) 「死」を「真とみなして保持すること」†1の示す確実性は、世界内部的に出会われる存在者にかんするあらゆる確実性よりも根源的なものである。それは「世界内存在を確実なものとする」からである。死を真とみなして保持することは、だから、「現存在」をその「実存のかんぜん(voll)な本来性」にあって要求する。先駆することで現存在は「じぶんのもっとも固有な存在」を確信することができる。体験や自我や意識の「明証性」は、これに対して、それが真とみなして「現に所有しようda-haben」と欲するもの、つまり現存在を「真とみなして(開示して)保持すること」ができないのである。

†1　Für-wahr-halten. 本書、第五二節765の、カント『純粋理性批判』にかんする訳注参照。

792　もっとも固有な、関連を欠いた、追いこすことのできない、しかも確実な可能性は、その確実性にかんして未規定的である。先駆は、現存在のきわだった可能性が有しているこの性格をどのようにして開示するのだろうか。先駆しながら理解することは、不断に可能であるような一箇の確実な存在可能に向かって、どのようにじぶんを投企するのか。しかも、実存の端的な不可能性が可能となるのはいつであるかは、不断に未規定的でありつづけるとして、である。未規定的に確実な死へと先駆することにあって現存在は、じぶんの〈現〉そのものから発現してくる絶えざる脅かしに対して、みずからを開いている。おわりへとかかわる存在はこの脅《おびや》かしのうちでじぶんを保持しなければならず、だからこの脅かしを遮断することがかなわない。それどころか、確実性の未規定的なありかたをむしろ完全に仕上げなければならないのである。この絶えざる脅かしを純正に開示することは、実存論的にどのようにして可能なのだろうか。すべての理解は情態的な理解である。気分によって現存在は、「現存在が現にそこに存在している」[*1]という被投性のまえにもたらされる。しかしながら不断の端的な脅かし、しかも現存在のもっとも固有な単独化された存在から立ちのぼってくる、現存在自身の脅かしを、開かれたまま保つことのできる情態性は不安である。[*2] 不安という情態性のうちに現存在があるのは、じぶんの実存の可能的な不可能性という無のまえに置かれているときなのだ。不安は、このように規定されている存在者の存在可能のゆえに不安をおぼえるのであり、不安が開示するのはかくてそのもっとも極端な可能性である。先駆することによって現存在は端的に単独化され、現存在はこのじぶん自身の単独化のなかで、みずからの存在可能の全体性を確実なものとするにいたる。それゆえ、じぶんの根拠にもとづく現存在のこのような自己理解には、不安という根本的情態性がぞくしているのである。死へとかかわる存在とは、その本質からして不安である。このことに対して、「たんに」間接的なものであるとはいえ、紛れもないあかしを与えるのは、すでにしるしづけられた死へとかかわる存在なのである。そのばあい死へとかかわる存在は不安を臆病な恐れへと転倒させ、この恐れを克服することでもって、不安をまえにした臆病さを告げていることになる。

＊1　本書、第二九節、一三四頁以下参照。

＊2　本書、第四〇節、一八四頁以下参照。

266

注解(792)　「もっとも固有な、関連を欠いた、追いこすことのできない、しかも確実な可能性」である死は、「その確実性にかんして未規定的」である。「未規定的に確実な死」へと「先駆」するとき現存在は、じぶんの「現Da」そのものから発現してくる、絶えざる「脅かしBedrohung」に対して開かれている。「おわりへとかかわる存在」は、この脅かしのうちでじぶんを保持しなければならないのである。ところで、「すべての理解は情態的な理解」であって、「気分」によって現存在は、「現存在が現にそこに存在しているdaß-es-da-ist」という「被投性」に直面する。しかし、「現存在のもっとも固有な単独化された存在から立ちのぼってくる」不断の脅かしに対して開かれつづけている「情態性」は「不安*Angst*」にほかならない。現存在は、「じぶんの実存の可能的な不可能性」という「無のまえ*vor* dem Nichts」で不安をおぼえる。不安が開示するのは、かくして「そのもっとも極端な可能性」なのである。先駆することで現存在は「単独化」され、その「存在可能の全体性」を確信するにいたるがゆえに、現存在のこうした「自己理解Sichverstehen」には、不安†1が「根本的情態性」としてぞくしている。「死へとかかわる存在とは、その本質からして不安Das Sein zum Tode ist wesenhaft Angst」なのである。

†1　「書き込み」には、「すなわち、しかし、ただたんに不安というだけなのではない。また、たんなる情動(Emotion)としての不安ということではまったくない」とある。

793　実存論的に投企された、死へとかかわる本来的な存在の性格づけは、つぎのように総括される。先駆することによって現存在に対して、〈ひとである自己〉のうちへと喪失されたありかたが露呈され、現存在はそのことで、配慮的に気づかいながら顧慮的に気づかうことに第一次的には依拠することなく、じぶん自身でありうる可能性のまえに置かれることになる。このじぶん自身とは、情熱的な、〈ひと〉の錯覚から解きはなたれており、しかも事実的でそれ自身を確実なものとし、そのさい不安をおぼえているような、死へとかかわる自由におけるじぶん自身なのである。

注解(793)　ハイデガーは「実存論的に投企された、死へとかかわる本来的な存在」をめぐって、つぎのように総括する。「先駆すること」で「ひとである自己」への喪失が露呈され、「現存在」はそのことをつうじて、配慮的‐顧慮的な気づかいをはなれて「じぶん自身でありうる可能性」に直面する。この「じぶん自身」とは「事実的」で、それ自身を確信しながらも、不安にとらわれているような「死へとかかわる自由(*Freiheit zum Tode*)におけるじぶん自身」なのである。

794　現存在のもっとも極端な可能性については、すでに特徴づけておいた。死へとかかわる存在には、その可能性の有する完全な内実への関連がぞくしているけれども、そうした関連のすべては以下の点に集約される。つまり、それらの関連によって構成されている先駆を、このもっとも極端な可能性を可能とするものとして、露呈させ展開し、確定するということである。実存論的に投企しながら先駆を限界づけることによって、実存的かつ本来的な、死へとかかわる存在の有する存在論的な可能性は見てとられうるものとなった。それによって他方その場合には、現存在の本来的な全体的存在可能の可能性が——しかし、それでもなおたんに或る存在論的な可能性として——浮かびあがっている。たしかに先駆することを実存論的に投企することは、さきに獲得された現存在の諸構造に依拠するものであったし、現存在はいわばじぶん自身をこの可能性へと投企するようにさせたのであって、現存在に対してそのさい「内容的な」実存の理想といったものを掲げて「外部から」それを強制するようなことはしていない。にもかかわらず、実存論的には「可能な」、このような死へとかかわる存在は、実存的にはそれでも一箇の空想的な要求にとどまっている。現存在の有する本来的な全体的存在可能の存在論的な可能性は、それに対応する存在的な存在可能が現存在そのものから証示されていないかぎりではなにものも意味しない。現存在はそのつど事実的に、そのような死へとかかわる存在のうちへとじぶんを投げいれるのだろうか。現存在は、先駆することによってかかわる存在のうちへとじぶんを投げいれるのだろうか。現存在は、先駆することによって規定されている本来的な存在可能を、みずからのもっとも固有な存在の根拠だけからでも要求するものなのだろうか。

注解(794)　「死へとかかわる存在」は「現存在」の「もっとも極端な可能性」の有する「完全な内実」に関連する。その関連は以下に集約される。つまり、「先駆」を、この「もっとも極端な可能性を可能とするもの」として露呈させ、確定するということである。先駆を限界づけることで、「実存的かつ本来的」な「死へとかかわる存在」の「存在論的」可能性、「現存在の本来的な全体的存在可能の可能性 Möglichkeit eines eigentlichen Ganzseinkönnens des Daseins」は見てとられることとなった。それはしかしあくまで存在論的な可能性であり、とりあえず「実存論的」には可能なことがらであって、「実存的」にはなお「一箇の空想的な要求 eine phantastische Zumutung」にとどまっている。現存在そのものが「それに対応する存在的な存在可能」を証示しないかぎり、そのような可能性はなにものも意味してはいない。現存在は「そのつど事実的」に、死へとかかわる存在へと「じぶんを投げいれる sich werfen」のだろうか。現存在は本来的な存在可能を、その「もっとも固有な存在の根拠」から要求するものなのか、とハイデガーはあらためて自問して、考察を次節へとつなげる準備をおこなう。

795　これらの問いに答えるに先だって、追究しておかなければならないことがある。それはつまり、そもそもどの程度まで、またどのような様式にあって現存在は、じぶんの実存の或る可能な本来性について、みずからの本来的な存在可能から証拠を与えているのか。しかもそのさい現存在が、この本来性を実存的に可能なものとして告知するば

267

かりでなく、それをじぶん自身の側から要求しているというかたちで証拠を与えているのか、ということにほかならない。

796　現存在の本来的な全体的存在と、この全体的存在の実存論的体制に対する宙に浮いた問いは、この問いが、現存在自身によってあかしを与えられた、現存在の存在の可能な本来性に依拠しうるときはじめて、吟味に耐える現象的地盤へともたらされることになる。そのようなあかしと、そのうちであかしを与えられたものとを現象学的に覆いをとって露呈することに成功するなら、そのときあらたに提起されるのは、つぎのような問題である。すなわち、これまではたんにその存在論的可能性において投企されてきたにすぎない死への先駆は、はたして、あかしを与えられた本来的な存在可能と、その本質からする連関のうちに置かれるのであろうか。

注解(795―796)　あらかじめ問われるべきことがある、とハイデガーはいう。つまり、どこまで、どのようにして「現存在」は、「実存」の「本来性」について、「みずからの本来的な存在可能」から「証拠を与えている Zeugnis gibt」のか、そのさい本来性は現存在自身の側から「要求 *fordert*」されているのか、という問いである(795)。

現存在の「本来的な全体的存在」と、その「実存論的体制」に対する問いは、それが現存在自身によって「あかしを与えられた bezeugt」本来性に依拠しうるときはじめて、「現象的地盤」へもたらされる。そのような「あかしBezeugung」を「現象学的に覆いをとって露呈すること phänomenologisch aufzudecken」で、あらたに提起される問題がある。すなわち、「これまではたんにその存在論的可能性において投企されてきたにすぎない死への先駆は、はたして、あかしを与えられた本来的な存在可能と、その本質からする連関のうちに置かれるのであろうか」(796)。

第二章　本来的な存在可能の現存在によるあかしと、決意性

第五四節　本来的な実存的可能性のあかしという問題

797 もとめられているのは、現存在自身によってその実存的可能性においてあかしを与えられている、現存在の本来的な存在可能である。まず見いだされなければならないのは、このあかしそのものなのである。あかしは、それが現存在に、現存在の可能的な本来的実存にあってじぶん自身を「理解するようにさせる」べきものであるかぎり、現存在の存在のうちにその根を有するものとなることだろう。そうしたあかしを現象学的に提示することは、だから、このあかしの根源を現存在の存在体制から証示するはこび

をそのうちにふくんでいるのである。

798 そうしたあかしは、本来的に自己で在りうることを理解させるものであるはずである。「自己」という表現によって私たちは、現存在の〈だれ〉に対する問いに答えておいた。[*1] 現存在が自己であることは、形式的には一箇の実存する様式として規定されたのであり、つまりは一箇の目のまえにある存在者として規定されたのではない。私自身が、たいていは現存在の〈だれ〉であるのではなく、〈ひとである自己〉こそがそれである。本来的な自己存在は〈ひと〉の実存的な変様のひとつとして規定されるのであり、この実存的変様が実存論的に限界づけられなければならない。[*2] この変様のうちにはなにがふくまれ、この変様の可能性を存在論的に条件づけるものはいったいなんだろうか。

＊1　本書、第二五節、一一四頁以下参照。
＊2　本書、第二七節、一二六頁以下、とりわけ一三〇頁参照。

注解(797―798)　もとめられているのは、「現存在」がその「実存的可能性」においてあかしている、「本来的な存在可能」である。まずこの「あかし」そのものが見いだされなければならない。[†1] あかしは、「現存在の存在」、「現存在の存在体制」のうちにその根を有するものとなるはずである(797)。

あかしは、「本来的に自己で在りうること ein eigentliches *Selbstseinkönnen*」を理解させるものである。「自己」とは現存在が「だれ」であるかに対する答えを与えるものであるけれども、そのばあい「私自身が、たいていは現存在の〈だれ〉であるのではなく」、「ひとである自己 das Man-selbst」がその「だれ」なのである。[†2] だから、「本来的な自己存在」は、「ひと」の「実存的な変様」として規定される。この変様が「実存論的」に規定され、そこにはなにがふくまれ、その変様を存在論的に可能にするものはなにかが問われなければならない、とハイデガーはいう(798)。

†1 「書き込み」によれば、見いだされなければならないのは、「(1) あかしを与えるものそのものと、(2) あかしを与えるもののなかであかしを与えられるもの」である。

†2 Das Wer des Daseins bin zumeist nicht *ich selbst*, sondern das Man-selbst. 動詞は「私 ich」の定動詞 bin であることに注意。Rの英訳は、For the most part *I myself* am not the "who" of Dasein; the they-self is its "who". Mの仏訳は、Le qui du *Dasein*, la plupart du temps je ne le suis pas *moi-même*, c'est le On-même qui l'est. Vでは、Le qui du Dasein, *je* ne le suis la plupart du temps pas *moi-même*; au contraire je suis le nous-on.

799 〈ひと〉のなかへと喪失されてしまうことで、現存在のもっとも身近で事実的な存在可能——配慮的‐顧慮的に気づかいながら世界内存在することが有している、さまざまな課題や規則、規準や緊急性、射程——にかんしては、そのつどすでに決定がなされてしまっている。このような存在可能性を摑みとることを、〈ひと〉は現存在からつねにすでに奪いとってしまっているのである。〈ひと〉はそればかりか、このような可能性の明示的な選択という重荷を負うのを暗黙のうちにじぶんで免除しておきながら、それを隠してしまう。だれが「本来的に」選択するのかは、規定されないままになっている。〈だれでもないだれか〉によって、このように選択することもなく引きずられてゆくことで、現存在は非本来性のうちに巻きこまれてゆく。このようなはこびをもとに戻すことができるのは、現存在がじぶんを、〈ひと〉へと喪失されているありかたから、ことさらにじぶん自身のもとへと連れもどすことによってのみである。この連れもどしはしかしながら、それをないがしろにしたために現存在が非本来性のうちへとじぶんを喪失した、おなじその存在様式を有しているにちがいない。〈ひと〉からじぶんを連れもどすこと、つまり〈ひとである自己〉が本来的な自己存在へと実存的に変様するということは、一箇の選択をあとから取りもどすこととして遂行されなければならない。選択を取りもどすことが意味するのはたほう、この選択を選択すること、すなわち固有の自己にもとづいて或る存在可能へと決断するはこびなのである。選択を選択することにあって現存在は、その本来的な存在可能をはじめてじぶんに可能とするのだ。

注解(799) 「ひと」のなかで自己喪失していることで、「現存在」の「もっとも身近で事実的な存在可能」にかんして、そのつどすでに「決定がなされて entschieden」いる。「ひと」は現存在から、そうした「存在可能性」をつねにすでに奪いとっているのである。「ひと」はまた可能性の「選択 *Wahl*」をじぶんで免除しておきながら、その免除自体を隠してしまう。「だれでもないだれか Niemand」によって「引きずられてゆくこと Mitgenommenwerden」で、現存在は「非本来性」へと巻きこまれてゆく。ここから回復するためには、現存在がじぶんをじぶん自身のもとへと連れもどすほかはない。この「連れもどし Zurückholen」、「ひとである自己」の「本来的な自己存在」への実存的変様は、「一箇の選択をあとから取りもどすこと」である。選択を取りもどすことが意味するのは、たほう「この選択を選択すること *Wählen dieser Wahl*」、すなわち「或る存在可能へと決断する Sichentscheiden」ことである。かくしてはじめて、現存在はその「本来的な存在可能†1」をじぶんに対して可能にするのである。

†1 「書き込み」は「存在可能」の部分に注記して、「存在の生起 —— 哲学、自由 Seinsgeschehnis — Philosophie, Freiheit」としるしている。

800 現存在はしかし〈ひと〉へと喪失されているのだから、現存在はじぶんをまず見いださなければならない。じぶんをそもそも見いだすためには、現存在はじぶん自身に対して、みずからの可能的な本来性にあって「示され」なければならない。現存在は自己で在りうることのあかしを必要とする。現存在は可能性からすれば、そのつどすでに当の自己で在りうることなのである。

801　以下の解釈にあってそのようなあかしとして要求されるのは、現存在の日常的な自己解釈にとって良心の声として熟知されているものである。*1 良心という「実際のありかた」には多くの議論があり、現存在の実存に対する良心の審級機能はことなったしかたで評価されている。また「良心がなにを語るか」にかんしてもさまざまに解釈されているのである。このために、良心という現象を放棄してしまうことへと誘われるほどである。だが、これを放棄してよいのはただ、良心という事実の、もしくはその解釈の「疑わしさ」が、そこには現存在の根源的な現象のひとつがあるというしだいをまさに証明しない場合だけであることだろう。以下の分析は良心を、基礎‐存在論的意図をもった純粋に実存論的な探究にぞくする、主題的な〈あらかじめ持つこと〉のなかへと設定するものなのである。

＊1　この前後の考察は、時間の概念についてマールブルクでなされた公開講演（一九二四年七月）の機会に、テーゼ的な形式でつたえられたものである。

注解(800―801)　「ひと」へと失われている「現存在」はまずじぶんを「見いだす *finden*」なければならない。そのためには、現存在は「自己で在りうることのあかし」を必要とする(800)。

以下の「解釈《インテルプレタティオン》」でそのようなあかしとされるのは、日常的な「自己解釈《アウスレーグング》」が「良心の声 *Stimme des Gewissens*」[†1]として熟知しているものである。良心という「実際《タート》のありかた《ザッヘ》」については議論がわかれ、その「審級機能 Instanzfunktion」も評価がさまざまであるが、この良心という「現象」を放棄してよいのはただ、良心という「事実《ファクトゥム》」が、そこには現存在の「根源的な現象」が存在するのを証明しない場合だけだろう。以下では良心を、「基礎‐存在論的意図」からする「純粋に実存論的な探究[†2]」にぞくする「あらかじめ持つこと《フォアハーベ》」へと設定するものである、とハイデガーはいう(801)。

†1　Rの英訳は *voice of conscience*, Mの仏訳は *voix de la conscience*, Vでは *voix de la conscience* morale.

†2　「書き込み」には「これをいまや、より根底的に哲学することの本質にもとづいて」おこなう、とある。

802　さしあたり良心は、その実存論的な基礎と構造へとさかのぼって追跡され、現存在の現象として、この存在者についてこれまで獲得された存在体制を堅持しながら見てとられうるものとされなければならない。このように着手点を置かれた良心の存在論的分析は、良心体験の心理学的記述やその分類に先だつものである。それは同様にまた、良心という現象の生物学的な「説明」、つまりはその解消の外部にあるのである。たほうその分析が良心の神学的な釈義に対して有する隔たりは、それに劣らず大きなものである。ましてこの現象を神の証明や、「直接的な」神の意識のために召喚することからも隔たっているのだ。

注解(802)　さしあたり「良心」は「実存論的な基礎と構造」へさかのぼって追跡され、「現存在の現象」として見てとられなければならない。このように着手される「良心の存在論的分析」は、良心をめぐる「心理学的記述」や「生物学的な「説明」」とはかかわりがない。それはまた良心の「神学的な釈義 Ausdeutung」ともまったく関係がないものなのである。

803　にもかかわらず、良心をめぐる探究をこのように制限した場合であっても、その成果は過大に評価されてもならないし、また見当ちがいな要求を立てて過小評価されてもならない。良心は現存在の現象として、現前して、ときおり目のまえに存在する実際のありかたではない。良心は、ひとり現存在という存在のしかたにおいてのみ「存在」し、そのつどただ事実的な実存とともに、また事実的な実存においてだけ事実として告知される。良心が「実際にそのようにあるありよう」と、良心の「声」の正当性をたしかめるために「帰納的で経験的な証明」を要求するのは、この現象を存在論的に転倒するところにもとづいているのである。この転倒にしかしまた、良心はただときおり現前するだけで、「普遍的に確定される、また確定可能な実際のありかた」ではないとする、冷然とした批判のすべてもまた加担しているのだ。このような証明や反証のもとでは、良心という事実はそもそも設定もされていない。この件はなんら欠陥ではない。ただ良心が、周囲世界的に目のまえにあるものとは存在論的にことなる種類のものであるしだいを、しるしづけるものであるにすぎないのである。

注解(803) ここでの「良心」の探究がこのように制限されているにしても、その成果は過大評価も過小評価もされてはならない。良心は「現存在の現象」であって、現存在という存在のしかたにおいてのみ「存在」し、「事実的な実存」においてだけ「事実 Faktum」として告知される。良心が「実際にそのようにあるありよう Tatsache[†1]」と、良心の「声 Stimme」の正当性を経験的に証明しようとすることは、存在論的に転倒しているのである。良心は普遍的に「確定可能」なものではないとする立場も同様である。良心は、「目のまえにあるもの」とは存在論的にことなっているからである。

†1　Faktum/Faktizität と Tatsache/Tatsächlichkeit のちがいについては、本書、第二節14の訳注参照。

804 良心は「なにごとか」を理解させる。つまり良心は開示するのである。こうした形式的な特徴づけから生じてくるのは、良心という現象を現存在の開示性へと取りもどすことへの指令である。私たちが自身そのつどそれである存在者の根本体制は、情態性、理解、頽落および語りによって構成されている。良心をより立ちいって分析することで、良心が呼び声であることが露呈されるはこびとなる。呼ぶことは、語りのひとつの様態である。良心の呼び声は、現存在がもっとも固有な自己で在りうることへと現存在に呼びかけるという性格を有しており、しかもそれは、もっとも固有な負い目のある存在へと呼び醒ますという様式においてなのである。

注解(804)「良心」は「なにごとか」を「開示する」。良心現象は、かくて「現存在の開示性」とかかわりがある。良心をより分析することで、良心は「呼び声」[†1]としてあきらかになる。「良心の呼び声 Gewissensruf」は、「もっとも固有な自己で在りうること」へと現存在に「呼びかける」[†2]。それは、もっとも固有な「負い目のある存在」[†3]へと「呼び醒ます *Aufruf*」のである。

†1　*Ruf*. Rの英訳は *call*, Mの仏訳は *appel*, Vもおなじ。
†2　*Anruf*. Rの英訳は *appeal*, Mの仏訳は *ad-vocation*, Vでは *interpellation*.
†3　Schuldigsein. Hの訳語は「負い目ある存在」、Kでは「責め在ること」、Tは「負い目を負って有ること」、Wでは「責めある存在」。Rの英訳は Being-guilty, Mの仏訳は être-en-dette, Vでは être-en-faute.

805 この実存論的解釈は、存在的なしかたで日常的に理解されているありかたからは必然的にかけ離れたものである。にもかかわらずその解釈は、通俗的な良心解釈がなんらかの限界内ではつねに理解し、良心の「理論」として概念へともたらしてきたものについて、その存在論的基礎をとり出してあきらかにするものなのである。それゆえ実存論的解釈は、通俗的な良心解釈の批判をつうじて確証される必要がある。良心という現象をとり出してあきらかにするところから、この現象がどの程度まで現存在の本来的存在可能をあかすものであるかがきわだたせられる。良心の呼び声には、或る可能な聞くことが対応している。呼びかけの理解は、良心をもとうと意志することとして露呈される。良心をもとうと意志するという現象のうちにたほう、自己存在という選択を実存的に選択することが存しているのであって、これが探しもとめられていたものであるとともに、私たちがその実存論的構造に対応して決意性と名づけるものなのである。この章の分析がどのように区分されるかは、以上であらかじめ示されたことになる。すなわち、良心の実存論的‐存在論的な諸基礎(第五五節)、良心の呼び声の性格(第五六節)、気づかいの呼び声としての良心(第五七節)、呼びかけの理解と負い目(第五八節)、良心の実存論的解釈と通俗的な良心解釈(第五九節)、良心にあってあかしを与えられた本来的な存在可能の実存論的構造(第六〇節)。

注解(805)　ここで問題となる、「良心」の「実存論的解釈《インテルプレタティオン》」は、「日常的」で「通俗的」な「良心解釈《アウスレーグング》」とはかけ離れたものであるとはいえ、後者の「存在論的基礎」をあきらかにするものである。それゆえまず、通俗的な良心解釈が批判されなければならない。そこから、良心という現象が「どの程度まで現存在の本来的存在可能」を「あかす bezeugen」ものであるかが、きわだたせられる。「良心の呼び声」には「聞くこと Hören」が対応し、「呼びかけの理解」は「良心をもとうと意志すること *Gewissenhabenwollen*」として露呈される。この現象は「自己存在という選択を実存的に選択すること」であり、それが「決意性 *Entschlossenheit*」と呼ばれる。以上の確認を受けてハイデガーは以下、本章の構成を予示してゆく。

第五五節　良心の実存論的‐存在論的な諸基礎

806　良心の分析は、その出発点として、良心という現象にかんする中立的な所見を採用する。すなわち、良心はなんらかの様式で、だれかになにごとかを理解するようにさせる、という事情にほかならない。良心は開示し、それゆえに開示性としての〈現〉の存在を構成する、実存論的現象の領分にぞくしている。[*1] 情態性、理解、語りならびに頽落という普遍的な諸構造については、すでに分解され解釈されている。私たちが良心をこうした現象的な連関のうちにもたらす場合、問題となるのはそのとき、そこで獲得された諸構造を、現存在の開示の特殊な「事例」について図式的に適用することではない。良心の解釈は、〈現〉の開示性にかんする先行する分析をさらに遂行するものとなるばかりではない。むしろ現存在の本来的な存在に着目して、その分析をより根源的にとらえるものとなるだろう。

＊1　本書、第二八節以下、一三〇頁以下参照。

注解(806)　「良心[†1]」の分析[†2]は、良心にかんする「中立的な所見 indifferenter Befund」から出発する。良心とは、「だれかになにごとかを理解するようにさせる einem etwas zu verstehen gibt」ものなのである。良心はこのように「開示」するものであるがゆえに、「開示性」としての「現」の存在を構成する。そのような視角から良心を分析することは、「情態性、理解、語りならびに頽落」といった諸構造について、それをさらにより根源的にとらえなおすものとなるはずである、とハイデガーはいう。

†1　「書き込み」は本節標題中の「諸基礎 Fundamente」に注記して、「地平 Horizont」としるしている。

†2　「書き込み」では、「良心の分析」に注記して、以下のようにしるされている。「ここでは、避けがたくいくつかのことがらが混淆している。」

1　私たちが良心と名づけるものが呼ぶはたらき
2　呼びかけられるということ
3　このありかたを経験すること
4　通常の、伝承されてきた解釈(Deutung)
5　それを克服するしかた」

807　開示性をつうじて私たちが現存在と名づける存在者は、みずからの〈現〉である可能性のうちで存在している。じぶんの世界とともに現存在は、じぶん自身に対して現にそこに存在しており、しかもさしあたりたいていは現存在が、配慮的に気づかわれた「世界」の側から存在可能をみずからに開示してしまっている、というしかたで現にそこに存在しているのである。現存在は存在可能として実存し、その存在可能はそのつどすでに特定のさまざまな可能性へと引きわたされている。それというのも、現存在が被投的な存在者であるからであり、この被投性は気分づけられていることで多かれすくなかれ判然と、また印象的に開示されているのだ。情態性(気分)には理解が等根源的にぞくしている。理解によって現存在が「知っている」のは、現存在がじぶん自身そこに懸かっている要所であって、そのかぎりで現存在は、じぶん自身のさまざまな可能性へと向けてみずからを投企してしまっている。あるいは、〈ひと〉のうちで没入しながら、その公共的に解釈されたありかたによって、じぶん自身の可能性をあらかじめ与えてもらっていたのである。このようにあらかじめ与えることが実存論的に可能となるのは、いっぽう現存在が、理解する共同存在として他者たちの言うことを聞きうることによってである。〈ひと〉の公共性やその空談へとみずからを喪失しながら、現存在は、〈ひとである自己〉の言うことを聞くことにあって、じぶんに固有な自己を聞きおとすのである。現存在が、このように自己を聞きおとすという喪失から――しかも現存在自身によって――連れもどされうるはずであるならば、現存在はその場合には、じぶんをまず見いだしうるのでなければならない。このじぶん自身こそ、〈ひと〉に対する傾聴のために聞きおとされてしまっていたものであり、また聞きおとされているものにほかならない。この傾聴がうち破られなければならない。つまり、こうした傾聴を中断させる、なんらかの聞くことの可能性が、現存在自身によって現存在に与えられなければならないのだ。そうした傾聴を打破する可能性は、媒介なく呼びかけられるということのうちにふくまれている。呼び声は、現存在がじぶんを聞きおとしながら〈ひと〉に対して傾聴するのをうち破る。それは、呼び声が、その呼び声という性格に応じて聞くことを覚醒させる場合である。その聞くことは、自己を喪失した聞くこととくらべて、あらゆる点で正反対なかたちで特徴づけられるものなのである。自己を喪失した〈聞くこと〉は、日々「あらたな」空談のさまざまなあいまいさという「騒音」にこころを奪われたものである。そうであるとするならば呼び声は、物音も立てず、あいまいにではなく、好奇心に対してはなんの手がかりも与えずに呼ぶものでなければならない。このように呼びながら理解させるものこそが、良心なのである。

注解(807)「開示性」をつうじて「現存在」は、「みずからの〈現〉である sein Da zu *sein*」可能性を有する。現存在はしかもさしあたりたいていは、配慮的に気づかわれた「世界」の側から「存在可能」を開示されてしまっている、というしかたで「現にそこに da」存在しているのである。現存在が「被投的な存在者」であるかぎり、現存在の「存在可能」はそのつどすでに特定のさまざまな可能性へと引きわたされている。この「被投性」はそれじたい気分づけられており、「情態性」には「理解」が等根源的にぞくしている。理解によって現存在が「知っている」[†1]のは、「現存在がじぶん自身そこに懸かっている要所 woran es mit ihm selbst ist」であり、そのばあい現存在は「ひと」という「公共的に解釈されたありかた《アウスゲレークトハイト》」によって、じぶん自身の可能性を「あらかじめ与えて vorgeben」もらっていたのである。このように「あらかじめ与えること Vorgabe」が実存論的に可能となるのは、現存在が他者たちの言うことを「聞き *hören*」[†2]うることによってである。現存在は「ひとである自己」の言うことを聞くことで、固有な自己を「聞きおとす *überhören*」。このような自己喪失から立ちかえりうるはずであるならば、現存在はじぶんをまず見いだしうる必要がある。「ひと」に対して「傾聴 *Hinhören*」することで聞きおとされてしまうのは、このじぶん自身なのである。こうした傾聴が中断されなければならないが、その可能性は「呼び声」のうちにある。呼び声はその呼び声という性格に応じて、聞くことを覚醒させる。「自己を喪失した聞くこと[†3]」は、「空談」という「騒音 Lärm」にこころを奪われたものである。呼び声は、これに対して「物音も立てず lärmlos」、呼ぶものでなければならない。「このように呼びながら理解させるものこそが、良心[†4]なのである」。

†1　「書き込み」には、「現存在はそうしたことを知っていると思いなしているのだ」とある。

†2　「書き込み」には、「どこから、この聞くこと、聞きうることは生じてくるのか？　耳をとおして感性的に聞くことは、聞き‐とる(hin-nehmen)という被投的な様式として〔存在する〕」とある。

†3　das verlorene Hören.　Rの英訳は注して、直訳 lost hearing は the hearing which one 'loses' by 'failing to hear' を意味するかにみえるが、ハイデガーが意味するところは、the kind of hearing one does when one is lost in the "they"[=das Man]であろうという。Mの仏訳は、l'entendre perdu,　Vではl'écoute où le Dasein s'est perdu.

†4　この文脈における「良心 Gewissen」を、Mの仏訳はたんに conscience と訳し、Vは conscience morale と訳している。本書、第五四節801の訳注参照。

808 呼ぶことを私たちは、語りの様態ととらえる。語りは、了解可能性を分節化するものである。呼び声として良心を特徴づけることは、たとえばカントが良心を法廷として表象した場合のように、たんなる「比喩」にすぎないのではだんじてない。私たちが見すごしてはならないのはただ、語りにとって、かくてまた呼び声にとっても、声に出して発音することは本質的なことがらではない、ということだけである。あらゆる言表作用や「発声」も、すでに語りを前提としているのである。*1 日常的な解釈が良心の「声」を見知っているとして、その場合そこでは、発音するといったことは、それほど考えられているわけではない。それは事実的にはけっして見いだされないのであって、かえって「声」は理解させることとして把握されている。呼び声の開示傾向にあっては、衝撃という契機が、途切れとぎれに揺りおこすという契機がふくまれているのである。かなたからかなたへと呼び声がする。呼び声に打たれるのは、連れもどされたいと思っている者なのだ。

*1　本書、第三四節、一六〇頁以下参照。

注解(808)　「呼ぶこと」は「語り《レーデ》の様態」ととらえられる。「呼び声」という「良心」の特徴づけは、カントが「良心を法廷として表象した」†1 ような、ただの「比喩 Bild」ではない。語りにとっても、呼び声にとっても「声に出して発音すること stimmliche Verlautbarung」は本質的ではない。日常的に良心が「声」として「解釈《アウスレーグング》」される場合も、音声化が考えられているわけではない。それは「事実的」には見いだされないのであり[†2]、「声」はむしろ「理解させること」と把握されている。「呼び声の開示傾向」には「衝撃 Stoß」、「途切れとぎれに揺りおこす[†3]」という契機がふくまれている。「かなたからかなたへと呼び声がする Gerufen wird aus der Ferne in die Ferne」。「連れもどされたいと思っている者[†4]」こそが、「呼び声に打たれる」のである。

†1　Gerichtshofvorstellung vom Gewissen. カント『実践理性批判』は、「私たちが良心と名づける、私たちのうちなる驚くべき能力」の「裁判官の判決 Richtersaussprüche」について語る(第一部第一篇第三章)。『道徳形而上学』では、「良心」は「人間のうちなる内的法廷の意識 Bewußtsein eines inneren Gerichtshofes im Menschen」であるとされる(第二部第一篇第一三節)。

†2　「書き込み」には「私たちは感性的には「聞く」ことがない」とある。

†3　das abgesetzte Aufrütteln. 「書き込み」には「しかしまた持続的なもの(das anhaltende)として」とある。

†4　「書き込み」には「固有の自己から遠ざかった者」とある。

809　良心をこのようにしるしづけてみることでは、しかしただ、良心の実存論的構造を分析するための現象的な地平がようやく輪郭づけられたにすぎない。良心という現象は、なんらかの呼び声と比較されるのではない。語りとして、現存在を構成する開示性にもとづいて理解されるのである。この考察は最初から、良心の解釈にさいしてさしあたり示されがちな途を回避している。すなわちひとは良心を、悟性とか意志とか感情といった心的能力のいずれかに連れもどしたり、良心をそれらの能力の混合物として説明したりするものなのだ。良心といった種類の現象をまえにする場合には、分類された心的能力とか人格的作用とかといった宙に浮いた枠組みが、存在論的‐人間学的に不十分である事情は一目瞭然なのである。*1

＊1　カント、ヘーゲル、ショーペンハウアー、およびニーチェによる良心の解釈のほかに、注目すべきものとしては、M・ケーラー『良心』「第一部　歴史的部分」(一八七八年)ならびに『プロテスタント神学ならびに教会のための実用的百科事典』所収の、おなじ著者の論考。さらには、A・リッチェル『良心について』(一八七六年)。これは、『論文集』続篇(一八九六年)一七七頁以下に再録されている。そして最後に、出版されたばかりのH・G・シュトーカーのモノグラフィー『良心』(マックス・シェーラー編『哲学および社会学叢書』第二巻)一九二五年。広範な基礎を有したこの探究は、良心現象のゆたかな多様性をあきらかにし、この現象について可能なさまざまな論じかたを批判的に特徴づけ、詳細な文献目録をかかげているものの、最後の目録は良心概念の歴史

にかんして完璧なものとはいえない。すでに述べた実存論的解釈は、シュトーカーのモノグラフィーとすでに着手点にあってことなっており、かくてまた成果においても、多くの一致点にもかかわらず相違している。シュトーカーは「客観的に現実に存立している良心」の「記述」(三頁)のための、解釈学的な諸条件をあらかじめ過小評価しているのである。これと関連しているのは、現象学と神学とのあいだの境界を抹消してしまっていること――これは双方にとって有害なのだ――である。この探究の人間学的基礎は、シェーラーの人格主義を継承するものであるが、後者については、本書、第一〇節、四七頁以下参照。シュトーカーのモノグラフィーは、これまでの良心解釈にくらべれば注目にあたいする進歩を意味しているとはいえ、それは、良心という現象の存在論的な根幹を提示することによるというよりも、さまざまな良心現象とその分岐とを包括的に取りあつかったことによるものなのである。

注解(809) これまではただ、「良心の実存論的構造」の分析のために、「現象的な地平」が輪郭づけられたにすぎない。良心という現象は、「語り」として「開示性」にもとづいて理解される。良心はしばしば、「悟性とか意志とか感情といった心的能力」のいずれかに還元されたり、「混合物 Mischprodukt」として説明されてきた。「良心といった種類の現象をまえにする場合には[†1]」、こういった枠組みは、あきらかに不十分なのである。

†1「書き込み」には「すなわち、自己‐存在(Selbst-sein)のうちに良心といった種類の現象

が起－源（Ur-sprung）をもつことをまえにする場合には。とはいえこのことは、これまでのところたんなる主張の域を出るものではないのではないか」とある。

第五六節　良心の呼び声の性格

810　語りには、話題になっている〈それについて〉がぞくしている。語りはなにごとかについて解明を与え、しかも一定の観点から解明を与える。このように話題になっていることがらから、語りは、語りがそのつどこの語りとして語ろうとしているものを、つまり語られたことそのものを汲みとってくる。伝達としての語りにあって、この語られたことは、たいていはことばというかたちで発音するという途をたどって、他者たちという共同現存在にとって接近可能なものとなるのである。

811　良心の呼び声において話題となっているもの、すなわち呼びかけられているものとはなんだろうか。あきらかに現存在そのものである。この答えは争いの余地のないものであるのと同様に、また未規定的なものでもある。かりに呼び声がそのように漠然とした目標を有しているとしたならば、呼び声は現存在にとってせいぜいのところ、じぶんに注意を向ける誘因であるにとどまることだろう。現存在に、たほうその本質からしてぞくしているのは、現存在がじぶんの世界の開示性とともにじぶん自身に開示されており、だから現存在はみずからをつねにすでに理解しているという事情である。呼び声が射あてるのは、日常的‐平均的に配慮的に気づかいながら、このようにみずからをつねにすでに理解している現存在なのだ。他者たちとともにある、配慮的に気づかう共同存在という〈ひとである自己〉が、呼び声によって射あてられるのである。

注解(810―811)　「語り」には「話題になっている〈それについて〉das beredete Worüber」がぞくしている。「伝達」である語りにあっては、語られたことは、たいていはことばとして他者たちにとって接近可能なものとなるのである(810)。

「良心の呼び声」において、「話題となっている」、すなわち「呼びかけられているもの」とは、「現存在そのもの」である。たほう現存在には、現存在がじぶん自身に開示されており、現存在には、「みずからをつねにすでに理解している」ことが本質的にぞくしている。呼び声が「射あてる trifft」のは、「みずからをつねにすでに理解している Sich-immer-schon-verstehen」現存在であり、「日常的‐平均的」に「配慮的に気づかい」、「配慮的に気づかう」「ひと《ダス・》である自己《マン・ゼルプスト》」なのである(811)。

812　それでは、この〈ひとである自己〉が呼びかけられている〈それへと向かって〉はなんだろうか。固有の自己へと向かってなのである。現存在が公共的な共同相互性にあってそれとして妥当していたり、なしえたり、配慮的に気づかうものに向かって、ではない。まして、現存在が摑みとってきたもの、尽力してきたもの、関与させられてきたものに向かって呼びかけられるのでもない。現存在は、他者たちとじぶん自身にとって現存在として世間的には理解されている。そのような現存在が、この呼びかけにあってはとおり過ぎられる。自己への呼びかけは、そうしたものをほんのわずかでも意に介さない。ただ〈ひとである自己〉の自己のみが呼びかけられて〈聞くこと〉へと引きたてられるのだから、〈ひと〉はおのずと崩れおちるのだ。呼び声は、〈ひと〉と、現存在の公共的に解釈されたありかたをとおり過ぎる。この件が意味するところはだんじて、呼び声がそれらのものをともに射あてではいないということしだいではない。まさしくこのとおり過ぎることにあって呼び声は、公共的な威信にかまけている〈ひと〉を無意義性のなかへと突きおとす。自己はいっぽう、呼びかけられたことにおいてこのような避難所や隠れ家を奪われて、呼び声によってじぶん自身へと連れもどされるのである。

注解(812)　この「ひとである自己」が呼びかけられている「それへと向かって woraufhin」とは、「固有の自己 das *eigene Selbst*」にであって、「現存在」が公共的なしかたで「配慮的に気づかうもの」にではない。現存在は「世間的 weltlich」には現存在として理解されているが、そのような現存在は「呼びかけ」にあって「とおり過ぎられる *übergangen*」。「ひとである自己」のうちの「自己」だけが呼びかけられ、「ひと」は崩れおちる。そのようにとおり過ぎることで、呼び声は「ひと」を「無意義性 Bedeutungslosigkeit」へと直面させ、「自己」がじぶん自身へと連れもどされるのである。

813　自己へと向かって、〈ひとである自己〉が呼びかけられる。そうはいっても、評価の「対象」となりうるような自己ではなく、じぶんの「内的生」について、夢中になり好奇心にかられて、せわしなく分析をくわえているような自己のことでもない。さらに、心的状態やその背景となる根拠に「分析的に」口をあけて見とれている自己でもない。〈ひとである自己〉における自己へと向かう呼びかけは、自己自身へと迫ってそれを内面へと追いやり、そのことで自己が「外界」からじぶんを閉ざさざるをえなくさせられるわけではない。こうしたことのいっさいを呼び声は飛び越し、消散させる。それはただ自己に呼びかけるためであるけれども、その自己とは、にもかかわらず世界内存在という様式において存在している当のものにほかならないのである。

注解(813)「自己へと向かって、〈ひとである自己〉が呼びかけられる Auf das Selbst wird das Man-selbst angerufen」。その「自己」とは、「内的生 Innenleben」にかまけている自己でも、心的状態の分析に夢中な自己でもない。「〈ひとである自己〉における自己 Selbst im Man-selbst」へと向かう「呼びかけ」は、自己を「内面 ein Inneres」へと追いやって、「外界」からじぶんを閉ざさせるものではない。「呼び声」はただ自己に呼びかけるけれども、その「自己」とは、しかも「世界内存在」として存在している自己なのである。

814　私たちとしては、だがどのように、この語りにおいて語られたことを規定すべきだろうか。良心は、呼びかけられている者になにを呼びつたえるのだろう。厳密にいえば——なにも伝えはしない。呼び声はなにごとも言明せず、世界の事件にかんしてどのような情報も与えず、物語るべきなにものも有してはいない。呼び声は、呼びかけられた自己のうちに「自己対話」を拓《ひら》こうとはすこしも努めるところがない。呼びかけられた自己には「なにごとも」呼びつたえられてい「ない」。呼びかけられた自己はむしろ、じぶん自身へと、すなわちもっとも固有な存在可能へと呼び醒まされているのだ。呼び声は、その呼び声としての性格に応じて、呼びかけられた自己を「審理」に付すのではない。かえって呼び声とは、もっとも固有な自己で在りうることへの呼び醒ましであり、現存在を、そのもっとも固有な可能性のうちへと(「前方」へと)呼びだすものなのである。

注解(814)　この「語りにおいて語られたこと das *Geredete* dieser Rede」をどう規定すべき

だろうか。「良心」は、「呼びかけられている者 das Angerufene」に——厳密にいえば——なにも「呼びつたえ zurufen」はしない。「呼び声」はなにごとも言明しない。「呼びかけられた自己」は、じぶん自身へと、「もっとも固有な存在可能」へと「呼び醒まされて *aufgerufen*[†1]」いるのだ。呼び声は、「もっとも固有な自己で在りうることへの呼び醒まし」であって、「現存在を、そのもっとも固有な可能性のうちへと（「前方」へと）呼びだすもの[†2]」なのである。

†1　Rの英訳が注記しているように、aufrufen は anrufen（呼びかける）、vorrufen（呼びだす）とともに法的には「喚問」の意味をもつ。本文中でつづけてハイデガーは、それゆえに「呼び声は、その呼び声としての性格に応じて、呼びかけられた自己を「審理 Verhandlung」に付すのではない」とする限定をくわえている。

†2　この部分の原文は、ein Vor- (nach-„vorne"-) Rufen des Daseins in seine eigensten Möglichkeiten.

815　呼び声には、声に出して発声することがまったく欠けている。呼び声はとうていことばにはなりえない——呼び声は、にもかかわらず不明瞭でも未規定的なものでもまったくないのだ。良心はたえずひたすら、沈黙という様態において語る。だからといって良心は、聴きとられるという点ではなにも失わない。むしろ、呼びかけられ呼び醒まされた現存在を、現存在自身の沈黙したありかたへと強いるのである。呼び声のなかで

274 呼ばれていることがらは、ことばというかたちの定式を欠落させている。このことは、良心という現象を、秘密にみちた声という未規定的なありかたへと押しこめるものではない。かえって暗示されているのは、「呼ばれていることがら」が理解されたとしても、それが伝達される等々といったことに、期待をつなぎとめてはならないというしだいなのである。

注解(815)「呼び声」は声を出さず、ことばにはなりえないにもかかわらず、「不明瞭でも未規定的なもの」でもまったくない。「良心はたえずひたすら、沈黙という様態において語る *Das Gewissen redet einzig und ständig im Modus des Schweigens*」。良心は、「呼びかけられ呼び醒まされた現存在」を「沈黙したありかた Verschwiegenheit」へと強いる。「良心という現象」は、とはいえ「秘密にみちた声」というわけではない。「呼ばれていることがら das "Gerufene"」が理解されたとしても、それが伝達されるとはかぎらないというだけなのである。

816 呼び声の開示するものは、にもかかわらず一義的である。呼び声が個々の現存在にあって、おのおのの理解可能性に応じてさまざまな解釈をこうむるにせよ、その件にかかわりはない。呼び声の内実が一見したところ規定されていないように見えるからといって、その呼び声が確実に進路をとる方向は見すごされることができない。呼び声は呼びかけられるべき者を手さぐりで探しもとめることを必要としていない。呼びかけられるべき者は、呼び声が目ざしていた者であるかどうかを見わけるしるしづけも、必要とはしていないのだ。「錯覚」は、良心において、呼び声の側の見当はずれ(呼びあやまり)によって生じるものではない。呼び声が聞かれるしかたをつうじて――つまり呼び声が本来的に理解されずに、〈ひとである自己〉によって、取り引きをする自己対話のうちに引きこまれて、呼び声の開示する傾向にあって転倒されてしまうことで――はじめて生じるのである。

注解(816)「呼び声の開示するもの」は、個々の現存在による「解釈《アウスレーグング》」のいかんによらず「一義的 eindeutig」である。呼び声の内実は未規定にみえるにせよ、呼び声が「進路をとる方向 *Einschlagsrichtung*」ははっきりしており、「呼びかけられるべき者」に向かっている。「錯覚」は、呼び声の「見当はずれ Sichversehen」つまり「呼びあやまり Sichver-rufen」によって生じるのではない。「ひとである自己」がそれをあやまって、「取り引きをする自己対話 verhandelndes Selbstgespräch」へと引きこむことで生じるのである。

817　劃定されなければならないのは、つぎの点である。すなわち、私たちは良心を呼び声としてしるしづける。その呼び声は〈ひとである自己〉にその自己において呼びかける、ということなのである。このような呼びかけである呼び声は、自己をそれが自己で在りうることへと呼び醒まし、かくてまた現存在をその可能性のうちへと呼びだすものなのだ。

818　良心をめぐる存在論的に十分な解釈を私たちがはじめて獲得するのは、以下のしだいが明瞭となるときである。つまり、呼び声によって呼ばれている者はだれであるのかということばかりではなく、呼ぶ者自身はだれであるのか、呼びかけられている者は呼ぶ者とどのようにかかわるのか、この「かかわり」は存在連関として存在論的にいかにとらえられなければならないのか。これが明瞭となる場合なのである。

注解（817―818）「良心」である「呼び声」は「ひとである自己」にその「自己」において呼びかける。そのように「呼びかけ」る呼び声が、自己を「自己で在りうること」へと「呼び醒まし Aufruf」、「現存在」をその可能性のうちへ「呼びだす Vorrufen」のである（817）。

良心をめぐって存在論的に十分な「解釈《インテルプレタティオン》」が獲得されなければならない。そのためには、「呼ばれている者」は「だれであるのか」、「呼ぶ者自身」が「だれであるのか」、両者の「かかわり Verhältnis」はどのようなものなのかが、明瞭にされなければならない（818）。

第五七節　気づかいの呼び声としての良心

819　良心は、〈ひとである自己〉へと喪失されているありかたから、現存在の自己を呼び醒ます。呼びかけられた自己は、じぶんが〈なんであるか〉についてはなお規定されておらず、空虚なままにとどまっている。現存在はじぶんがなんであるかを、さしあたりたいていは配慮的に気づかわれたものにもとづく解釈にあって理解している。呼び声はこの件をとおり過ぎるのである。それでも自己は、一義的に取りかえようもなく射あてられているのだ。呼びかけられている者が「その人物の威信を問わず」呼び声によって目ざされているだけではない。呼ぶ者もまた、規定されていない目につくありかたのなかで身を保っている。なまえ、身分、素性、威信を問われても、呼ぶ者は答えを拒む。そればかりではない。呼ぶ者が呼ぶときにみずからを偽装するわけではまったくないにもかかわらず、ほんのわずかな可能性でも与えて、「世界へと」方向づけられた現存在了解へとみずからをなじませるようにすることもない。呼び声を呼ぶ者は――これはその者の現象的な性格にぞくすることであるけれども――みずからが熟知されたものとなることのいっさいを端的にじぶんから遠ざけてしまう。なんらかの考察や論議のなかに引きいれられるとすれば、それは呼ぶ者が存在するしかたに背反することになる。呼ぶ者に特有なのは、この規定されていないありかた、さらには規定されえないありかたである。とはいえそのようなありかたはなにものでもない、というわけではない。そのありかたによってかえって、呼ぶ者は積極的にきわだってしるしづけられているのである。そのしるしづけによって告げられているのは、呼ぶ者はひたすら〜へと呼び醒ますことに専念しており、呼ぶ者はひとえにそのようなものとして聞かれるのを欲しているのであって、それ以上におしゃべりの対象となることを欲していない、というしだいである。そうであるとすればしかし、呼ぶ者はだれであるのかと呼ぶ者に問うことは差しひかえるほうが、この現象にはふさわしいのではないだろうか。そのほうが、事実的な良心の呼び声を実存的に聞きとる場合にはふさわしいのはたしかだろう。たほう呼ぶことの事実性と、聞かれることの実存的なありかたとを実存論的に分析することにとっては、またちがっているのである。

注解(819)　「良心」は、「現存在の自己」が「〈ひとである自己〉へと喪失されているありかた」から呼び醒ます。「呼びかけられた自己」は、じぶんが「なんであるか」をさしあたりたいていは世界の《ヴェルトリッヒ》側から理解しているにもかかわらず、呼び声によって「自己」は「一義的に取りかえようもなく eindeutig und unverwechselbar」射あてられているのである。「呼びかけられている者」は規定されておらず、「呼ぶ者」もまた未規定的である。呼ぶ者は「「世界へとweltlich」方向づけられた現存在了解」になじむような「ほんのわずかな可能性」も与えることがない。「呼び声を呼ぶ者 Der Rufer des Rufes」は「熟知されたもの」となることがない。「呼ぶ者に特有なのは、この規定されていないありかた、さらには規定されえないありかた(Unbestimmtheit und Unbestimmbarkeit)である」。このありかたが、呼ぶ者を「積極的にきわだってしるしづけ」ているのである。呼ぶ者はひたすら「〜へと呼び醒ま」し、「ひとえにそのようなものとして聞かれ」るのを欲している。「事実的な良心の呼び声を実存的に聞きとる」ときには「呼ぶ者はだれであるのか」という問いはさしひかえられよう。だが「実存論的」な分析にとっては、この問いは不可避なのである。

820　だがそもそも、だれが呼ぶのかという問いが、明示的になお設定されるべき必然性が存するのだろうか。この問いは、呼び声のうちで呼びかけられている者への問いとおなじように、現存在にとっては一義的に回答されているのではないか。つまり、現存在が良心においてじぶん自身を呼ぶ、ということだ。呼ぶ者のこのような了解は、呼び声を事実的に聞くことにあっては、多かれすくなかれ気づかれているものかもしれない。存在論的には、しかしながら現存在が呼ぶ者であり、呼びかけられている者でも同時にある、とする答えはけっして充分なものではない。呼びかけられている者としての現存在はそもそも、呼ぶ者としての現存在とはべつのしかたで「現にそこに」存在しているのではないだろうか。もっとも固有な自己で在りうることが、あるいは呼ぶ者として作動しているのであろうか。

821　呼び声はそれどころか、私たち自身によって計画されるものではまったくない。準備されるものでも、随意に遂行されるものでもいささかもない。「それ」が呼ぶ。期待に反して、否むしろ意志に反してすら呼ぶ。他面では呼び声は疑いもなく、私とともに世界内で存在している或る他者から到来するのでもない。呼び声は私のうちから到来し、しかも私を超えて到来するのだ。

注解（820―821）　そもそも「だれが呼ぶのか」という問いは設定されなければならないのか。「現存在」にとってはすでに、「現存在が良心においてじぶん自身を呼ぶ *Das Dasein ruft im Gewissen sich selbst*」というかたちで回答されているのではないだろうか。「事実的」にはともあれ「存在論的」には、しかしこの回答は充分なものではない。「呼びかけられている」現存在は「呼ぶ」現存在とはべつのしかたで「現にそこに da」在るのかもしれないからである（820）。

呼び声は「私たち自身によって」「随意に willentlich」遂行されるものではない。そればかりか「意志 Wille」に反してすら「「それ」が呼ぶ[†1]」。呼び声は「他者」から到来するのでもない。呼び声は「私のうちから到来し、しかも私を超えて到来する」[†2]のだ(821)。

†1　"Es" ruft. Rの英訳は "it" calls, Mの仏訳は "Cela" appelle, Vでは "Ça" appelle.

†2　Der Ruf kommt *aus* mir und doch *über* mich. Rの英訳は The call comes *from* me and yet *from beyond* me, Mの仏訳は L'appel vient *de* moi et pourtant il me *dépasse*, Vでは L'appel provient *de* moi tout en me tombant *dessus*.

822　こうした現象的な所見を、解釈によって取りのぞくことはできない。この所見がだからこそ着手点に採用されて、〔良心の〕声はこれまで、現存在のなかへと突きささってくる疎遠な威力と釈義されてきた。そのような解釈の方向をたどってひとは、この確乎たる威力の根底にひとりの占有者を想定し、あるいはその威力そのものを、みずからを告知する人格(神)とみなしたりしているのである。反対にひとはまた、呼ぶ者を疎遠な威力のあらわれとするこの釈義を排斥しようとこころみて、そのことで同時に、良心一般を「生物学的」に説明し去ろうともこころみる。双方の釈義はともに、現象的な所見をあまりにすみやかに飛びこえてしまっているのだ。手つづきがかくも安易なものとなるのは、存在論的には独断論的な、つぎのようなテーゼが暗黙のうちに手つづきを領導しているからである。つまり、存在しているもの、すなわち呼び声のように実際のありかたとして存在しているものは、目のまえに存在しているのでなければならない。目のまえにあるものとして客観的に証示されないものは、そもそも存在していない、ということなのである。

823　このような方法的な性急さに対して、重要なのは以下のことがらである。すなわち、ひとり現象的な所見一般——呼び声は私のうちから私を超えて到来し、私に向けて発せられているということだ——を堅持することばかりではない。むしろさらに、その所見のうちに存する、現象を現存在の現象として存在論的にあらかじめ素描していることがらをも、堅持することが重要なのである。現存在というこの存在者が有する実存論的体制こそが、呼ぶ者である「それ」が存在するしかたを解釈するための、ただひとつの手引きを提供することができるのだ。

注解（822—823）　こうした「現象的な所見」を「解釈によって取りのぞくこと wegzudeuten」はかなわない。だからこそ、良心の「声」は「現存在のなかへと突きささってくる疎遠な威力 fremde Macht」と「釈義」[†1] されてきた。威力はたとえば「みずからを告知する人格（神）」とみなされてきたのである。反対にまた、この釈義を斥けようとして、良心一般を「生物学的」[†2] に説明し去ろうとこころみる。双方の理解の背景にあるのは、「存在論的には独断論的な」テーゼにほかならない。つまり「存在しているもの」一般、呼び声のように「実際のありかたとして†3存在しているもの」をすべて「目のまえに存在している」ものに還元してしまうテーゼがそれである(822)。

重要なのは、さきに挙げた現象的所見を堅持することだけではない。さらに、そこにふくまれている、「現象を現存在の現象として存在論的にあらかじめ素描していることがら」を堅持することが重要なのである。現存在という存在者の「実存論的体制」こそが、「呼ぶ者である「それ」“es”, das ruft」の存在するしかたを「解釈《インテルプレタティオン》」するための、ただひとつの手がかりなのである(823)。

†1　Deutung. Mの仏訳は intérpretation, Vでは explication.

†2　フロイトに代表される、いわゆる「力動的」な解釈のことであろう。ただし、Vの訳注によれば、念頭にあるのは、C・フォン・モナコウ『シュネイデーシス　生物学的良心』。

†3　tatsächlich. この語については、本書、第二節14の訳注参照。

824　現存在の存在体制についてのこれまでの分析によって、呼ぶ者の、かくてまた呼ぶことの存在のしかたを、存在論的に理解可能なものとするみちすじが示されているのだろうか。呼び声は明示的に私によって遂行されるのではなく、むしろ「それ」が呼ぶ。この件はいまだ、呼ぶ者を、現存在ではない存在者のうちに探しもとめることを正当化するものではない。現存在はなんといっても、そのつどつねに事実的に実存している。

現存在はなんら宙に浮いた自己投企ではない。かえって被投性によって、現存在がそれである存在者の事実として規定されている。だから現存在は、そのつどすでに実存に委ねられていたのであり、また不断に委ねられたままなのである。現存在の事実性はたほう、目のまえにあるものが実際にそのようにあるありようとは、本質からして区別されている。実存する現存在は、世界内部的に目のまえにあるものとしてのじぶん自身に出会うわけではない。被投性はしかも、現存在の実存にとって有意性を欠いた、接近することのできない性格として、現存在に付着しているわけでもない。被投的なものである現存在は、実存のなかへと投げこまれてしまっている。現存在は存在者として実存している。その存在者とは、現存在が存在しているとおりの、また存在しうるがままのものであらざるをえない存在者なのである。

注解(824)　「現存在の存在体制」の分析が、「呼ぶ者」と「呼ぶこと」の存在のしかたを「存在論的に理解可能なもの」とするみちすじが示されているのだろうか。呼び声にあって「それ」が呼ぶ。このことによってはまだ、呼ぶ者を現存在以外の存在者のうちに探しもとめることは正当化されていない。現存在はそのつどつねに「事実的に実存して」おり、「被投性」によって「現存在がそれである存在者の事実 Faktum」として規定されている。現存在は、そのつどすでに「実存に委ねられ」たままなのである。現存在の「事実性 Faktizität」は、つまり

「目のまえにあるもの」の「実際にそのようにあるありよう Tatsächlichkeit」とは、本質的に区別されている。被投性はたほう、現存在の実存にとってどうでもよい「性格」として現存在に付着しているわけではない。かえって「現存在は、実存のなかへと投げこまれてしまっている」。現存在とは、それであらざるをえない存在者として実存しているのである。

825 現存在は事実的に存在している。このことは、それがなぜなのかにかんしては隠されているにせよ、それでも「このこと」そのものは現存在に開示されている。存在者〈現存在〉の被投性は「現」の開示性にぞくしているのであって、そのときどきの情態性にあって不断に露呈されている。この情態性によって現存在は、「現存在は存在しており、現存在がそれである存在者としてかつ存在可能なものとして、存在せざるをえないこと」に多かれすくなかれ明示的に、また本来的に直面させられる。たいていはしかし、気分はこの被投性を鎖してしまっている。現存在は被投性をまえにして、〈ひとである自己〉という、自由と思いなされたものの気安さのうちへと逃避するのだ。この逃避が、不気味さをまえにした逃避としてすでにしるしづけられていた。当の不気味さが、単独化された世界内存在を根底において規定しているのである。不気味さは本来的には、不安という根本的情態性にあって露呈される。さらに、被投的な現存在のもっとも基本的な開示性として、現存在の世界内存在を世界という無のまえに引きすえる。世界というこの無をまえにして現存在は、もっとも固有な存在可能のために、不安のなかで不安をおぼえる。じぶんの不気味さの根拠のうちで情態づけられて存在している現存在こそが、良心の呼び声を呼ぶ者であったとしたならば、どうだろうか。

826　この件を反駁するものはなにもない。かえって、呼ぶ者と、呼ぶ者が呼ぶこととを特徴づけるべくこれまできわだたせられてきた現象のすべてが、このことを肯定しているのである。

注解（825—826）「現存在は事実的に存在している」。「このこと *Daß*」自体は、それが「なぜなのか *Warum*」が隠されているにせよ、現存在に開示されている。現存在の「被投性」は「「現」の開示性」にぞくし、そのときどきの「情態性」のなかで不断に露呈されている。「現存在は存在しており、現存在がそれである存在者としてかつ存在可能なものとして、存在せざるをえない seinkönnend zu sein hat」。「気分」はたいていこの被投性を「鎖して」しまい、現存在はかくて「ひとである自己」へと逃避する。この逃避が「不気味さ」をまえにした逃避なのであり、不気味さは「単独化された世界内存在 das vereinzelte In-der-Welt-sein」を根底的に規定している。不気味さは「不安という根本的情態性」のなかで露呈され、不気味さが、現存在が世界の内に存在していることそのものを「世界という無 das Nichts der Welt」のまえに引きたてる。現存在は、かくしてその「もっとも固有な存在可能」のために不安をおぼえる。ところで、「じぶんの不気味さの根拠のうちで情態づけられて存在している現存在（*das im Grunde seiner Unheimlichkeit sich befindende Dasein*）こそが、良心の呼び声を呼ぶ者であったとしたならば」、どういうことになるのだろうか(825)。

これまで問題としてきた「現象」のすべてによって、この件が肯定されているのである(826)。

827　呼ぶ者は、それが〈だれなのか〉について「世界のなかで」はなにものによっても規定されえない。呼ぶ者とはその不気味さにおける現存在であり、居心地の悪さとしての根源的な被投的世界内存在なのであって、世界という無における、裸形の「こと」である。呼ぶ者は、日常的な〈ひとである自己〉にはなじみのないもの――疎遠な声といったもの――なのだ。配慮的に気づかわれた多層的な「世界」のなかへと喪失されている〈ひと〉にとって、不気味さのうちでじぶんへと単独化され、無へと投げこまれている自己ほどに疎遠なものがほかにありうるだろうか。「それ」が呼ぶ。にもかかわらず、配慮的に気づかいながら好奇心にみちた耳にとって、語りひろめられて公共的に議論されるようになるものなど、「それ」はなにひとつとして与え聞かせることがない。しかしそうであるなら現存在は、みずからの被投的な存在にぞくするこの不気味さのなかから、いったいなにを告げしらせるというのだろうか。現存在には、不安のうちで露呈されたじぶん自身の存在可能以外になにが残されているのか。この存在可能のみがただひとつ現存在には問題である。そうした存在可能への呼び醒ましとして呼ぶことのほかに、いったいどのようにして現存在は呼ぶというのだろうか。

注解(827)「呼ぶ者」が「だれなのか」、「世界のなかで *weltlich*」は「なにもの *nichts*」も規定しない。呼ぶ者は「不気味さにおける現存在 das Dasein in seiner Unheimlichkeit」、「居心地の悪さ Un-zuhause」として、根源的に被投的な「世界内存在」である。つまり世界という「無 Nichts」における剝きだしの「こと Daß」である。呼ぶ者は「ひとである自己」にはなじみのない、「疎遠な声 *fremde* Stimme」である。「ひと」にとって、「無へと投げこまれている自己」ほどに疎遠なものはほかにない。「「それ」が呼ぶ "Es" ruft」。「それ」はしかし「好奇心にみちた耳 neugierige Ohr」には「なにひとつとして nichts」与え聞かせることがない。現存在には、こうして「不安のうちで露呈されたじぶん自身の存在可能以外」のなにものも残されていない。「この存在可能のみがただひとつ現存在には問題である」[†1]。呼ぶこととはその存在可能への「呼び醒まし」であり、現存在はそのようなものとしてだけ呼ぶのである。

†1　darum es ihm einzig geht.　この表現については、本書、第四節33の訳注参照。

828　呼び声はいかなるできごとも報告するものではない。それはまた、どのような発声もともなわずに呼ぶ。呼び声は沈黙という不気味な様態において語るのである。しかも呼び声がそうした様態をとって語るのは、それが呼びかけられている者を〈ひと〉の公共的な空談のうちへと呼びいれるからではない。空談から呼びかえして、実存にもとづく存在可能という沈黙したありかたへと引きいれるからである。呼ぶ者は呼びかけられている者を、冷やかな的確さをもって射あてる。だが、この不気味で、それでも自明ではない的確さは、じぶんの不気味さにあってみずからへと単独化された現存在が、現存在自身にとって端的に取りかえようもないことに基礎をおくのでないとしたら、いったいどこに基礎づけられるというのだろうか。現存在は、じぶんを他のなにかにもとづき誤解したり見あやまったりする可能性を、かくも根底的に奪いとられている。そのように根底的に奪いとるものは、現存在がじぶん自身に引きわたされながら見放されているという事情のほかに、なにかあるとでもいうのだろうか。

注解(828)　「呼び声」はできごとを報告せず、声にだして呼ぶこともない。「呼び声は沈黙という不気味な様態において語る Der Ruf redet im unheimlichen Modus des *Schweigens*」。呼び声は、「ひと」の「公共的な空談」から「呼びかけられている者」を「実存にもとづく存在可能という沈黙したありかた *Verschwiegenheit des existenten Seinkönnens*」へと呼びかえす。この呼ぶ者は「冷やかな的確さ kalte Sicherheit」をもって呼びかけられている者を射あてる。この的確さは、「単独化された現存在」が、じぶん自身にとって「端的に取りかえようもないschlechthin unverwechselbar」ことに基礎づけられている。現存在はじぶんを誤解し見あやまる可能性を奪いとられているのだ。それは現存在が「じぶん自身に引きわたされながら見放されているVerlassenheit in der Überlassenheit an es selbst」からなのである。

829　不気味さは、日常的には覆いかくされているとはいえ、世界内存在の根本様式なのである。現存在自身が、良心として、世界内存在という根拠から呼ぶ。「それが私を呼ぶ」というのは、現存在のきわだった語りのひとつである。不安によって気分的に規定された呼び声が、そのもっとも固有な存在可能へとじぶん自身を投企することを、現存在にはじめて可能にするのだ。実存論的に理解された良心の呼び声がはじめて告知するのは、さきには[*1]ただたんに主張されたにすぎないことがらである。すなわち、不気味さが現存在のあとを追い、現存在が自身を忘却して喪失されたありかたを脅かすということなのである。

＊1　本書、第四〇節、一八九頁参照。

注解(829)「不気味さ」は「世界内存在の根本様式Grundart」である。「現存在」自身が「良心として」、世界内存在を根拠としながら呼んでいる。「呼び声」は「不安によって気分的に規定」されており、呼び声が、「そのもっとも固有な存在可能へとじぶん自身を投企すること」を現存在に可能にするのである。「良心の呼び声 Gewissensruf」が告知するのは、不気味さこそが、現存在の「自身を忘却して喪失されたありかた seine selbstvergessene Verlorenheit」を脅かすということなのである。

830　現存在が呼ぶ者であり、同時に呼ばれる者であるとする命題は、いまやその形式的な空虚さと自明性とを失ってしまっている。良心は気づかいの呼び声として、じぶんをあらわにしている。呼ぶ者は現存在であり、その現存在は、被投性(〜のうちですでに存在している)にあって、じぶんの存在可能について不安に駆られているのである。呼びかけられている者はおなじこの現存在であり、その現存在はじぶんのもっとも固有な存在可能(じぶんに先だって〜)へと呼び醒まされている。さらに現存在は呼びかけによって、〈ひと〉への頽落(配慮的に気づかわれた世界のもとですでに存在していること)から呼び醒まされているのだ。良心の呼び声すなわち良心そのものは、現存在がじぶんの存在の根拠において気づかいであるというしだいのうちに、その存在論的可能性を有していることになる。

注解(830)　「現存在が呼ぶ者であり、同時に呼ばれる者である」とする命題は、いまや空虚ではない。「良心は気づかいの呼び声としてじぶんをあらわにしている *Das Gewissen offenbart sich als Ruf der Sorge*」からである。呼ぶ者は「被投性」にあって、じぶんの「存在可能」について不安に駆られている現存在であり、呼びかけられている者とは「じぶんのもっとも固有な存在可能」へと呼び醒まされている、おなじこの現存在である。現存在は「ひと《ダス・マン》」への頽落から呼び醒まされる。現存在が「気づかい」であることによって、「良心の呼び声」が存在論的に可能となるのである。

831　だから、現存在ではない威力に逃げ場をもとめる必要はまったくない。ことに、そのような威力へと後退してみても呼び声の不気味さは解明されず、かえってその不気味さが無化されてしまうからである。良心をめぐる「説明」がこのように逸脱してしまう理由は、結局のところどこにあるのか。それは、呼び声の現象的な所見を確定しようとするさい、ひとがすでに視線をあまりに近視眼的にさだめて、存在論的に規定され、もしくは規定されていない、なんらかの偶然的なありかたにおいて、現存在を暗黙のうちに前提としてしまっているしだいのうちに存するのではないだろうか。分析の着手点にあって現存在の存在は、あまりに低く評価されてはいなかったであろうか。いいかえるなら、現存在の存在が、無害な、なんらかのしかたで現前する主観として、人称的な意識をそなえたかたちで着手点とされてこなかっただろうか。この件をひとは確認することもなく、どうして疎遠な威力に逃げ道をもとめたりするのであろうか。

注解(831) 「現存在ではない威力」に訴える必要は、だからまったくないのだ。そのような威力によってむしろ「呼び声の不気味さ」は「無化 vernichtet」されてしまう。呼び声の「現象的な所見」を確定するさいに、ひとの視線は「あまりに近視眼的 *zu kurz*」であって、現存在の「偶然的なありかた」を暗黙のうちに前提としていたのではないか。「現存在の存在」は「あまりに低く *zu nieder*」評価されていたのではないか。現存在の存在はあらかじめ、「現前する主観 vorkommendes Subjekt」として、「人称的 personal」な意識とともに前提とされてきたのではないだろうか。そのけっか、「疎遠な威力」に訴えられてきたのではないか、とハイデガーは視点を提起する。

832 しかしやはり呼ぶ者——呼ぶ者は世界のなかでは「だれでもない」のである——を或る威力として解釈することのうちには、「客観的に目のまえに見いだされるもの」を率直に承認することがふくまれているかに見える。たほうよく考えてみれば、そうした解釈はたんに、良心をまえにして逃亡することであるにすぎない。つまり現存在の逃げ道にほかならないのであり、現存在はこの逃げ道をたどって、いわば〈ひと〉と、じぶんの存在の不気味さとをへだてている薄い壁からこっそりと逃げてゆくのである。ここでとり上げた良心をめぐる解釈が自称するところによれば、それは「たんに主観的に」

語るのでは「ない」、つまりは「普遍的に」拘束する声という意味において、呼び声を承認するものということになる。そればかりか、この「普遍的な」良心は「世界良心」にまで祭りあげられるのだ。この「世界良心」もその現象的な性格からすれば、一箇の「それ」であり「だれでもない」のであって、したがってやはり個別的な「主観」にあってはそうした未規定的なものとして語るものなのである。

注解(832)「呼ぶ者」――「世界のなかで weltlich」は「だれでもない」者(Niemand)――は或る「威力」として「解釈《アウスレーグング》」される。そうした解釈は「良心」から逃亡することにすぎない。それは「現存在」に「逃げ道」を与えるものなのだ。そうした解釈は「「普遍的に」拘束する声 "allgemein"-verbindliche Stimme」としての「呼び声」を承認すると称して、「普遍的」な良心を「世界良心 Weltgewissen」にまで祭りあげる。いうところの世界良心も、とはいえ「個別的な「主観」」にあってはたんに「未規定的 unbestimmt」に語るだけなのである。

833　だがしかし、この「公共的良心」――それこそが〈ひと〉の声でないというなら、いったいなんであるというのだろうか。「世界良心」といった疑わしいものを現存在が捏造しうるにいたるのは、ひとり、良心がその根拠と本質とにおいてそのつど私のものだからである。しかもこれは、もっとも固有な存在可能がそのつど呼びかけられているという意味にあってばかりではない。呼び声は、私がそのつど自身それである存在者から到来するものだからでもある。

834　呼び声をいま述べたように解釈することは、呼ぶことの現象的な性格に純粋にしたがうゆえんである。この解釈によって良心の「威力」が減殺されたり、「たんに主観的な」ものとされたりすることはない。逆である。呼び声の仮借なさとその一義性が、かくてはじめて開《あ》けわたされる。呼びかけの「客観性」がはじめてその権利を獲得するのは、解釈が呼びかけにその「主観性」を容認することをつうじてである。この主観性によって、いうまでもなく〈ひとである自己〉の支配が拒絶されるのである。

注解（833―834）　こうした「公共的良心 dieses “öffentliche Gewissen”」こそが「〈ひと〉の声」なのである。「世界良心」が捏造されうるのもむしろ、良心が「その根拠と本質とにおいてそのつど私のもの *je meines*」だからである。「呼び声」は「私がそのつど自身それである das ich je selbst bin」存在者から到来するからである(833)。

呼び声のこのような「解釈《インテルプレタティオン》」は、良心の「威力」を減殺し、それを「たんに主観的」なものとするものではない。かえって呼び声の「仮借なさとその一義性 Unerbittlichkeit und Eindeutigkeit」をはじめてあきらかにするものなのだ。呼びかけの「主観性」によって「ひとである自己」の支配が拒否されるかぎり、主観性こそが「客観性」の権利をはじめて可能にするものなのである(834)。

835　良心とは気づかいの呼び声である。にもかかわらず、そのように遂行された解釈に対して、ひとは反問することだろう。そうした良心の解釈は「自然的経験」からひどくかけ離れたものなのであって、そのような解釈ははたして吟味に耐えうるものなのだろうか。良心はさしあたりたいていは、叱責しかつ警告するものにすぎない。そういった良心がいったいどのようにして、もっとも固有な存在可能へと呼び醒ますものとして作動するというのだろうか。良心はなんらかのもっとも固有な存在可能をめぐっては、かくも未確定に空虚なしかたで語るのみである。良心が確定的かつ具体的なかたちで語るのはかえって、不意に生じた、あるいは企図された違反や不作為に関連してなのではないか。ここで主張されている呼びかけは、「やましい」良心から生じるのか。それとも「やましくない」良心から生まれるのだろうか。良心はいったいなにか積極的なものを与えるものなのか。あるいはむしろ良心とは、たんに批判的に作動するにすぎないのではあるまいか。

注解(835)　「良心」とは「気づかいの呼び声 Ruf der Sorge」である。こうした「解釈《インテルプレタティオン》」に対し以下のように反問されることだろう、とハイデガーはいう。その「解釈《アウスレーグング》」ははたして「吟味に耐えうる probehaltig」のだろうか。良心は「叱責しかつ警告する *rügt* und *warnt*」にすぎない。良心は「もっとも固有な存在可能」について「未確定 unbestimmt」に語るだけである。良心が「確定的 bestimmt」に語るのは「違反や不作為 Verfehlungen und Unterlassungen」にかんしてなのではないか。呼びかけは、制止する「やましい *schlecht*」良心から生じるのか、容認する「やましくない *gut*」良心から生じるのか。そもそも良心とは「たんに批判的に」作動するにすぎないのではないか。

836 こうした疑念を提起する権利については、否定することができない。良心の解釈にかんして要求されうることがある。それはつまり、「ひと」がその解釈のうちに、問われている現象をそれが日常的に経験されているがままに再認することなのである。この要求を満たすことは、とはいえこれもまた、通俗的で存在的な良心了解を存在論的解釈に対する第一の審級として承認するゆえんのものではない。他面ではしかしいま挙げておいた疑念は、それらが射あてようとしている良心の分析がいまだ目標へと到達してはいないかぎり、あまりに先走りしすぎたものである。これまでこころみられてきたところは、良心をひたすら現存在の現象として、現存在という存在者の存在論的体制にまで連れもどすということであった。課題は、現存在自身のうちに存している、現存在のもっとも固有な存在可能をあかすものとして、良心を了解可能なものとすることである。

これまでのこころみは、この課題を準備するのに役だつものであったことになる。

注解(836)「良心の解釈」については、良心という「現象」の日常的な経験を再現することを要求されうる以上、いま挙げた「疑念」には理由がある。この要求をみとめることは、とはいえ「通俗的で存在的な良心了解」を「存在論的 解釈《インテルプレタティオン》」に対する基準として承認することではない。問題の疑念は、しかしまた当面「あまりに先走りしすぎ」てもいる。課題は、良心を「現存在自身のうちに存している、現存在のもっとも固有な存在可能をあかすもの *Bezeugung*」として了解することにあり、これまでの分析は良心を現存在の「存在論的体制」にまで連れもどすことで、この課題を準備するものであったからである。

837　良心はなにをあかしているのか。この件がはじめて完全に規定されたありかたへともたらされるのは、たほう、呼ぶことに純正に対応する聞くことが、どのような性格を有するはずであるのかが、充全なかたちで明瞭に限界づけられたときである。呼び声に「したがう」本来的な理解は、良心現象に対して接続する付録にすぎないものではない。つまり、生じたり生じなかったりすることのできるできごとではない。呼びかけの理解にもとづいて、またそれとともに、充全な良心体験がはじめてとらえられうる。呼ぶ者と呼びかけられている者は、ともに同時にそのつど固有な現存在自身である。そのかぎりでは、呼び声をいかに聞きおとそうと、じぶんをどれほどに聞きちがえようと、そこには現存在にぞくする一定の存在のしかたがふくまれている。「なにも返事がない」ような宙に浮いた呼び声などといったものは、実存論的にみれば不可能な虚構である。「なにも返事がないこと」は、現存在にそくしていうなら、なにかしら積極的なことを意味しているのである。

注解(837) 「良心」のあかしているものがあきらかになるのは、「呼ぶこと」に対応する「聞くこと」の有する性格が「明瞭に限界づけ」られたときである。「呼び声に「したがう folgend」本来的な理解」は「良心現象」に対して本質的なものなのである。「呼ぶ者」と「呼びかけられている者」が「現存在自身」であるかぎりは、呼び声を「聞きおと」すこと(Überhören)、「じぶんを」「聞きちがえ」ること(Sich-verhören)のうちにも、現存在の「一定の存在のしかた」がふくまれている。「なにも返事がないこと Daß *nichts* erfolgt」すら「なにかしら積極的な etwas *Positives*」ものなのだ。

838 呼び声はなにを理解させるように告知するのか。かくて、呼びかけの理解を分析することによってはじめて、この件を顕在的に究明することへとみちびかれうる。いっぽう良心をめぐって、これまで一般的な存在論的特徴づけを先だてておいたからこそ、良心のなかで呼ばれている「負い目のある」ありかたを実存論的に把握する可能性が与えられている。良心の「声」はなんらかのしかたで「負い目」について語る。すべての良心経験ならびに良心解釈は、この点にかんしては一致しているのである。

注解(838)「呼び声はなにを理解させるように告知するのか」。この点を究明するには、「呼びかけの理解 Anrufverstehen」を分析することが必要である。これまで遂行された「存在論的特徴づけ」から出発して、「負い目のある schuldig」[†1]ありかたが「実存論的」に把握されなければならない。あきらかに、「良心の「声」はなんらかのしかたで「負い目」について語る die "Stimme" des Gewissens irgendwie von "Schuld" spricht」からである。

†1 「負い目のある存在 Schuldigsein」については、本書、第五四節804の訳注参照。Rの英訳・訳注を引いておけば、「ハイデガーが指摘してゆくことになるように、単語 schuldig ならびに Schuld, およびそれらの派生語は、多くのことなった意味を有している」。それは indebtedness に対応するばかりでなく、guilt と responsibility にも対応してゆくことになるのである。なお、ここでの「負い目 Schuld」について、Rの英訳は guilt, Mの仏訳は dette, Vは faute. Mは次段落で schuldig を en-dette と訳すさいに注をつけて、schuldig は通常は coupable の意味、Schuld は faute をも dette をも意味すると注意している。

280

第五八節　呼びかけの理解と負い目

839　呼びかけを理解することで聞きとられているものを、現象的にとらえるために、あらためて呼びかけへと立ちもどってみなければならない。〈ひとである自己〉に呼びかけることが意味しているのは、もっとも固有な自己をその存在可能へと呼び醒ますことである。そのさいしかも、存在可能とは現存在としての存在可能、すなわち配慮的に気づかう世界内存在ならびに他者たちと共にある共同存在としての存在可能なのである。呼び声がそれへと呼び醒ますものを実存論的に解釈することは、したがって、当の解釈がその方法的な可能性と課題とにあって正しく理解されているかぎり、具体的などのような個々の実存可能性をも限界づけようとするものではありえない。確定されうること、確定されようとしているものは、そのときどきの現存在において、そのつど実存的に当の現存在のうちへと呼びかけられていることがらではない。むしろ、そのつど事実的‐実存的な存在可能を可能とする実存論的な条件にぞくしているものが、確定されようとしているのである。

注解(839)　「呼びかけを理解すること」で「聞きとられているもの Gehörte」をとらえるには、呼びかけへと立ちもどる必要がある。「ひとである自己」がもっとも固有な「存在可能」へと呼び醒まされているかぎり、「呼び声」が「それへと呼び醒ますものを実存論的に解釈《インテルプレタティオン》すること」は——それが「方法的な可能性と課題」にあって正しく理解されている場合には——具体的な「実存可能性 Existenzmöglichkeit」を限界づけようとするものではありえない。ここで確定されようとしているものはむしろ、「そのつど事実的‐実存的な存在可能を可能とする実存論的な条件」なのである。

840　呼び声を実存的に聞きながら理解することが、それに応じてより本来的なものとなるのは、現存在がじぶんこそが呼びかけられていることを聞き、理解するありかたがそれだけ関連を欠いたものとなる場合である。つまり、ひとが語ることや、当然とされ妥当していることがらが、呼び声の意味を転倒してしまうことがいっそうすくなくなればなるほどに、理解はより本来的なものとなる。それでは、呼びかけを理解するこの本来的なありかたのうちには、その本質からしてなにがふくまれているのだろうか。かならずしも事実的に理解されていないとしても、そのときどきに呼び声のうちで本質からして理解されるよう告知されているものとはなにか。

注解(840)　「呼び声を実存的に聞きながら理解すること」は、じぶんが呼びかけられているしだいを「現存在」が理解し、その理解が「関連を欠い」ているほど、また「当然とされ妥当していることがら was sich gehört und gilt」によって転倒されないほど、より「本来的」なものとなる。この「本来的なありかた《アイゲントリッヒカイト》」のうちに本質的にふくまれているものはなにか。あるいは「そのときどきに呼び声のうちで」「理解されるよう告知されているものとはなにか」。これが問われなければならない、とハイデガーはいう。

841　この問いについては、とはいえ私たちはすでに、以下のテーゼによって答えを示しておいた。すなわち呼び声は、話題になるべきことをなにひとつとして「語ら」ない、それはできごとをめぐってどのような知識も与えない、ということである。呼び声は現存在を呼びだして、じぶんの存在可能へ向かうよう指示する。呼び声はしかもそのさい、不気味さのなかから聞こえてくる呼び声なのである。呼ぶ者はたしかに規定されていない――たほう呼ぶ者が〈どこから〉呼ぶかは、呼ぶことにとって無関心なものでありつづけはしない。この〈どこから〉――それは被投的に単独化されている不気味さなのだ――が、呼ぶことにおいてともに呼ばれている。つまり、ともに開示されているのである。〜へと呼びだすさいに呼ぶことの〈どこから〉は、呼びかえすことの〈どこへ〉にほかならない。呼び声が理解させようとするのは、理想的で普遍的な存在可能ではまったくない。

呼び声はかえって当の存在可能を、そのときどきの現存在にぞくする、そのときどきに単独化された存在可能として開示する。呼び声の開示性格がはじめてかんぜんに規定されるのは、私たちが呼び声を、呼びだしながら呼びもどすこととして理解するときなのである。このようにとらえられた呼び声へと方向づけられることでようやく、呼び声がなにを理解させようとするのかが問われうるしだいとなる。

注解(841)　答えは、「呼び声は、話題になるべきことをなにひとつとして「語ら」ない」とするテーゼのうちですでに示されている。呼び声は「現存在」を呼びだして、じぶんの「存在可能へ向かう(*vor auf*)よう指示する」。呼び声は「不気味さのなかから(*aus*)聞こえてくる」。呼ぶ者は「どこからWoher」呼ぶのか。その「どこから」は「被投的に単独化されている不気味さ」であり、当の「どこから」が呼ぶことにおいて「ともに呼ばれ mitgerufen」、「ともに開示されて miterschlossen」いる。「〜へと呼びだすさいに呼ぶこと Rufen im Vorrufen auf…」の「どこから」は「呼びかえすこと Zurückrufen」の「どこへ Wohin」にほかならない。呼び声は、存在可能を「そのときどきの現存在にぞくする、そのときどきに単独化された存在可能」として開示する。呼び声は、だから「呼びだしながら呼びもどすこと vorrufender Rückruf」として理解されなければならない。こうしてようやく「呼び声がなにを理解させようとするのか」が問われうることになるのである。

842　呼び声はなにを語っているのか。この問いに対しては、だが、つぎのことを「端的に」指摘することをつうじて、よりたやすく、またより確実に回答されるのではないだろうか。つまりすべての良心経験にあって、なにが一貫して聞きとられ、あるいは聞きおとされているか、ということである。呼び声は現存在を「負い目がある」と宣告する。もしくは良心が警告するさいには、「負い目がある」ことのありうるしだいを指示するし、「やましくない」良心としては「どのような負い目も意識していない」ことを確証する。こういったことである。この「負い目がある」ことが、さまざまな良心経験や良心解釈において「一致して」経験されている。しかしそれが、これほどまでにまったくさまざまに規定されるようなことさえなければ、それでよいのだが！　そのうえ、この「負い目がある」ということの意味が一致してとらえられた場合であっても、この負い目のある存在が有する実存論的な概念は冥《くら》がりに閉ざされたままなのだ。しかしながら、現存在がみずから「負い目がある」と宣告しているかぎり、この負い目という理念は、現存在の存在の解釈から汲みとられるのでないとすれば、いったいどこから汲みとられるというのだろうか。それでもあらためて立ちあらわれてくるのは、この問いである。すなわち、私たちはどのようなしかたで負い目あるものであり、また負い目とはなにを意味するのか。このことを語るのはだれなのか。負い目という理念は恣意的に考えだされて、現存在に強制されることはできない。しかしそもそも負い目の本質についてなんらかの了解が可能であるかぎり、その可能性は現存在のうちであらかじめ素描されているはずである。負い目という現象を露呈させることへとみちびきうる痕跡を、私たちはいったいどのようにして見いだすべきなのだろうか。負い目、良心、死といった現象をめぐる存在論的探究はすべて、日常的な現存在解釈がその現象にかんして「語っている」ことを着手点としなければならない。現存在の頽落した存在のしかたのうちには同時に、現存在による解釈はたいてい非本来的に「方向づけられて」いて、「本質」を射あてることがない、というしだいもふくまれている。現存在にとっては、根源的に適切な存在論的問題設定は疎遠なものでありつづけるからである。しかしどのような見あやまりのうちにも、当の現象の根源的な「理念」への指示がともに露呈されて存している。私たちは、そうであるにせよ、「負い目がある」ことの根源的で実存論的な意味に対する判断規準をいったいどこから手にいれるのだろうか。この「負い目がある」が、「私は存在している」ことの述語として浮かびあがっていることからだ。それでは、非本来的な解釈にあって「負い目」として理解されているものは、現存在の存在そのもののうちになんらかふくまれているのだろうか。しかも、現存在がそのつど事実的に実存しているかぎり、現存在はすでに負い目あるものでもある、といったしかたで現存在のなかにふくまれているというのだろうか。

注解(842)　「呼び声」はなにを語っているのか。あるいは、すべての「良心経験」にあって、なにが「聞きとられ、あるいは聞きおとされて gehört bzw. überhört wird」いるのだろうか。呼び声によって「現存在」は「負い目がある」と宣告される。良心経験にあっては、この「負い目がある」ことが「一致して」経験されている。とはいえ「負い目がある」ことの意味が一致してとらえられた場合でさえ、この「負い目のある存在」の「実存論的な概念」はあいまいなままなのである。いったい、「私たちはどのようなしかたで負い目あるものであり、また負い目とはなにを意味するのか」。しかもこのことを「語るのはだれなのか *wer sagt*」。「負い目という現象」へとみちびきうる「痕跡 Spur」をどのようにして見いだすべきなのだろうか。こういった現象をめぐる「存在論的探究」は「日常的な現存在解釈《アウスレーグング》」の語るところからはじめられなければならない。とはいえ、現存在による「解釈《アウスレーグング》」はたいてい「非本来的」なものであって、現存在にとっては「存在論的問題設定は疎遠なものでありつづけ」ている。私たちは、「負い目がある」ことの「根源的で実存論的な意味」に対する「判断規準 Kriterium」をどこで手にしうるのだろうか。「負い目がある schuldig」が「私は存在している ich bin」の「述語」である(ich bin schuldig「私には負い目がある」)ことからだ。それでは、「負い目」とは「現存在の存在」のうちにふくまれており、「現存在がそのつど事実的に実存しているかぎり、現存在はすでに負い目あるものでもある」というのだろうか。

843　一致して聞きとられている「負い目がある」というしだいを引きあいに出してみても、だからなお、呼び声において呼ばれていることが有する実存論的意味への問いに対して答えたことにはならない。この呼ばれていることがまずもって概念へともたらされなければならない。呼ばれている「負い目がある」はなにを意味しているのか。日常的な解釈をつうじてその意義が転倒されてしまうのはなぜであり、またどのようにしてであるのか。この件がそのことによって理解可能なものとなりうるのである。

注解(843)　「負い目がある」ことを引きあいに出しても、「呼び声において呼ばれていること」の「実存論的意味」への問いに対する答えとはならない。「呼ばれていること」が概念化されることではじめて、「負い目がある」がなにを意味しているのか、「日常的な解釈《アウスレーグング》」がそれを転倒してしまうのはなぜ、どのようにしてであるのかが「理解可能」なものとなりうるだろう、とハイデガーは予示する。

844　日常的に理解されたかたちでは、「負い目のある存在」はさしあたり「債務がある」「だれかに或るものを借りている」という意味でとらえられている。他者がその請求権を有しているものについては、ひとはそれを他者に返却すべきである。この「借りがある」としての「負い目のある存在」は、調達する、提供するといった配慮的気づかいの領野にあって他者たちと共にある、共同存在にぞくするひとつの様式である。こういった配慮的気づかいの様態にはまた、奪取、借用、不譲渡、窃取、強奪といったことがら、すなわち他者たちの占有要求をなんらかのしかたで満足させないこともふくまれる。この種の負い目のある存在は、配慮的に気づかわれうるものに関係しているのである。

282

注解(844) 「負い目のある存在」はさしあたり「債務がある schulden」「だれかに或るものを借りている bei einem etwas am Brett haben」という意味をもっている。他者がその請求権を有しているものについては、ひとはその他者に返却すべきである。この「借りがある *Schulden haben*」としての「負い目のある存在」は、「配慮的気づかい」において「他者たちと共にある、共同存在」のひとつの様式である。そこには「他者たちの占有要求 Besitzanspruch」を満足させていないことがふくまれている。ここで「負い目のある存在」は「配慮的に気づかわれうるもの *Besorgbares*」に関係していることになる。

845 負い目のある存在は第二に、「なにかに責任がある」という意義をさらに有している。つまり、或るものの原因あるいは創始者であるとか、あるいは或ることの「誘因である」といった意義である。このなにかに「責任を有する」という意味でひとは、なんらかの他者に対して或るものの「債務がある」とか「負債がある」といったことがなくとも、「負い目がある」ことがありうる。逆に、自身はそのことについて責任がなくても、なんらかの他者に或るものを借りていることもありうる。だれか他者が、「私にかかわって」じぶんたちのもとで「借財をつくる」ことがありうるということである。

注解(845)「負い目のある存在」は第二に「なにかに責任がある *schuld sein an*」という意義を有する。或るものの「原因あるいは創始者である Ursache-, Urheber-sein」「誘因である」といった場合である。この「責任を有する Schuld haben」という意味でひとは、「負債がある schuldig」といったことがなくても「負い目がある」ことがありうる。逆に、他者が「私にかかわって」じぶんで「借財をつくる Schulden machen」場合には、自身には責任がないにもかかわらず、他者に「或るものを借りている etwas schulden」ことになる。

846 「〜に借りがある」また「〜に責任を有する」という、このふたつの負い目のある存在をめぐる通俗的な意義がいっしょになって、私たちが「罪を犯す」と呼んでいる一箇のふるまいを規定することがありうる。これは、債務があることに責任があるという事情によって、法に違反し、刑罰を受けるようになるふるまいのことである。この場合ひとがそれを満たしていない要求は、かならずしも占有にかかわっている必要はなく、公共的な共同相互性一般を規制する要求であってよい。法に違反する場合にいう「罪を犯す」ことはそのように規定されるが、それはたほう同時に「他者たちに対して負い目を負うことになる」という性格をともなうことがありうる。この件は、法に違反したことそのものをつうじて生起するのではない。他者がその生存において脅かされたり、惑わされたり、そればかりか破滅させられたりするはこびに対して、私に責任があることによって生起する。他者たちに対してこのように負い目を負うことは「公共的な」法に違反することがなくても可能となるのである。負い目のある存在をめぐる形式的な概念は、他者に対して負い目を負うものとなっているという意味では、或る他者の現存在における、なんらかの欠如にとっての根拠であることと規定される。そのさいしかも、この根拠であることそのものは、その根拠が〈なににとって〉という点にもとづいて「欠如的な」ものとして規定されるのである。このような欠如的なありかたは、他者たちと共に実存している共同存在に向けて発せられる要求に対して、それを充足していないことにほかならない。

注解(846)「〜に借りがある Schulden haben bei ...」「〜に責任を有する schlud haben an ...」が合して、「罪を犯す *sich schuldig machen*」と呼ばれるふるまい、つまり「法に違反し、刑罰を受けるようになる ein Recht verletzen und sich strafbar machen」ことを規定することが

ある。そこで満たされていない「要求 Forderung」はかならずしも占有にかかわっている必要はなく、「公共的な共同相互性 Miteinander」を規制するものでもよい。「罪を犯す」ことは、たほう同時に「他者たちに対して負い目を負うことになる *Schuldigwerden an Anderen*」という性格をともないうる。それは「公共的な」法に違反することがなくてもありうるのである。ここで「負い目のある存在 Schuldigsein」は、「或る他者」がその「現存在」においてなんらかの「欠如」を有しており、その欠如にとって「根拠であること *Grundsein*」と規定される。これはつまり、「他者たちと共に実存している共同存在に向けて発せられる要求に対して、それを充足していないこと Ungenügen」なのである。

847　そういった要求がどのように生じるのか。さらに、この発生の起源にもとづいて、そうした要求が有する要求という性格ならびに法という性格は、どのような様式で把握されなければならないか。この件はここでは措いておこう。いずれにせよ最後に挙げた意味における〈負い目のある存在〉は、「倫理的要求」に違反することであって、それは現存在が存在するしかたのひとつなのである。このことはもちろん、「刑罰を受けるようになる」とか「債務がある」とかということとしての、負い目のある存在にも妥当し、また「～に責任がある」ことのそれぞれについても当てはまる。これらもまた現存在のふるまいだからである。ひとが「倫理的な負い目を負わされている」ことを現存在の

「質」のひとつであるととらえたとしてみよう。このことによっては、それでもほとんどなにも語ったことにはならないのだ。逆である。この件によってあらわとなるのは、ただそのような特徴づけによっては、現存在の「存在が規定されている」この種のありかたを、まえに挙げたふるまいに対して存在論的に境界づけるには不十分であるというしだいにすぎない。倫理的な負い目という概念は、存在論的にはそもそもほとんど明瞭にされていないのであって、その結果この現象の解釈としてつぎのようなものが支配的になることができ、また支配的でありつづけたのである。つまり、この現象の概念のうちへ、刑罰にあたいするといった理念、そればかりか～に債務があるといった理念を引きこんだり、あるいは、これらの理念から当の概念さえも規定する解釈が支配的なのだ。そのような解釈によってはしかし、「負い目がある」ことは、さまざまな請求を調停し決済するという意味で、配慮的な気づかいの圏域のうちへとふたたび押しこめられてしまうはこびとなる。

注解(847) こういった「要求」の起源や、それが有する「要求という性格ならびに法という性格 Forderungs- und Gesetzescharakter」については措いておいても、いずれにしても前段落の意味で「負い目のある存在」は、「倫理的」[†1]要求に違反することであり、それは「現存在が存在するしかた」である。とはいえ、「倫理的な負い目を負わされている beladen mit sittlicher Schuld」ことを現存在の「質 Qualität」のひとつととらえたとしても、そのことでなにかが語られたことにはならない。それによってあきらかとなるのはただ、そうした「特徴づけ」によっては、現存在の「存在が規定されている Seinsbestimmtheit」この種のありかたを、「存在論的に境界づける」ことがかなわないというしだいにすぎない。倫理的な負い目という概念は存在論的に不明瞭である結果、その現象はしばしば、当の現象の概念のうちへ、「刑罰にあたいする Strafwürdigkeit」、「〜に債務がある」といった理念を引きこんだりするかたちで「解釈《アウスレーグング》」されてきたりしたほどなのである。そうした解釈をつうじてしかし、「負い目がある」ことは「請求を調停し決済する」という「配慮的な気づかい」へとふたたび押しこめられてしまうのだ。

†1　sittlich. Rの英訳は moral, Mの仏訳は éthique, Vでは moral.

848　負い目という現象は、「債務がある」とか法に違反しているとかといったことがらに関連づけられたものとはかぎらない。その現象を明瞭にするのに成功するのは、現存在の負い目のある存在とはなんであるかが、あらかじめ原則的に問われるときである。つまり、「負い目がある」という理念が現存在の存在のしかたにもとづいて把握される場合にかぎられるのである。

注解（848）「負い目という現象」は、「債務」や「法」に関連するとはかぎらない。当の現象は、「負い目のある存在」が原則的に問われ、「負い目がある」という理念が「現存在の存在のしかた」から把握されるときにだけ明瞭になる、とハイデガーはいう。

849 この目的に向けて、「負い目がある」という理念は相応に形式化されて、負い目の通俗的な現象のさまざまが脱落させられなければならない。通俗的な現象とは、他者たちとの配慮的に気づかう共同存在に関係づけられているものである。負い目という理念が、決済といった配慮的な気づかいの圏域を超えて高められなければならない。そればかりでなく、それに背いたがゆえにだれかが負い目をじぶんの身に背負うことになる、当為や法との関連からも分離されなければならないのである。なぜなら、その場合でも負い目が必然的になお欠如として規定されてしまうからである。すなわち、存在すべきであり、存在しうるなにごとかの欠落として規定される、ということだ。欠落しているとはしかし、目のまえに存在していないという意味である。欠落とは、あるべきものが目のまえに存在しないことであって、それはつまり目のまえにあるものにぞくする存在規定のひとつにほかならない。実存にかんしていえば本質からして、そのような意味で欠落しているものはなにもありえない。実存が完全だから、ではない。実存の存在性格は、目のまえにあることのいっさいとは区別しつづけられているからである。

注解(849)「負い目のある存在」を原則的に問うためには、「負い目がある」という理念が「形式化され*formalisiert*」、その「通俗的な現象」、「他者たちとの配慮的に気づかう共同存在に関係づけ」られた現象が排除されなければならない。「負い目」はさらに、「当為や法との関連」からも切断されなければならないのである。そこでは、負い目が「欠如*Mangel*」として規定されており、「存在すべきであり、存在しうるなにごとかの欠落Fehlen」として規定されることになるからだ。欠落とは、しかし「あるべきもの ein Gesolltes」が「目のまえに存在していない Nichtvorhandensein」という意味である。「実存」には本質的に、そのような意味で欠落しているものはない。実存は目のまえに存在するものではありえないからである。

850　にもかかわらず、「負い目がある」という理念のうちには、〈ない〉という性格がふくまれている。「負い目がある」が実存を規定しうるはずだとすれば、ここに存在論的問題が生じてくる。つまり、この〈ない〉が有する〈ない〉という性格を実存論的に解明するという問題である。さらには、「負い目がある」という理念のなかには、「なにかに責任がある」こととしての負い目の概念の内部で、無差別的に表現されていること、すなわち、～にとっての根拠であることがぞくしている。「負い目がある」という形式的な実存論的理念を、だから私たちはこう規定することになる。〈ない〉をつうじて規定されている存在にとっての根拠であること――いいかえるなら、ないことの根拠であること、なのである。負い目の実存論的に理解された概念のうちには、〈ない〉という理念がふくまれており、その理念によって、可能な、あるいは要求されている目のまえにあるものへの関係づけが排除されている。くわえて現存在は一般に、目のまえにあるものや妥当するものによって測られるべきではない。そうしたものたちは、現存在自身がそれではないもの、もしくは現存在という様式では存在していないもの、すなわち実存してはいないものだからである。そのかぎりでは、かくてまた、なんらかの欠如にとっての根拠であるという点にかんして、そのように根拠である存在者自身を「欠如的」であるとみなす可能性も剝落することになる。現存在を「原因として生じた」欠如から、つまり或る要求が充足されなかったことから出発して、その「原因」が欠如したありかたをしているしだいを端的に逆算することはかなわないのだ。〜にとっての根拠であることは、それが根拠であることにもとづき、そこから発現する欠如と同一の、〈ない〉という性格を有している必要がない。根拠はじぶんがない〔という性格を帯びる〕ことを、みずからを基礎づけるものの側からさかのぼって、はじめて獲得する必要はないのである。そうであれば、ここにふくまれている事情はこうなるだろう。負い目のある存在は、なんらかの罪過からはじめて結果するものではない。逆である。罪過こそが、或る根源的な負い目ある存在という「根拠にもとづいて」はじめて可能となる。このような根源的な負い目ある存在は、現存在の存在のうちで提示されうるのだろうか。さらにそれは、実存論的にそもそも可能なのであろうか。

注解(850)　だが、「負い目がある」という理念のうちには「〈ない〉という性格 Charakter des *Nicht*」がふくまれている。それゆえ、「〈ない〉という性格 *Nicht-Charakter*」が「実存論的」に解明されなければならない。「負い目がある」という理念のなかには、「〜にとっての根拠であること」がぞくしているのだから、「負い目がある」という実存論的な理念はこう規定されることになるだろう。負い目があるとはつまり、「〈ない〉をつうじて規定されている存在にとっての根拠であること Grundsein für ein durch ein Nicht bestimmtes Sein」、要するに「ないことの根拠であること」†1なのである。この「ない」という理念によって、「目のまえにあるものへの関係づけ」が排除される。現存在はそもそも「目のまえにあるものや妥当するもの」によって測られるべきではない。それらは、「実存してはいないもの」だからである。そのかぎりでは、なんらかの「欠如」にとっての「根拠」であるからといって、根拠である存在者自身が「欠如的」であるわけではない。現存在を「原因として生じた verursacht」欠如から、「原因」である現存在が「欠如したありかたをしているしだい Mangelhaftigkeit」を逆算することはできない。そうであれば、ここではこう語らなければならない。「負い目のある存在は、なんらかの罪過(*Verschuldung*)からはじめて結果するものではない」。むしろ「罪過こそが、或る根源的な負い目ある存在という「根拠にもとづいて」はじめて可能となる *diese* wird erst möglich "auf Grund" eines ursprünglichen Schuldigseins」。この間の消息をめぐって、さらに問いが設定されなければならない、とハイデガーはいう。

†1　*Grundsein einer Nichtigkeit.* Rの英訳は *Being-the-basis of a nullity,* Mの仏訳は *être-fondement d'une nullité,* Vでは *être-à-l'origine d'une négative.*

851　現存在の存在は気づかいである。気づかいのうちに包括されているのは、事実性（被投性）、実存（投企）ならびに頽落である。存在していながら、現存在は被投的なものであり、じぶん自身によってみずからの〈現〉のなかにもたらされたのではないものである。存在していながら、現存在は存在可能として規定されており、その存在可能はじぶん自身にぞくしつつ、それでも現存在自身としてみずからが有するべく与えておいたのではない。実存していながらも、現存在はけっしてじぶんの被投性の背後へとさかのぼってゆくことがない。したがって現存在はこの「現存在は存在しており、存在せざるをえないということ」を、そのつどことさらにまずじぶんの自己存在にもとづいて解きはなち、〈現〉のなかへとみちびき入れることなどかなわない。被投性はたほう、実際にそのように突発して、現存在からふたたび剝がれおちていった、現存在とともに生起したできごととして、現存在の背後に存しているのでもない。むしろ現存在は不断に――それが存在しているかぎり——気づかいとしてみずからの「ということ」なのだ。現存在はこうした被投的な存在者へと委ねられていることで、現存在がそれである存在者としてひとえに実存することができる。そのような被投的存在者として現存在は、実存しながら、じぶんの存在可能に対する根拠である。現存在がその根拠をみずから置いたのではないとしても、現存在はその根拠の重みのうちにもとづいている。現存在にとって、気分がこの重みを、重荷としてあらわにするのである。

852　それでは現存在はどのようにして、こういった被投的な根拠であるのだろうか。ひたすら、現存在がそのなかへと投げこまれているさまざまな可能性へと向かってみずからを投企することによってである。自己は、自己としては、じぶん自身の根拠を置かざるをえない。それでも自己は、じぶん自身の根拠をけっして手にするにいたらないのであって、それでも実存しながら、根拠であることを引きうけざるをえないものである。みずからに固有の被投的な根拠であることが、気づかいにとってそれが問題である存在可能なのだ。

注解(851—852)「現存在の存在は気づかいである Das Sein des Daseins ist die Sorge」。気づかいのうちには「事実性(被投性)、実存(投企)ならびに頽落」がふくまれている。現存在は「存在して」いると同時に「被投的なもの」であり、現存在《ダーザイン》は「現《ダー》」のうちにみずからをもたらしたものでは「ない nicht」。現存在は存在していると同時に、「存在可能」であり、存在可能は現存在自身の存在可能でありながら、現存在自身が与えたものでは「ない」。現存在は被投性の背後へさかのぼることがない。「現存在は存在しており、存在せざるをえない」。被投性は「実際に（tatsächlich）そのように突発して、現存在からふたたび剝がれおちていった」「できごとEreignis」として、現存在の背後に存しているのでもなく、むしろ現存在自身が不断に――「それが存在しているかぎり solange es ist」――気づかいとして、みずからが存在しており、存在せざるをえない「ということDaß」なのである。現存在は被投的なものであることで、現存在として「実存」しうる。「そのような被投的存在者として現存在は、実存しながら、じぶんの存在可能に対する根拠である」。現存在はその「根拠の重み Schwere」のうちにあり、気分がこの重みを「重荷 Last」としてあらわにするのである(851)。

　現存在はどのようにして、この「被投的な根拠 geworfene Grund」なのか。現存在がじぶんの可能性へと向かって「みずからを投企する」ことによってである。自己はじぶん自身の根拠を「けっして手にするにいたらない」にもかかわらず、「それでも実存しながら、根拠であることを引きうけざるをえない hat doch existierend das Grundsein zu übernehmen」ものである。「固有の被投的な根拠であること」が、「気づかいにとってそれが問題である存在可能」[†1]なのである(852)。

†1　das Seinkönnen, darum es der Sorge geht.　この表現については、近いところでは本書、第五三節787の本文ならびに訳注参照。

853 根拠でありながら、すなわち被投的なものとして実存していながら、現存在は不断にみずからの可能性の背後に取りのこされている。現存在はけっしてじぶんの根拠に先んじて実存して存在していることがない。むしろそのつどただ、みずからの根拠にもとづいて、またじぶんの根拠として実存して存在している。根拠であることはしたがって、もっとも固有な存在を根底からはけっして手にしているのではないということだ。この〈ない〉が被投性の実存論的意味にぞくしている。根拠でありながら現存在自身は、じぶん自身についての一箇の無-性なのである。無-性が意味しているのはだんじて、目のまえにないことや存立していないことではない。言われているのは一箇の〈ない〉であって、〈ない〉が現存在のこの存在を、つまり被投性を構成している。こうした〈ない〉にぞくする〈ない〉という性格は実存論的には、つぎのように規定される。すなわち、自己でありながら現存在は、自己としては被投的な存在者にほかならない。じぶん自身によってではなくじぶん自身へと、根拠にもとづき委ねられて、この根拠として存在することになるのである。現存在は、みずからの存在の根拠がじぶんに固有な投企からはじめて発現するかぎりでは、それ自身みずからの存在の根拠であるわけではない。それでもしかし現存在は、自己存在としては根拠の存在である。根拠はつねにただなんらかの存在者の根拠、つまりその存在が、根拠であることを引きうけざるをえないような存在者の根拠であるほかはない。

注解(853)「根拠でありながらGrund-seiend」、つまり「被投的」なものとして実存していながら、現存在はつねにじぶんの可能性に追いつくことができない。現存在は「けっしてじぶんの根拠に先んじて実存して存在していることがなくist nie existent *vor* seinem Grunde」、そのつど「みずからの根拠にもとづいて、またじぶんの根拠として*aus ihm* und *als dieser*」存在している。みずからが「根拠であることGrundsein」とは、もっとも固有な存在を「根底からはけっして手にしているのではないvon Grund auf *nie* mächtig sein」ということだ。根拠でありつつも「現存在自身は、じぶん自身についての一箇の無-性なのである*ist* es selbst eine Nichtigkeit seiner selbst」。一箇の「ないNicht」が現存在の「存在*Sein*」、「被投性」を構成する。現存在は「自己」でありながら、自己「としては」被投的な存在者にほかならない。「じぶん自身によってではなく、じぶん自身へと根拠にもとづき委ねられて、この根拠として存在することになる」[†1]ということである。現存在は、その「存在の根拠Grund seines Seins」がじぶんの投企から発現するかぎり、「それ自身みずからの存在の根拠」であるわけではない。しかし現存在は、自己存在としては「根拠の存在das *Sein* des Grundes」、つまり根拠であることである。根拠はつねに「なんらかの存在者の根拠」であり、その存在者の存在が、「根拠であることを引きうけざるをえないような」存在者の根拠なのである。

†1　*Nicht durch* es selbst, sondern *an* es selbst *entlassen* aus dem Grunde, um *als dieser* zu

sein. Rの英訳は It has been *released* from its basis, *not through* itself but *to* itself, so as to be *as this basis.* Mの仏訳は Dé-laissé *non pas par* soi-même, mais *à* soi-même à partir du fondement, pour être *comme tel.* VではCe n'est *pas par* lui-même mais *en* lui-même qu'il est *mis en liberté* à partir de l'origine pour être *en tant que celle-ci.*

854　現存在は実存していることで、みずからの根拠である。すなわち、現存在がさまざまな可能性からじぶんを理解し、そのようにみずからを理解しながら、被投的な存在者であることによってじぶんの根拠なのである。ここにふくまれているのはしかし、存在可能であることで現存在はそのつど、或る可能性あるいはべつの可能性のなかに立っており、不断に現存在はその他の可能性であるのではなく、その他のさまざまな可能性を実存的な投企にさいして放棄してしまっている、ということだ。投企は、そのつど被投されたものとして、根拠であることの無-性によって規定されている。そればかりではない。投企そのものとして本質からして無的なのである。このように投企を規定することが意味しているところは、ふたたびだんじて、「効果が上がらない」とか「あたいしない」といった存在的な属性のことではない。投企することの存在構造を実存論的に構成するものを意味しているのである。ここで考えられている無-性は、現存在がじぶんの実存的な諸可能性に対して自由であり、開かれていることにぞくしている。自由はたほう、ひとつの可能性を選択することのうちにのみ存在している。すなわち、他の可能性を選択せず、選択できないしだいに耐えることのなかにだけ存在しているのである。

注解(854)「現存在は実存していることで、みずからの根拠である Das Dasein ist sein Grund existierend」。さまざまな可能性からじぶんを「理解」し、「被投的な存在者」であることでじぶんの根拠なのである。「存在可能」であることで現存在はそのつどなんらかの可能性のうちにあり、他の可能性であるのではない(*nicht*)。投企はつまり、「根拠であることの無-性 Nichtigkeit」によって規定されており、その本質からして「無的 *nichtig*」なのである。これはだんじて、「効果が上がらない erfolglos」とか「あたいしない unwertig」といった「存在的」なことがらではない。ここで無-性は、「現存在がじぶんの実存的な諸可能性に対して自由であり、開かれていること Freisein」にぞくしている。自由《フライハイト》とは「ひとつの可能性を選択すること」であり、「他の可能性を選択せず、選択できないしだいに耐えること」のなかにだけ「存在している」のである。

855　被投性の構造であれ投企のそれであれ、そのうちには本質からして無-性がふくまれている。だから無-性は、頽落における非本来的な現存在にぞくする無-性を可能とする根拠であり、現存在はそのつどすでに頽落として事実的に存在しているのである。

気づかいそのものが、その本質において徹底して無-性によって浸されている。気づかい――これが現存在の存在である――が、したがって被投的な投企として意味するものは、無-性の(無的な)根拠であることにほかならない。くわえて、この件が指ししめすところは、そもそも負い目の形式的な実存論的規定が無-性の根拠であることとして存立するしだいが正当であるかぎりでは、現存在はそのものとして負い目のあるものである、というはこびなのである。

注解(855)「被投性」と「投企」の構造のうちには、「無-性」が本質的にふくまれている。無-性は、現存在がそのつどそれである「頽落における非本来的な現存在」の無-性を可能とする根拠である。「気づかいそのものが、その本質において徹底して無-性によって浸されている *Die Sorge selbst ist in ihrem Wesen durch und durch von Nichtigkeit durchsetzt*」。気づかいとは「被投的な投企 geworfener Entwurf」として、「無-性の(無的な)根拠であること Das (nichtige) Grund-sein einer Nichtigkeit」にほかならない。かくて、「負い目」が実存論的に「無-性の根拠」であるかぎりは、「現存在はそのものとして負い目のあるもの」なのである。

856 ある理想が掲げられ、それが現存在のうちでは到達されないことがある、としよう。実存論的な無-性は、そうした理想に対する欠如や欠落といった性格をともなうものではだんじてない。かえって現存在という存在者の存在は、それが投企することができ、またたいていは到達するいっさいのものに先だって、投企することとしてすでに無的なのである。この無‐性は、かくして、ときおり現存在においてあらわれて、現存在に冥《くら》い質として付着するといったたぐいのものでもない。そうした質なら、現存在がじゅうぶん進歩すれば除去しうるものでありえよう。

注解(856)「実存論的な無‐性」は、なんらかの「理想に対する欠如や欠落」といったものではだんじてない。かえって「現存在」の「存在」は、投企可能なもののいっさいに「先だって、投企することとして」すでに「無的」である。問題の「無‐性」は、だから、現存在につきまとい、いつかは「除去」することのできる「冥い質 dunkle Qualität」といったものではない。

857 にもかかわらず、この実存論的な無‐性にともなう〈ない〉ことの存在論的な意味はなお冥がりにとどまったままである。だがこの件は、〈ない〉一般の存在論的本質についても妥当する。存在論や論理学が〈ない〉に対して多大な要求をかさね、そのことで、この〈ない〉の可能性をところどころで見てとられるようにしてきたことはたしかである。とはいえ、この〈ない〉そのものは存在論的に露呈されてはいない。存在論は〈ない〉を目のまえに見いだし、それを利用した〔だけな〕のである。そうであるならしかし、あらゆる〈ない〉が欠落という意味で否定的なものを意味するのは、それほど自明なのだろうか。〈ない〉の積極的なありかたは、「移行」を構成するということで汲みつくされているのであろうか。なぜすべての弁証法は、否定に逃げ道をもとめて、そうしたことそのものを弁証法的に基礎づけることはできず、それどころかせめて問題として確定することもかなわないのだろう。そもそもひとはこれまで、〈ない〉ことの存在論的根源を問題としたことがあるのだろうか。あるいはそれに先だって、〈ない〉と、それが〈ない〉ことをめぐる問題、さらにはそれらの可能性の問題が設定されるための根拠となる諸条件にかぎっても、それを探しもとめたことがあるのか。くわえるならば、そうした諸条件は、存在一般の意味を主題的に解明するところ以外の、いったいどこに見いだされるとでもいうのだろう。

注解(857)「実存論的な無-性にともなう〈ない〉ことの[†1]存在論的な意味」はそれでもなおあきらかではない。「〈ない〉一般の存在論的本質」も同様であり、存在論や論理学によっては、「ない」は存在論的に露呈されてはいないのだ。そもそも、あらゆる「ない」が「欠落」として「否定的なもの Negativum」を意味するのは自明なのだろうか。「ない」の「積極的なありかた Positivität」は「移行[†2]」を構成するだけのものなのか。「弁証法」は「否定 Negation」に逃げこむことで、こうした問題を「弁証法的に基礎づける」ことから逃避しており、それを「問題として確定する」ことすらできていない。そもそも「〈ない〉ことの存在論的根源」は問題とされたこともなく、「〈ない〉と、それが〈ない〉ことをめぐる問題[†3]」、その問題が設定される「根拠」となる条件すらも探究されたことがないのである。そもそもそうした条件は「存在一般の意味を主題的に解明するところ以外」には見いだされることがありえないはずである、とハイデガーはいう。

†1　*Nichtheit* dieser existenzialen Nichtigkeit. Rの英訳は *notness* [*Nichtheit*] of this existential nullity, Mの仏訳は *néantité* de cette nullité existentiale, Vでは *négation* entrant dans cette négative existentiale.

†2　Übergang.「存在は無(Nichts)へと、無は存在へと——移行するのではなく(nicht übergeht)——移行してしまっている übergegangen ist」(ヘーゲル『論理学』I、ラッソン版、六七頁)という表現が念頭に置かれているだろう。「ない」がたんに「否定」のみを意味するならば、「無」にはなんら「積極性 Positivität」は帰属しないことになる。そうだろうか、というのが、この前後の問い。

†3　やや回りくどい訳になったが、原文は明瞭である(das Problem des Nicht und seiner Nichtheit)。「〈ない〉こと」とあるのは、段落冒頭の「無-性にともなう〈ない〉こと」を受ける。

858　欠如や欠落といった概念は、それでなくとも見とおしにくい概念である。すでに負い目という現象の存在論的な解釈にとってさえ、こうした概念は十分なものではない。たとえそれらの概念がじゅうぶん形式的にとらえられるならばひろく使用に耐えるとしても、このことにかわりはない。malum〔悪〕を privatio boni〔善の欠如〕と考える、悪の理念に方向づけられているかぎりでは、負い目という実存論的な現象にはとうてい接近することがかなわない。なぜなら、*bonum*〔善〕も privatio〔欠如〕も存在論的には、目のまえにあるものの存在論におなじく由来するものだからである。そこから「抽《ひ》きだされてきた」「価値」の理念にもまた、おなじ由来が帰属しているのだ。

注解（858）「欠如や欠落といった概念」は、「負い目という現象の存在論的な解釈《インテルプレタティオン》」にとっては不十分なものなのである。「悪」を「善の欠如」と考えるだけでは[†1]、負い目という現象には接近することもできない。善も欠如も「目のまえにあるものの存在論」に由来するものだからである。同様にとらえられる「価値」の理念[†2]についてもおなじことなのである。

†1　たとえばプロティノスに原型を有する、キリスト教世界でひろく共有された伝統。「もしほんとうに悪が存在するとすれば、それは非存在のうちにあり、いわば非存在の形相のようなものなのであって、非存在と交じりあっている或るもの、あるいは非存在となんらかのしかたで共同するものとかかわりがある、という考えが残されている」（プロティノス『エン

ネアデス』第一巻、第八章)。

†2 たとえばシェーラーの価値哲学の「公理」のひとつは、つぎのようなもの。「消極的価値の非存在はそれじしん積極的価値である Die Nichtexistenz eines negativen Wertes ist selbst ein positiver Wert」(『倫理学における形式主義と実質的価値倫理学』第一部第一章第二節)。

859 その存在が気づかいである存在者は、事実的な負い目を背負うことがあるばかりではない。むしろみずからの存在の根拠にあって負い目を負って存在している。そのような負い目のある存在がはじめて、現存在が事実的に実存しながら負い目のあるものとなりうるしだいに対して、その存在論的な条件を与えるのだ。その本質からして負い目のあるこのような存在が、等根源的に、「道徳的な」善や悪に対してそれを可能とする実存論的な条件である。すなわち、道徳性一般とその事実的に可能な形態化を可能とする実存論的条件なのである。道徳性をつうじて、根源的に負い目のある存在が規定されうるのではない。道徳性はそれ自身だけでも、根源的に負い目のある存在をすでに前提としているからである。

注解(859) 「その存在が気づかいである存在者」は、「みずからの存在の根拠にあって負い目を負って存在している ist im Grunde seines Seins schuldig」。そのような存在こそが、「事実的に」負い目のあるものとなりうることに対して、「存在論的な条件」を与えている。本質的に負い目のある存在が、「道徳的 moralisch」な善悪と、「道徳性 Moralität」ならびにその「形態化 Ausformungen」を可能とする「実存論的条件」にほかならない。道徳性がむしろ、「根源的に負い目のある存在」をすでに前提としているのである。

860　とはいえいったいどのような経験が、現存在がこのように根源的に負い目を負って存在している事情について語っているのだろうか。右に述べたことにもかかわらず、つぎのような反問が忘れられてはならない。負い目はただ、負い目の意識が目ざめているときにだけ「現にそこに」「存在している」のだろうか。あるいは、負い目が「眠りこんでいる」ことのうちで告知されているのが、まさにあの根源的に負い目のある存在ではないのか。負い目のある存在はさしあたりたいていは開示されないままであり、現存在の頽落している存在をつうじて鎖《とざ》されたままでありつづけている。この件によってはひとえに、さきに語られた無‐性が露呈されているにすぎない。負い目のある存在は、その存在にかんするどのような知よりも根源的である。くわえて、現存在はみずからの存在の根拠にあって負い目を負って存在しており、被投的に頽落しているものとしてはじぶんをじぶん自身に対して鎖している。それゆえにのみ、呼び声がこの負い目のある存在を根底から理解するように告げるかぎり、良心が可能なのである。

注解(860)　けれども他方どのような経験が、「現存在」が「根源的に負い目を負って存在している」ことについて語っているのか。重要なのは、つぎのような反問である。負い目は「負い目の意識 Schuldbewußtsein」が目ざめているときにのみ「現にそこに《ダー》」存在《ザイン》しているのか。負い目が「眠りこんでいる」ことこそが、根源的に負い目のある存在を告知するのではないか。「負い目のある存在はさしあたりたいていは開示されないまま unerschlossen bleibt」である。この件が「露呈」するのは、かの「無‐性」にすぎない。「負い目のある存在は、その存在にかんするどのような知よりも根源的である Ursprünglicher als jedes *Wissen* darum ist das Schuldig*sein*」。現存在は「みずからの存在の根拠にあって im Grunde seines Seins」負い目のある存在であるがゆえにのみ、「呼び声」がこの存在を「根底から im Grunde」理解するように告げるかぎりで「良心」が可能なのである。

861　呼び声とは気づかいの呼び声である。負い目のある存在によって、私たちが気づかいと呼ぶ存在が構成されている。不気味さのうちで現存在は根源的に、じぶん自身とともにある。不気味さによって現存在という存在者は、みずからの偽りのない無‐性のまえに立たされる。この無‐性が、この存在者のもっとも固有な存在可能の可能性にぞくしているのである。現存在にとっては——それが気づかいであるかぎりで——じぶんの存在が問題である。そのかぎりで現存在は、不気味さにもとづいて、事実的‐頽落的な〈ひと〉としてあるじぶん自身を、みずからの存在可能へと呼び醒ます。呼びかけとは呼びだしながら呼びもどすことなのだ。そのばあい呼びだすとは、現存在がそれである被投的な存在者そのものを、実存することでみずから引きうける可能性のうちへと呼びだすことである。たほう呼びかえすのは被投性のうちへであるけれども、それは、現存在が実存のうちへと受けいれなければならない無的な根拠として、被投性を理解するためにほかならない。良心がこのように呼びだしながら呼びかえすことで、現存在が理解するにいたるものとはなにか。現存在——現存在とは、みずからの存在の可能性のうちに立つことで、じぶんの無的な投企に対する、無的な根拠なのだ——が、〈ひと〉へと喪失されているありかたから、じぶんをじぶん自身へと連れもどすべきである、ということである。すなわち、現存在には負い目がある、というしだいなのである。

注解(861)「呼び声とは気づかいの呼び声である Der Ruf ist Ruf der Sorge」。「負い目のある存在」が気づかいを構成し、「不気味さのうちで現存在は根源的に、じぶん自身とともにある」[†-1]。不気味さによって現存在は、じぶんに「もっとも固有な存在可能の可能性にぞくしている」「無‐性」に直面する。現存在は、不気味さから(aus「にもとづいて」)、「ひと」であるじぶん自身を「みずからの存在可能へと呼び醒ます ruft ... auf」。「呼びかけ Anruf」とは「呼びだしながら呼びもどすこと vorrufender Rückruf」である。そのばあい「呼びだす *vor*」とは、「実存することでみずから引きうける可能性」のうちへ呼びだすことであり、「呼びかえす *zurück*」とは現存在の「無的な根拠」である「被投性」のうちへ呼びかえすことにほかならない。「良心」がこのように呼びだしながら呼びかえすことで告知されるのは、現存在は「〈ひと〉へと喪失されているありかたから、じぶんをじぶん自身へと連れもどす[†2]」べきであり、すなわち現存在には「負い目がある *schuldig ist*」ということなのである。

†1　In der Unheimlichkeit steht das Dasein ursprünglich mit sich selbst zusammen. Rの英訳は In uncanniness Dasein stands together with itself primordially. Mの仏訳は Dans l'étrang(èr)eté, le *Dasein* se rassemble originairement avec lui-même, VではDans l'étrangeté, le Dasein se tient en union originale avec lui-même.

†2　aus der Verlorenheit in das Man sich zu ihm selbst zurückholen. Rの英訳は to bring itself back to itself from its lostness in the "they", Mの仏訳は se ramener de la perte dans le On vers lui-même, Vでは se reprendre, perdu qu'il est dans le on, pour revenit à lui-même.

862　現存在にじぶんをそのように理解させるのは、その場合やはり現存在自身についてのなんらかの知識になるのではないか。そうであるなら、そのような呼び声に対応して聞くことは、「負い目がある」という事実にかんする知識を得ることだろう。しかもそればかりか、呼び声が呼び醒ますという性格を有するはずであるとすれば、そのように良心を解釈することによって、良心の機能をかんぜんに転倒することにみちびかれるのではないか。負い目のある存在へと呼び醒ますことは、邪悪へと呼び醒ますはこびを意味するのではないだろうか。

863　良心のどれほど暴力的な解釈であっても、このような呼び声の意味を良心に負わせようとはしないことだろう。そうであるならしかし、「負い目のある存在へと呼び醒ます」とは、なおなにを意味するというのだろうか。

注解(862—863)　「現存在」のこのような自己理解は、やはりじぶん自身についての「なんらかの知識 eine Kenntnis」であることになるのではないか。ならば、「呼び声に対応して聞くこと」は、「負い目」にかんして「知識を得ること *Kenntnisnahme*」となる。右に述べたように良心を「解釈すること《アウスレーグング》」は「良心の機能 Gewissensfunktion」を転倒してしまうのではないだろうか。「負い目のある存在へと呼び醒ますことは、邪悪(Bosheit)へと呼び醒ますはこびを意味するのではないだろうか」。そうハイデガーは問題を提起する(862)。

これはありえない「暴力的 gewaltsam」解釈《インテルプレタティオン》である。ハイデガーはかさねて問いかえすことになる。そうであるなら、「負い目のある存在へと呼び醒ます」とは、なにを意味するというのか(863)。

864　作為や不作為によって「生じた」罪過という意味における負い目の概念は、派生的なものにすぎない。呼び声の意味があきらかとなるのは、そうした概念を根底に置くかわりに、呼び声の了解が、負い目ある存在の実存論的な意味に依拠する場合なのである。この件を要求するのは、良心の呼び声が現存在自身から到来しながら、ひとえにこの存在者に向けられるかぎりでは、恣意的なことではない。他方そうであるならば、負い目のある存在へと呼び醒ますことは、存在可能へと呼びだすことを意味している。その存在可能とは、私がそのつどすでに現存在としてそれであるような存在可能のことである。現存在という存在者は、違反や不作為によってはじめてみずからなんらかの「負い目」を背負いこむとはかぎらない。現存在はただ「負い目のある」もの——そうしたものとして現存在は存在している——で本来的にあるべきなのだ。

注解(864)　「作為や不作為 Tat oder Unterlassung」による「罪過 Verschuldung」としての「負い目」は、派生的なものにすぎない。「呼び声の意味 Rufsinn」は、「負い目ある存在の実存論的な意味」に依拠する場合にのみあきらかとなる。「良心の呼び声」は「現存在」から到来し、現存在に向けられている。そのかぎりでは、このことは恣意的な要求ではない。いっぽう、負い目のある存在へと呼び醒ますことは「存在可能へと呼びだすこと」を意味し、その存在可能とは「私がそのつどすでに現存在としてそれであるような存在可能」のことである。現存在は、具体的な違反や不作為による以前に、ただ「負い目のある」もので「本来的にあるべき soll ... *eigentlich sein*」である。現存在は、そうしたものとして存在しているからである。

865 呼び声を正しく聞くことは、その場合、みずからにもっとも固有な存在可能における自己理解と同等なものとなる。すなわち、もっとも固有な本来的に負い目あるものとなりうることへと、みずから投企することとひとしいのである。このような可能性へ向けて、理解しながらじぶんを呼びださせることは、現存在を、呼び声に対して自由に開くことをふくんでいる。つまりは、呼びかけられうることに対して準備しているしだいをふくんでいるのである。現存在は呼び声を理解しながら、じぶんにもっとも固有な実存可能性に聴従している。現存在はかくて、みずから自身を選択したのだ。

注解(865) 「呼び声を正しく聞くこと Das rechte Hören des Anrufs」は、「もっとも固有な存在可能における自己理解」、「もっとも固有な本来的に負い目あるものとなりうること Schuldigwerdenkönnen」へと「みずから投企すること」とひとしい。「現存在」は呼び声を理解することで、「じぶんにもっとも固有な実存可能性に聴従して *hörig seiner eigensten Existenzmöglichkeit*」いる。「現存在はかくて、みずから自身を選択したのだ[†-1]」。

†1 Es hat sich selbst gewählt. Rの英訳はIt has chosen itself, Mの仏訳はIl s'est lui-même choisi, VではIl s'est choisi lui-même.

866 この選択とともに現存在は、じぶんにもっとも固有な負い目ある存在を、みずからに対して可能とすることになる。この負い目のある存在は、〈ひとである自己〉には鎖されたままなのである。〈ひと〉の分別によって見わけられているのは、手ごろな規則や公共的な規範にかんして、それを充足するとか充足しないとかいったことにかぎられる。それらに対する違反を〈ひと〉は勘定し、その補償をもとめる。もっとも固有な負い目のある存在から〈ひと〉は忍び足で逃れさり、そのことによって明々白々な過失をめぐって論じたてるのだ。呼びかけにあっては他方〈ひとである自己〉こそが、自己のもっとも固有な負い目のある存在へと呼びかけられている。呼び声を理解することとは、選択することである——ただし良心を選択することではない。良心そのものは選択されえないからである。選択されるのは良心をもつことであって、良心をもつとは、もっとも固有な負い目のある存在に対して自由に開かれていることにほかならない。呼びかけを理解することとは、良心をもとうと意志することを意味するのである。

867 このことで考えられているのは、「やましくない良心」をもとうと意志することではない。同様にまた「呼び声」をことさらに養いはぐくむことでもない。むしろひたすら、呼びかけられていることに対して準備していることなのである。良心をもとうと意志することは、事実的に罪過を犯していないかどうかを詮索することからはほど遠い。おなじようにまた、本質からして「負い目のある」ものという意味での負い目から解放しようとする傾向からも、かけ離れているのだ。

注解(866―867)　この「選択」によって現存在には「じぶんにもっとも固有な負い目ある存在」が可能となる。「ひとである自己」はそうした負い目のある存在を知らず、たんに「手ごろな規則や公共的な規範」を充足する、しないといったことを見わけるにすぎない。しかしながら、「呼びかけ」にあっては「ひとである自己 das Man-selbst」が、「自己の des Selbst」もっとも固有な負い目のある存在へと呼びかけられている。「呼び声を理解することとは、選択することである Das Rufverstehen ist das Wählen」。そのさい選択されるのは「良心をもつこと」であり、「呼びかけを理解すること *Anrufverstehen*」は「良心をもとうと意志すること *Gewissen-haben-wollen*」を意味するのだ(866)。

これは、「やましくない良心」をもとうと意志することでも、「呼び声」を「ことさらに willentlich」涵養しようとすることでもない。むしろ「呼びかけられていることに対して準備していること Bereitschaft für das Angerufenwerden」である。「良心をもとうと意志すること」は、罪過の「詮索 Aufsuchen」でも、負い目からの「解放 *Befreiung*」でもありえないのだ

(867)。

868　良心をもとうと意志することはむしろ、事実的に負い目あるものとなることを可能とするためのもっとも根源的な実存的前提である。呼び声を理解することで現存在は、みずからが選択した存在可能にもとづいて、もっとも固有な自己をじぶんのうちで行為させる。ひとりこのことによってのみ、現存在は責任のあるものとして存在しうるのだ。行為することのそれぞれはしかし、事実的には必然的に「良心を欠いて」いる。それはたんに、現存在が事実的な道徳的罪過を免れないからばかりではない。現存在が、じぶんの無的な投企することに対する無的な根拠にもとづいて、そのつどすでに他者たちと共にある共同存在にあって、他者たちに対して負い目があるものとなっているからでもある。かくして良心をもとうと意志することは、その本質からする良心を欠いたありかたを引きうけるしだいともなる。この良心を欠いたありかたの内部にあってのみ、「善く」存在することの実存的可能性もなりたつのである。

注解(868)　「良心をもとうと意志すること」は「事実的に負い目あるものとなること」の「もっとも根源的な実存的前提」である。「呼び声を理解すること」で「現存在」は、「もっとも固有な自己 das eigenste Selbst」を「じぶんのうちで行為 *in sich handeln*」させる。このことで現存在は「責任のある verantwortlich」ものとして存在しうる。行為することはしかし、「事実的には必然的に「良心を欠いて gewissenlos」」いる。現存在は「そのつどすでに他者たちと共にある共同存在にあって、他者たちに対して負い目がある」からである。こうして、良心をもとうと意志することは、「良心を欠いたありかた Gewissenlosigkeit」を引きうけることともなる。そのありかたの内部にあってはじめて、「「善く」存在すること "gut" *zu sein*」の「実存的可能性」もなりたつのである。

869　呼び声は知識としてはなにも与えない。たとえそうであるにせよ、呼び声はそれでもたんに批判的であるだけではなく、積極的なものでもある。呼び声は、現存在のもっとも根源的な存在可能を負い目のある存在として開示する。良心はかくして、現存在の存在にぞくするあかしとしてあらわになる。このあかしのうちで良心は、現存在自身をそのもっとも固有な存在可能へと呼びだすのである。そのようにあかしを与えられた本来的な存在可能は、実存論的により具体的に規定されるのだろうか。それに先だって生じてくる問いは以下のようなものである。現存在自身のうちであかしを与えられた存在可能をきわだたせるこころみは、このように遂行された。そうであるとして当のこころみは、或る不審の念——通俗的な良心解釈によって熟知された所見のすべてを性急に通りすぎて、ここでは良心が、一方的に現存在の体制へとさかのぼって解釈されているのではないかという不審の念である——が消えさっていないかぎりでは、はたして充分な明証性を要求しうるものなのだろうか。いったい、良心現象をめぐって右に展開しておいた解釈にあっては、良心現象は、それが「現実に」存在しているとおりに、そもそもなおふたたび認識されうるものなのだろうか。私たちはあまりにも自信に満ちて、良心のひとつの理念を現存在の存在体制から演繹してしまったのではないか。

870　良心を解釈する最後の歩みは、良心のうちであかしを与えられた本来的な存在可能を実存論的に限界づけることである。その最後の歩みに対して、また良心の通俗的な了解に対してさえ、通路が確保されなければならない。そのためには、存在論的な分析の成果が日常的な良心経験と関連づけられるしだいを、明示的に証示しておく必要がある。

注解（869—870）「呼び声」はたんに「批判的」であるだけではなく「積極的なもの」である。呼び声は、「現存在のもっとも根源的な存在可能」を「負い目のある存在」として開示する。「良心」とはかくて、現存在の存在にぞくする「あかし」†1であり、そのあかしのうちで良心は、現存在をそのもっとも固有な存在可能へと呼びだす。しかしそもそも私たちのこころみは、「通俗的な良心解釈 vulgäre Gewissensauslegung」を無視して、良心を「現存在の体制 Daseinsverfassung」から「さかのぼって解釈 zurückinterpretieren」してしまったのではないだろうか。良心の「理念」があまりに性急に「現存在の存在体制」から演繹されてしまったのではないか。そうハイデガーは、いったんは立ちどまって問いを設定する(869)。

良心を最終的に解釈《インテルプレタティオン》するためには、良心の「通俗的な了解」に対しても通路が確保されなければならない。そこで、「存在論的な分析」が「日常的な良心経験」と関連づけられる必要がある、とハイデガーはいう(870)。

†1　*Bezeugung.*　本書、第五四節以下参照。

第五九節　良心の実存論的解釈と通俗的な良心解釈

871　良心とは気づかいの呼び声であり、その呼び声は世界内存在の不気味さから発して、現存在をもっとも固有な負い目ある存在可能へと呼び醒ます。呼びかけに応じる理解としてあきらかになったのは、良心をもとうと意志することである。このふたつの規定は、通俗的な良心解釈とただちに一致しうるものではない。それどころか、通俗的な良心解釈と直截に矛盾するかにさえみえる。私たちがその良心解釈を通俗的なものと呼ぶのは、それが現象を特徴づけたり、その「機能」をしるしづけたりするにあたって支えとするものが、ひとがそれにしたがったり、したがわなかったりすることで良心として見知っているものだからなのである。

注解(871)　「良心」とは「気づかいの呼び声」であり、それは「世界内存在の不気味さ《ウンハイムリッヒカイト》」へと呼び醒ます。「呼びかけに応じる理解」とはたほう、「良心をもとうと意志すること」であった。こうした規定は「通俗的な良心解釈《アウスレーグング》†1」と矛盾するかにもみえる。通俗的な良心解釈とは、「ひとがそれにしたがったり、したがわなかったりする」ことで良心として「見知っているkennt」ものを、良心の「機能」の「しるしづけ Kennzeichnung」として利用するものだからである。

†1　本節標題の「実存論的解釈」の「解釈」は Interpretation,「良心解釈」は Gewissens-auslegung.

872　しかしそもそも、存在論的解釈は通俗的解釈と一般に一致しなければならないのだろうか。後者には、ひとつの原則的な存在論的疑義があるのではないか。現存在はさしあたりたいていは配慮的に気づかわれたものにもとづいて理解され、そのふるまいはすべて配慮的な気づかいとして解釈されている。そのかぎりで現存在は、良心が存在するほかならぬその様式を、頽落的に覆いかくして解釈することになるのではないだろうか。当の存在の様式は〈ひと〉によって配慮的に気づかわれたことへと喪失されているありかたから、呼び声としてじぶんを取りもどそうとするものだからである。日常性にあって現存在は、配慮的に気づかわれる手もとにあるものとして見なされている。すなわち、管理され算定される、手もとにあるものと見なされている。「生」は、引きあうにせよ引きあわないにせよ、ひとつの「仕事」なのである。

注解(872)　そもそも「存在論的解釈《インテルプレタティオン》」は「通俗的解釈《アウスレーグング》」と一致しなければならないものなのか。後者は原則的に、配慮的に気づかわれた「現存在」にもとづくものではないだろうか。そのかぎりで現存在はむしろ、「良心が存在する」「その様式」を、「頽落的」に解釈《アウスレーゲン》することになるのではないか。良心とはがんらい、「ひと」へと喪失されているありかたから、じぶんを取りもどそうとするものだからである。「日常性」にあっては現存在そのものが、「配慮的に気づかわれる手もとにあるもの《ツーハンデネス》」とみなされ、「管理され算定され verwaltet und verrechnet」る。「生」は、かくて一箇の「仕事 Geschäft」とされるのである。

873　だから、ぜんたい、現存在自身の通俗的な存在のしかたを考慮にいれる場合、そこから生じてくる良心解釈と、その解釈に方向づけられた良心理論が、その解釈のために適切な存在論的地平を獲得しているなどといった保証はまったくない。それにもかかわらず通俗的な良心経験もまた良心という現象をなんらかのしかたで——前存在論的に

――射あてているにちがいない。ここから帰結するのは二重のことがらである。すなわち一面では、日常的な良心解釈は、存在論的分析の「客観性」を測る究極的な判断規準としては妥当しえない、ということである。他面ではこの存在論的分析の側にも、日常的な良心了解を無視して、それに基礎を有する人間学的、心理学的、神学的な良心理論を通りすぎてしまう権利はないのだ。実存論的分析論が、それが存在論的に根づいているありかたにあって良心現象を発掘したとしよう。その場合ならば、まさしくその実存論的分析論から通俗的な解釈が理解されうるにちがいない。とりわけ、通俗的な解釈がどこでこの現象を取りおとしているのか、また現象を覆いかくしているのはなぜなのか、が理解されうることだろう。だがしかし良心分析は、この論考の問題連関のなかでは、ただ存在論的な基礎的問いのために役だつだけでよい。だから実存論的な良心解釈と通俗的な良心解釈との連関を特徴づけることにかんしては、本質的な諸問題を指示することのみで満足しなければならない。

290

注解(873) だから、「現存在」の通俗的な存在のしかたから生じてくる良心解釈《アウスレーグング》と良心理論が、適切な「存在論的地平」を獲得している保証などまったくない。たほう通俗的な「良心経験」も、「前存在論的」なものであるとはいえ、良心という現象にかかわっていることはまちがいない。帰結することがらは二面的である。一方で日常的な良心解釈は、存在論的分析のための規準とはならない。他方で「存在論的分析」であれ、日常的な良心了解や、「人間学的、心理学的、神学的」な良心理論を無視する権利はない、ということである。「実存論的分析論」が、良心現象をその存在論的根拠において発掘するなら、そこから通俗的な解釈が理解されうることになるだろう。だが当面の関心は「存在論的な基礎的問い」に限定されているのだから、「実存論的な良心解釈《インテルプレタティオン》」と「通俗的な良心解釈《アウスレーグング》」との連関にかんして本質的な諸問題を指示するだけでよいはずである、とハイデガーは課題を限定する。

874　さきに示した解釈によれば、良心とは負い目のある存在へと呼び醒ます気づかいの呼び声のことであった。通俗的な良心解釈がこれに対して提起するであろう異論は、四点にわたっている。1 良心はその本質からして批判的機能を有する。2 良心が語るのはそのつど、遂行されあるいは意志された一定のおこないに関係してである。3 「良心の」「声」は、経験にそくしていえばけっして、現存在の存在にはさほど根づよく関係するものではない。4 当の解釈は、良心という現象の根本形式、すなわち「やましい」良心や「やましくない」良心、「叱責する」良心や「警告する」良心をなんら計算に入れていない。

注解(874)　「良心」の「解釈《インテルプレタティオン》」に対して、「通俗的な良心解釈《アウスレーグング》」は四点にわたって異論を提起するだろう。1 良心には「批判的機能」があり、2 良心はそのつど「一定のおこない Tat」に関係している。3 その「声」は「現存在の存在」とつよく関係していない。4 そこでは、すなわち「やましい böse」良心や「やましくない gut」良心、「叱責する rügend」良心や「警告する warnend」良心といった「根本形式」が考慮されていない。

875 最後に挙げておいた疑念から究明をはじめておこう。あらゆる良心解釈において優位を占めているのは「やましい」良心、「とがめる」良心である。良心とは、第一次的には「やましい」それである。そのことで告げられているのは、いっさいの良心経験が「負い目がある」といったことがらをまず経験することなのである。とはいえ、とがめる良心という理念にあって、悪であることの告知はどのように理解されているのだろうか。「良心体験」は、遂行されたおこないもしくは不作為のあとで浮かびあがってくる。声は違反に後続し、起こってしまったできごとをさかのぼって指示する。そのできごととは、現存在がそれをつうじて負い目を背負うことになったものなのだ。良心が「負い目のある存在」を告げているものとしよう。それでもこのことは、～への呼び醒ましとして遂行されうるものではない。むしろ、招いてしまった負い目を想起させながら、それを指示することとして遂行されるのである。

注解(875)　第四点から検討が開始される。「良心解釈《アウスレーグンゲン》」はすべて「やましい」良心、「とがめる schlecht」良心に注目する。「やましい」良心が示しているのは、「良心経験」において経験されるのは、「負い目がある」ことであるしだいなのである。それでは、とがめる良心にあって「悪であることBösesein」の告知はどのように理解されているか。「良心体験」は、おこないもしくは不作為の「あとで *nach*」浮かびあがってくる。声は、「現存在」がそれに対して負い目を背負うことになる「起こってしまったできごと(Ereignis)をさかのぼって指示」する。それはむしろ、「招いてしまった負い目を想起させながら、それを指示すること erinnerndes Verweisen auf die zugezogene Schuld」として遂行されるのである。

876　だが、声があとから到来するというこの「実際のありかた」によって、呼び声が、それでも根本においては〔まえへ〕呼びだすものであるしだいが排除されるのだろうか。声は後続する良心の発動であるととらえられるとしても、そのことでは、良心現象の根源的な理解はなお証明されていない。事実的に罪過を犯すことがたんに、良心が事実的に呼ぶことの機縁にすぎないとしたら、どうだろうか。ここでしるしづけられているような「やましい」良心という解釈が、中途半端なところで停止しているとすれば、どうなのだろう。じっさいそのとおりなのである。その件は、ここで挙げている解釈にさいして〔良心という〕現象が、どのような存在論的な〈あらかじめ持つこと〉のうちでとらえられているかを見ればあきらかである。そこでは声はとつぜん立ちあらわれ、目のまえにある体験の経過のなかでその位置をしめて、おこないという体験に後続する或るものであることになる。しかしながら呼び声も生起したおこないも、背負いこまれた負い目も、目のまえにあって経過するものといった性格をそなえた事件ではない。呼び声とは気づかいという存在のしかたを有するものなのである。呼び声にあって現存在は、じぶん自身に先だって「存在して」いる。しかも現存在は同時に、みずからをその被投性へとさかのぼって向かわせるというしかたで、先んじて存在しているのだ。もっとも手近な着手点では、現存在は体験があいついで継起する連関とみなされる。この着手点が採用されてしまうことで、声を、あとから到来し、遅れる、かくて必然的にさかのぼって指示する或るものとみなすことが可能となる。声はたしかに呼びかえす。しかし生起したおこないを超えて、被投的な負い目のある存在へと呼びかえすのであり、この被投的な負い目のある存在は、罪過のいっさいよりも「先にある」ものなのである。呼びかえしはたほう同時に、じぶんに固有な実存のうちでつかみ取られるべきものとしての負い目のある存在をめがけて呼びだす。しかも本来的で実存的な負い目のある存在こそが呼び声に後続するのであって、その逆ではない。とがめる良心は、根底においては、叱責しながらさかのぼって指示するものであるどころか、かえって先だって指示しながら、被投性のなかへと呼びかえす。経過してゆく体験が継続する順序によっては、実存することの現象的構造は与えられないのである。

注解(876)　「実際のありかたTatsache」として、良心の「声《シュティメ》」は「あとから到来するNachkommen」。だがこのことは、「呼び声《ルーフ》」が前方へと「呼びだすもの」であることと矛盾しない。声は「後続する良心の発動 *nachfolgende* Gewissensregung」であるとしても、「事実的に罪過を犯すこと」がたんに、良心が呼ぶことの「機縁」にすぎないとしたら、どうか。ここにいわれる「やましい」良心は、中途半端な「解釈《インテルプレタティオン》」なのであって、それは良心という「現象」がとらえられている、存在論的な「あらかじめ持つこと」[†1]をみればあきらかである。声は、そこでは「目のまえにある体験」のなかでとらえられている。しかしながら、呼び声や、生起したおこない、背負いこまれた負い目は、「目のまえにあって経過するもの das Vorhandenes, das abläuft」といった「事件 Vorkommnisse」ではない。呼び声にあって現存在は「じぶん自身に先だって sich selbst vorweg」──しかも、その被投性へとさかのぼって向かうしかたで──「存在して」いる。現存在を「体験があいついで継起する連関 Abfolgezusammenhang eines Nacheinander von Erlebnisse」とみなす場合にのみ、声が「あとから到来し、遅れる、かくて必然的にさかのぼって指示する或るもの etwas Nachkommendes, Späteres und daher notwendig Zurückverweisendes」とみなされてしまうのだ。声は呼び「かえす zurück」。しかし「被投的な負い目のある存在へと呼びかえす」のであり、この存在は、罪過のいっさいよりも「先にある früher」。「本来的で実存的な負い目のある存在」こそが呼び声に後続するのであって、その逆ではない。「とがめる良心」は、根底においてはかえって「先だって指示しながら」被投性のなかへと呼びかえす。「経過してゆく体験が継続する順序によっては、実存することの現象的構造は与えられないのである」。

†1　Vorhabe. 本書、第三二節423の本文ならびに訳注参照。

877 「とがめる」良心という特徴づけであってもなお、根源的な現象には到達していない。となれば、まして「やましくない」良心についてはおなじことがいっそう妥当する。「やましくない」良心が、良心の独立した形式のひとつであると考えようと、「とがめる」良心のうちで本質からして基底づけられた形式とみなそうと、このことにはかわりがない。「とがめる」良心は「悪であること」を告知する。それに対応して「やましくない」良心は、現存在が「善であること」を告知するものとならざるをえない。たやすく見てとられるように、かくて良心は、さきには「神の力の発露」であったのに、いまやパリサイ主義の奴隷となる。「やましくない」良心が人間を強いてじぶんにかんして語らせるのは、「私は善だ」というしだいなのである。いったいだれが、このようなことを語りうるのか。くわえて、まさに善人以上に、そのようなことをみずからについて確証するのをよしとしない者が、ほかにあるだろうか。やましくない良心という理念からは、そうした帰結がみちびかれる。こうした不可能な帰結にあって前景にあらわれてくるのがしかし、良心は負い目のある存在を呼ぶという事情なのである。

注解(877)　良心を「とがめる」それと特徴づけても、「根源的な現象」には到達しない。まして「やましくない」良心ならなおさらである。「やましくない」良心を、「とがめる」良心のうちで基底づけられたものとみなそうと、おなじである。「とがめる」良心が告知するのは「悪であること」である。ならば「やましくない」良心は、「現存在が「善であること」"Gut-sein" des Daseins」を告知することになる。かくて良心は、いまや「パリサイ主義 Pharisäismus」に、つまり隠れもない偽善に仕えるものとなる。やましくない良心からはこうした「不可能な帰結」がみちびかれることにもとづきあきらかになるのは、むしろ「良心は負い目のある存在を呼ぶ das Gewissen ein Schuldigsein ruft」という事情なのである。

878　いま挙げた帰結を避けるために、ひとは、「やましくない」良心を「とがめる」良心の欠如と解釈し、「とがめる良心の欠落が体験されること」と規定してきた。*1 それにしたがうなら、やましくない良心とは呼び声があらわれないことの経験である。いいかえるなら、私にはかえりみてすこしも批難されるべきところがないことについての経験となる。とはいえいったい、こうした「欠落」はどのように「体験されて」いるのだろうか。体験作用と思いなされているものは、そもそも呼び声を経験することではない。現存在に帰せられた或るおこないが現存在によって犯されたものではなく、それゆえに現存在には負い目がないことを自己確証することなのだ。じぶんがおこなったのではないと確証することは、そもそも良心現象という性格をそなえていない。逆である。このように確証してみることは、かえって良心を忘却することを、すなわち呼びかけられうる可能性から退却することを意味しうる。いま言及したような「確実性」がうちに蔵しているのは、良心をもとうと意志することを、気休めで抑制することである。つまり、もっとも固有で不断に負い目がある存在を抑制するしだいにほかならない。「やましくない」良心とは独立した良心形式でもなければ、基底づけられた良心形式でもない。いいかえるなら、およそいかなる良心現象でもないのである。

＊1 M・シェーラー『倫理学における形式主義と実質的価値倫理学』第二部(『哲学および現象学的研究のための年報』第二巻、一九一六年)一九二頁参照。

注解(878) そこで「やましくない」良心は「「とがめる」良心の欠如 Privation」と解釈され、その「欠落 Mangel」の体験と規定され、「呼び声があらわれないことの経験」とみなされてきた。だが、「欠落」はどのように「体験され」るのか。それは「呼び声を経験すること」ではなく、「現存在には負い目がないこと」を「自己確証すること Sichvergewissern」なのだ。

そのように「確証すること Gewißwerden」は、およそ「良心現象」ではありえない。それは逆に、「良心を忘却すること Vergessen des Gewissens」を意味しうる。ここでいう「確実性 Gewißheit」(確信)とは「良心をもとうと意志すること」を抑制すること、「もっとも固有で不断に負い目がある存在」を抑制することにほかならない。「やましくない」良心とは、かくしておよそいかなる「良心現象」でもない、とハイデガーは論定する。

879　「やましくない」良心について語ることは、日常的な現存在の良心経験にみなもとを有する。そのかぎりでは、このことから見てとられるのは、日常的な現存在は「とがめる」良心にかんして語っているときであっても、現象を根底においては射あてていないということにすぎない。なぜなら、「とがめる」良心という理念は、「やましくない」良心の理念に事実的に方向づけられているからである。日常的な解釈は、「負い目」と「負い目がないこと」とを配慮的に気づかいながら算定し、決算するという次元にとどまっている。この地平のなかで、そのばあい良心の声が「体験される」のである。

注解(879)　「やましくない」良心についての語りは、日常的な「良心経験」にもとづく。そのかぎり、日常的な「現存在」は「とがめる」良心にかんしてすら現象を根底からとらえてはいないことになる。「とがめる」良心は「やましくない」良心に「事実的に方向づけられて faktisch orientiert」いるからである。日常的な「解釈《アウスレーグング》」は、「負い目」を「算定し、決算する」にとどまっているのである。

880　「とがめる」良心と「やましくない」良心という理念を、その起源におけるありかたで特徴づけたことですでにまた、先どりして指示しながら警告する良心と、さかのぼって指示しながら叱責する良心という区別をめぐっても決定が下されている。警告する良心という理念はたしかに、～へと呼び醒ますという現象のもっとも間近に到達しているかにみえる。警告する良心は、呼び醒ますことと、先どりして指示するという性格を分かちあっている。とはいえこの一致はやはり見せかけにすぎない。警告する良心の経験が見てとる声もふたたびまた、意志されたおこないに方向づけられているだけである。その行為を声が防止しようとしているのだ。警告とは意志されたことを防止することである。警告が可能なのはしかしひたすら、「警告する」呼び声が、現存在の存在可能をめざしているからにほかならない。つまり負い目のある存在における自己理解をめざしているのであり、この負い目のある存在へといたってはじめて、「意志されたこと」は打ちくだかれる。警告する良心は、罪過を犯すことから免れるべく瞬間瞬間に規制する機能をそなえてはいない。「警告する」良心の経験はたんにふたたび、良心の呼び声の傾向を、〈ひと〉の分別にとって接近可能な範囲で見てとっているにすぎないのである。

注解(880)　このように考えてみると、(874で挙げた)「先どりして指示しながら警告する vorweisend-warnend」良心と、「さかのぼって指示しながら叱責する rückweisend-rügend」良心という区別についても問題があきらかとなる。「警告する良心」と「呼び醒ますこと」は「先どりして指示する」性格を共有しているかにみえるが、警告する良心の「声」も「意志されたおこない」に方向づけられているだけなのである。そもそも「警告する」呼び声が「現存在の存在可能」を、「負い目のある存在における自己理解」をめざしているかぎりで警告が可能となるのであり、この負い目のある存在へといたってはじめて「意志されたこと」が打ちくだかれる。「警告する良心は、罪過を犯すことから免れるべく瞬間瞬間に規制する機能をそなえてはいない」†1。「警告する」良心なるものはたんに、「ひと」が分別しうるかぎりで見てとっているにすぎないのである。

†1　Das warnende Gewissen hat die Funktion der momentweisen Regelung eines Freibleibens von Verschuldungen. A、B、C、Gともに"hat"(そなえている)、Rの英訳は以前の版では否定形であることを注記しながら、"hat"で訳す。ここでは、T、Wにしたがい"hat nicht"と否定形で読んで訳す。

881　三番目に挙げられた疑義が拠っているところは、日常的な良心経験が、負い目のある存在へと呼び醒まされるといったことがらを見知ってはいないという事情である。この件については承認されなければならない。日常的な良心経験がこのことですでに保証しているのは、とはいえ、その経験にあって良心の声のかんぜんで可能な呼び声の内実が聞きとられている、ということなのだろうか。ここから帰結するのは、通俗的な良心経験にもとづく良心の理論が、現象の分析に対して適切な存在論的地平を確認しおえているというはこびなのであろうか。現存在の本質からする存在のしかた、つまり頽落が示しているのは、かえってつぎのことではないか。すなわち、現存在という存在者はさしあたりたいていは、じぶんを配慮的な気づかいの地平にもとづいて存在的に理解しているいっぽう、存在論的には〈目のまえにあること〉という意味で存在を規定している、ということではないだろうか。ここからたほう現象の二重の隠蔽が生じてくる。つまり〔ひとつに〕、そうした良心理論によって見てとられるのは、諸体験とか「心理的できごと」の経過といったものであり、当の経過はその存在のしかたにおいて、たいていはまったく規定されていない、ということである。経験が出会うのは〔第二に〕、裁判官や警告者としての良心であって、現存在はそうした良心と計算ずくで取り引きする〔にすぎない〕ことになるのである。

注解（881）　874の3で挙げられた疑義は、「日常的な良心経験 alltägliche Gewissenserfahrung」は「負い目のある存在」への呼び醒ましなど知らない、ということであり、その件についてはそのとおりである。しかし、そのことで保証されているのは、日常的な経験が「良心の声」を完全に聞きとっている、ということではなく、「通俗的な良心経験にもとづく良心の理論」が、適切な「存在論的地平」を確認しているというしだいでもない。現存在はむしろ、さしあたりたいていはじぶんを「配慮的な気づかい」をするものとして「存在的に」理解する。そのいっぽう「存在論的に」は「目のまえにあること」によって「存在」を規定している。かくしてひとつには、そうした良心理論は、「諸体験」や「心理的できごと」の経過をまったく未規定なままに問題とするにすぎない。日常的な経験において問題となるのは第二に、「計算ずくで取り引き rechnend verhandelt」される良心にすぎないのである。

882　カントがその良心解釈にさいして、領導的理念として根底に置いたのは、「法廷の表象」であった。このことは偶然ではない。むしろ、倫理法則の理念によって——カントの道徳性の概念が、功利性の道徳や幸福主義からははるかにかけ離れたものでありつづけたとはいえ——引きよせられているところなのである。価値理論もまた、その着手点が形式的であろうと実質的であろうと「倫理の形而上学」を、すなわち現存在と実存の存在論を暗黙の存在論的前提として有している。現存在はそこでは配慮的に気づかわれるべき存在者とみなされており、当の配慮的な気づかいは「価値の現実化」ないしは規範の充足という意味をもつものなのである。

注解(882)　カントが「良心解釈《インテルプレタティオン》」にさいして「法廷の表象 Gerichtshofvorstellung」†1を用いたのは偶然ではない。むしろ、「倫理法則」(Sitten*gesetz* 倫理の法)の理念によってもとめられているところなのである。価値理論もまた「倫理の形而上学」、つまり「現存在と実存の存在論」を存在論的前提として有している。現存在はそこでは、しかし、「配慮的に気づかわれるべき存在者」とみなされているにすぎないのである。

†1　カントは、『実践理性批判』のなかで、「良心と名づけられる、私たちのうちなる驚くべき能力の宣告 Richtersaussprüche」がある、という(アカデミー版全集、第五巻、九八頁)。なお、いわゆる「法廷モデル」はカントの理性批判の理念そのものとむすびあっている。カントによれば、時代がもとめているのは「理性のあらゆる仕事のなかでももっとも困難な仕事、すなわち自己認識という仕事にあらたに着手し、ひとつの法廷(Gerichtshof)をもうけること」であり、「その法廷は、理性の正当な要求については理性を擁護し、これに対し、いっさいの根拠なき越権にかんしては、強権発動によってではなく、理性の永遠にして不変な法則にしたがい却下することができる。そしてこの法廷こそが、純粋理性の批判そのものにほかならない」(『純粋理性批判』初版「序文」、一一―一二頁)。ここで「理性の永遠にして不変な法則 *Gesetz*」とあるのは「理性の永遠にして不変な法律」と読むこともできる。なお、カントは批判の「積極的な効用」を、「市民 Bürger」のあいだの安全を保障する「警察 Polizei」のそれとも比較している(同、第二版「序文」、二五頁)。

883　日常的な良心経験でも良心の解釈に対する唯一の審級として知っているものの圏域が、ここで引きあいに出されるとしてみよう。その圏域を引きあいに出すことがはじめて正当化されうるのは、日常的な良心経験にあって、良心がそもそも本来的に接近可能なものとなりうるのかどうかが、まず熟慮されたときにかぎられる。

注解(883)　「日常的な良心経験」を引きあいに出すのがゆるされるためには、なにが必要か。それは、日常的な良心経験にあって「良心がそもそも本来的に接近可能(zugänglich)なものとなりうるのかどうか」をまず熟慮することなのである。

884　かくして、さらなる異論もその力を失うことになる。その異論とは、実存論的な解釈が見すごしているのは、良心の呼び声がそのつど或る一定の「現実化された」あるいは意志されたおこないに関係している事情である、と主張するものなのであった。呼び声は往々にして、そのような呼び声という傾向において経験される。このことは、それはそれとして否認されることができない。ただ残されている問題は、はたしてこういった呼び声の経験が、呼び声に完全にみずからを「呼びつくす」ようにさせているか、ということなのだ。分別して了解しようとする解釈は、「実際のありかた」に拠っているものと思いこんでいるのかもしれない。だが結局のところやはり、呼び声が開示する射程を、じぶんの分別によってあらかじめ制限してしまっているのである。「やましくない」良心が「パリサイ主義」に奉仕させられることがあってはならない。おなじように、「とがめる」良心の機能も、目のまえにある罪過を指示したり、あるいはこれから起こりうる罪過を除去したりすることに切りつめられてはならない。それではあたかも、現存在が一箇の「家計」のようなものとなってしまう。家計の負債なら、きちんと清算しさえすればそれでよい。その場合なら自己は、公平な傍観者としてこれらの体験の経過の「かたわらに」立つことができる、ということになるだろう。

注解(884)　かくて、「良心の呼び声」はそのつど或る一定の「現実化された」あるいは「意志された」おこないに関係しているしだいを強調する、「さらなる異論」も失効する。呼び声は往々にしてそのように経験されることは、否定できない。問題はただ、こういった「呼び声の経験」が、呼び声に「完全にみずからを「呼びつくす」ようにさせているか sich völlig “ausrufen” läßt」ということである。「分別して了解しようとする解釈 verständige Auslegung」は、「実際のありかた」に拠っているものと思いなしているにせよ、そこではけっきょく「呼び声が開示する射程」が不当に制限されてしまっている。「やましくない」良心が偽善となったり、「とがめる」良心の機能が切りつめられてはならない。現存在は「家計 Haushalt[†1]」ではない。家計の「負債 Verschuldungen」なら清算され、「自己」は「公平な傍観者[†2]」でありうることとなるだろう。

†1　良心を、「罪過」についていわば足し引きするようなありかたを指す。

†2　unbeteiligter Zuschauer. A・スミス『道徳感情論』にいう impartial spectator.

885　事実的に「目のまえにある」負い目や、事実的に意志された、負い目あるおこないに関係づけられていることは、呼び声にとって第一次的ではない。したがって、「叱責」したり「警告」したりする良心は、呼び声の根源的な機能を表現するものでもない。しかしそうであるなら、かくてまた最初に挙げられた疑念も、その地盤を奪いとられていることになる。その疑念とは、実存論的解釈は良心の有する「本質的に」批判的な機能を見あやまっているというものだったのである。この疑念もまたなんらかの限界内では真正な、現象に対する見かたから生じてはいる。というのもじっさい、呼び声の内実にあっては、その声が「積極的に」推奨したり命令したりするものはなにひとつとして証示されないからだ。けれども、このように良心のはたらきの積極的なありかたがどこにも見あたらないというしだいは、いかにして理解されるのだろう。この件から帰結するのは良心の「消極的な」性格なのだろうか。

注解(885)　「事実的」な「負い目」や、意志された負い目あるおこないへの関係は、「呼び声」にとって第一次的ではなく、「叱責」したり「警告」したりする「良心」は、「呼び声の根源的な機能」を表現するものでもない。だから、良心は本質的に「批判的な機能」を有している、とする反論も失効する。当の疑念も、現象に対する、ある種「真正な」「見かた」(echte Sicht)から生じている。呼び声はたしかに、「積極的に」推奨したり命令したりするものではないからだ。けれども、そこから帰結するのは、良心の「消極的な」性格なのだろうか、とハイデガーはあらためて問いを設定する。

886 「積極的な」内実が、呼ばれていることがらのなかに見あたらない、とされるとすれば、それは、手の届くところにあり、しかも計算可能な「行為すること」の確実な可能性を、そのときどきに手ごろなかたちで指示してくれるものと期待するところから生ずるものである。こうした期待は、分別的な配慮的気づかいの解釈地平にもとづいており、その解釈地平によって、現存在の実存することが、統制可能な仕事の進行という理念のもとに強制されるにいたるのだ。そういった期待は部分的にはまた、「たんに」形式的な価値倫理学に対して、実質的な価値倫理学をもとめる要求の根底にも暗黙のうちに存している。とはいえ、その期待が良心の場合には充たされないのはいうまでもない。その種の「実践的な」指令を、良心の呼び声は与えるところがない。それはひとえにつぎの理由による。つまり良心の呼び声は、現存在を実存へ、すなわちもっとも固有な存在可能へと呼び醒ますものだ、ということである。期待されている、一義的に算定可能な格率が与えられるとすれば、それとともに良心が実存に拒絶するにいたるものは重大である——すなわち、行為する可能性なのだ。良心がこうした様式において「積極的」ではありえないのはあきらかである。だからといって良心は、そのおなじ様式にあって「たんに消極的に」作動するわけでもない。呼び声は、配慮的に気づかわれうるものとしては、積極的あるいは消極的でありうるものを、なにひとつとして開示することがない。呼び声がめざしているのは、配慮的に気づかわれうるものとは存在論的に完全にべつな存在、つまり実存だからである。実存論的な意味にあっては、これに対して、呼び声が正しく理解されるならば、それが与えるのは「もっとも積極的なもの」にほかならない。すなわち、およそ現存在がみずからにあらかじめ与えうるなかでもっとも固有な可能性、そのときどきに事実的な自己で在りうることのうちへと、呼びだしながら呼びもどすことである、もっとも固有な可能性がそれである。呼び声を本来的に聞くことは、事実的に行為するにいたることを意味する。呼び声において呼ばれていることがらが、完全にじゅうぶんに解釈されなければならない。私たちはその解釈をたほう、本来的に聞きながら呼びかけを理解することそのもののうちにふくまれている、実存論的な構造をきわだたせることをつうじて、はじめて獲得するのである。

注解(886)「積極的」な内実への期待は、「手の届くところにあり、しかも計算可能な「行為すること」の確実な可能性」への指示がそもそも期待されていることから生じている。こうした期待は、「分別的な配慮的気づかい」の「解釈地平 Auslegungshorizont」にもとづいている。そこでは、「現存在の実存すること」が「統制可能な仕事の進行」ととらえられてしまうのだ†1。「良心」がそういった期待を充たしえないのはひたすら、「良心の呼び声」とは「現存在を実存へ das Dasein zur Existenz」、つまり「もっとも固有な存在可能へ」と呼び醒ますものだからである。「一義的に算定可能な格率」が与えられる場合には、良心は実存に対して、まさしく「行為する可能性」自体を拒絶することになるのである。良心は、この場面ではかくして「積極的」にも「消極的」にも作動するわけではない。呼び声が「めざしている meint」のは、配慮的に気づかわれうるものとは「存在論的に完全にべつな存在 ontologisch völlig anderes Sein」、つまり「実存」だからである。呼び声が実存論的な意味で正しく理解されるなら、呼び声が与えるのは「もっとも積極的なもの das "Positivste"」となる。すなわち、現存在のもっとも固有な可能性であり、「事実的な自己で在りうること」のうちへ「呼びだしながら呼びもどすこと」として、もっとも固有な可能性にほかならない。「呼び声を本来的に聞くこと」によって「事実的に行為する」ことが可能となるのである。「呼び声において呼ばれていることがら」が完全にじゅうぶんに「解釈《インテルプレタティオン》」されるのは、「本来的に聞きながら呼びかけを理解すること」がふくむ実存論的な構造を解明することによってなのだ。

†1　以下に述べられる、「形式的な価値倫理学」と「実質的な価値倫理学」との対立は、シ

エーラー『倫理学における形式主義と実質的価値倫理学』におけるカント批判を念頭に置いたもの。

887　あらかじめ示しておく必要があったのは、〔第一に〕通俗的な良心解釈にとってのみなじまれた現象も、存在論的に適切に理解されるなら、良心の呼び声の根源的な意味をさかのぼって指示する、ということである。第二に通俗的な解釈は、現存在の頽落した自己解釈の境界づけられたありかたから生じたものであって、その解釈はさらには――頽落は気づかいそのものにぞくしているのだから――まったく自明なものである一方、だんじて偶然的なものではないのである。

注解(887)　第一に示しておく必要があったのは、「通俗的な良心解釈《アウスレーグング》」がとらえる現象も「存在論的」に適切に理解されるなら、「良心の呼び声の根源的な意味」と関係していることである。第二にその解釈は、頽落したありかたから生じ、「頽落」は「気づかい」にぞくするものであるかぎり、「偶然的なものではない」ということなのである。

888　通俗的な良心解釈に対する存在論的な批判は、ある種の誤解をこうむるものかもしれない。つまり、日常的な良心経験は実存論的には根源的ではないしだいを証示する。このことによって、日常的な良心経験のなかにとどまっている現存在の実存的な「道徳的質」をめぐっても、なんらかの判断がくだされようとしているかにみえる、ということである。実存は、良心の存在論的に不十分な理解をつうじて、必然的かつ直截に傷つけられることがない。おなじように、実存論的に適切な良心の解釈によって、呼び声の実存的理解が保証されているわけでもない。真摯さは、通俗的な良心経験の了解にあっても可能である。同様にまた、根源的な良心の了解においても不誠実はありうる。にもかかわらず、存在論的な概念的把握が存在的な経験から切断されえないものであるかぎりでは、実存論的により根源的な解釈は、より根源的な実存的理解の可能性をも開示するのである。

注解(888)　「通俗的な良心解釈《アウスレーグング》」に対する「存在論的な批判」は、日常的な「良心経験」のうちにある「現存在」の「実存的な「道徳的質 moralische Qualität」」をめぐって判断をくだすものではない。逆に、「実存論的に適切な」良心の解釈《インテルプレタティオン》によって、呼び声の「実存的」理解が保証されているわけではない。「真摯さ Ernst」と「不誠実 Unernst」はいずれにせよ可能である。「存在論的な概念的把握 ontologisches Begreifen」は「存在的」な経験から切断されえない。そのかぎり、実存論的に根源的な解釈は根源的な実存的理解の「可能性」をも開示する。

第六〇節　良心にあってあかしを与えられた本来的な存在可能の実存論的構造

889　現存在自身のうちに、そのもっとも固有な存在可能のあかしが存在している。良心の実存論的な解釈は、このあかしをきわだたせるべきである。良心があかしを与える様式は、無差別に告知するといったものではない。負い目ある存在へと呼びだしながら呼び醒ますものである。このようにあかしを与えられたものは、聞くことのうちで「把握され」、聞くことは呼び声を、呼び声そのものによって志向されている意味にあっていつわりなく理解している。現存在の存在様態として呼びかけを理解することで、良心の呼び声においてあかしを与えられたものが有する、現象的なありかたがはじめて与えられるのである。呼び声を本来的に理解することを私たちは、良心をもとうと意志することと特徴づけた。これは、もっとも固有な自己を、じぶん自身から、みずからの負い目ある存在にあってじぶんのうちで行為させることである。この件が現象的に表現しているのは、現存在自身においてあかしを与えられた本来的な存在可能にほかならない。本来的な存在可能の実存論的な構造が、いまや発掘されなければならない。かくてはじめて私たちが迫ってゆくことになるものは、現存在の実存にぞくする本来性の根本体制であって、その根本体制は現存在自身のうちで開示されているのである。

890 良心をもとうと意志することはもっとも固有な存在可能における自己理解であり、そのようなものとして現存在の開示性の一箇の様式である。この開示性は理解をつうじて構成されるが、そのほかに開示性を構成するものは情態性と語りとにほかならない。実存的に理解するとは、世界内存在しうることのそのつどもっとも固有な事実的可能性へと向けて投企することである。存在可能はたほう、ひとりこうした可能性のうちで実存することにあって理解されている。

注解(889―890) 「現存在」自身のうちに「もっとも固有な存在可能のあかし Bezeugung seines eigensten Seinkönnens」が「存在して *seiend*」いる。そのあかしがあきらかにされなければならない。「良心」は「負い目ある存在へと呼びだしながら呼び醒ます」ことであかしを与える。「現存在の存在様態」として呼びかけを理解することで、「あかしを与えられたもの」の「現象的ななりたち Bestand」がはじめて与えられる。「良心をもとうと意志すること」とは、「もっとも固有な自己を、じぶん自身から、みずからの負い目ある存在にあってじぶんのうちで行為させること[†1]」である。これが「現象的に表現している repräsentiert phänomenal」のは、「現存在自身においてあかしを与えられた本来的な存在可能」なのである。「本来的な存在可能の実存論的な構造」を解明することであきらかになるものは、「現存在の実存にぞくする本来性の根本体制 Grundverfassung der *Eigentlichkeit*」にほかならない(889)。

良心をもとうと意志することはもっとも固有な存在可能における「自己理解 Sich-verstehen」として、「現存在の開示性の一箇の様式」である。「実存的に理解する」とは「世界内存在しうることのそのつどもっとも固有な事実的可能性へと向けて投企すること」である。「存在可能はたほう、ひとりこうした可能性のうちで実存することにあって理解されている」[†2](890)。

†1　In-sich-handeln-lassen des eigensten Selbst aus ihm selbst in seinem Schuldigsein. Rの英訳は letting one's ownmost Self take action in itself of its own accord in its Being-guilty, Mの仏訳は laisser-agir-en-soi le Soi-même le plus propre à partir de lui-même en son être-en-dette, Vでは en son être-en-dette が en son être-en-faute.

†2　Sein-*können* aber ist nur verstanden im Existieren in dieser Möglichkeit. この表現については、本書、第四節36の表現を参照。「実存の問いはつねに、実存することそのものによってのみ決着がつけられなければならない。このばあい現存在自身の主導的な了解が、実存的了解と名づけられる」。

891　どのような気分が、そうした理解に対応しているのだろうか。呼び声の理解はじぶん固有の現存在を、現存在が単独化された不気味さにあって開示する。理解においてともに露呈されている不気味さは、理解に帰属する不安という情態性をつうじて純正に

296

開示されている。良心の不安という事実が現象的に確証するのは、現存在が呼び声の理解のうちでじぶん自身の不気味さのまえに立たされているという事情なのである。良心をもとうと意志することは、不安に直面する用意ができていることなのだ。

注解(891) そうした理解に対応する気分はなにか。「呼び声の理解」は「現存在」を「単独化された不気味さ Unheimlichkeit seiner Vereinzelung」にあって開示する。不気味さを開示するのは「不安という情態性」にほかならない。「良心の不安 *Gewissensangst*」が示すのは、現存在がじぶん自身の不気味さのまえに立たされていることである。「良心をもとうと意志することは、不安に直面する用意ができていることなのだ[†1]」。

†1 Das Gewissenhabenwollen wird Bereitschaft zur Angst. Bereitschaft についてRの英訳は readiness, Mの仏訳では disponibilité. Vは wird Bereitschaft zur Angst の部分を aboutit à affronter l'angoisse と訳す。

892 開示性の第三の本質的契機は語りである。呼び声は現存在の根源的な語りでありながら、呼び声には返答が対応していない――たとえば、良心の語ることと取り引きしながらしゃべるという意味では、まったく対応していないのである。呼び声を理解しながら聞くことが返答をみずからに禁じるのは、じぶんを制圧する「冥《くら》い力」に、聞くことが襲われているからではない。かえって、呼び声の内実を覆いかくすところなく我がものとしているからだ。呼び声は自己を、不断の負い目ある存在のまえに置き、かくて自己を、〈ひと〉の分別が展開する騒がしい空談から連れもどす。こうして、分節化する語りがそなえていて、良心をもとうと意志することにぞくしている様態は、沈黙していることなのである。沈黙は、語りに本質からしてそなわる可能性として特徴づけられていた。[*1] 沈黙しながら理解させようとする者は、「語るべきなにごとかを有している」のでなければならない。現存在は呼びかけにあって、じぶんのもっとも固有な存在可能をみずからに理解させようとする。だから、この呼ぶことは一箇の沈黙なのである。良心の語りはけっして声に出して発声することにはいたらない。良心はただ、沈黙しながら呼ぶ。すなわち、呼び声は不気味さという声なきありかたから到来して、呼び醒まされた現存在を、粛然とさせるべく、現存在自身の静寂のなかへと呼びかえす。良心をもとうと意志することが、かくして、この沈黙する語りを適切に理解するのはひとえに、沈黙していることのうちにあってのことである。沈黙する語りは、〈ひと〉の分別じみた空談に口出しをゆるさない。

＊1　本書、第三四節、一六四頁参照。

注解(892)「開示性の第三の本質的契機は語りである」。「呼び声《ルーフ》」は「語り《レーデ》」でありながら、

「返答 Gegenrede」が対応していない。呼び声を「理解しながら聞くこと」が返答をみずから に禁じるのは、「呼び声の内実」をくまなく我がものとしているからである。呼び声は自己を「〈ひと〉の分別が展開する騒がしい空談 das laute Gerede」から連れもどす。したがって、「良心をもとうと意志すること」の語りの様態は「沈黙していること *Verschwiegenheit*」なのである。現存在は「呼びかけ」にあって、「もっとも固有な存在可能」をみずからに理解させようとする。この「呼ぶこと」は、かくて「一箇の沈黙 ein Schweigen」となる。良心の語りは「声に出して発声すること Verlautbarung」ではなく、「良心はただ、沈黙しながら呼ぶ Das Gewissen ruft nur schweigend」。呼び声は不気味さという「声なきありかた Lautlosigkeit」から到来して、現存在を、「粛然とさせるべく als still zu werdendes」、「現存在自身の静寂 die Stille seiner selbst」のなかへ呼びかえす。「沈黙する語り schweigende Rede」は、「ひと《ダス・マン》」の口出しをゆるさないのだ。

893　良心は沈黙しながら語る。「厳密に実際のありかたに依拠する」と称する分別じみた良心解釈はこの件を口実にして、良心は一般に確定できるものではなく、目のまえに存在するものでもないと言いたてる。ひとはただ騒がしい空談だけを聞き、理解するにすぎないからこそ、呼び声を「確定する」ことができないだけなのだ。それなのにこのことが良心に転嫁されて、良心は「物言わぬ」ものであって、だからあきらかに目のまえに存在するものではないとする逃げ口上につかわれる。〈ひと〉に固有なのは、呼び声を聞きのがしてしまうことであり、じぶんが「聞くこと」の射程距離を縮減してしまうことである。さきのように解釈することで〈ひと〉は、こうした事情を覆いかくすだけなのだ。

注解(893)「良心は沈黙しながら語る Das schweigende Reden des Gewissens」。「分別じみた良心解釈《アウスレーグング》」はこのことを口実に、良心を「確定」することはできず、良心とは「目のまえに存在する」ものでもないと主張する。良心は「物言わぬ stumm」ものであり、あきらかに目のまえに存在するものでもない、とされるのである。「ひと」は呼び声を「聞きのがし」、「聞くこと」の射程距離を縮減してしまう。分別じみた「解釈《アウスレーグング》」が覆いかくすのは、こうした事情なのである。

894　良心をもとうと意志することのうちには、現存在の開示性が存している。その開示性は、したがって〔第一に〕不安という情態性、〔第二に〕もっとも固有な負い目ある存在へと自己投企することとしての理解、〔第三に〕沈黙していることである語りをつうじて構成されていることになる。この開示性はきわだってしるしづけられ、現存在自身のうちでその良心によってあかしを与えられた、本来的な開示性であって——それはつまり、もっとも固有な負い目ある存在へと向けて、沈黙したままで、不安に耐えつつ自己投企することである。この開示性を決意性と名づけよう。

注解(894) 「良心をもとうと意志すること」のうちには「現存在の開示性」が存している。その開示性は、「不安という情態性」、「もっとも固有な負い目ある存在へと自己投企することとしての理解」、「沈黙していることである語り die Rede als Verschwiegenheit」をつうじて構成されている。この現存在自身のうちで、「良心」によってあかしを与えられた、この「本来的な開示性」――「もっとも固有な負い目ある存在へと向けて、沈黙したままで、不安に耐えつつ自己投企すること *das verschwiegene, angstbereite Sichentwerfen auf das eigenste Schuldigsein*」――が「決意性」[†1]と名づけられる。

†1 *Entschlossenheit.* この語について、K、H、Tの訳は「覚悟性」、Wは「決意性」。Rの英訳は *resoluteness,* M、Vの仏訳はともに *résolution.*

895 決意性とは、現存在の開示性のひとつのきわだった様態である。開示性の側は、たほうさきに根源的真理として実存論的に解釈されていた。[*1] 根源的真理は、第一次的には「判断」のいかなる質でもなければ、そもそも或る特定のふるまいの質でもない。世界内存在そのものの本質からする構成要素なのである。真理は基礎的な実存カテゴリーとして把握されなければならない。「現存在は真理の内で存在している」とする命題を存在論的に明瞭にすることで、現存在という存在者の根源的開示性は実存の真理として提示された。さらに、この実存の真理を限界づけるために、現存在の本来性を分析するように指示されていたのである。[*2]

＊1　本書、第四四節、二一二頁以下参照。

＊2　本書、第四四節、二二一頁参照。

注解（895）「決意性」は「現存在の開示性」のきわだった様態である。開示性とは実存論的には「根源的真理」であり、「判断」の質でもふるまいの質でもなく、「世界内存在」の構成要素である。真理とは「基礎的な実存カテゴリー」であり、現存在の根源的開示性は「実存の真理」なのであった。「現存在の本来性」の分析は、この実存の真理を限界づけるために要求されていたのである。

896　いまや決意性が手にされたことで、現存在の有する、本来的な真理であるがゆえにもっとも根源的な真理が獲得されている。〈現〉の開示性が等根源的に開示するのは、そのつど全体的な世界内存在である。すなわち、世界、内存在ならびに自己であり、自己とは、「私は存在する」というしかたでこの存在者がそれであるものなのである。世界の開示性とともに、そのつどすでに世界内部的な存在者が覆いをとって発見されている。手もとにあるものと目のまえにあるものとが覆いをとって発見されているありかたは、世界の開示性にもとづいている。[*1] 手もとにあるものにぞくする、そのときどきの適所全体性が開けわたされるためには、有意義性をあらかじめ理解しておくことが要求されているからである。有意義性を理解することで、配慮的に気づかう現存在は、出会われる手もとにあるものへと目くばりをしながらじぶんを差しむける。有意義性とはそのときどきの世界の開示性であり、それを理解することはふたたび〈なにのゆえに〉を理解することにもとづく。この〈なにのゆえに〉に、適所全体性の覆いをとって発見することのすべては帰着するのである。寝起きし、糊口の資を得て、暮らしをいとなんでゆくさいの〈それのゆえに〉が、現存在のもっとも身近で、絶えることのない可能性である。その可能性へと向けて、じぶんの存在が問題であるこの存在者は、そのつどすでにみずから投企してしまっている。じぶんの「現」のうちへと投げこまれて、現存在は事実的にそのつど、なんらか特定の――みずからの――「世界」へと差しむけられているのだ。この件と軌を一にして、もっとも身近で事実的なさまざまな投企が、〈ひと〉のうちへと配慮的に気づかうことで喪失されているありかたによって、導かれることになる。この喪失されているありかたが、そのつど固有な現存在によって呼びかけられることができる。この呼びかけが決意性という様式にあって理解されうるのである。当の本来的開示性によって、しかしそのとき、開示性のうちで基底づけられている「世界」の覆いをとって発見されたありかたと、他者たちとの共同現存在の開示性とが、等根源的に変様させられる。手もとにある「世界」が「内容的に」べつの世界となるわけではない。他者たちの範囲がとり替えられるわけでもない。それでもやはり、手もとにあるものへと理解しながら配慮的にかかわる存在と、他者たちと共にある顧慮的に気づかう共同存在が、いまや、それらのもっとも固有な自己で在りうることの側から規定されるのである。

298

＊1　本書、第一八節、八三頁以下参照。

注解(896)　「決意性」は「現存在の有する、本来的な真理」であり、それゆえにもっとも根源的な真理にほかならない。「現」の「開示性」は、そのつど「全体的な世界内存在」を、すなわち「世界、内存在ならびに自己」を開示し、現存在とは「私は存在する」というしかたで、この自己である。世界の開示性とともに「世界内部的な存在者」が覆いをとって発見される。そのときどきの「適所全体性」が「開けわたされるFreigabe」ためには「有意義性」を「あらかじめ理解しておくことVorverstehen」が必要だからである。有意義性とはそのときどきの「世界の開示性」であり、その理解は「なにのゆえにWorumwillen」を理解することにもとづく。「寝起きし、糊口の資を得て、暮らしをいとなんでゆくさいの〈それのゆえに〉Umwillen des Unterkommens, des Unterhalts, des Fortkommens」が、現存在の「もっとも身近で、絶えることのない可能性」であり、現存在がそのつどみずから「投企して」しまっている可能性にほかならない。そのことによって同時に、さまざまな投企が、「ひと《ダス・マン》」のうちへと「喪失されているありかた *Verlorenheit*」によって導かれることになる。この喪失されているありかたが、「そのつど固有な現存在」によって呼びかけられ、その呼びかけが決意性という様式で理解されうるのである。当の「本来的開示性」によって、そのさい、開示性のうちにある「世界」のありかたと、「他者たちとの共同現存在の開示性」が等根源的に変様させられる。「世界」が「べつの世界 eine andere」となるわけではない。手もとにあるものへと「配慮的にかかわる存在」と、「他者たちと共にある顧慮的に気づかう共同存在」が、そのもっとも固有な「自己で在りうること」の側から規定されるにいたるのである。

897 決意性は、本来的な自己存在として、現存在をその世界から引きはなすものではなく、現存在を宙に浮いた自我へと孤立化させるものでもない。決意性は——やはり本来的開示性として、世界内存在として以外にはだんじて本来的に存在することがないのだから——どうしてそのようなものでありうるだろう。決意性は自己をまさしく手もとにあるもののもとでそのときどきに配慮的に気づかう存在のうちへともたらし、たほうで自己を他者たちと共にある顧慮的に気づかう共同存在へと押しもどすのだ。

注解(897) 「決意性」は「現存在」を「世界」から引きはなすものではない。決意性とは

「本来的開示性」であって、「世界内存在として以外にはだんじて本来的に存在することがない nichts anderes als das *In-der-Welt-sein eigentlich* ist」からである。決意性はむしろ「自己」を、「配慮的に気づかう《ベゾルゲント》存在」と、「顧慮的に気づかう《フュールゾルゲント》共同存在」へと押しもどすのである。

898　みずから選択した存在可能の〈なにのゆえに〉にもとづいて、決意した現存在は、みずからの世界に対してじぶんを開けわたす。じぶん自身への決意性が現存在を、はじめてつぎのような可能性へともたらすのである。つまり、共同存在している他者たちを、そのもっとも固有な存在可能にあって「存在」させ、この存在可能を、先だって飛び－解放する顧慮的な気づかいのうちでともに開示する、という可能性である。決意した現存在は他者たちの「良心」となることがありうる。決意性の本来的な自己存在から本来的な共同相互性がはじめて生じる。それはしかし、〈ひと〉と、ひとがくわだてようとすることとにおいて、あいまいで嫉妬ぶかい協定や、おしゃべりな友好関係から生じるものではないのである。

注解(898)　「みずから選択した存在可能の〈なにのゆえに〉Worumwillen des selbstgewählten Seinkönnens」にもとづいて、「決意した現存在は、みずからの世界に対してじぶんを開けわたす」。決意性によって現存在にもたらされるのは、他者たちを「そのもっとも固有な存在可能にあって「存在」させ」、その存在可能を「先だって飛び‐解放する」[†1]顧慮的な気づかいのうちで「ともに開示する mitzuerschließen」、という可能性である。かくて、「決意した現存在は他者たちの「良心」となることがありうる」。決意性からはじめて「本来的な共同相互性 das eigentliche Miteinander」が生じるのである。

†1　vorspringend-befreiend. 本書、第二六節335参照。

899　決意性はその存在論的本質からすれば、そのつど、そのときどきの事実的な現存在の決意性である。現存在という存在者の本質は、その実存なのである。決意性が「実存する」のはひとり、理解しながらみずから投企する決意としてなのだ。だが現存在はなににもとづいて、決意性にあって決意するのだろうか。現存在はなにへと向けて、決意するのか。その答えは、ただ決意そのものが与えうるだけである。かりにひとが、決意性という現象は、提起され推奨されているさまざまな可能性に対して、それをひたすら受けいれて、つかみ取ることにすぎない、と考えようとするとしよう。そうすれば、決意性という現象をかんぜんに誤解することになるだろう。決意こそまさに、そのときどきの事実的な可能性を開示しながら投企し、それを規定することなのである。決意性には必然的に、規定されていないありかたがぞくしており、現存在の有する事実的‐被投的な存在可能は、この規定されていないありかたによって特徴づけられている。決意性がじぶん自身を確信するのは、ただ決意としてのみである。たほう決意性の規定されていないありかたは、決意にあってそのときどきはじめて規定される。決意性にぞくするこの実存的な、規定されていないありかたは、にもかかわらずその実存論的に規定されたありかたを有しているのである。

注解(899)「決意性」とは「そのときどきの事実的な現存在」の決意性である。現存在の本質は、その「実存 Existenz」なのである。決意性が「実存する existiert」のは、「みずから投企する決意 Entschluß」としてである。現存在はなににもとづき、なにに向けて決意するのか。「その答えは、ただ決意そのものが与えうるだけである」。決意とは、「そのときどきの事実的な可能性を開示しながら投企し、それを規定すること das erschließende Entwerfen und *Bestimmen der jeweiligen faktischen Möglichkeit*」である。決意性には「規定されていないありかた *Unbestimmtheit*」がぞくし、この規定されていないありかたが、決意にあって「そのときどきはじめて規定される」。そのかぎりで、「実存的」には規定されていないありかたには、「実存論的に規定されたありかた *Bestimmtheit*」がある。

900　決意性の〈なにのために〉は、現存在の実存的なありかた一般のうちで存在論的にあらかじめ素描されている。現存在一般とはこの場合、配慮的に気づかいながら顧慮的に気づかうことという様式における存在可能のことである。気づかいとしては、たほう現存在は、事実性と頽落とによって規定されている。みずからの「現」において開示されていることで現存在は、真理と非真理とのうちに等根源的に身を置いている。[*1] この件は「本来的」にはまさに、本来的真理である決意性について妥当する。決意性とは、非真理を本来的に我ものとすることなのである。現存在は、そのつどすでに、さらにおそらくは、ただちにふたたび、非決意性のうちで存在している。非決意性という名称が表現するものは、〈ひと〉によって支配的に解釈されたありかたへと委ねられてしまっていることである、とさきに解釈しておいた現象にすぎない。現存在は〈ひとである自己〉としては、公共性という分別じみたあいまいさによって「生きられて」いる。公共性のあいまいさにあっては、だれひとり決意しないとはいえ、それでもすでにつねに決定をくだしてしまっているのだ。決意性とは、〈ひと〉へと喪失されているありかたからみずからを呼び醒ますことを意味する。〈ひと〉という決意を欠いたありかたは、にもかかわらず支配しつづけているとはいえ、ただ、決意した実存には取り消しを迫ることはかなわない。非決意性は、実存論的に理解された決意性の反対概念であるから、さまざまな抑圧を背負いこんでいるという意味での存在的‐心理的な性質を意味するものではない。決意もまた、〈ひと〉とその世界へと差しむけられているのである。この件を理解することは、決意性が現存在に対してはじめて本来的な見とおしのよさを与えるかぎり、決意が開示するものにともにぞくしている。決意性にあって現存在には、じぶんのもっとも固有な存在可能が問題なのだ。その存在可能とは、被投的なものとして、ただ一定の事実的な可能性へと向けてみずからを投企しうるものである。決意は「現実」から遁《のが》れでるのではない。かえってはじめて、事実的に可能なものを覆いをとって発見する。しかも決意はそのさい、その事実的に可能なものを、それが〈ひと〉においてもっとも固有な存在可能として可能であるというしかたで、つかみ取るのである。そのつど可能な決意した現存在が有する実存論的に規定されたありかたは、これまでは見すごされてきた実存論的な現象を構成する諸契機を包括している。その現象が、私たちが状況と名づけるものにほかならない。

＊1　本書、第四四節b、二二二頁参照。

注解(900)　決意性の「なにのためにWozu」は、「現存在の実存的なありかた一般」のうちであらかじめ素描されている。気づかいとして現存在はたほう「事実性と頽落」により「規定されてdeterminiert」いる。現存在は「真理と非真理とのうちに等根源的に身を置いている」かぎり、「決意性とは、非真理を本来的に我ものとすること」である。[†1]現存在はそのつどすでに「非決意性Unentschlossenheit」のうちで存在しているのである。非決意性とは、そのさい

「ひと」による解釈《アウスゲレークトハイト》へと没入したありかたにすぎない。「ひとである自己」として現存在は、「公共性」によって「生きられて gelebt」いる。公共性にあっては、だれひとり決意しないとはいえ、すでにつねに「決定をくだしてしまっている beschlossen hat」のだ。支配しつづける「ひと《ダス・マン》」の非決意性は、にもかかわらず「決意した実存 entschlossene Existenz」に取り消しを迫ることはできない。非決意性もまた「存在的‐心理的な性質」ではない実存論的な概念であって、決意は「〈ひと〉とその世界」へと差しむけられている。決意性にあって現存在には、じぶんのもっとも固有な存在可能が問題となるが、その存在可能はそれじたい被投的なものとして、ただ「一定の事実的な可能性」へとみずからを投企しうるものにすぎない。決意は「事実的に可能なもの das faktisch Mögliche」を覆いをとって発見する。「決意した現存在が有する実存論的に規定されたありかた」のうちには、「実存論的な現象」を構成するあらたな「諸契機」がふくまれる。その現象とは、「私たちが状況と名づけるもの das wir *Situation* nennen」なのだ。

†1　Sie eignet sich die Unwahrheit eigentlich zu. Bの英訳は Resoluteness appropriates untruth authentically, Mの仏訳は Elle s'approprie authentiquement le non-vérité, Vでは Elle fait proprement sienne la non-vérité.

901　状況（情勢――「情勢にある」）という術語のうちには、なんらかの空間的な意義がともに響いている。私たちはその空間的意義を実存論的な概念から除去しようとはしないだろう。空間的意義は現存在の「現」のなかにもふくまれているからである。世界内存在には固有の空間性がぞくしており、その空間性は距《へだ》たりを取りさることと方向を合わせることという現象によって特徴づけられている。現存在は事実的に実存しているかぎり、「空間を許容する」*1。現存在に適合した空間性にもとづいて、実存はそのつどみずからの「場所」を規定している。その空間性がたほう、世界内存在という体制にもとづいているのだ。この体制の第一次的な構成要素が開示性にほかならない。〈現〉の空間性が開示性にもとづいているように、状況はじぶんの基礎を決意性のうちに有している。状況とは、そのつど決意性にあって開示されている〈現〉のことであり、実存している存在者はそのような〈現〉として現にそこに存在しているのである。状況とは、そのうちで現存在が現前するような目のまえにある枠組みではない。あるいは、現存在がじぶん自身をそこへともたらすような枠組みでもない。状況は、さまざまな事情や偶然からなる、目のまえに存在する混合物といったものとはかけはなれており、状況とは、決意性をつうじて決意性のなかでのみ存在する。自己は実存することで〈現〉として存在せざるをえない。そうした〈現〉に向かって決意していることで、さまざまな事情が有するそのときどきの事実的な適所性という性格が、自己に対してはじめて開示されるのである。決意したありかたにとってだけ、私たちが偶然と名づけるものが共同世界や周囲世界からふりかかってくることができるのだ。

902 〈ひと〉にとっては、これに対して状況は本質からして鎖されている。〈ひと〉が見知っているのは「一般情勢」にすぎない。〈ひと〉はもっとも身近な「機会」のうちで喪《うしな》われており、〈ひと〉はさまざまな「偶然」を勘案して現存在をまかなっている。〈ひと〉はこの偶然を見あやまることで、偶然のなすところもじぶん自身の達成したこととみなして、そう公言するのである。

＊1 本書、第二三節ならびに二四節、一〇四頁以下参照。

注解(901―902) 「状況」――「情勢 Lage」――「情勢にある in der Lage sein」という語には「現存在《ダーザイン》の「現《ダー》」」のなかにもふくまれている「空間的な意義」がある。「世界内存在」[†1]の「空間性」とは、「距たりを取りさること Ent-fernung と方向を合わせること Ausrichtung」であった。現存在はかくて「事実的に実存しているかぎり、「空間《ラウム》を許容 räumt ein」」し、「実存」はそのつどみずからの「場所 Ort」を規定されている。空間性を基礎づける(gründen)「世界内存在」にぞくする、第一次的な「構成要素」が「開示性」なのである。状況の「基礎 Fundamente」は決意性のうちにある。状況とは、「そのつど決意性にあって開示されている〈現〉das je in der Entschlossenheit erschlossene Da」のことである。状況とは目のまえにある「枠組み Rahmen」でも、「事情や偶然 Umstände und Zufälle」からなる「混合物」でもなく、

「決意性をつうじて決意性のなかでのみ存在する」ものである。「自己」は「現」として存在せざるをえず、その「現」に向かって決意していることで、さまざまな事情の「事実的な適所性」が自己に対して開示される。「決意したありかたにとってだけ、私たちが偶然と名づけるものが共同世界や周囲世界からふりかかってくることができるのだ」†2(**901**)。「ひと」にとって、「状況は本質からして鎖されている」。「ひと《ダス・マン》」は「一般情勢 *allgemeine Lage*」を知るにすぎず、「ひと」は「機会 *Gelegenheiten*」のうちで喪われているのである(**902**)。

†1　とりあえず、本書、第二三節**290**の訳注参照。

†2　Nur der Entschlossenheit kann das aus der Mit- und Umwelt *zu-fallen*, was wir Zufälle nennen.　Rの英訳は When what we call "accidents" befall from the with-world and the environment, they can *be-fall* only resoluteness,　Mの仏訳は C'est à la résolution seulement que peut "é-choir" à partir du monde commun et ambiant ce que nous appelons des "accidents", des "oc-casions",　Vにおいては C'est qu'à la résolution que peuvent *échoir* à partir du monde commun et du monde ambiant ce que nous appelons des coups de chance ou des malchance.

903　決意性によって〈現〉の存在が、当の〈現〉の状況の実存のうちへともたらされる。良心のうちで、本来的な存在可能の、つまり良心をもとうと意志することがあかしだてられるけれども、決意性はたほうその実存論的構造を劃定しているのである。良心をもとうと意志することのうちに私たちが認識したのは、呼びかけを適切に理解することであった。この件から完全にあきらかになるように、良心の呼び声が存在可能へと呼び醒ます場合には、その呼び声はどのような空虚な実存理想をもかかげることがない。呼び声は状況へと呼びだすものなのだ。ただしく理解されるさいには、良心の呼び声はこのような実存論的に積極的なありかたを有している。その積極的なありかたから同時に見とおされるのは、すでに現前し、あるいは企図されている罪過にのみ良心の呼び声の傾向を限定することが、どれほど良心の開示性格を見あやまるはこびとなるかであり、そうした限定が私たちに伝達する良心の声をめぐる具体的な了解は、どれほど表面的なものにすぎないか、というしだいである。呼びかけの理解を決意性とみなす実存論的解釈によって、現存在の根拠のうちに内含された存在のしかたとして良心が露呈される。その存在のしかたにあって現存在は、じぶん自身に――もっとも固有な存在可能をあかしだてながら――みずからの事実的な実存を可能とするのである。

注解(903)　「決意性」が「現」の存在を、「現」の「状況の実存」のうちへともたらす。決意性によってたほう、「良心をもとうと意志すること」の「実存論的構造」が劃定されるのである。「良心の呼び声」は「存在可能」へと呼び醒ましながら、「空虚な実存理想 leeres Existenzideal」をかかげはしない。呼び声は「状況へと呼びだす *in die Situation vorruft*」。良心の呼び声の「実存論的に積極的なありかた」から同時にあきらかとなるのは、呼び声は「すでに現前し、あるいは企図されている罪過」にのみ限定されえないということであり、そのように限定することで良心の声をめぐって「伝達 vermittelt」される了解は、「表面的 scheinbar」なものにすぎないというしだいなのである。「呼びかけの理解」を実存論的には「決意性」と「解釈《インテルプレタティオン》」することで、良心は「現存在の根拠のうちに im Grunde des Daseins」内含された「存在のしかた」——現存在にとってじぶんの「事実的な実存」が可能となる存在のしかた——として露呈されるのである。

904　決意性という名称のもとできわだたせられたこの現象が、空虚な「ハビトゥス」や未規定的な「気がまえ」といったものと混同されることはまずありえないだろう。決意性は、状況を見知ったうえでそれを表象するものではない。すでに状況へと身を置きいれているのである。決意したものとして現存在は、すでに行為している。私たちは「行為する」という術語を意図的に避けている。というのも第一に、その術語はやはりあらためてひろい意味で、能動性が抵抗の受動性をも包括するようにとらえられるにちがいないからである。第二に、この術語は現存在の存在論にかかわる誤解を招きよせ、決意性があたかも、なんらかの理論的能力に対立する実践的能力にぞくする特殊なふるまいであるかのように解されるからだ。気づかいはしかし、配慮的に気づかう顧慮的な気づかいとして、現存在の存在をきわめて根源的かつ全体的に包括する。そのけっか気づかいは、理論的なふるまいと実践的なふるまいが分断されるさいに、そのつどすでに全体として前提とされていなければならない。だからまた、理論的能力と実践的能力から弁証法の助けをかりてはじめて合成されうるといったものでもない。その弁証法は、実存論的に基礎づけられていないかぎり、必然的に無根拠なものとなるのである。決意性はたほう、ひとり気づかいのうちで気づかわれ、気づかいとして可能であるような、気づかいそのものの本来的なありかたにほかならない。

注解(904)　「決意性」という現象は、空虚なHabitus〔習慣〕や未規定的な「気がまえVelleität」ではない。決意性は「状況を見知ったうえでそれを表象するものではない stellt sich nicht erst, kenntnisnehmend, eine Situation vor」。決意性は「すでに状況へと身を置きいれている hat sich schon in sie gestellt」。決意した「現存在は、すでに行為している *handelt* das Dasein schon」。行為という語から連想される、「理論的能力に対立する実践的能力」が問題なのではない。気づかいは「現存在の存在」を根源的かつ全体的に包括しており、「理論的なふるまいと実践的なふるまい」の分断以前に前提とされていなければならない。「決意性はたほう、ひとり気づかいのうちで気づかわれ、気づかいとして可能であるような、気づかいそのものの本来的なありかた(*als Sorge mögliche Eigentlichkeit dieser selbst*)にほかならない」。

905　事実的な実存的可能性を、その主要な特性や連関にあって叙述し、その実存論的な構造にしたがってそれらを解釈することは、主題的な実存論的人間学の課題圏にぞくする。*1 当面の探究が有する基礎存在論的な意図からすれば、本来的な存在可能が、良心のうちで現存在自身から現存在自身に対してあかしを与えられ、その存在可能が実存論的に限界づけられるなら、それで十分なのである。

*1　こうした問題設定の方向にあっては、K・ヤスパースがはじめて明示的に世界観理論の課題を把握し、また遂行している。その『世界観の心理学』第三版（一九二五年）参照。そこでは、「人間とはなんであるか」が、人間とはその本質からしてなんでありうるか、から問いただされ、規定されている（第一版への序文、参照）。そこからあきらかになるのは、「限界状況」が有する原則的な、実存論的‐存在論的意義にほかならない。『世界観の心理学』がひたすら「世界観の類型」にかんする参考書としてのみ「利用」されるならば、この著作の哲学的傾向はまったく見あやまられることになるだろう。

注解(905)　「事実的な実存的可能性」の「解釈《インテルプレティーレン》」は、「実存論的人間学 existenziale Anthropologie」にぞくする。「基礎存在論的な意図」からすれば、「本来的な存在可能」を実存論的に限界づけることで十分なのである。

906　決意性は、もっとも固有な負い目ある存在へと向けて、沈黙したままで、不安に耐えつつ自己投企することとしてきわだたせられた。そのことで探究は、もとめられていた現存在の本来的な全体的存在可能について、その存在論的意味を劃定することができる段階に到達していることになる。現存在の本来性とはいまや、空虚な名称でも捏造された理念でもない。死へとかかわる本来的存在は、本来的な全体的存在可能として実存論的に演繹された。しかしそれでもなお当の本来的存在は、純粋に実存論的な投企にとどまっており、そこには現存在に適合的なあかしが欠けている。そのあかしが見いだされたときはじめて、探究はみずからの問題設定にあって要求されていた課題を満足させることになる。その課題とは、実存論的に確証され、明瞭にされた、現存在の本来的な全体的存在可能を提示することにほかならない。なぜなら、現存在という存在者がその本来性と全体性において現象的に接近可能となる場合にだけ、存在了解一般がその実存にぞくしているこの存在者の存在の意味への問いが、吟味に耐えうる地盤のうえに置かれることとなるからだ。

注解(906)　「決意性」を「もっとも固有な負い目ある存在へと向けて、沈黙したままで、不安に耐えつつ自己投企すること」として解明したことで、探究は、「現存在の本来的な全体的存在可能」の存在論的意味を劃定しうる段階にいたったことになる。「本来的な全体的存在可能 eigentliches Ganzseinkönnen」としての「死へとかかわる本来的存在 eigentliche Sein zum Tode」はそれでもなお、「純粋に実存論的な投企」であって、いまだ「現存在に適合的なあかし」を欠いている。そのあかしが見いだされることではじめて、探究は「実存論的に確証され、明瞭にされた、現存在の本来的な全体的存在可能」を提示しうることになる。そのときはじめてまた、「存在了解一般がその実存にぞくしているこの存在者の存在の意味への問いが、吟味に耐えうる(probehaltig)地盤のうえに置かれることとなる」だろう。

第三章　現存在の本来的な全体的存在可能と、気づかいの存在論的意味としての時間性

第六一節　現存在の本来的な全体的存在の劃定から、時間性の現象的な発掘へといたる方法的な歩みをあらかじめ素描すること

907　実存論的に構想されたのは、現存在の本来的な全体的存在可能であった。この現象を解釈的に解明することで、死へとかかわる本来的な存在が先駆することとして露呈されたのである。[*1] 現存在の実存的なあかしにあって、現存在の本来的な存在可能が決意性として提示され、同時にまた実存論的に解釈されたことになる。この「先駆と決意性

という」ふたつの現象は、どのようにしてむすびあわされるべきなのだろうか。本来的な全体的存在可能の存在論的投企は現存在のひとつの次元へとみちびき入れるものであり、その次元は決意性という現象からはるかに距たったものなのではないか。死が行為の「具体的状況」と共有しているものとは、なんだというのだろうか。決意性と先駆とを無理に綴じあわせようとするこころみは、耐えがたく、かんぜんに非現象学的な構築へとあやまってみちびくものではないのだろうか。そうした構築はもはや、現象的に根拠づけられた存在論的構想という性格を、みずからに要求することをゆるされないのではないか。

＊1　本書、第五三節、二六〇頁以下参照。

注解(907)　「実存論的に構想された[†1]」のは「現存在の本来的な全体的存在可能」である。その現象を「解釈的に解明すること[†2]」であきらかにされたのは、「死へとかかわる本来的な存在」が「先駆すること *Vorlaufen*」であるしだいである。[†3]「現存在の本来的な存在可能」はたほう「決意性 *Entschlossenheit*」として「実存論的に解釈《インテルプレティーレン》」されていた。先駆と決意性というふたつの「現象」は、どのように関連しているのだろうか。「死が行為の「具体的状況 konkrete Situation」と共有しているもの」とはなにか。ここで私たちはむしろ、「非現象学的な構築[†4]」へとおちいっているのではないだろうか。ハイデガーはあらためて問いを提起する。

†1 Existenzial entworfen wurde. entwerfen は「投企する」ことであるが、ここでは「構想する」という意味でとっておく。段落末尾の「存在論的構想 Entwurf」についても同様。

†2 Auseinanderlegung. この語については、本書、第四節36の訳注参照。

†3 原注の参照指示「本書、第五三節、二六〇頁以下」は、底本としたBにしたがう。Aでは「二八〇頁以下」、Gでは換算すると「二六〇頁以下」。R、T、Wの指摘するように、B、Gが正しい。

†4 Konstruktion. この語については、本書、第七節82の訳注参照。

908 ふたつの現象〔先駆と決意性〕を外面的に接合することは、おのずと禁じられている。方法的に可能なものとして、なおのこる途はただひとつである。つまり、決意性という現象はその実存的な可能性にあってあかしを与えられているのであるから、この現象から出発して、つぎのように問うことにほかならない。すなわち、決意性は、みずからにもっとも固有な実存的な存在傾向そのもののうちで、先駆的決意性をじぶんのもっとも固有な本来的可能性としてあらかじめ提示するのであろうか。決意性は、任意で、そのつどもっとも身近にあるというだけの可能性へと向けて投企するのではない。もっとも極端な可能性に向けて投企する。極端な可能性とはつまり、現存在の事実的なすべての存在可能以前に横たわっており、しかもそうしたものとして、現存在がそのつど事実的につかみ取っているあらゆる存在可能のうちへと、多かれすくなかれ見まがいようもなく入りこんでいる可能性のことである。その場合ただちに、決意性はみずからの固有な意味にしたがって、そのときはじめてじぶんの本来性のうちへともたらされるのだとすれば、どうであろうか。決意性とは現存在の本来的な真理である。その決意性が死へと先駆することにあってはじめて、じぶんにぞくしている本来的な確実性へと到達するとするならば、どうだろうか。死への先駆においてはじめて、決意することが有するいっさいの事実的な「先駆するという性格」が本来的に理解される、いいかえれば実存的に取りもどされるとすれば？

注解(908)　先駆と決意性という現象を外面的に接合することはできない。つぎのように問う可能性だけが残されている。すなわち、「決意性は、みずからにもっとも固有な実存的な存在傾向(*Seinstendenz*)そのもののうちで、先駆的決意性をじぶんのもっとも固有な本来的可能性としてあらかじめ提示する」か、どうか。決意性は、「もっとも極端(äußerst)な可能性」に向けて投企する。極端な可能性とは、「現存在の事実的なすべての存在可能」のてまえに存在するものである。決意性がその場合ただちに、そのときはじめてじぶんの本来性のうちへともたらされるのだとすれば、どうか。現存在の「本来的な真理」である決意性は、死へと先駆することではじめて、じぶんの「本来的な確実性」へと到達するならば、どうだろうか。決意することは事実的に、「先駆するという性格 *Vorläufigkeit*」を有する。その性格が死への先駆にあってはじめて本来的に理解され、「実存的に取りもどされるとすれば」[†1]、どうであろうか。

†1　existenziell *eingeholt* wäre. Rの英訳では、*caught up with* in an existentiell way, Mの仏訳は existentiellement *rejointe*, Vでは *eingeholt* が *rattrapée*.

909　実存論的解釈にとってあらかじめ与えられている主題的な存在者は、現存在という存在のしかたを有している。だからこの存在者は、目のまえにある断片を綴《つづ》りあわせてひとつの目のまえにあるものへと仕立てられるわけにはいかない。実存論的解釈がこのしだいを忘れはてることのないかぎり、その歩みは総じて実存という理念によってみちびかれていなければならない。先駆と決意性とのあいだで可能な連関をめぐる問いに対して、ことのこの消息が意味しているのは、以下のような要求にほかならない。つまり、これらの実存論的な現象〔先駆と決意性〕を、それらのうちであらかじめ素描されている実存的な可能性へと向けて投企し、そうした可能性を実存論的に「おわりまで思考すること」である。先駆的決意性は実存的に可能な本来的な全体的存在可能としてきわだたせられるけれども、その件が恣意的な構築という性格を失うにいたるのは、このことをつうじてなのである。そのようにきわだたせられることにより現存在は、じぶんのもっとも極端な実存可能性へと向かって解釈されることで解放されることになる。

注解(909) 「実存論的 解釈《インテルプレタティオン》」の主題は「現存在」である。実存論的解釈の歩みは、だから、総じて「実存という理念」によってみちびかれなければならない。「先駆」と「決意性」との連関を問うにさいしては、したがって以下の件が要求されるのである。つまり、先駆と決意性という「実存論的な現象」を「あらかじめ素描されている実存的な可能性」へと向けて投企し、その可能性を「おわりまで思考すること zu Ende zu denken」である。そのとき、「先駆的決意性」は「実存的に可能な本来的な全体的存在可能」であると語ることが、もはや「恣意的な構築」ではないことになる。現存在はむしろじぶんのもっとも「極端な実存可能性」へと向けて「解釈《インテルプレティーレン》」され、そのことで同時に「解放 Befreiung」されることになるのである。

910 このような歩みによって実存論的解釈は同時に、そのもっとも固有な方法的性格を告知している。これまでのところ――そのときどきに必要だった注意を措くとすれば――明示的な方法的究明は差しひかえられていた。ひとまず現象へと「先だって向かうこと」が問題であったからである。存在者〔現存在〕はこれまで、その現象的な根本的なりたちにおいて露呈されてきた。その存在者の存在意味を発掘するに先だって、探究のみちゆきはしばらく歩みをとめなければならない。それは「休息」を目的としてではない。探究に対して、より尖鋭化された推進力を与えるためなのである。

注解(910)「実存論的解釈《インテルプレタティオン》」はここで同時に、そのもっとも固有な「方法的性格」を示している。これまでのところでは、ひとまず「現象」へと「先だって向かうこと vorzugehen」が問題であった。現存在はいままでは、その「現象的な根本的なりたち Grundbestand」において露呈されてきたのである。現存在の「存在意味」を発掘するに「先だって *Vor*」、ここで「方法的究明 methodische Erörterungen」をくわえるべく、いったん歩みをとめておく必要がある、とハイデガーはいう。

911　真正な方法は、開示されるべき「対象」あるいは対象圏域の根本体制をあらかじめ適切に見こしておくことにもとづいている。真正な方法的省察――これは技術をめぐる空虚な究明からじゅうぶん区別されなければならない――はそれゆえ同時に、主題となる存在者が存在するしかたについても解明を与えるものである。実存論的分析論一般の方法的な可能性、要求ならびに限界を明瞭にすることで、この分析論の基礎を置く歩みにとって、つまり気づかいの存在意味を露呈させるために必要な見とおしのよさがはじめて確保されるのである。気づかいの有する存在論的意味を解釈することはたほう、これまできわだたせられてきた現存在の実存論的体制をかんぜんに、しかも不断に現象学的に再現前化することにもとづいて遂行されなければならない。

注解(911)　「真正 echt」な方法は、「対象」の「根本体制」をあらかじめ適切に見こしておかなければならない。真正な方法的省察は、だから、「主題となる存在者 das thematische Seiende」が存在するしかたについても解明を与える。[†1]「実存論的分析論一般」をめぐる方法的省察をつうじて、「気づかいの存在意味」を露呈させるべき「見とおしのよさ Durchsichtigkeit」がはじめて確保されるのである。「気づかいの有する存在論的意味を解釈すること *Interpretation*」は、「現存在の実存論的体制」をたえず「現象学的に再現前化」すること[†2]にもとづくものでなければならない。

†1　「書き込み」には、「学的な手つづきのとりかた(Verfahren)と、思索的なすすみかた(Vorgehen)を区別すること」とある。

†2　*Vergegenwärtigung*. 現象学用語であるとともに、「思いだす」というほどの意味ももつ。Rの英訳は *envisaging*, Mの仏訳は *re-présentation*, Vでは *présentification*.

912　現存在は、目のまえにあるもの、実在的なもののいっさいと、存在論的には原則的にことなっている。現存在の「なりたち」は、なんらかの実体が実体であることにもとづくものではない。実存する自己が「不断に自己であること」にもとづく。その実存する自己の存在が、気づかいとして把握されたのである。気づかいのうちにともにふくまれている、自己という現象は、非本来的な〈ひとである自己〉を予備的に提示したこころみに対して、根源的かつ本来的なしかたで実存論的に限界づけられる必要がある。このこととともに、総じてそのような「自己」へと向けられるべき可能な存在論的な問いが劃定される。およそ自己が実体ではなく主体でもないとすれば、その件が必要なのである。

注解(912)　「現存在」は「目のまえにあるもの」「実在的なもの」ではない。現存在の「なりたちBestand」は「実体であることSubstanzialität」にではなく、「実存する自己《ゼルプスト》」が「不断に自己であること」†1にもとづく。その実存する自己の存在が気づかいとして把握されたのである。気づかいのうちにともにふくまれている「自己」という現象は、非本来的な「ひとである自己Man-selbst」を予備的に提示したこころみに対して、根源的かつ本来的なしかたで、実存論的に限界づけられる必要がある。このこととともに、総じてそのような「自己」へと向けられるべき、可能な存在論的な問いが劃定される。およそ自己が実体(Substanz)ではなく主体(Subjekt)でもないとすれば、その件が必要なのである。

†1　*Selbständigkeit.*「自己Selbst」と「たえずständig」の意味を響かせている。通常は「自立性」と訳す。Rの英訳は*Self-subsistence*, Mの仏訳は*autonomie*, Vでは*constance en soi.*

913　気づかいという現象は、このようにしてはじめて充分に解明される。私たちはつぎに気づかいという現象に問いかけて、その存在論的意味をさぐることにする。この意味が規定されることで、時間性が発掘されることになるだろう。このことが提示されたとしても、現存在は遠くはなれ、分断された圏域へとみちびかれるわけではない。むしろ現存在の実存論的根本体制にぞくする現象的ななりたちの総体が、現存在に固有な存在論的了解可能性の究極的な基礎にあって把握されるにすぎない。現象的に根源的に、時間性は現存在の本来的な全体的存在にそくして、つまり先駆的決意性という現象にそくして経験される。時間性がこの点で根源的に告知されるならば、先駆的決意性にぞくする時間性はおそらく時間性そのものの、ひとつのきわだった様態であることになるだろう。時間性はさまざまな可能性において、またさまざまな様式にあって時間化することができる。実存の根本的可能性、すなわち現存在の本来性と非本来性は、存在論的には、時間性の可能な時間化にもとづいているのである。

注解(913)　「気づかい」という現象の「存在論的意味」がさぐられなければならない。そのことで、「時間性」が発掘され、「現存在の実存論的根本体制」の「現象的ななりたちの総体 Gesamtbestand」が、「存在論的了解可能性の究極的な基礎 die letzte Fundamente」にあって把握されることになるだろう。「時間性」は「現存在の本来的な全体的存在」つまり「先駆的決意性」にそくして「経験」される。時間性は、さまざまな可能性において「時間化する」†1ことができる。現存在の本来性と非本来性とは「実存の根本的可能性 Grundmöglichkeiten」であり、それは存在論的には「時間性の可能な時間化†2」にもとづいているのである。

†1 sich … *zeitigen.* H、T、Wはともに「時熟」すると訳す。Kはこの箇所では「時〔間性として成〕熟」する。Rの英訳は *temporalize,* Mの仏訳は se *temporaliser,* Vでは se *temporer.*

†2 mögliche Zeitigungen der Zeitlichkeit. Rの英訳は possible temporalizations of temporality, Mの仏訳は temporalisations possibles de la temporalité, Vでは possibles temporations de la temporellité.

914　じぶんに固有な存在が有する存在論的性格は、（存在を目のまえにあるありかたとしてとらえる）頽落した存在了解が優勢であるときには、現存在にとっては縁どおいものとなっている。すでにそうであってみれば、この存在の根源的な基礎についてはなおさら縁どおい。したがって、一見したところこの時間性が、通俗的な了解にとって「時間」として接近可能であるものとは対応しないとしても、なんら驚くべきところではない。通俗的な時間経験における時間概念と、その経験から生じた問題系は、だからこそ吟味されないままに、時間解釈が適切であるかどうかの判断規準として作動することはできないのである。むしろ探究は、時間性という根源的現象にしたしむことを先行させなければならない。そのことによってはじめて、時間性という根源的現象にもとづいて、通俗的な時間了解の必然性とその根源のありかた、おなじようにまたそれが支配的なものである根拠があきらかにされることになる。

注解(914) 「存在」を「目のまえにある」こととしてとらえる、「頽落した存在了解 das verfallende Seinsverständnis」が優勢であるときには、「現存在」の「存在」の根源的な基礎が、現存在にとって疎遠なものとなっている。したがって、「時間性」もまたとりあえず通俗的な「時間」とは一致しない。通俗的な「時間経験 Zeiterfahrung」の「時間概念 Zeitbegriff」は、だから、「時間解釈 Zeitinterpretation」の判断規準とはならないのである。まず、「時間性という根源的現象 das ursprüngliche Phänomen」がしたしまれなければならない。この現象にもとづいて、通俗的な時間了解の必然性、その「根源のありかた Art des Ursprungs」、それが支配的なものとなる根拠があきらかにされる、とハイデガーはいう。

915 時間性という根源的な現象が確定されなければならない。その確定は、これまできわだたせられてきた現存在の基礎的構造のすべてが、その可能な全体性、統一性ならびに展開にかんして、根底において「時間的」であり、時間性の時間化のさまざまな様態として把握されるべきであるしだいを証示することで遂行される。かくて実存論的分析論にとって、時間性の発掘から生じてくる課題は、現存在についてすでに遂行された分析を、本質的な構造をその時間性にもとづいて解釈するという意味で反復することにほかならない。そのことで要求される分析の根本的方向は、時間性そのものによってあらかじめ素描されている。本章は、かくして以下のような区分をふくむことになる。先駆的決意性としての、現存在の実存的に本来的な全体的存在可能(第六二節)、気づかいの存在意味を解釈するために獲得された解釈学的状況と、実存論的分析論一般の方法的な性格(第六三節)、気づかいと自己性(第六四節)、気づかいの存在論的意味としての時間性(第六五節)、現存在の時間性、ならびにその時間性から発現する、実存論的分析のより根源的な反復という課題(第六六節)。

注解(915)　「時間性という根源的な現象」を確定するためには、「現存在の基礎的構造」のすべてが、根底において「時間的」であり、「時間性の時間化 Zeitigung der Zeitlichkeit」の諸様態として把握されるべきであることを証示しなければならない。実存論的分析論にとっての課題は、かくして、現存在の分析を時間性にもとづいて「解釈する《インテルプレタティオン》」という意味で「反復すること」[†1]にほかならない。以下、本章の区分が予告され、「より根源的な反復」[†2]が予示されて本節は閉じられる。

†1　*wiederholen.* この語については、さしあたり、本書、第一節5の訳注参照。

†2　A、B、C版は、本節本文および第六六節の標題の、ursprünglich(根源的な)をursprünglicher(より根源的な)とする。Gのみ、本節本文をursprünglich(根源的な)とする。

第六二節　先駆的決意性としての、現存在の実存的に本来的な全体的存在可能

916　決意性が、そのもっとも固有な存在傾向に対応して「おわりまで思考された」としてみよう。そのばあい決意性はどのていどまで、死へとかかわる本来的な存在へと到達することになるのだろうか。良心をもとうと意志することと、現存在の実存論的に投企された本来的な全体的存在可能とのあいだの関連は、どのように把握されるべきなのか。この両者を接合することで、なにかあらたな現象が生じるのだろうか。あるいは、じぶんの実存的な可能性にあってあかしを与えられた決意性はそのままでありつづけ、しかしその決意性が、死へとかかわる存在によってひとつの実存的様態化をこうむりうる、というしだいとなるのであろうか。たほう、決意性という現象を実存論的に「おわりまで思考すること」とは、いったいなにを意味するものなのだろうか。

注解(916)　「決意性」が「おわりまで思考された」場合、決意性から「死へとかかわる本来的な存在」へと到達することになるのだろうか。「良心をもとうと意志すること」と、「現存

在」の「本来的な全体的存在可能」とはどのように関連するのか。決意性はただ、死へとかかわる存在によって「実存的様態化 *existenzielle Modalisierung*」をこうむるだけなのであろうか。決意性という現象を「実存論的に「おわりまで思考すること」」はなにを意味するのか。

917　決意性はあえてじぶんに不安を要求し、沈黙したままで、もっとも固有な負い目ある存在へと投企することと特徴づけられた。この負い目のある存在は現存在の存在にぞくしており、無-性の無的な根拠であることを意味する。現存在の存在にぞくする「負い目がある」は、増大も減少も許容しない。負い目があることは——量化が一般に意味を有するとして——あらゆる量化よりもまえに存するのである。現存在は本質からして負い目があるのだから、それにはときとして負い目があり、つぎにはふたたび負い目あるものではなくなる、といったことはない。良心をもとうと意志することは、この負い目のある存在へと向かってみずから決意することなのだ。決意性の固有の意味のうちに存しているのは、こうした負い目のある存在へと投企することである。現存在は、それが存在しているかぎり、そうした負い目ある存在として存在している。この「負い目」が決意性のうちで実存的に引きうけられなければならないが、その引きうけが本来的に遂行されるのは、したがってただ、決意性が現存在を開示するにさいして、負い目ある存在を不断に負い目のある存在として理解するまでに、決意性がみずからにとって見とおしがよくなっている場合にかぎられる。こういった理解が可能となるのはたほうひとえに、現存在が存在可能を「そのおわりまで」みずからに開示することによってなのである。現存在がおわりに達しているとは、しかしながら実存論的には、おわりへとかかわって存在していることを意味している。決意性が、じぶんがそれでありうるものへと本来的に生成するのは、おわりへと理解しながらかかわる存在としてである。つまり死への先駆としてなのだ。決意性は、じぶん自身とはべつのものである先駆とただなんらかの連関を「有する」というわけではない。決意性は、死へとかかわる本来的存在を、みずからに固有の本来性にぞくする可能な実存的様相としてじぶんのうちに蔵している。この「連関」が現象的に明瞭にされなければならない。

注解(917)　「決意性」は、「もっとも固有な負い目ある存在へと投企すること Sichentwerfen auf das eigenste Schuldigsein」であった。この負い目のある存在は「現存在の存在」にぞくしており、「無 - 性の無的な根拠である nichtiges Grund-*sein* einer Nichtigkeit」。現存在には本質からして負い目があり、「ときとして *zuweilen*」負い目があり、ときにはそうではない、といったことがない。「良心をもとうと意志すること」は、この負い目のある存在へと向かってみずから決意することであり、それがまた「決意性の固有の意味」なのだ。この「負い目」

が決意性のうちで「実存的に引きうけられ」るのは、負い目ある存在が「不断に負い目のある存在として」理解されるときにかぎられる。そういった理解は、現存在が「存在可能」を「そのおわりまで bis zu seinem Ende」みずからに開示することによって可能となる。現存在が「おわりに達している Zu-Ende-sein」とは「実存論的」には、「おわりへとかかわって存在していること Sein *zum* Ende」を意味している。決意性が、「じぶんがそれでありうるものへと本来的に生成する」[†1]のは、「おわりへと理解しながらかかわる存在」、つまり「死への先駆」としてである。「決意性は、死へとかかわる本来的存在を、みずからに固有の本来性にぞくする可能な実存的様相(*die mögliche existenzielle Modalität*)としてじぶんのうちに蔵している」。この連関が解明されなければならない。

†1　wird eigentlich das, was sie sein kann. Rの英訳は becomes authentically what it can be, Mの仏訳は devient authentiquement ce qu'elle peut être, Vでは devient vraiment ce qu'elle peut être.

918　決意性が意味するのは、もっとも固有な負い目のある存在へとみずからを呼びださせることにほかならない。負い目のある存在は現存在自身の存在にぞくしており、この現存在の存在を私たちは、第一次的には存在可能と規定したのであった。現存在は不断に負い目あるもので「ある」。この件が意味しうるのはひとえに、現存在が、そのつど本来的あるいは非本来的に実存することとして、負い目のあるこの存在のうちでじぶんを保持しているしだいなのである。負い目のある存在とは、不断に目のまえにあるもののたんに持続的な属性のことではない。本来的もしくは非本来的に負い目のある、実存的可能性のことである。「負い目がある」ことは、そのときどきの事実的な存在可能にあってのみ、そのつど存在する。負い目のある存在は、したがって、現存在の存在にぞくしているがゆえに、負い目ある存在可能として把握されなければならない。決意性は、この存在可能へと向けてみずからを投企する。つまりその存在可能のなかでじぶんを理解するのである。この理解は、こうして、現存在の或る根源的な可能性のうちでみずからを保持しているわけである。その理解がこの可能性のうちにじぶんを保持しているのが本来的であるのは、決意性が根源的にみずからの存在傾向であるときである。じぶんの存在可能へとかかわる現存在の根源的存在を、私たちは死へとかかわる存在として露呈した。すなわち、さきに特徴づけられた、現存在のきわだった可能性へとかかわる存在として露呈しておいた。先駆が、こういった可能性を可能性として開示する。決意性はそれゆえに先駆的決意性としてはじめて、現存在のもっとも固有な存在可能へとかかわる根源的存在となる。決意性は、じぶんを死へとかかわる存在として「資格づける」ときはじめて、負い目ある存在可能の「可能」を理解するのである。

注解(918)　「決意性」とは「もっとも固有な負い目のある存在」へみずからを呼びださせることである。この「現存在の存在」は「存在可能」であり、負い目のある存在は現存在の存在にぞくしている。「現存在は不断に負い目あるもので「ある」Das Dasein “ist” ständig schuldig」。負い目のある「存在」とは「本来的もしくは非本来的に負い目のある、実存的可能性」のことである。負い目のある存在は、したがって「負い目ある存在可能」として把握され、決意性はこの存在可能へと向けてみずからを「投企」して、その存在可能のなかでじぶんを「理解」する。その理解が「この可能性のうちにじぶんを保持しているのが本来的である」のは、「決意性が根源的にみずからの存在傾向であるとき†1」である。現存在の「根源的存在」は「死へとかかわる存在」、すなわち「きわだった可能性へとかかわる存在」であった。「先駆」が、この「可能性を可能性として Möglichkeit als Möglichkeit」開示する。「先駆的決意性」がそれゆえはじめて「現存在のもっとも固有な存在可能へとかかわる根源的存在」となる。死へとかかわる存在である決意性がはじめて、「負い目ある存在可能の「可能」Das “kann” des Schuldigseinkönnen」を理解するのである。

†1　wenn die Entschlossenheit das, was sie zu sein tendiert, ursprünglich ist.　Rの英訳は if the resoluteness is primordially that which it tends to be,　Mの仏訳は si la résolution est originairement ce qu'elle tend à être,　Vでは si ce que la résolution tend à être, elle est originairement.

919 決意することで現存在が、みずからの実存において本来的に引きうけるのは、じぶんがじぶんの無-性の無的な根拠であることである。死を私たちは実存論的には、さきに特徴づけておいたとおり、実存の不可能性の可能性として把握した。すなわち、現存在の端的な無-性として把握したことになる。死は現存在に、その「おわり」にさいして接合されるのではない。気づかいとして現存在は、みずからの死の被投的な(つまり無的な)根拠なのである。現存在の存在を根源的に、徹底したしかたで支配している無-性は、死へとかかわる本来的な存在にあって、現存在自身に対して露呈される。先駆が、現存在の全体的存在という根拠にもとづいて、はじめて負い目のある存在をあらわにする。気づかいは、死と負い目とを等根源的にみずからのうちに蔵しているのだ。先駆的決意性こそがはじめて、負い目ある存在可能を、本来的かつ全体的に、いいかえるなら根源的に理解するのである。[*1]

*1　現存在の存在体制に根源的にぞくしている負い目ある存在は、神学的に理解されたstatus corruptionis〔堕落状態〕からじゅうぶん区別されなければならない。神学の側は、実存論的に規定された負い目ある存在のうちに、status corruptionis を事実的に可能とする存在論的な条件を見いだすかもしれない。この status〔状態〕の理念のなかにふくまれている負い目は〔しかし〕、まったく固有な種類の、事実的な罪過なのである。そのよ

うな罪過も、その固有なあかしを有しているけれども、そうしたあかしは、哲学的経験のすべてにとっては原則的に鎖されたままである。負い目のある存在の実存論的分析は、罪の可能性に対しては、それをなんらか肯定する証明も反駁する証明も与えるものではない。厳密にいえば、現存在の存在論が哲学的な問いとしては罪についてなにごとも原則的に「知って」はいないかぎり、現存在の存在論は罪の可能性一般をじぶん自身から開いたままにしておく、とも語りえないのである。

注解(919)「現存在」が決意することで、本来的に引きうけるのは、「じぶんの無-性の無的な根拠であること」である。死とは、「実存の不可能性の可能性 Möglichkeit der *Unmöglichkeit* der Existenz」であり、現存在の「端的な無-性」なのであった。「気づかい」として現存在そのものが、みずからの死の「被投的な(つまり無的な)根拠」なのである。無-性が、「死へとかかわる本来的な存在」にあって現存在自身に対して露呈される。先駆はたほう現存在の「全体的存在」にもとづいて、「負い目のある存在」をあらわにする。気づかいは、だから、「死と負い目とを等根源的にみずからのうちに蔵している」ことになる。「先駆的決意性」こそがはじめて、「負い目ある存在可能」を「本来的かつ全体的に、いいかえるなら根源的に *eigentlich und ganz*, das heißt *ursprünglich*」理解するのである。

920　良心の呼び声を理解することによって露呈されるのは、〈ひと〉へと喪失されてい

307

るありかたである。決意性は現存在を、そのもっとも固有な自己で在りうることへと連れもどす。もっとも固有な存在可能が、本来的なものとなり、かつまったく見とおしのよいものとなるのは、もっとも固有な可能性として死を理解しながら、死へとかかわる存在においてなのである。

921　良心の呼び声は、呼びかけにあって、現存在のすべての「世間的」な威信や権能をとおり越してしまう。良心の呼び声は、容赦なく、現存在をその負い目ある存在可能へと単独化する。本来的にその負い目ある存在可能であることこそ、良心の呼び声が現存在に要求するところである。もっとも固有な存在可能へと本質からして単独化することには、打破しがたい尖鋭さがある。その尖鋭さを、関連を欠いた可能性である死へと先駆することが開示する。先駆的決意性が、負い目ある存在可能を、もっとも固有な、関連を欠いた存在可能として、あますところなく良心のうちへと刻みこむのだ。

注解(920—921)「良心の呼び声 Gewissensruf」の「理解」が、「ひと《ダス・マン》」へと喪失されているありかたを露呈し、「決意性」が「現存在」を「もっとも固有な自己で在りうること eigenstes Selbstseinkönnen」へと連れもどす。それは、「もっとも固有な可能性」として死を理解しながら「死へとかかわる存在」のことなのである(920)。

良心の呼び声(Ruf des Gewissens)は、「世間的 weltlich」な「威信や権能 Ansehen und Können」をとおり越してしまう。良心の呼び声は「現存在をその負い目ある存在可能へと単独化する」。この単独化の「打破しがたい尖鋭さ」を、「関連を欠いた可能性である死へと先駆すること」が開示する。先駆的決意性が、「負い目ある存在可能 Schuldigseinkönnen」を「良心のうちへと刻みこむ」のである(921)。

922　良心をもとうと意志することは、もっとも固有な負い目ある存在への呼びかけに対して用意があることを意味する。この負い目ある存在が、いっさいの事実的な罪過以前にもその償い以後にも、そのつどすでに事実的な現存在を規定していたのである。この先行的でかつ不断に負い目ある存在が、その先行したありかたにおいてはじめて覆われることなく示されるのは、現存在にとって端的に追いこすことのできない可能性のなかへと、この先行したありかたが組みこまれるときである。決意性が先駆することで死の可能性をみずからの存在可能へと取りもどしたとき、現存在の本来的な実存はなにものによってももはや追いこされることができない。

注解(922)「良心をもとうと意志すること」は、「もっとも固有な負い目ある存在への呼びかけに対して用意があること Anrufbereitschaft」である。負い目ある存在が、「事実的な罪過以前」も「その償い以後」も「現存在」を規定していた。この負い目ある存在が、その「先行したありかたVorgängigkeit」においてはじめて完全に示されるのは、現存在にとって「追いこすことのできない *unüberholbar*」可能性とのかかわりにあってのことなのである。「決意性」が、死の可能性をみずからの「存在可能」へと「取りもどした *eingeholt*」とき、現存在の「本来的な実存」はなにものによっても「追いこされる *überholt*」ことができない。

923　決意性という現象とともに私たちは、実存の根源的真理のまえへとみちびかれた。決意することで現存在は、みずからのそのときどきの事実的な存在可能にあってじぶん自身に露呈されている。しかも現存在自身がそのように露呈し、露呈されていることであるというしかたにおいてである。真理には、その真理にそのつど対応する、真とみなして保持することがぞくしている。開示されたもの、あるいは覆いをとって発見されたものを明示的に領有することが、確実であるとすることなのだ。実存の根源的真理は、それと等根源的な、確実であるとすることを要求する。確実であるとすることとはここで、決意性が開示するもののなかにじぶんを保持することである。決意性は、そのときどきの事実的状況をみずからに与え、また状況のなかへとじぶんをもたらす。状況は、目のまえにあるもののように、まえもって算定されたり、あらかじめ与えられることはない。目のまえにあるものなら、つかみ取られることを待ちうけている。状況は、まずは未規定的で、しかし規定可能性へと開かれている自由な決意においてのみ開示されるのだ。その場合、そのような決意性に帰属している確実性とはなにを意味するのだろうか。その確実性は、決意をつうじて開示されたもののなかで、みずからを保持しているべきである。この件が意味するのはしかし以下のしだいにほかならない。すなわち、その確実性はまさに状況に固執することができない。むしろ確実性が理解しなければならないのは、決意がじぶんに固有な開示の意味にしたがい、そのときどきの事実的な可能性に対して自由に開かれて保持されていなければならない、ということである。決意の確実性が意味するものとは、可能な、またそのつど事実的に必然的なつかみ直しに対して、じぶんを自由に保持することなのである。そのように決意性が真とみなして保持することは(実存の真理として)、しかしながらだんじて非決意性へと逆もどりさせられることではない。逆である。真とみなして保持することは、つかみ直しに対して決意しながらもじぶんを自由に保持することである。そのように真とみなして保持することこそが、みずから自身を反復しようとする本来的な決意性なのである。このことによってたほう、非決意性のうちへと喪失されているほかならぬありかたが、実存的に掘りくずされていることになる。真とみなして保持することは決意性にぞくしている。そのばあい真とみなして保持することには、みずからの意味にしたがって、不断に、すなわち現存在の全体的な存在可能へと向かって、じぶんを自由に保持する傾向がある。こうした不断の確実性が決意性に対して保証されるのは、決意性がひとり、みずからが端的に確実であるとすることのできる可能性へとかかわる場合のみである。じぶんの死にあって、現存在はみずからを端的に「つかみ直す」ほかはない。じぶんの死を不断に確実であるとしながら、いいかえるなら先駆することで、決意性はみずからの本来的で全体的な確実性を獲得するのである。

注解(923)　「決意性」は「実存の根源的真理」へとみちびく。決意することで「現存在」は「事実的な存在可能」にあって、みずからを露呈し、また露呈されている。真理には「真とみなして保持すること[†1]」がぞくする。「開示されたもの」を明示的に領有することが「確実であるとすること[†2]」なのである。確実であるとすることは、「決意性」が開示するもののなかに「じぶんを保持することSich-halten」である。決意性は「事実的状況をみずからに与え、また状況のなかへとじぶんをもたらす *gibt* sich die jeweilige faktische Situation und *bringt* sich in sie」。状況は、「規定可能性へと開かれている自由な決意」において開示されるのだ。このばあい「確実性」とは状況に「固執すること sich ... *versteifen*」ではない。決意はむしろ、「そのときどきの事実的な可能性に対して自由に開かれて保持されて」いなければならないのである。決意の確実性とは、そのつど必然的な「つかみ直し(*Zurücknahme*)に対して、じぶんを自由に保持すること」である。これはしかし、「非決意性 Unentschlossenheit」へと舞いもどることではない。そのように真とみなして保持することこそが、「みずから自身を反復しようとする本来的な決意性 die *eigentliche Entschlossenheit zur Wiederholung ihrer selbst*」なのである。決意性にぞくしている、真とみなして保持することとは、不断に「現存在の全体的な存在可能」へと向かってじぶんを自由に保持しようとする。決意性は、それが「端的に確実であるとすることのできる可能性へとかかわる場合」だけ、不断の確実性を保証される。つまり「じぶんの死にあって、現存在はみずからを端的に「つかみ直す」ほかはない」。「先駆すること」で決意性は「本来的で全体的な確実性 eigentliche und ganze Gewißheit」を獲得することになるのである。

†1　Für-wahr-halten.　本書、第五二節765の訳注における、カント『純粋理性批判』からの引用参照。

†2　*Gewißsein.*　この表現については、同、763以降の本文参照。

924　現存在はしかし等根源的に、非真理のうちで存在している。先駆的決意性によって現存在に同時に与えられるのは、現存在が鎖されているという根源的な確実性でもある。先駆的に決意しながら現存在がみずからを開いて保持するのは、現存在に固有の存在の根拠にもとづいて可能な、〈ひと〉という非決意性のうちへと不断に喪失されているありかたに対してである。非決意性は現存在の不断の可能性であって、決意性とともに確実なのである。じぶん自身を見とおしている決意性が理解しているのは、存在可能の未規定的なありかたが、そのときどきの状況に向かう決意にあってのみ、そのつど規定されるということである。そうした決意性は、実存する存在者を一貫して支配している未規定的なありかたを知っている。この知は、しかしそれが本来的な決意性に対応しようとするものであるなら、それ自身なんらかの本来的な開示作用から発現するものでなければならない。決意においてそのつど確実となっているにしても、じぶんに固有な存在可能は未規定的である。この件がはじめて全体的にあらわになるのは、いっぽう、死へとかかわる存在にあってのことなのだ。先駆が現存在を、ひとつの可能性に直面させる。その可能性は、不断に確実でありながら、いつその可能性が不可能性となるのかにかんして、それでもあらゆる瞬間に未規定的なままでありつづける。その可能性があらわにするのは、当の存在者がじぶんの「限界状況」の未規定的なありかたのうちに投げこまれていることである。そういった未規定的なありかたへと決意することで現存在は、その本来的な全体的存在可能を獲得する。死が未規定的であるしだいは、不安のうちで根源的に開示される。この根源的な不安を、たほう決意性はじぶんにあえて要求するようつとめる。根源的な不安が、現存在がじぶん自身に引きわたされていることから、それを覆いかくすもののすべてを取りのぞくのである。不安は無へと直面させる。その無によって露呈されるのが、現存在をその根拠にあって規定している無-性にほかならない。この根拠そのものが、死への被投性として存在するのである。

注解(924)　「現存在」は等根源的に「非真理」のうちにも存在する。[†1]「先駆的決意性」によって与えられるのは、現存在が「鎖されている」[†2]という根源的な確実性でもある。現存在は、その「固有の存在の根拠 das Grund des eigenen Seins」にもとづいて「ひと《ダス・マン》」という「非決意性」のうちに喪失されていることが可能である。非決意性は「現存在の不断の可能性」であり、決意性と「ともに確実 *mitgewiß*」なのである。決意性が理解しているのは、「存在可能の未規定的なありかた」が規定されるのは、そのときどきの「状況」に向かう決意にあってだけであるということである。決意においてそのつど確実となっているにしても、じぶんに固有な存在可能が「未規定的である」ことは、「死へとかかわる存在」にあってはじめて「全体的に」あらわになる。「先駆が現存在を、ひとつの可能性に直面させる」。当の可能性がいつ「不可能性」となるのかは、「あらゆる瞬間に未規定的」でありつづける。その可能性があらわにするのは、現存在がじぶんの「限界状況」[†3]の未規定的なありかたのうちに投げこまれていることである。死の未規定的なありかたを、「不安」が根源的に開示する。現存在は「じぶん自身に引きわたされている」。この件を覆いかくすもののすべてを、「根源的な不安 ursprüngliche Angst」が取りのぞく。「不安は無へと直面させる。その無によって露呈される」のが「無-

性」であって[†4]、この無‐性が現存在をその根拠にあって規定している。「この根拠そのものが、死への被投性として存在するのである[†5]」。

†1　この件については、本書、第四四節bの649以下、cの674参照。
†2　Verschlossenheit. この件については、本書、第四〇節533、第四四節b649参照。
†3　Grenzsituation.「死」を限界状況のひとつに数えあげたのは、ヤスパース。『哲学』第二巻、第三部門第七章参照。
†4　訳文とは順序をかえて訳したこの部分の原文は、Das Nichts, davor die Angst bringt, enthüllt die Nichtigkeit.
†5　原文は、der selbst ist als Geworfenheit in den Tod.

925　死とは、もっとも固有な、関連を欠いた、追いこすことのできない、確実で、しかも未規定的な可能性であった。分析が系列を追って露呈してきたものは、そうした可能性である死へとかかわる本来的な存在から生じる、様態化のさまざまな契機であり、決意性はそれ自身からして、それらの契機を志向する。決意性は、先駆的決意性としてのみ本来的かつ全体的に、それがありうるものなのである。

926　逆にたほう、決意性と先駆とのあいだの「連関」が解釈されたことによってはじめて、先駆そのものの完全な実存論的了解が達成されたことになる。これまでのところ先駆は、ひとり存在論的な投企としてみなされることもありえた。いまや示されたところによれば、先駆はなんら案出されて現存在に強要された可能性などではない。それはむしろ現存在のうちであかしを与えられた、実存的な存在可能の様態である。現存在が決意したものとしてじぶんを本来的に理解しているならば、現存在はおのずとそうした様態を要求するのである。先駆は宙に浮いた態度として「存在している」ものではない。先駆はむしろ、決意性の本来性の可能性として把握されなければならない。その可能性は、実存的にあかしを与えられた決意性のなかに隠され、かくてまたそのうちでともにあかしを与えられた可能性なのである。本来的に「死を思うこと」は、実存的にみずからを見とおすにいたった〈良心をもとうと意志すること〉なのだ。

注解(925―926)「死」とは「もっとも固有な、関連を欠いた、追いこすことのできない、確実で、しかも未規定的な可能性」であった。分析によってあきらかとなったのは、そうした「死へとかかわる本来的な存在」から生じる「様態化のさまざまな契機 *Momente der Modalisierung*」である。「決意性は、先駆的決意性としてのみ本来的かつ全体的に、それがありうるもの(eigentlich und ganz, was sie sein kann)なのである」(925)。

こうしてたほう、「先駆」そのものが完全に「実存論的」に了解されたことになる。先駆は、たんなる「存在論的な投企」ではない。それはむしろ「現存在のうちであかしを与えられた、実存的な存在可能の様態」である。先駆は、かくてむしろ「決意性の本来性の可能性」として把握されなければならない。その可能性は「実存的にあかしを与えられた決意性のなかに隠されている可能性である。本来的に「死を思うことDenken an den Tod」は「良心をもとうと意志すること」であり、そのとき良心をもとうと意志することは「実存的にみずからを見とおす」にいたっているのである(926)。

927　決意性は、本来的な決意性としては、先駆をつうじて限界づけられた様態を志向する。先駆はいっぽう、現存在の本来的な全体的存在可能をかたちづくっている。そうであるなら、実存的にあかしを与えられた決意性のうちで、現存在の本来的な全体的存在可能がともにあかしを与えられていることになる。全体的存在可能への問いは、一箇の事実的-実存的な問いである。現存在が、決意したものとして、この問いに応えるのだ。現存在の全体的存在可能に対する問いはここでは、はじめに示された性格をかんぜんに脱ぎさっている[*1]。この問いは当初はひたすら現存在分析論の理論的で方法的な問いであって、それは、全体的な現存在の完璧な「所与性」を手にしようとする努力から発現したものであるかのように見えたのであった。現存在の全体性という問いは、最初はたんに存在論的-方法的に究明されたにすぎない。この問いは、だがその権利を有していたのであって、それはしかしその権利根拠が現存在の或る存在的な可能性に帰着するものであったからにほかならない。

＊1　本書、第四五節、二三一頁以下参照。

注解(927)「本来的な決意性」は「先駆をつうじて限界づけられた様態」を志向し、先駆は「現存在の本来的な全体的存在可能 das eigentliche Ganzseinkönnen des Daseins」をかたちづくっている。だから、「実存的にあかしを与えられた決意性」のうちで「現存在の本来的な全体的存在可能」がともにあかしを与えられているのである。「全体的存在可能への問いは、一箇の事実的-実存的な問い」であって、「現存在が、決意したものとして、この問いに応える *Das Dasein beantwortet sie als entschlossenes*」。「現存在の全体的存在可能に対する問い」は、いまやたんに「理論的で方法的な問い」ではない。その問いの「権利 Recht」は、その「根拠 Grund」を「現存在の或る存在的な可能性」のうちに有していたのである。

928　先駆と決意性とのあいだの「連関」は、前者をつうじて後者の様態化が可能となるという意味で解明された。そのことで、現存在の本来的な全体的存在可能が現象的に提示されたのである。本来的な全体的存在可能という現象によって、現存在の一箇の存在様式が言いあてられている。その存在様式にあって現存在は、みずからをじぶん自身へともたらし、じぶん自身に直面させる。とすればこの現象は、〈ひと〉のおこなう日常的で分別的な現存在解釈にとっては、存在的かつ存在論的に理解できないものにとどまらざるをえない。この実存的可能性を「証明されていないもの」として排除したり、あるいは逆に理論的に「証明」しようとすることは、誤解というものだろう。にもかかわらずこの現象は、ひどく粗野な転倒から保護される必要がある。

注解(928)「先駆と決意性」は、前者をつうじて後者の「様態化」が可能となるものであった。そのことで提示された「現存在の本来的な全体的存在可能」とは、現存在がみずからをじぶん自身に直面させる「現存在の一箇の存在様式」にほかならない。この現象は、日常的で「分別的 verständig」な「現存在解釈《アウスレーグング》」にとって「理解できない unverständlich」ものである。それでもこの現象は、「粗野な転倒」からまもられなければならない。

929 先駆的決意性とは、死を「克服する」ために案出された逃げ道ではない。良心の呼び声にしたがう理解であって、この理解が現存在の実存を支配し、あらゆる逃避的な自己隠蔽を根底から解消する可能性を死に対して開けわたす。良心をもとうと意志することは死へとかかわる存在として規定されたが、この件が意味するところもまた、世界逃避的な隠遁ではまったくない。むしろ幻想をもつことなく「行為すること」への決意性へとみちびくことである。先駆的決意性はさらに、実存とそのさまざまな可能性を飛びこえている「理想主義的」要求に由来するものでもない。かえって、現存在の事実的な根本的可能性を冷徹に理解するところから発現する。この冷徹な不安は単独化された存在可能に直面させるけれども、その不安にはこうした可能性に向けて準備のととのった歓びがともなっている。その歓びにあって現存在は、〔とはいえ〕歓楽の「さまざまな偶然事」からは解きはなたれている。そうした偶然事とは、せわしない好奇心が第一次的には世界のできごとのさまざまから調達してくるものにすぎない。こうした根本的気分を分析することは、しかしながら当面の解釈に対して、その基礎存在論的な目標から引かれている限界を踏みこえるものである。

注解(929)　「先駆的決意性」とは、死を「克服する überwinden」逃げ道ではない。それは「良心の呼び声 Gewissensruf」にしたがう理解であり、その理解が「現存在の実存を支配」し、「逃避的な自己隠蔽 flüchtige Selbstverdeckung」を根底から解消する。「良心をもとうと意志することと」、「死へとかかわる存在」もまた、「世界逃避的な隠遁 weltflüchtige Abgeschiedenheit」ではない。むしろ「行為すること」への決意性へとみちびくものである。先駆的決意性は、現存在の「事実的な根本的可能性」を理解するところに発現し、その「冷徹な不安 nüchterne Angst」には、「可能性に向けて準備のととのった歓び Freude」がともなっている。その歓びとは、「好奇心」が調達する歓楽の「さまざまな偶然事 Zufälligkeiten」からは解きはなたれているものなのである。

930　これまで、現存在の実存の存在論的な解釈が遂行されてきた。とはいえ、この解釈の根底には、本来的実存をめぐる一定の存在的なとらえかたが、すなわち現存在の一箇の事実的理想が存しているのではないだろうか。じっさい、そのとおりなのである。この事実は否認されるにおよばない。そればかりか、強制的に承認されてもならない。その事実は、探究の主題的な対象にもとづいて、その積極的な必然性において把握されなければならない。哲学は、じぶんの「前提」をけっして否定しさろうとはしないだろう。いっぽうまた、たんに前提を容認するだけであってもならないことだろう。哲学はその前提を把握し、その前提とともに、それがなんのための前提であるのかをより徹底して展開してゆくものなのである。その機能を有するのが、ここで要求されている方法的な省察にほかならない。

注解(930)　これまでの「解釈《インテルプレタティオン》」の根底には、「本来的実存 eigentliche Existenz」をめぐる一定の「存在的なとらえかた Auffassung」、「現存在の一箇の事実的理想 Ideal」が存しているのは、まちがいのないところである。むしろその「事実」が「積極的な必然性」を有することが、探究の主題的な対象から把握されなければならない。哲学はみずからの「前提」を否認せず、かえってそれを把握し、より徹底して展開しようとするものである。そうした役割を果たすのが、「方法的な省察 methodische Besinnung」にほかならない。

第六三節　気づかいの存在意味を解釈するために獲得された解釈学的状況と、実存論的分析論一般の方法的な性格

931 先駆的決意性とともに現存在は、その可能な本来性と全体性とにかんして現象的に見てとられうるようになっている。解釈学的状況[*1]は、気づかいの存在意味を解釈するうえでこれまでは不充分なものであったけれども、その状況に要求される根源性を獲得することになったのである。現存在は根源的に存在している。すなわち、その本来的な全体的存在可能にかんして〈あらかじめ持つこと〉のうちに据えられている。ここで領導的な〈あらかじめ見ること〉、つまり実存の理念は、もっとも固有な存在可能が明瞭にされることで、その規定されたありかたを獲得しているのだ。現存在の存在構造が具体的に仕上げられたことによって、すべての目のまえにあるものに対して現存在が有する存在論的に固有なありかたがあきらかになっている。そのけっか、現存在の実存的なありかたへと向かう〈あらかじめ摑むこと〉がじゅうぶんな分節化を所有することになり、実存カテゴリーの概念的な仕上げを着実にみちびきうるようになったのである。

＊1　本書、第四五節、二三二頁参照。

注解(931)　「先駆的決意性」とともに、「現存在」の「可能な本来性と全体性」が見てとられうるようになった。「解釈学的状況」は、その根源性を獲得することになったのである。現存在が「根源的に存在している」(Das Dasein ist ursprünglich)とは、その「本来的な全体的存在可能」を「あらかじめ持つこと[†1]」になったということである。探究をみちびく「あらかじめ見ること」、つまり「実存の理念」も、その規定されたありかたを獲得したことになる。現存在の「固有なありかたEigenart」があきらかになったけっか、現存在の「実存的なありかた」へと向かう「あらかじめ摑むこと」がじゅうぶんに分節化され、「実存カテゴリー」の概念化を着実に領導しうるようになったのである。

†1　Vorhabe. 本書、第三二節423本文ならびに訳注参照。「あらかじめ見ることVor-sicht」、「あらかじめ摑むことVorgriff」についても同様。

932　現存在の分析論がこれまでたどってきたみちゆきは、はじめはただ投げだされたにすぎないテーゼ[＊1]を具体的に論証することになった。テーゼとはすなわち、私たちがそのつど自身それである存在者は、存在論的にはもっとも距たっているものである、とするものにほかならない。その根拠は気づかいそのもののうちに存している。「世界」のもっとも身近に配慮的に気づかわれたもののもとで頽落している存在が、日常的な現存在解釈をみちびいて、現存在の本来的な存在を存在的に覆いかくしてしまい、その結果この存在者へと向けられた、存在論には適切な土台が拒まれることになるのである。それゆえに、現存在という存在者を根源的に現象的にあらかじめ与えることは、けっして自明なことがらではない。この存在論がさしあたりは日常的な現存在解釈の傾向にしたがっているにしても、自明ではない。現存在の根源的な存在を発掘するためには、その発掘は頽落している存在的‐存在論的な解釈傾向にむしろ逆行して、現存在から奪いとられなければならないのだ。

＊1　本書、第五節、一五頁参照。

注解(932)　「現存在の分析論」は、「私たちがそのつど自身それである存在者は、存在論的にはもっとも距たっているものである」とするテーゼを具体的に論証することになった。「もっとも身近に配慮的に気づかわれた das Nächstbesorgte」世界のもとで頽落している存在によって「日常的な現存在解釈《アウスレーグング》」がみちびかれることで、現存在の「本来的な存在」は「存在論的に覆いかくされてしまい」、現存在の「存在論には適切な土台が拒まれる†1」からである。現存在という存在者を「根源的に現象的にあらかじめ与えること ursprüngliche phänomenale Vorgabe」は、自明なことがらではない。現存在の「根源的な存在」の発掘は、「頽落している存在的‐存在論的な解釈傾向」にむしろ「逆行して *im Gegenzug*」、現存在から「奪いとら

れ *abgerungen*」なければならない。

†1 「書き込み」には、以下のようにある。「ちがう！　それではあたかも、真正の存在者論(Ontik)にもとづいて存在論(Ontologie)が読みとられうるかのようである。前存在論的な投企にもとづいていないとすれば、真正の存在者論とはいったいなんなのか——およそ全体がこの〔存在者論と存在論との〕区別のうちにあるべきであるとすれば、である」。

933　世界内存在のもっとも始原的な構造を提示すること——世界概念の限界づけ、この存在者はもっとも身近に、また平均的には〈だれ〉なのかを、つまりは〈ひとである自己〉をあきらかにすること、「現にそこに」の解釈——ばかりではなく、とりわけ気づかい、死、良心および負い目についての分析が示してきたことがらがある。それは、配慮的に気づかう分別が、存在可能とその開示、すなわちその閉鎖を、現存在自身のうちでどれほどまでに占領してきたのか、というしだいなのである。

注解(933)　「世界概念の限界づけ」、もっとも身近で、「平均的」な「ひとである自己《ダス・マン・ゼルプスト》」をあきらかにすること、「現にそこに」の「解釈《インテルプレタティオン》」ばかりではなく、「気づかい、死、良心および負い目についての分析」によって示されてきたのは、「配慮的に気づかう分別 Verständigkeit」が「現存在自身」のありかたを占領していることなのである。

934　存在論的な解釈は、現象的な提示が根源的なものとなることを目標として設定していた。現存在の存在のしかたはそれゆえこの解釈に対して、つぎのしだいを要求する。つまり、存在論的な解釈は現存在という存在者の存在を、この存在者に固有な隠蔽傾向に逆行して、じぶんに略取しなければならない、ということである。実存論的分析は、だから日常的解釈にぞくする要求、あるいはその解釈の自己満足や安心した自明性に対しては、たえず暴力的なものであるという性格をともなっている。この性格はたしかに、現存在の存在論をとりわけてきわだたせるものである。当の性格はしかし、いっさいの解釈にそなわっているのだ。なぜなら、解釈のうちでかたちづくられる理解には、投企するという構造がふくまれているからである。とはいえ投企することに対して、そのつどなんらか固有の指導や規制がないのだろうか。しかもいったい存在論的な投企は、じぶんの「所見」に現象的に適合しているという明証をどこから手にしてくるというのだろうか。存在論的な解釈は、あらかじめ与えられている存在者をその存在者に固有な存在へと向けて投企し、そのことでこの存在をその構造にかんして概念へともたらす。この投企の方向に対して、そもそもこの存在を的中させる道標はいったいどこにあるのだろうか。そのうえ、実存論的分析論にとって主題となる存在者が、じぶんの存在する様式において、みずからに帰属する存在を隠すとすればどうなるだろう。これらの問いに答えるためには、その解答はさしあたり現存在の分析論を明瞭にすることに制限されなければならない。これが、それらの問いによって要求されているところだからである。

注解(934)「現存在の存在のしかた」が「存在論的な解釈《インテルプレタティオン》」に要求するところは、「存在論的な解釈は現存在という存在者の存在を、この存在者に固有な隠蔽傾向に逆行して(*gegen seine eigene Verdeckungstendenz*)、じぶんに略取(*erobern*)しなければならない」ということである。「実存論的分析」は、かくて「日常的解釈《アウスレーグング》」に対してたえず「暴力的なものである *Gewaltsamkeit*」という性格を有している。この性格はしかしいっさいの解釈にともなっているものなのだ。「解釈《インテルプレタティオン》」は「理解」を形成し、その理解には「投企する」ことがふくまれているからである。「存在論的な解釈」は、存在者をその存在へと向けて投企し、当の存在を「その構造にかんして概念へともたらす」。この「投企の方向」に対する「道標」(die Wegweiser für die Entwurfsrichtung)はどこにあるのか。現存在という存在者が「じぶんの存在する様式において、みずからに帰属する存在を隠す」とすればどうなるのだろうか。こうした問いに答えるためには、さしあたり「現存在の分析論」が明瞭にされなければならない。

935 現存在の存在には自己解釈がぞくしている。目くばりによって配慮的に気づかいながら「世界」を、覆いをとって発見することのうちで、配慮的な気づかいもともに見てとられている。現存在はみずからを事実的につねにすでに、一定の実存的可能性のうちで理解しているのである。それは、さまざまな投企が〈ひと〉の分別にのみ由来するものであるにせよ、かわらない。実存は――明示的にであろうとなかろうと、適切にであろうとなかろうと――なんらかのしかたでともに理解されている。いっさいの存在的な理解はそれなりに「ふくみ」をもっている。そのふくみが、前存在論的なものにすぎないものであっても、いいかえれば理論的‐主題的に把握されてはいないにしても、おなじことである。現存在の存在に向けられた存在論的に明示的な問いはすべて、現存在の存在のしかたをつうじてあらかじめ準備されているのである。

注解(935)　「現存在の存在には自己解釈がぞくしている Zum Sein des Daseins gehört Selbstauslegung」。「目くばり」によって(umsichtig)「世界」を「覆いをとって発見する《エントデッケン》こと」のうちで、「配慮的な気づかい」も見てとられている。現存在はつねにすでにじぶんを「一定の実存的可能性」のうちで「理解」し、「実存」はなんらかのしかたでともに理解されている。いっさいの「存在的な理解」には「前存在論的なもの」であれ、それなりの「ふくみ Einschlüsse」がある。かくして、「現存在の存在に向けられた存在論的に明示的な問い」は、現存在の存在のしかたをつうじて「あらかじめ準備されている vorbereitet」のである。

936　とはいえそれにもかかわらず、現存在の「本来的な」実存をかたちづくるものは、いったいなにを手がかりに見わけられるのだろうか。実存的な理解が欠落しているところでは、実存的なありかたをめぐるすべての分析には地盤が欠けたままである。現存在の本来性と全体性との解釈が、これまでのところ遂行されてきた。その解釈の根底には、実存についてのなんらかの存在的なとらえかたが存しており、そのとらえかたは、たとえそれが可能であるにせよ、しかし万人に対して拘束的なものであるとはかぎらないのではないだろうか。実存論的解釈はだんじて、実存的な可能性や拘束性にかんしてなんらかの裁決をくだそうとすることはないだろう。たほうその解釈はおのずと、あの実存的可能性についてはみずからを正当化せざるをえないのではないか。つまり、当の解釈が存在論的な解釈に対して存在的な基盤として与えるような実存的可能性については、である。現存在の存在はその本質からして存在可能であり、みずからのもっとも固有な可能性に対して開かれていることであって、また現存在の存在がそれらの可能性に向かう自由、もしくはそれに逆らう不自由のうちでのみそのつど実存する、としよう。その場合には存在論的な解釈がなしうるところは、存在的な諸可能性(存在可能の諸様式)を根底に置いて、それらの可能性をその存在論的な可能性へと向けて投企すること以外のものではないのではないだろうか。くわえて、現存在はみずからをたいていは、「世界」を配慮的に気づかうことへと喪失されているありかたにもとづいて解釈している。そのかぎりでは、存在的‐実存的な可能性について、その喪失に逆行して獲得された規定と、そのうえに基礎づけられた実存論的分析は、そういった存在者を開示するにさいしての当の存在者に適合した様式なのではあるまいか。そうであるとするならば、投企の暴力的なありかたは現存在について、その偽造されていない現象的ななりたちをそのときどきに開けわたすことにはならないであろうか。

注解(936)「現存在の「本来的な」実存」は、どのように見わけられるのか。「実存的な理解」がなければ、「実存的なありかた」をめぐる分析には地盤が欠けている。現存在の「本来性と全体性」の「解釈《インテルプレタティオン》」の根底に存する、「実存」についての「存在的 ontisch」なとらえかたは、万人に対して「拘束的 verbindlich」なものではないのではないか。たほう当の解釈は、「存在論的 ontologisch」な解釈に対する存在的基盤であるような「実存的 existenziell」可能性について自己正当化を必要としているのではないか。「現存在の存在」はみずからのもっとも固有な可能性に対して「開かれていること」[†1]であり、それらの可能性に向かう「自由」もしくはそれに逆らう「不自由 Unfreiheit」のうちでのみ実存するならば、存在論的な解釈は「存在的な諸可能性」を「存在論的な可能性」へ向けて「投企」する以外のことをなしえないのではないだろうか。現存在が「配慮的に気づかうこと」へと喪失されているありかたにもとづいて自己を「解釈《アウスレーゲン》」するかぎりでは、それに逆行して基礎づけられた「実存論的 existenzial」分析こそ、現存在に適合した様式なのではあるまいか。「そうであるとするならば、投企の暴力的なありかた(*Gewaltsamkeit*)は現存在について、その偽造されていない現象的ななりたち(*der unverstellte phänomenale Bestand*)をそのときどきに開けわたすことにはならないであろうか」。[†2]

†1　Freisein.　本書、第三一節405ならびに第四〇節544の本文ならびに訳注参照。

†2　Vの仏訳訳注が、この前後におけるハイデガーの「不安そうな」口調にとくに注意している。

937　実存のさまざまな可能性を「暴力的に」あらかじめ与えることは、方法的に要求されているところであるかもしれない。そうであるにしても、そのようにしてあらかじめ与えることは気ままな恣意をまぬがれるのだろうか。分析論が実存的に本来的な存在可能として先駆的決意性を根底に置いており、この先駆的決意性という可能性へ向けて現存在自身が、しかもじぶんの実存の根拠にもとづいて呼び醒ます、としよう。その場合こうした可能性は一箇の恣意的な可能性なのであろうか。現存在の存在可能が、現存在のきわだった可能性である死へと、それに適合したかたちでかかわってゆく存在様式は、偶然的に拾いあげられた可能性なのか。世界内存在はみずからの存在可能について、死よりも高次な審級を有しているのだろうか。

注解(937)「実存のさまざまな可能性を「暴力的に」あらかじめ与えること」は、「気ままな恣意 das freie Belieben」をまぬがれるのだろうか。「先駆的決意性」という「可能性」は一箇の「恣意的な」†1可能性なのであろうか。「現存在の存在可能」がじぶんのきわだった「可能性」としての「死」へとかかわってゆく存在様式があるとして、それは「偶然的に拾いあげられた可能性」なのか。「世界内存在はみずからの存在可能について、死よりも高次な審級(*eine höhere Instanz*)を有しているのだろうか」。ハイデガーはなお問いをつなぐ。

†1　eine *beliebige*.「書き込み」には、「たしかに恣意的ではない。しかし「恣意的ではない」ことは、なお必然的で拘束的であるということではない」とある。

938　現存在は、本来的な全体的存在可能へと向けて存在的‐存在論的に投企する。この投企はなるほど恣意的なものではないにしても、そのことによってすでに、本来的な全体的存在可能という現象にそくして遂行された実存論的解釈は正当化されているのだろうか。その解釈は、実存一般について「前提とされた」なんらかの理念にもとづくのでないとしたら、いったいどこから手引きを手に入れるのか。非本来的な日常性をめぐる分析の進行が規制されるのは、着手点とされた実存概念によるのでないとすれば、なにをつうじてであるというのか。くわえて私たちが――現存在は「頽落して」おり、それゆえこの存在傾向に逆行することで――存在可能の本来性が現存在から奪取されなければならないと語る場合、その件はどのような視界の設定にもとづいて語られているのだろうか。いっさいがすでに、たとえおぼろげであるにせよ、「前提とされた」実存理念の光によって照明されているのではないか。この実存理念はその権利をどこから入手しているのか。この実存理念を暗示する最初の投企はでたらめなものだったのだろうか。だんじてそうではない。

注解(938) 「本来的な全体的存在可能」へと向けた「現存在」の投企が恣意的なものではないにしても、そのことでまた本来的な全体的存在可能にそくした「実存論的解釈《インテルプレタティオン》」は正当化されているのだろうか。その解釈の手引きは、「実存一般について「前提とされた」なんらかの理念」ではなかったのか。「非本来的な日常性をめぐる分析」は、「実存概念」によって規制されていたのではないか。「存在可能の本来性が現存在から奪取されなければならない abzuringen」と語られる場合、それはすでに「「前提とされた」実存理念の光 das Licht der "vorausgesetzten" Existenzidee」を先どりしているのではないか。実存理念はその「権利」をどこから手に入れているのだろうか。

939 実存理念の形式的な暗示は、現存在自身のうちに存している存在了解によってみちびかれていた。存在論的な見とおしのよさをまったく欠いているとしても、この存在了解によって露呈されているのは、それでも以下の件にほかならない。つまり、私たちが現存在と名づける存在者は、私がそのつど自身それであり、しかも存在可能としてそのつどその存在者なのであって、この存在可能にとっては、当の存在者であることが問題なのである。現存在は、存在論的にじゅうぶん規定されたありかたを欠落させているにしても、じぶんを世界内存在として理解している。世界内存在として存在することで現存在には、手もとにあるものならびに目のまえにあるものという存在のしかたをともなう存在者が出会われる。実存と〈ものであること〉との区別が存在論的な概念からいまだはるかに距たったものであろうと、さらには現存在がさしあたり実存を〈ものであること〉と理解していようと、現存在はたんに目のまえに存在しているのではない。現存在は、それがどのような神話的で魔術的な解釈にあってであれ、じぶんをそのつどすでに理解してしまっている。そうでないなら現存在はなんらかの神話のうちで「生きた」こともなく、儀式や祭祀にあってその魔術を配慮的に気づかったこともないしだいとなるはずだからである。着手点に置かれた実存理念は、現存在了解一般の形式的な構造を、実存的には拘束しないかたちであらかじめ素描するものなのである。

注解(939)「実存理念の形式的な暗示」は、「現存在」による「存在了解」によってみちびかれていた。その存在了解によって露呈されているのは、現存在は存在可能として「そのつど」私自身であり、この「存在可能」にとっては「当の存在者であることが問題なのである」[†1]というしだいにほかならない。現存在はじぶんを「世界内存在」として理解している。現存在がさしあたり「実存」を「ものであることRealität」と理解していようと、現存在はたんに「目のまえに存在している」のではない。現存在は、「神話的で魔術的な解釈《アウスレーグング》」においてであれ「じぶんをそのつどすでに理解して」いる。そうでないなら、神話や「儀式や祭祀 Ritus und Kultus」すら可能ではないからである。「着手点に置かれた実存理念」は「現存在了解一般の形式的な構造」をあらかじめ素描するものなのである。

†1　dem es darum geht, dieses Seiende zu sein. 本書、第四節33以来くりかえされてきた表現のヴァリアント。Rの英訳は for which to be this entity is an issue, MならびにVの仏訳はともに pour lequel il a va d'être cet étant.

940　こうした理念にみちびかれて、もっとも身近な日常性の予備的分析が遂行され、気づかいが最初に概念的に限界づけられたことになる。気づかいという現象によって、実存と、実存に帰属する——事実性ならびに頽落への——関連とを尖鋭にとらえることが可能となったのである。気づかいの構造が限界づけられることで与えられたのが、実存と実在性[*1]とを最初に存在論的に区別するための土台である。そのことでみちびかれたテーゼが、人間の実体は実存である、とするものにほかならない[*2]。

941　しかしこうした形式的で、実存的に拘束力のない実存理念であっても、それでもすでに、一定の、目立たないものであるにせよ存在論的な「内実」をみずからのうちに蔵している。当の内実は、実存理念に対して境界づけられた実在性の理念とおなじように、存在一般のなんらかの理念を「前提として」いる。存在一般の理念という地平のうちでのみ、実存と実在性のあいだの区別が遂行される。両者が意味しているのは、それでもやはり存在なのである。

942　たほう存在論的にあきらかにされた存在一般の理念は、現存在にぞくしている存在了解を仕上げることをつうじて、はじめて獲得されるはずではないだろうか。この存在了解は、しかしながら根源的にはひたすら、現存在を実存理念を手引きとして根源的に解釈することにもとづいてとらえられる。そうであるとすれば結局のところ、展開されてきた基礎存在論的な問題が一箇の「循環」のうちで動いていることは、まったく明白なところではないだろうか。

＊1　本書、第四三節、二〇〇頁以下参照。
＊2　本書、二一二頁ならびに一一七頁参照。

注解（940―942）　この理念のもとで、「日常性」の予備的分析が展開され、「気づかい」が概念化されたことになる。気づかいの構造が限界づけられることで、「実存と実在性 Existenz und Realität」を存在論的に区別するための土台が与えられたのである。かくして、「人間の実体は実存である Die Substanz des Menschen ist die Existenz」というテーゼがみちびかれたことになる(940)。

こうした形式的な「実存理念」であっても、一定の「存在論的な「内実」」をふくんでおり、それは「存在一般のなんらかの理念」を前提としている。実存と実在性の両者が意味しているのは、「存在」なのである(941)。

たほう、「存在一般の理念」は、「現存在」の「存在了解」をつうじてはじめて獲得されるはずであった。この存在了解は、根源的にはただ現存在を実存理念を手引きとして「解釈する《インテルプレタ》こと《ティオン》」でとらえられる。そうであるなら、「基礎存在論的な問題」はあきらかに一箇の「循環」にまきこまれていたことになるのではないか、とハイデガーは論点を定式化してゆく(942)。

943　「循環」という不適切な表現で批難されているものは、理解そのものの本質ときわだったしるしづけとにぞくしている。この件はたしかに、私たちがすでに理解一般の構造を分析したさいに示しておいたところである。[*1] にもかかわらず探究はいまや、基礎存在論的な問題系が有する解釈学的状況をあきらかにするという観点から、明示的にこの「循環という議論」へと立ちかえっておかなければならない。「循環という異議」は実存論的解釈に対して持ちだされているが、当の異議が言おうとしているのは、実存ならびに存在一般の理念が「前提とされた」うえで、「そののちに」現存在が解釈され、そこから存在の理念が獲得されようとしている、ということである。しかしながら、「前提とする」とはなにを意味しているのだろうか。実存の理念とともに或る命題が着手点に置かれ、その命題にもとづいて私たちは、帰結をみちびく形式的規則にしたがって、現存在の存在をめぐるさらなる命題群を演繹している、ということなのだろうか。あるいは、このようにあらかじめ定立することは、理解しながら投企するという性格をそなえており、しかもそこでは、そのような理解をかたちづくる解釈は、解釈されるべきもの〔現存在〕を、まさにはじめておのずとことばにもたらし、かくしてその解釈されるべきものは、じぶんがそれへと向かって投企のうちで形式的に暗示的に開示されていた存在体制を、みずからがこうした存在者として与えるかどうかを、じぶん自身から決定することになるのであろうか。そもそも存在者はみずからの存在にかんして、これとはべつのしかたでことばにもたらすことができるのだろうか。実存論的分析論にあって、証明における「循環」はけっして「避けられる」ことができない。なぜなら、その分析論はそもそも「帰結の論理」の規則にしたがって証明されるものではないからである。分別が、学的な探究の最高度の厳密さを満足させようと思いなして、「循環」を回避することで除去しようと望んでいるものこそが、ほかならない気づかいの根本構造なのである。根源的に気づかいによって構成されていることによって、現存在はそのつどすでにじぶんに先だって存在している。存在することで現存在は、じぶんの実存の一定の可能性へと向かって、みずからをそのつどすでに投企してしまっている。さらにはそうした実存的な投企のなかで、前存在論的に、実存や存在といったものをともに投企してしまっているのだ。とはいえそうであるなら、いっさいの研究そのものが、開示する現存在が存在するしかたのひとつである。そのかぎり、研究が、実存にぞくしている存在了解をかたちづくり、概念へともたらそうとするものである場合、まさにそのような研究にとって、現存在にその本質からしてぞくするこの投企するはたらきが拒絶されうるのであろうか。

＊1　本書、第三二節、一五二頁以下参照。

注解(943)　「循環 Zirkel」は、「理解」の本質にぞくしている。「基礎存在論的な問題系」の「解釈学的状況[†1]」をあきらかにするために、もういちどこの「循環という議論 Zirkelargument」へと立ちかえっておく必要がある。「循環という異議 Zirkeleinwand」が言おうとするのは、私たちが「実存ならびに存在一般の理念」を前提としたうえで、「現存在」を「解釈《インテルプレティーレン》」し、そこから「存在の理念」を獲得しようとしている、ということである。だが、「前提とするVoraussetzen」とはなにか。私たちはそもそも「帰結をみちびく形式的規則」にしたがって、「現存在の存在」をめぐる諸命題を演繹しているのだろうか。理念を「あらかじめ定立することVoraus-setzen」とは、むしろ「理解しながら投企する」ことなのであり、理解をかたちづくる「解釈《インテルプレタティオン》」は、「解釈されるべきもの das Auszulegende」つまり現存在を、「まさにはじめておのずとことばにもたらし」、投企のうちで「形式的に暗示的に *formalanzeigend*」開示されていた「存在体制」を、みずから決定させるものなのである。だから、「実存論的分析論」は「循環」をけっして避けることができない。なぜなら、その分析論はそもそも、「帰結の論理 Konsequenzlogik」の規則にしたがって証明されるものではないからである。「循環」こそが「気づかいの根本構造」である。「根源的に気づかいによって構成されていることによって、現存在はそのつどすでにじぶんに先だって存在している」。そうした「実存的な投企」のなかで現存在は、「前存在論的に、実存や存在といったものをともに投企してしまっている」のである。研究とはすべて「開示する現存在が存在するしかたのひとつ」[†2]なのであるから、研究にとって「この投企するはたらき」は拒絶することができない。

†1　hermeneutische Situation.　なお、本書、第三二節参照。

†2　本書、第四節32では「諸学は、人間の態度として、この存在者(人間)の存在のしかたをふくんでいる」と語られていた。

944　「循環という異議」はたほう、それじしん現存在の或る存在のしかたに由来する。配慮的に気づかいながら〈ひと〉へと没入している分別にとっては、投企するといったこと、まして存在論的に投企するといったようなことは、必然的に不可解なものにとどまる。そうした分別は「原則的に」そういったものから遮断されているからである。分別が配慮的に気づかうのはひとり、「理論的に」であれ「実践的に」であれ、目くばりによって見わたすことのできる存在者なのである。分別をきわだってしるしづけるものは、それがただ「実際にそのようにある」存在者のみを経験し、かくて存在をめぐる理解をまぬがれることができると思いなしていることにある。分別が見あやまっているのは、存在者が「実際にそのように」経験されうるのはただ、存在がすでに――把握されているのではないにせよ――理解されている場合だけであるというしだいなのである。分別は理解を誤解している。それゆえにこそ分別は、じぶんの了解の射程を超えでているもの、あるいはそこへと超えでてゆくことを、必然的に「暴力的である」と言いたててやまないのだ。

注解(944)　「循環という異議」は、「現存在」の存在のしかたにも由来する。「配慮的に気づかいながら〈ひと〉へと没入している分別[†1]」にとっては、「存在論的に投企する」といったことは「不可解 befremdend」なものであるからだ。分別はただ「実際にそのようにある tatsächlich」存在者のみを経験し、「存在をめぐる理解」とは無縁であると思いなしている。だが、存在者が経験されうるのは、「存在」がすでに理解されている場合だけなのである。「分別は理解を誤解している Verständigkeit mißversteht das Verstehen」。その誤解が「暴力的である」

とする批難を生むのである。

†1 Verständigkeit des besorgenden Aufgehens im Man. Rの英訳は the common sense of our concernful absorption in the "they". Mの仏訳は l'entente propre à l'identification préoccupée au On, Vでは le bon sens qui, dans la préoccupation, ne fait qu'un avec le on.

945 理解について「循環」を語ることは、つぎの二点を見あやまっていることの表現である。1 理解そのものが、現存在が存在する根本的なしかたをかたちづくっていること。2 現存在の存在が気づかいとして構成されていること。循環を否認し、循環をもみ消し、あるいはそればかりか克服しようとすることは、この見あやまりを最終的に固定することにほかならない。努力がむしろ向けられなければならないのは、根源的かつ全体的にこの「円環」のうちへと飛びこみ、現存在分析の着手点にあってすでに、現存在の存在の循環的な存在へと向けられた完全な視界を確保することなのである。現存在の存在論にとって、過剰ではなくかえって過小な「前提が置かれる」のは、ひとが無世界的な自我から「出発し」、そののちに客観、ならびに客観への存在論的に無根拠な関係をこの自我に賦与する場合である。視界が過小にすぎるのは、「生」が問題とされ、そののちにまた、たまたま死も考慮される場合にほかならない。主題となっている対象が人為的かつ独断論的に切りつめられてしまっているのは、ひとが「さしあたり」は「理論的主観」に視界を限定しておいて、そののちに「実践的側面にしたがい」接合された「倫理学」においてそうした主観を補完しようとする場合なのである。

注解(945)　「理解」の「循環」が問題となるのは、理解そのものが、「現存在」が「存在する根本的なしかた Grundart」であり、現存在の「存在」が「気づかい」であるしだいを見あやまっている場合である。循環は「否認 leugnen」されてはならず、むしろ「根源的かつ全体的にこの「円環」のうちへと飛びこ」んでゆく(in diesen “Kreis” zu springen)ように努力されなければならない。「現存在の存在論」にとっては、「無世界的な自我 ein weltloses Ich」と、この自我と「客観」との関係について語ることこそが、「過小 *zu wenig*」な前提を置くことである。「生」を問題とするさいに、「たまたま死も考慮」しようとすること、出発点としての「理論的主観」を、「実践的」に接合された「倫理学」によって「補完 ergänzen」しようとする場合も同様である。

946　現存在の根源的な分析論における解釈学的状況が有する実存論的な意味をあきらかにするためには、以上でじゅうぶんだろう。先駆的決意性がきわだたせられたことで現存在は、じぶんの本来的な全体性にかんして〈あらかじめ持つこと〉へともたらされた。自己で在りうることの本来性が、根源的に実存的なありかたへと向かう〈あらかじめ見ること〉を保証している。さらにこの根源的に実存的なありかたによって、適切に実存論的な概念的構成という刻印が確定されるのである。

注解(946)　以上で、「現存在」分析における「解釈学的状況」の「実存論的な意味」があきらかにされたことになる。「先駆的決意性」によって現存在は、じぶんの「本来的な全体性」を「あらかじめ持つこと」[†1]になり、「自己で在りうることの本来性 Eigentlichkeit des Selbstseinkönnens」により「根源的に実存的なありかた」を「あらかじめ見ること」が保証されている。こうして、「実存論的な概念的構成」が獲得されたことになる、とハイデガーはいう。

†1　Vorhabe. 本書、第三二節423参照。「あらかじめ見ること Vor-sicht」についても同様。

947　先駆的決意性の分析は同時に、根源的で本来的な真理の現象へとみちびいた。さきに示されたとおり、さしあたりたいていは支配的な存在了解は、存在を〈目のまえにあること〉という意味で把握し、かくて真理の根源的な現象を覆いかくすものである。[*1]真理が「存在する」かぎりにおいてのみ、しかし存在が「与えられている」。しかも真理の〔存在する〕しかたにしたがって、そのつど存在了解も変容する。そうであるならば、根源的で本来的な真理が、現存在の存在と存在一般との了解を保証するのでなければならない。実存論的分析にぞくする存在論的な「真理」は、根源的な実存的真理にもとづいて形成されるのである。後者である実存的真理はしかしながら、前者の存在論的な真理をかならずしも必要とはしていない。基礎存在論的問題系は――存在の問い一般を準備しながら――、もっとも根源的で、かつ基礎となる実存論的真理へと向かうべく努めている。その実存論的な真理こそが、気づかいの存在意味が有する開示性なのである。この意味を発掘するためには、気づかいの完全な構造的なりたちを取りのこさず調えておく必要がある。

＊1　本書、第四四節b、二一九頁以下参照。

注解(947)　「先駆的決意性の分析」は、「存在」を「目のまえにあること《フォアハンデンハイト》」として把握する「存在了解」とは別様の、「根源的で本来的な真理」へとみちびいた。「真理」が「存在する」かぎりにおいてのみ、しかし存在が「与えられている[†1]」なら、「根源的で本来的な真理」が「現存在の存在と存在一般との了解」を保証するのでなければならない。「実存論的分析」の「真理」は「根源的な実存的真理」にもとづいているのである。「基礎存在論的問題系」がとらえようとしている「もっとも根源的で、かつ基礎となる実存論的真理 ursprünglichste, grundlegende existenziale Wahrheit」こそが「気づかいの存在意味が有する開示性」である。つぎに、「気づかい」の完全ななりたちをとらえておく必要がある、とハイデガーは課題をつないでゆくことになる。

†1　Wenn es aber Sein nur "gibt", sofern Wahrheit "ist". 「存在が「与えられている」」という表現についてはさしあたり、本書、第四三節c 615の本文ならびに訳注参照。この一文のRの英訳は、If, however, "there is" Being only in so far as truth "is,"Mの仏訳は Or s'"il" n'"y a" de l'être que pour autant que la vérité "est", Vでは Mais s'il n'"y a" d'être que pour autant qu'"est" la vérité.

第六四節　気づかいと自己性

948 実存的なありかた、事実性ならびに頽落していることは気づかいを構成する諸契機であり、それらの統一が、現存在の構造全体が有する全体性を存在論的に最初に限界づけることを可能とした。気づかいの構造は、つぎのような実存論的な定式へともたらされたことになる。すなわち、(世界内部的に出会われる存在者)のもとで存在することとして、じぶんに先だって(なんらかの世界)内ですでに存在している、ということにほかならない。気づかいの構造の全体性は、つなぎ合わせることではじめて生じるものではないにもかかわらず、その全体性は分肢化されている。[*1] この存在論的な成果を測るにさいして私たちは、その成果がどのていどまで現存在の根源的な解釈の要求するところを充足しているかに拠らざるをえなかった。[*2] 省察によってあきらかになったのは、全体的な現存在も、その本来的な存在可能もいまだ主題とはされていないことである。全体的な現存在を現象的にとらえようとするこころみは、しかしながら、ほかならぬ気づかいの構造のまえで座礁するかにみえた。〈じぶんに先だって〉は〈なお〜ない〉としてあらわれたのであった。未済という意味で特徴づけられた〈じぶんに先だって〉は、たほう純正な実存論的考察に対して、おわりへとかかわる存在として露呈されたことになる。あらゆる現存在は、みずからの存在の根底において、おわりへとかかわる存在なのである。おなじように私たちがあきらかにしたことは、気づかいは良心の呼び声にあって、現存在をそのもっとも固有な存在可能へと呼び醒ますしだいであった。呼びかけの理解は——根源的に理解されるなら——先駆的決意性であることがあらわになったのだ。先駆的決意性には、現存在の本来的な全体的存在可能が内含されている。気づかいの構造は、なんらかの可能な全体的存在に対して反証となるものではない。むしろ、そのような実存的な存在可能を可能とする条件にほかならない。以上のような分析のみちゆきにおいてあきらかになってきたのは、気づかいという現象のうちに、死、良心および負い目という実存論的な現象が投錨しているという事情である。構造全体の全体性が示す分肢化はさらに豊饒なものとなり、かくてまたこの全体性の統一に向けた実存論的な問いも、より切迫したものとなったのである。

＊1　本書、第四一節、一九一頁以下参照。

＊2　本書、第四五節、二三一頁以下参照。

注解(948)「気づかい」を構成する契機である、「実存的なありかた[†1]、事実性ならびに頽落していること」が統一されていることが、「現存在の構造全体が有する全体性」を存在論的に限界づけることを可能とした。気づかいとは、「(世界内部的に出会われる存在者)のもとで存在することとして、じぶんに先だって(なんらかの世界)内ですでに存在している」ことである。現存在を現象的にとらえようとするこころみは、しかしまさに気づかいの構造のまえで挫折するかにみえた。「〈じぶんに先だって Sich-vorweg〉は〈なお～ない Noch-nicht〉としてあらわれた」からである。「じぶんに先だって」はたほう「おわりへとかかわる存在」であり、気づかいは「良心の呼び声《ルーフ》」にあって、現存在をその「もっとも固有な存在可能」へと呼び醒ます。呼びかけ《アンルーフ》を理解するとは、「先駆的決意性」のことであり、先駆的決意性のうちには、「現存在の本来的な全体的存在可能」がふくまれる。かくして、気づかいの構造はむしろ「実存的な存在可能を可能とする条件」であったのである。気づかいという現象に、「死、良心および負い目という実存論的な現象」がもとづいている。こうして、「構造全体の全体性」への「実存論的な問い」はより切迫したものとなったのだ、とハイデガーは分析のみちゆきを回顧する。

†1「書き込み」には、「実存とは、1 現存在の存在の全体をあらわし、2 たんに「理解」

をあらわす」とある。

949 私たちはこの全体性の統一をどのように把握すべきなのだろう。現存在はじぶんの存在について挙示されたさまざまな様式や可能性にあって、どのようにして統一的に実存することができるのだろうか。あきらかにひとえに、現存在がみずからの本質からする可能性において自己自身この存在である、というしかたにあってである。つまり、そのつど私がこの存在者である、というしかたにおいてなのである。「自我」が構造全体の全体性を「束ねている」かにみえる。「自我」と「自己」は古来、現存在という存在者の「存在論」にあって、支えとなる根拠(実体もしくは主語)として把握されてきた。ここで展開されている分析論もそもそも、日常性を予備的に特徴づけたさいすでに、現存在とは〈だれであるか〉という問いに突きあたっていたのである。そこで示されたのは、さしあたりたいていは現存在は現存在自身ではなく、〈ひとである自己〉のうちに喪失されているというしだいであった。この〈ひとである自己〉は、本来的な自己が実存的に変様したものなのである。自己性の存在論的体制への問いは、回答されないままなのであった。たしかに、この問題に対する手引きはすでに原則的に確定されていた。[*1] すなわち、自己は現存在の本質からする規定にぞくしているとはいえ、現存在の「本質」が実存のうちに存しているとすれば、自我性と自己性とは実存論的に把握されなければならないということである。消極的に示されていたことも、じっさいまた存在する。つまり、〈ひと〉の存在論的な特徴づけのためには、〈目のまえにあること〉(実体)にかんするカテゴリーを適用することはいっさい禁じられるというしだいである。原則的に明晰となったのは、気づかいが存在論的には実在性から導出されることができず、あるいは実在性のカテゴリーによって構築されることもかなわないという事情にほかならない。[*2] 気づかいはすでに自己という現象をうちに蔵している。もし他者たちに対する気づかいである顧慮的な気づかいに対応して、「自己への気づかい」という表現が一箇の同義反復であるとするテーゼがなりたつことが正しいとすれば、気づかいは自己という現象を蔵しているほかはない。[*3] そうであるとすれば、たほう、現存在の自己性を存在論的に規定するという問題は尖鋭化して、気づかいと自己性とのあいだの実存論的な「連関」への問いとなるのである。

＊1　本書、第二五節、一一四頁以下参照。
＊2　本書、第四三節c、二一一頁参照。
＊3　本書、第四一節、一九三頁参照。

注解(949)「現存在」がそのさまざまな様式や可能性にあって、なおも「統一的に実存」しているのは、「現存在がみずからの本質からする可能性において自己自身(*selbst*)この存在である」こと、つまり「そのつど私がこの存在者である」[†1]ことによってである。ここで「構造全体の全体性」を「束ねている zusammenzuhalten」のは「自我 Ich」であるかにみえる。「自我」と「自己 Selbst」は「支えとなる根拠」(実体もしくは主語)[†2]として把握されてきた。日常性における「現存在とは〈だれであるか〉」を問うたさいに示されたのは、さしあたりたいていは現存在は「ひと《ダス・マン》である自己」へと喪われていることであって[†3]、「自己性 Selbstheit」への問いは、回答されないままであった。とはいえ現存在の「本質 Essenz」が「実存」であるとすれば、「自我性 Ichheit」と自己性が「実存論的に把握されなければならない」しだいは確定されており、「ひと」を特徴づけるさいには、「目のまえにあること」(実体)にかんするカテゴリーを適用してはならないこともあきらかである。「気づかい」はすでに「自己」をうちに蔵している。「自己への気づかい Selbstsorge」という表現は一箇の「同義反復 *Tautologie*」なのである。だから「現存在の自己性を存在論的に規定する」ためには、気づかいと自己性との「実存論的な「連関」」が問いかえされなければならない。

†1　je *ich* dieses Seiende bin.「書き込み」では、「現存在自身がこの存在者である das Dasein *selbst* dieses Seiende *ist*」といいかえられている。

†2　「支えとなる根拠」は der tragende Grund.「実体 Substanz」がそこに由来するギリシア語ヒュポケイメノンは「下に立つもの」であり、ラテン語訳すれば subjectum(下に投げられたもの)となる。「主語」と訳したのは Subjekt で「主観」とすることもできるが、次段

落で言及されるカント『純粋理性批判』「誤謬推理」論とのからみで、ひとまず「主語」と考えておく。

†3 「書き込み」には、「「自我」は、ある意味で「もっとも身近な」、前景に置かれた（vordergründlich）、したがって見かけだけの自己として〔存在している〕」とある。

950 自己の実存的なありかたの解明は、その「自然的な」出発点として、現存在の日常的な自己解釈を採用する。つまり現存在が「じぶん自身」について言表するのは、私と語ることにおいてである、ということである。声に出すことは、そのさいかならずしも必要ではない。「私」によって、現存在という存在者はじぶん自身を意味している。「私」という表現の内実は、端的に単純なものとみなされている。この表現はそのつどひとり私を意味し、それ以上のなにものも意味しない。こうした単純なものとして「私」はまた、他の事物のいかなる規定でもない。それ自身は述語ではなく、絶対的な「主語」なのである。〈私と語ること〉にあって言いあらわされ、語りかけられているものは、一貫してみずからを保つおなじものとして、つねにゆき当たるものである。「単純性」「実体性」および「人格性」という性格は、カントがたとえば「純粋理性の誤謬推理について」[*1]の理説においてその根底に置いたものであって、それらの性格は真正の前現象学的経験から発現する。問いとして残されているのは、存在的にはそのように経験されたものが、さきに挙げた「カテゴリー」によって存在論的に解釈されることがゆるされるかどうか、なのである。

＊1　『純粋理性批判』第二版、三九九頁、とりわけ第一版、三四八頁以下における論述参照。

注解(950)　「自己の実存的なありかたの解明」の自然な出発点は、「現存在の日常的な自己解釈《アウスレーグング》」である。現存在は「私と語ること *Ich-sagen*」で、「じぶん自身 sich selbst」について言明する[†1]。「私 Ich」という表現は「そのつどひとり私を意味し、それ以上のなにものも意味しない meint je nur mich und nichts weiter」。「私」という表現は「それ自身は *selbst*」述語ではなく絶対的な「主語」であり[†2]、「一貫してみずからを保つおなじもの dasselbe sich Durchhaltende」である。カントはこの場面で、「単純性 Simplizität」「実体性 Substantialität」および「人格性 Personalität」[†3]という「カテゴリー」を使用する。問題は、「私」の存在論的「解釈《インテルプレティーレン》」において、そうしたカテゴリーを使用することがゆるされるかどうかである、とハイデガーはカント解釈へと論点をつないでゆく。

†1　カントが『人間学』冒頭で提起した論点参照。子どもはしばしばじぶんについて、「カール は行きたい」「カールは食べたい」といった三人称を使用する。これに対して「私 ich」という「一人称 erste Person」の使用において、ひとは「第一の人格 erste Person」となり、

統覚の主体となるのである(アカデミー版全集、第七巻、一二七頁)。「書き込み」には、「より尖鋭にあきらかにすること。私と語ることと自己存在」とある。

†2　『純粋理性批判』第一版における「実体性にかんする第一誤謬推理」とは、以下のようなあやまった推論をさす。大前提「その表象が私たちの判断の絶対的主語であり、したがって、他の事物の規定として用いられることのできないものは、実体である」。小前提「私は、思考する存在者としては、私のあらゆる可能な判断の絶対的主語であり、「私」自身についてのこの表象は、他のなんらかの事物の述語として用いられることができない」。結論「それゆえに、私は思考する存在者(たましい)として、実体なのである」(三四八頁)。

†3　ハイデガーが原注で、「とりわけ第一版」への参照を要求するのは、誤謬推理論が、『純粋理性批判』第二版では大きく書きかえられ、短縮されているため。カントは初版の誤謬推理論では、たましいの「単純性」「実体性」および「人格性」をめぐる誤謬推理のほかに、外界の「観念性 Idealität」をめぐるそれを挙げている。第二版では最後の論点が独立して「観念論論駁」となる。

951　たしかにカントは、〈私と語ること〉のうちで与えられている現象的なありたちに厳密に適合するかたちで、さきに挙げた〔三つの〕性格から開示される存在的なテーゼが、たましいという実体にかんしては正当ではないしだいを示している。とはいえそうすることで拒否されたのは、ひたすら自我についての存在的なあやまった説明にすぎない。そのことによっては、しかしながら、自己性の存在論的な解釈はまったく獲得されてはいない。あるいはまた、確保され、積極的に準備されることすらなされてはいないのだ。カントはその先人たちよりも厳密に、〈私と語ること〉の現象的内実を確定しようとこころみている。にもかかわらずやはりふたたび、実体的なものをめぐる〔先人たちと〕おなじ不適切な存在論へと滑りおちてしまっている。その存在論の存在的な基礎をこそ、カントは理論的には自我に対して拒絶していたはずなのである。この件がさらに厳密に示され、そのことをつうじて、〈私と語ること〉における自己性を分析するさいの着手点が有する存在論的意味が、劃定されなければならない。「私は考える」についてのカントの分析が、ここで例解として引きあいに出されるべきであるのはひとり、この例解がさきに挙げた問題系を解明するのに必要なかぎりにおいてのことにすぎない。*1

＊1　超越論的統覚の分析については、現在では、M・ハイデガー『カントと形而上学の問題』増刷第二版、一九五一年、第三篇参照。

注解(951)　カントは、単純性、実体性および人格性という三つの性格から開示される「存在的なテーゼ」が、「たましいという実体 Seelensubstanz」にかんしては不当なものであることを示した。とはいえそのことでは、「自己性の存在論的な解釈《インテルプレタティオン》」は獲得されてはいない。†1

カントはたしかに、「私と語ること」の「現象的内実」を確定しようとするにもかかわらず、「実体的なもの das Substanziale」の存在論へとふたたび滑りおちてしまっている。このしだいを示すことをつうじて、「私と語ること」における自己性を分析するさいに、その着手点が有する「存在論的意味」が劃定されなければならない。「私は考える Ich denke」についてのカントの分析が問題となる。[†2]

†1 「自我についての存在的なあやまった説明」を注記して、「書き込み」には、「そして、存在的‐超感性的な諸命題をめざす意図(Metaphysica specialis)〔特殊形而上学〕」も拒否された、とある。「存在論 ontologia」を一般形而上学と呼ぶとすれば、カントが『純粋理性批判』「誤謬推理」論で批判する「合理的心理学 psychologia rationalis」は特殊形而上学の一部門をかたちづくる。

†2 原注が『カントと形而上学の問題』に言及するようになったのは、第七版以降。それ以前の版の原注では、未完におわった『存在と時間』第二部第一篇への参照要求がある。

952 「自我」は、いっさいの概念にともなっているたんなる意識である。自我によって「表象されているのは、思考の超越論的主語以上のなにものでもない」。「意識自体は、一箇の表象(である)というよりも〔中略〕むしろ表象の形式」である。[*1]「私は考える」は、「あらゆる経験に附属し、すべての経験に先行する統覚の形式」なのである。[*2]

＊1　『純粋理性批判』第二版、四〇四頁。

＊2　同書、第一版、三五四頁。

注解(952)　カントによれば、「自我 Ich」は「いっさいの概念にともなっているたんなる意識」である。表象されているのは「思考の超越論的主語 transzendentales Subjekt」にすぎない。それはむしろ「表象の形式」である。「私は考える」は、あらゆる経験に先行する「統覚 Apperzeption」の形式なのである。

953　カントは「自我」の現象的な内実をとらえ、それを「私は考える」と表現したが、これは正当なことである。あるいは、「叡智者」のなかへ「実践的人格」を引きいれていることを考えあわせるなら、それを「私は行為する」ととらえていることになる。〈私と語ること〉はカントの意味では、〈私は考えると語ること〉ととらえられなければならない。カントは自我の現象的内実を、res cogitans〔思考するもの〕として確定しようとしているのである。カントはそのさいこの自我を「論理的主語」と名づける。そうであるとしてもこの件は、自我一般がたんに論理的なみちすじをたどって獲得された一箇の概念であるしだいを意味しない。自我とはかえって論理的なふるまいの、つまり結合作用の主体なのだ。「私は考える」とは〈私は結合する〉を意味している。すべての結合作用は「私は結合する」なのである。総括し関係づけるいっさいの作用のうちには、その根底につねにすでに自我が――ὑποκείμενον〔基体《ヒュポケイメノン》〕が――存している。したがってこの〈根底に置かれたもの〉は「意識自体」であって、いかなる表象でもない。むしろ表象の「形式」である。このことが語ろうとしているのは、つぎの件にほかならない。すなわち、〈私は考える〉とは表象されたものではまったくなく、表象作用そのものの形式的構造であって、この形式的構造によって、表象されたものといったものがはじめて可能となる、というしだいなのである。表象の形式は、枠組みを意味するものでも、普遍的概念を意味するものでもない。εἶδος〔形相《エイドス》〕として、表象されたものや表象作用のそれぞれを、その当のものとする形式である。自我は、表象の形式と解されるなら、自我が「論理的主語」であることとおなじことがらを意味している。

注解(953)　カントは「自我」の「現象的な内実」を「私は考える」と表現する。あるいは、「叡智者 Intelligenz」とは「実践的人格」でもあるのだから、自我とは「私は行為する」であることになる。「私と語ること」とは「私は考えると語ること Ich-denke-sagen」なのである。カントは「思考するもの《レス・コギタンス》」としての自我を「論理的主語 logisches Subjekt」と名づけ、「結合作用の主体」ととらえる。「総括し関係づける」作用の根底に、つねにすでに「自我」が「基体《ヒュポケイメノン》」として、「根底に置かれたもの Subjektum」として存している。この自我が「意識自体」であって、それはいかなる「表象」[†1]でもなく、むしろ表象の「形式」である。つまり「私は考える」とは「表象作用そのものの形式的構造」であって、この形式的構造によって表象されたものがはじめて可能となるのである。表象の形式は「形相《エイドス》」であり、自我が表象の形式であるとは、自我が「論理的主語」であることにほかならない。

†1 「書き込み」には、「まえに‐立てられたもの(Vor-gestelltes)ではなく、むしろ表象作用(Vorstellen)においてまえに‐立てるものとして表象するもの(das Vorstellende)である——しかもこれはただ表象作用においてのことである。だから自我は、このじぶんの‐まえにとしてだけ、このじぶんであるもの(dieses *Sichliche*)としてだけ「存在」する」とある。

954　カントの分析にあって積極的なことがらは二重である。すなわち第一にカントは、自我をなんらかの実体へと存在的に連れもどすことは不可能であるしだいを見てとっている。第二に、自我を「私は考える」として劃定しているのである。にもかかわらずカントはこの自我をふたたび主観として、かくてまた存在論的に不適切な意味でとらえている。それというのも、主観という存在論的概念は、自己としての(*qua*)自我の自己性を特徴づけるものではなく、つねにすでに目のまえにあるものの自同性と恒常性を特徴づけるものだからである。自我を存在論的に主観として規定することは、自我をつねにすでに目のまえにあるものとして着手点とすることを意味する。自我の存在は、res cogitans〔思考するもの〕の実在性と解されているのである。[*1]

955 カントはしかし、「私は考える」に置かれた真正な現象的着手点を存在論的にじゅうぶん活用することができず、「主観」に、すなわち実体的なものに舞いもどらざるをえなかった。この件はなにに由来するのだろうか。自我はたんに「私は考える」ではない。「私はなにごとかを考える」なのである。しかしながらカントがみずからくりかえし強調するところでは、自我はその表象に関係づけられつづけており、そうした表象を欠いてはなにものでもないのではないだろうか。

*1　カントは人格における自己の存在論的性格を、根本的にやはり、世界内部的に目のまえにあるものをめぐる不適切な存在論の地平のなかで「実体的なもの」としてとらえていた。この件については、H・ハイムゼートが「カント哲学における人格性の意識と物自体」(『イマヌエル・カント　カント生誕二百年祭記念論文集』一九二四年、からの別刷)というその論攷のうちでじゅうぶんに咀嚼している資料からあきらかになる。論攷の傾向はたんに歴史学的な報告であることを超えでて、人格性の「カテゴリー的」問題をめざしている。ハイムゼートは言う。「カントが現におこない、また計画しているような、理論的理性と実践的理性との緊密に相互的な作用は、じっさい未だあまりに注意されていない。ここではカテゴリーさえも(「原則論」におけるその自然主義的な充足

とは反対に)明示的にその妥当性を保持し、実践的理性の優位(Primat)のもとで、自然主義的な合理主義から解きはなたれた、あらたな適用を見いだすしだいとなるはずである(実体はたとえば、「人格」や人格的な不死性の持続において、原因性は「自由にもとづく原因性」として、相互作用(Wechselwirkung)は「理性的存在者の共同体 Gemeinschaft」にあって、等々である)。このことに注意が向けられることは、あまりにすくないのだ。こうしたカテゴリーは、思考によって確定する手段として、無条件的なものへのあらたな通路として役だつ。それは、だからといって、合理化する対象認識を与えようとするものではないのである」(三二一—三二二頁)。——しかしここでもやはり、本来的な存在論的問題は飛びこえられてしまっている。つぎのような問いが、なお一掃されないままなのだ。これらの「カテゴリー」は根源的な妥当性を保持しうるのかどうか。つまりただその適用のしかたがべつのものとなりさえすればよいのか、それとも、それらのカテゴリーは根本的に現存在の存在論的な問題系を転倒させているのではないか。理論的理性が実践的理性のうちへと組みこまれたとしても、自己にかんする実存論的-存在論的問題は未解決なままであるだけではない。それは設定されてもいないのだ。いったい、理論的理性と実践的理性との「相互的な作用」は、どのような存在論的地盤のうえで遂行されるべきなのだろうか。理論的なふるまいが、人格の存在のしかたを規定するのだろうか。あるいは、実践的ふるまいがそれを規定するのか。それとも、両者のいずれでもないのだろうか——だとすると、どのようなふるまいが規定することになるのであろうか。誤謬推理はその基礎的意義にもかかわらず、デカルトの res cogitans〔思考するもの〕からヘーゲルの精神の概念へといたるまでの自己の問題系が、存在論的には地盤を欠いていることをあらわにしているのではないか。ひとはなにも「自然主義的に」また「合理主義的に」思考する必要はまったくない。それでもひとは、「実体的なもの」の存在論の——一見したところ自明なものとみえるがゆえに、それだけいっそう——宿命的であるというほかはない支配のもとにある、というしだいはありうるところなのである。——いま挙げた論攷に対する本質的な補足として、ハイムゼート「批判的観念論の形成における形而上学的動機」『カント研究』第二九巻（一九二四年）、一二一頁以下参照。カントの自我概念に対する批判としてはまた、マックス・シェーラー『倫理学における形式主義と実質的価値倫理学』第二部における「『人格』と超越論的統覚の「自我」について」（『哲学および現象学的研究のための年報』第二巻、一九一六年、二四六頁以下）参照。

注解（954—955）　カントは、「自我」を「実体」へと「存在的 ontisch」にみなすことができないのを見てとり、自我を「私は考える」として劃定している。にもかかわらずカントは、自我をふたたび「主観」として、「存在論的 ontologisch」に不適切にとらえている。主観とは、「自己としての（*qua*）自我の自己性 *Selbstheit*」ではなく、「目のまえにあるものの自同性 *Sel-*

bigkeit」を特徴づけるから、自我を主観と規定することは、それを「目のまえにあるもの」と考えるしだいを意味する。かくて「自我の存在」は「思考するもの」の「実在性」[†1]と解されることになる[†2](954)。

カントが、主観、つまり「実体的なもの」に舞いもどらざるをえなかったのは、なぜだろうか。自我はたんに「私は考える」ではない。「私はなにごとかを考える Ich denke etwas」である。カントもまた、自我は「表象」への関係づけを欠いてはなにものでもないことを強調していたのではないだろうか、とハイデガーは自問する(955)。

†1　「書き込み」には「「現存性 Anwesenheit」。つまり不断に「随伴すること Begleiten」」とある。

†2　原注においてハイデガーは、ハイムゼートの研究とならんでシェーラーに言及している。『倫理学における形式主義と実質的価値倫理学』の当該箇所でシェーラーは、カント的形式主義における道徳的人格とは、理性的法則にしたがう「論理的主体」にすぎず、道徳法則に適合的な意志のにない手xにすぎない、とする批判を展開する。シェーラーの見るところでは、カントの人格とはあくまで一箇の「理性人格 Vernunftperson」であり、カントの「自律 Autonomie」とは一箇の「理律 Logonomie」であって、それは「人格の極度の他律 Heteronomie」を帰結するものなのである。

956 こうした表象は、だがカントにとっては「経験的なもの」であり、それに自我が

「随伴する」。つまり表象とは、自我が「附属する」現象なのである。カントはたほう、この「附属する」や「随伴する」といった存在のしかたをどこにも明示していない。根本的には、とはいえその存在のしかたは、自我がその表象とともに目のまえに存在することと解されているのだ。カントはたしかに、自我を思考作用から遊離させることを回避した。しかしながら「私は考える」そのものをその十全な本質的なりたちにあって「私はなにごとかを考える」として着手点とすることはない。わけても、「私はなにごとかを考える」にとっての存在論的な「前提」を、自己の根本的に規定されたありかたとして見てとることはしていない。なぜなら、「私はなにごとかを考える」という着手点すら、「なにごとか」が未規定的なままである以上、存在論的には過少に規定されているからである。その「なにごとか」のもとになんらかの世界内部的な存在者が解されているならば、そこには暗黙のうちに世界という前提がふくまれている。しかもほかならぬこの世界という現象によって、自我の存在体制はともに規定されている。自我が「私はなにごとかを考える」といったものでありうべきであるなら、世界という現象によって規定されているのである。〈私と語ること〉は、「私はなんらかの世界の内で存在している」というしかたでそのつど私であるような存在者を指している。カントが世界という現象を見てとることがなかった以上、「表象」を「私は考える」というア・プリオリな内実から隔離したことについて、カントはじゅうぶんに首尾一貫していた。とはいえそうすることで自我は、孤立した主観へとふたたび押しもどされたことになる。その孤立した主観が存在論的にはまったく未規定的なかたちで表象に随伴する、とされるのである。[*1]

＊1 本書、第四三節a、二〇二頁以下の、カントの「観念論論駁」〔『純粋理性批判』第二版、二七四頁以下〕に対する現象学的な批判を参照。

注解(956) 「表象」には、カントによれば、「自我」が「随伴 begleiten」し、「附属 anhängen」する。カントはしかも、「附属」「随伴」といった存在のしかたを根本的には、自我がその表象と「ともに目のまえに存在すること Mitvorhandensein」と解している。カントは「私は考える」を「私はなにごとかを考える」としてじゅうぶんな着手点としておらず、「私はなにごとかを考える」にとっての存在論的前提を「自己の根本的に規定されたありかた」として見てとることはしていない。[†1]「なにごとか」が未規定的(unbestimmt)である以上、「私はなにごとかを考える」は存在論的には「過少に規定されて unterbestimmt」いるからである。じつは「なにごとか」のうちには「世界という前提」がふくまれ、この「世界という現象」によって「自我の存在体制」は規定されている。「私と語ること」で指されている「私」とは、「私はなんらかの世界の内で存在している」というしかたでそのつど私であるような存在者なのである。カントは結局、自我を「孤立した主観 ein *isoliertes* Subjekt」へとふたたび押しもどし、その孤立した主観が「存在論的にはまったく未規定的なかたちで表象に随伴する」と考えたことになる。

†1 「書き込み」には、それを見てとることは「すなわち時間性を」見てとることである、とある。

957 〈私と語ること〉のうちで現存在は、じぶんを世界内存在として言いあらわしている。たほうそれでは、日常的に〈私と語ること〉は世界内存在しているものとしてみずからを指しているのだろうか。ここで区別を設定しておく必要がある。たしかに現存在は、〈私〉と語りながら、現存在がそのつど自身それである存在者を指している。日常的な自己解釈には、しかし、じぶんを配慮的に気づかわれた「世界」の側から理解する傾向があるのである。存在的にはじぶんを指しながら現存在は、現存在が自身それである存在者が存在するしかたにかんしては、じぶんを見そこなっている。しかもこの件はとりわけ、現存在の根本体制に、つまり世界内存在について妥当するのだ。[*1]

＊1　本書、第一二節、ならびに第一三節、五二頁以下参照。

注解(957)　「〈私と語ること〉のうちで現存在は、じぶんを世界内存在として言いあらわしている *Im Ich-sagen spricht sich das Dasein als In-der-Welt-sein aus*」。日常的に「私と語ること」もそうだろうか。「日常的な自己解釈《アウスレーグング》」にはたほう、じぶんを「世界」の側から「理解する傾向」がある。現存在はそこでは、「自身それである存在者が存在するしかた」にかんして「じぶんを見そこなって *versieht* es sich」おり、しかもとりわけ現存在の根本体制である「世界内存在」について、見そこなっているのである。

958　このように「逃避的に」〈私〉と語ることはなにによって動機づけられているのだろうか。現存在の頽落によってである。現存在はじぶん自身をまえにして、頽落したかたちで〈ひと〉へと逃避するのだ。「自然的に」私と語ることを遂行するのは〈ひとである自己〉にほかならない。「私」のうちで自己がみずからを言表するにしても、その自己とは、私がさしあたりたいていは本来的にはそれではない自己なのである。自己は、日常的なこまごまとしたありかたと、配慮的に気づかわれるものへの対処のうちに没入している。そのように没入することにあって自己が、不断に自同的でありながら未規定的で空虚な単純なものとして示されるのだ。そのさい自己とは、私が自身を忘却して配慮的に気づかうことにぞくする自己である。ひとはやはり、ひとが配慮的に気づかうそのものである。「自然的に」存在的に私と語ることは、私において指されている現存在にぞくする現象的な内実を見すごしている。ことのこのしだいは、自我の存在論的な解釈にさいしても、この見すごしをともに犯すことになんら権利を与えるものではない。自己という問題系に不適切な「カテゴリー的」地平を強要する権利を与えるものでもないのである。

注解(958)　このように「逃避的 flüchtig」に「〈私〉と語ること」は、「現存在の頽落《フェルファレン》」によって動機づけられている。「自然的」に私と語るのは「ひとである自己《ダス・マン・ゼルプスト》」である。そこで語られている「自己」とは「私がさしあたりたいていは本来的にはそれではない自己」にほかならない。そこでは自己が「日常的なこまごまとしたありかた alltägliche Vielfältigkeit」のうちに没入し、「私が」配慮的に気づかうこと自身も忘却されている。ひとは、じぶんが「配慮的に気づかうそのものである」。この件は、とはいえ「自我の存在論的な解釈《インテルプレタティオン》」にさいしても、おなじ「見すごし *Übersehen*」を犯し、自己という問題系を「「カテゴリー的」地平」において解釈することを正当化するものではありえない。

959　ともあれ、「自我」を存在論的に解釈するにさいして、日常的な〈私と語ること〉にしたがうのを拒絶したとしても、すでに問題の解決を手にしたことにはまったくならない。そうであるにしてもしかし、さらに問いつづけられなければならない方向の素描ならば、たしかに獲得されたことになる。自我とは、ひとが「世界内に存在する」ことでそれである、存在者のことである。世界内部的に手もとにあるもののもとで存在することとして、なんらかの世界の内で存在していることはたほう等根源的に、〈じぶんに先だって〉を意味している。「自我」とは、その存在者がそれであるような、存在者の存在が問題である存在者にほかならない。「私」によって気づかいはみずからを言表するが、それはさしあたりたいていは、配慮的な気づかいが「逃避的に」私と語ることにおいてである。〈ひとである自己〉こそがもっとも声高かつ頻繁に〈私、私〉と口にする。それというのも、〈ひとである自己〉は根本的には、本来的に自己自身であるのではなく、本来的な存在可能を回避しているからだ。自己の存在論的体制は、自我実体にも「主観」にも連れもどされることがない。むしろ逆である。日常的かつ逃避的に〈私、私と語ること〉が本来的な存在可能にもとづいて理解されなければならないとすれば、そこから帰結するのはなお、自己とはそのばあい気づかいの、不断に目のまえにある根拠である、とする命題ではない。自己性は実存論的には、本来的な自己で在りうることにそくしてのみ、すなわち気づかいである現存在の存在の本来性にそくしてだけ読みとられるべきなのである。この本来性にもとづいて、不断に自己であることが解明されうる。不断に自己であることが、思いあやまられて、根底に置かれた基体の持続性とみなされているのだ。本来的な存在可能という現象はたほうでまた、立場を獲得しているという意味での不断に自己であることに対する視界を拓く。不断に自己であることには、恒常的な立場の堅固さという二重の意味がある。そのように〈不断に自己であること〉が、非決意的な頽落が不断に自己ではないことに対する、本来的な反対の可能性なのである。自己でありつづけることとは実存論的には、先駆的決意性以外のなにものをも意味してはいない。先駆的決意性の存在論的構造が露呈するのは、自己の自己性が有する実存的なありかたなのだ。

注解(959)　「自我《イッヒ》」の存在論的「解　釈《インテルプレタティオン》」は、日常的な「私と語ること」にもとづくものではない。このことで問題が「解決」されたわけではないにしても、問いの「方向」は手にされたことになる。「なんらかの世界の内で存在していること」とは、「じぶんに先だって」†1を意味している。「気づかい」がみずからを「私《イッヒ》」によって言表するとき、それはさしあたりたいていは、「配慮的な気づかい」が「逃避的」に「私と語ること」においてである。「ひと《ダス・マン》である自己」こそが「私、私」と口にする。そうした自己《ゼルプスト》は「本来的に自己自身であるのでは」ないからだ。日常的な気づかいが不断に「私、私と語る Ich-Ich-sagen」にせよ、「自己性《ゼルプストハイト》」は実存論的には「本来的な自己《ゼルプスト》で在りうること」にそくして、すなわち「気づかいである現存在の存在の本来性」にそくしてのみ読みとられなければならない。この本来性から「不断に自己であること *Ständigkeit des Selbst*」が解明されうる。それは「根底に置かれた基体 Subjektum」の「持続性」†2ではない。「本来的な存在可能」とはまた、「立場を獲得している Stand-gewonnenhaben」という意味での「不断に自己であること」であり、「恒常的な立場の堅固さ beständige Standfestigkeit」は、頽落したありかたが「不断に自己ではないこと Unselbst-ständigkeit」すなわち非自立性の、「反対の可能性」である。「自己でありつづけること *Selbst-ständigkeit*」つまり自立性とは実存論的には「先駆的決意性」にほかならない。先駆的決意性が露呈するのは「自己の自己性が有する実存的なありかた」なのである。

†1　Sich-vorweg.　本書、第四一節555以下参照。

†2　Beharrlichkeit.　カント『純粋理性批判』「原則論」が「実体 Substanz」について使用する表現(第二版、二二四頁以下)。

960　現存在は、沈黙した、みずからあえて不安を要求する決意性が根源的に単独化するなかで、本来的に自身である。本来的な自己存在は、沈黙するものとして、「私、私」とはけっして語らない。むしろ沈黙のなかで、じぶんがそれとして本来的に存在可能な、被投的な存在者なので「ある」。自己によって、決意した実存の沈黙が露呈される。そうした自己こそが、「自我」の存在への問いに対する根源的な現象的地盤である。本来的な自己で在りうることにぞくする存在意味に現象的に定位することによってはじめて、自己性の性格としての実体性、単純性および人格性にどのような存在論的権利が割りあてられうるのか、が究明されるはこびとなる。自己の存在への存在論的な問いが切りはなされなければならないのは、持続的に目のまえにある事物として自己を〈あらかじめ持つこと〉にほかならない。そのように〈あらかじめ持つこと〉は、ひろく支配的な〈私と語ること〉によってたえず示唆されているところなのである。

注解(960)　「現存在」は、沈黙した、みずから「不安」†1を引きうける「決意性」が「根源的に単独化する」なかで「本来的に自身である *ist eigentlich selbst*」。「本来的な自己存在」は「私、私」とは語らない。むしろ沈黙のなかで、「じぶんがそれとして本来的に存在可能な als welches es eigentlich sein kann」存在者として存在している。「自己」が「決意した実存の沈黙」を「露呈」する(Das Selbst, das die Verschwiegenheit der entschlossenen Existenz enthüllt)。「自己の存在への存在論的な問い」は、持続的に目のまえにある「事物として自己 Selbstding」をあらかじめとらえることから切断されなければならない。ひろく支配的な「私と語ること」が示唆するところから切断されなければならないのである。

†1　「書き込み」には、「すなわち、存在としての存在の開《あ》け Lichtung des Seins als Seins」とある。

961　気づかいは、なんらかの自己のうちに基底づけられる必要がない。むしろ気づかいの構成要素としての実存的なありかたが、現存在が自己でありつづける存在論的体制を与えている。そのように自己でありつづけることには、気づかいの完全な構造的内実に対応して、不断に自己ではないことへと事実的に頽落しているありかたが属しているのである。完全に把握された気づかいの構造は、自己性の現象をうちにふくんでいる。この現象を明瞭にすることは、気づかいの意味の解釈として遂行される。現存在の存在全体性は、気づかいとして規定されていたからである。

注解(961)「気づかい」を構成する要素である「実存的なありかた」が、「現存在が自己でありつづける存在論的体制 *ontologische Verfassung der Selbst-ständigkeit des Daseins*」を与える。自己でありつづけることには、「不断に自己ではないことへと事実的に頽落しているありかた *das faktische Verfallensein in die Unselbst-ständigkeit*」がぞくしている。完全に把握された気づかいの構造は「自己性の現象」をふくむから、その現象は「気づかいの意味の解釈《インテルプレタティオン》」として遂行されるのである。

第六五節　気づかいの存在論的意味としての時間性

962　気づかいと自己性とのあいだの「連関」をしるしづけることは、ひとり自我性という特殊問題を明瞭にすることを目標としていただけではない。それは、現存在の構造全体にぞくする全体性を現象的にとらえるための、最終的な準備に役だつはずのものでもあった。実存論的な問題設定のたゆみない訓練が必要である。やはり究極的には、現存在の存在のしかたが存在論的な視界にとって、たとえまったく無差別的なものであれ、目のまえにあることの一箇の様式へと転倒されてはならないとするなら、そうした訓練が必要なのである。現存在は本来的実存のうちで「本質的」になり、本来的実存は先駆的決意性として構成される。気づかいの本来性であるこの様態には、現存在が根源的に自己でありつづけることと、その全体性とがふくまれている。分散されたものではない、実存論的に理解する視界が、自己でありつづけること、全体性へと向けられることで、現存在の存在が有する存在論的意味を発掘する作業が遂行されなければならない。

注解(962)　「気づかい」と「自己性」との「連関」を問題とすることは、「現存在の構造全体にぞくする全体性」をとらえる最終的な準備でもあった。「実存論的な問題設定《フラーゲシュテルング》」の「たゆみない訓練」†1、現存在の存在のしかたを「目のまえにあること《フォアハンデンハイト》の一箇の様式」へ転倒しない訓練が必要なのである。現存在の「先駆的決意性」は「気づかいの本来性 Eigentlichkeit der Sorge」であり、その様態のうちには、現存在が「根源的に自己でありつづけることと、その全体性」がふくまれている。そのありかたに実存論的に注目することで、「現存在の存在が有する存在論的意味」が発掘されなければならない。

†1　*ungebrochene Disziplin.*　カント『純粋理性批判』にいう「純粋理性の訓練 Disziplin der reinen Vernunft」(第二版、七三六頁以下)が念頭にあることだろう。

963　気づかいの意味によって、存在論的に探しもとめられているものはなんだろうか。意味とはなにを意味するのだろうか。私たちは意味という現象に、理解と解釈の分析に関連して、探究の途上で出会ってきた。[*1] それにしたがうなら意味とは、或るものの理解可能性がそのうちで保持されているもののことである。そのさい当の或るものそのものは、明示的かつ主題的には視界に入ってくることがない。意味とは、第一次的な投企の〈それにもとづいて〉を意味する。この〈それにもとづいて〉の側から、或るものがそれであるものとして、その可能性において把握されうるのである。投企することがさまざまな可能性を開示する。すなわち可能にするものを開示するのだ。

＊1　本書、第三二節、一四八頁以下、とりわけ一五一―一五二頁参照。

注解(963)　「気づかいの意味」とはなにか。「意味とはなにを意味するのだろうか Was bedeutet *Sinn?*」。意味とは「或るものの理解可能性がそのうちで保持されているもの」であり、「第一次的な投企の〈それにもとづいて Woraufhin〉」を意味する。この意味にもとづいて、或るものが或るものとして、その可能性において把握される。「投企すること」がさまざまな可能性を、つまり「可能にするもの solches, das ermöglicht」を開示するのである。

964　投企の〈それにもとづいて〉を発掘するとは、投企されたことを可能とするものを開示するしだいを意味する。この発掘が方法的に要求するところは、解釈の根底に存する、たいていのばあい非明示的な投企をあとづけて、投企にあって投企されたものが当の〈それにもとづいて〉にかんして開示され、つかまれうるようにすることである。気づかいの意味をきわだたせるとは、そうであるとすれば以下の件にほかならない。つまり、現存在の根源的な実存論的解釈の根底に存して、当の解釈をみちびいている投企をたどってゆくことで、投企によって投企されたもののなかで投企の〈それにもとづいて〉が見てとられうるようになる、ということだ。投企されたものは現存在の存在である。しかも現存在の存在を本来的な全体的存在可能として構成しているもののうちで開示されている、現存在の存在なのである。この投企されたものの〈それにもとづいて〉、つまり開示され、そのように構成されている存在の〈それにもとづいて〉は、気づかいとして「現存在の」存在をこのように構成するのを可能とする当のものにほかならない。気づかいの存在の意味を問うことで問われているのは、かくて以下のとおりである。気づかいの分肢しいた構造全体の全体性を、その展開した分肢の統一において可能とするものはなにか。

注解(964)「投企の〈それにもとづいて〉」を発掘するとは、「投企されたことを可能とするもの」[†1]を開示することである。「解釈《アウスレーグング》」の根底に存する、たいていは非明示的な「投企」をあとづけて、「投企されたもの」の「それにもとづいて」が開示され、把握されなければならない。「気づかいの意味」をあきらかにするとは、だから、「現存在」の「実存論的解釈《インテルプレタティオン》」をみちびいている投企をたどって、「投企されたもの」のなかで投企の「それにもとづいて」を見てとることである。投企されたものは、「現存在の存在」を「本来的な全体的存在可能」として構成するもののうちで開示された、現存在の存在である。この投企されたものの「それにもとづいて」は、気づかいとして現存在の存在の構成を可能とするものにほかならない。気づかいの存在の意味を問うとは、かくして、「気づかいの分肢した(*gegliedert*)構造全体の全体性を、その展開した(*ausgefaltet*)分肢の統一において可能とするものはなにか」を問うことにほかならない。

†1　was das Entworfene ermöglicht.　Rの英訳が注記するように、was(〜もの)とdas Entworfene(投企されたこと。以下では「投企されたもの」とも訳す)のどちらが主語であるか、両義的な節。いちおうwasを主語として訳したが、逆なら、「投企されたことが可能とするもの」。Rの訳は、that which makes possible what has been projected で、wasを主語ととる。Mの仏訳は ce qui rend possible le projeté, Vは ce que rend possible ce qui est projeté で、それぞれ、前者はwasを主語ととり、後者はdas Entworfeneを主語ととっている。

965　厳密にいえば意味とは、存在を理解するという投企に対する、第一次的な〈それにもとづいて〉を意味している。じぶん自身に開示されている世界内存在は、当の世界内存在が自身それである存在者の存在とともに、世界内部的に覆いをとって発見された存在者の存在を等根源的に理解している。その理解が非主題的なものであり、そればかりか実存と実在性という、その存在の第一次的な様態についてなお無差別であるにしても、理解していることにはかわりがない。存在者についての存在的な経験のすべて、つまり手もとにあるものを目くばりによって算定することも、目のまえにあるものを実証科学的に認識することも、それらがもとづいているのは、対応する存在者の存在を、そのときどきに多かれすくなかれ見とおしよく投企することなのである。そうした投企はしかし、存在の理解がいわばそれによって養われている〈それにもとづいて〉を自身のうちに内蔵している。

注解(965)　「意味」とは、「存在を理解するという投企に対する、第一次的な〈それにもとづいて〉」のことである。「世界内存在」は、じぶん自身がそれである「存在者の存在」とともに、世界内部的な存在者の存在を、非主題的にであれ「等根源的に理解して」いる。存在者についての「存在的な経験」のすべて、つまり手もとにあるものへと「目くばり」することも、目のまえにあるものを「実証科学的に認識すること das positiv wissenschaftliche Erkennen」も、存在者の存在をそのときどきに見とおしよく「投企すること」にもとづく。そうした投企はしかし、存在の理解の「それにもとづいて」をうちに内蔵しているのである。

966 存在者は「意味を有する」と私たちが語るばあい意味されているのは、存在者がみずからの存在において接近可能なものとなっていることである。その存在とは、じぶんの〈それにもとづいて〉へと投企されてはじめて、「本来的に」「意味を有する」のである。存在者が意味を「有する」のはひとり、存在者が存在としてはじめから開示されており、存在の投企にあって、すなわち当の投企の〈それにもとづいて〉から理解可能となるがゆえになのだ。存在を理解するという第一次的な投企が意味を「与える」。或る存在者の存在の意味への問いは、存在理解の〈それにもとづいて〉を主題とする。その存在理解は、存在者のすべての存在の根底に存しているものなのである。

注解(966)「存在者は「意味を有する」Seiendes “hat Sinn”」とは、「存在者がみずからの存在において接近可能なものとなっていること」であり、当の存在は、「それにもとづいて」へと投企されることで、「本来的」に「意味を有する」。存在者が意味を「有する」のは、存在の投企の「それにもとづいて」から理解可能となるからなのである。「存在を理解する Verstehen von Sein」という投企が「意味を「与える」」“gibt” den Sinn」。存在者の存在の意味への問いは、「存在理解 Seinsverstehen」の「それにもとづいて」を主題とするものにほかならない。

967　現存在は現存在自身に対して、その実存をめぐり本来的もしくは非本来的に開示されている。実存することで、現存在はみずからを理解する。しかもその理解は、純然たる把握を呈示するものではまったくない。理解はむしろ、事実的な存在可能の実存的な存在をかたちづくる。開示された存在は、その存在者にとってこの存在が問題であるような、一箇の存在者の存在なのである。この存在の意味、つまり気づかいの意味が、気づかいをその構成にあって可能とし、存在可能の存在を根源的に形成する。現存在の存在意味は、現存在自身から遊離して宙に浮いている他なるもの、その「外部」ではない。みずからを理解している現存在自身なのだ。なにが現存在の存在を、かくてまた現存在の事実的な実存を可能にするのだろうか。

注解(967)　「現存在」はじぶん自身に、その「実存」をめぐり本来的もしくは非本来的に開示されている。「実存することで、現存在はみずからを理解する」。理解が、「事実的な存在可能の実存的な存在 das existenzielle Sein des faktischen Seinkönnens」をかたちづくる。現存在とはその「存在が問題である」存在者であり、当の存在者の存在の意味、つまり「気づかいの意味」が「存在可能の存在 Sein des Seinkönnens」を根源的に形成する。その存在意味は、「宙に浮いている他なるもの ein freischwebendes Anderes」、「外部 Außerhalb」ではなく、「みずからを理解している現存在自身」なのである。それでは、「現存在の存在」、その「事実的な実存」を可能にするものとはなにか、とハイデガーは問いすすめる。

968　実存の根源的な実存論的投企によって投企されるものは、先駆的決意性である事情が露呈した。なにが現存在のこの本来的な全体的存在を、その分肢した構造全体の統一にかんして可能にするのか。ここではその完全な構造内実をひとつづきのものとして挙げてゆくことはせず、形式的に実存論的にとらえておくなら、先駆的決意性とはもっとも固有なきわだってしるしづけられた存在可能へとかかわる存在のことである。そういったことが可能となるのはひとり、現存在がそもそもそのもっとも固有な可能性にあってみずからへと到来することが可能であり、その可能性を、このようにじぶんをじぶんへと到来させることにおいて可能性として持ちこたえることによってのみ、すなわち実存することによってだけである。かのきわだってしるしづけられた可能性を持ちこたえながら、その可能性のうちでじぶんをじぶんへと到来させることが、将来という根源的な現象なのである。現存在の存在に死へとかかわる本来的もしくは非本来的な存在がぞくしているならば、そうした存在はただ将来的な存在としてのみ可能である。その意味は、ここでは暗示される「だけ」であり、さらになお規定されなければならない。「将来」がここで意味しているのは、まだ「現実的」とはなってはいないけれども、やがていつかは存在するだろう〈いま〉のことではない。現存在がそのもっとも固有な存在可能にあってじぶんへと到来するさいの、〔将《まさ》に〕来ることを意味している。先駆は、現存在を本来的に将来的なものとする。先駆が現存在を将来的なものとするのはしかも、現存在が存在するものとしてそもそもすでにつねにじぶんへと到来しており、つまりはみずからの存在にあって総じて将来的であるかぎりにおいてのみ、この先駆そのものが可能であることによってなのである。

注解（968）　「実存の根源的な実存論的投企によって投企されるもの Das Entworfene des ursprünglichen existenzialen Entwurfs der Existenz」は「先駆的決意性」[†1]であった。形式的に実存論的にいえば、先駆的決意性とは「もっとも固有なきわだってしるしづけられた存在可能へとかかわる存在」である。それが可能となるのは、現存在が「そもそもそのもっとも固有な可能性にあってみずからへと到来することが可能であり zukommen *kann*」、その可能性を「可能性として持ちこたえる als Möglichkeit aushält」ことによって、すなわち「実存すること」によってだけである。当の「きわだってしるしづけられた可能性」のうちで「じぶんをじぶんへと到来させること sich auf sich *Zukommen*-lassen」が、「将来」[†2]という「根源的な現象」にほかならない。「現存在の存在」に「死へとかかわる」「存在」がぞくしているなら、その存在は「将来的な存在 *zukünftiges*」としてのみ可能である。「将来」とは未来ではなく[†3]、「現存在がそのもっとも固有な存在可能にあってじぶんへと到来するさいの、〔将に〕来ることKunft」である。先駆自体が可能となるのは、現存在が「存在するものとして *als seiendes*」、「すでにつねにじぶんへと到来し」、「将来的」であるかぎりにおいてなのである。

†1「書き込み」によれば、この「先駆的決意性」は「多義的である。つまり、実存的な投企と、その実存的投企のうちへと実存論的に、投企することで身を置きいれてゆくこと(Sichversetzen)がここではまざりあっている」。

†2 die *Zukunft.* やがてあきらかになるように、通常の時間理解にあって「未来」と呼ばれるものがとらえかえされたありかた。Rの英訳は the *future as coming towards,* MとVの仏訳はともに *l'avenir.*

†3「本文」にいう「まだ」「現実的」とはなってはいないけれども、やがていつかは存在するだろう〈いまJetzt〉」が、通常の時間理解における「未来」の規定。アリストテレス『自然学』第四巻、第一〇章参照。

969 先駆的決意性は現存在を、その本質からして負い目ある存在において理解する。こうした理解が意味するところは、負い目ある存在を実存することで引きうけること、無‐性の被投的な根拠として存在していることである。被投性を引きうけることが意味しているのはたほう、みずからがそのつどすでに存在していたがままに本来的に現存在として存在していることにほかならない。被投性を引きうけることが可能となるのはしかしひとり、将来的な現存在がじぶんのもっとも固有な「みずからがそのつどすでに存在していたがままで」、すなわちじぶんの「既在」として存在しうることによってだけである。現存在がそもそも、〈私は既在である〉というかたちで存在しているかぎりにおいてのみ、じぶんが回帰的に到来するというしかたで、将来的にじぶん自身へと到来することができる。本来的に到来的に、現存在は本来的に既在して存在している。もっとも極端で、もっとも固有な可能性へと先駆することは、本来的な既在へと理解しながら回帰的に到来することである。現存在が本来的に既在して存在していることができるのは、現存在が到来的であるかぎりにおいてのことなのだ。既在であることは、ある種の様式で将来から発現するものなのである。

注解(969)　「先駆的決意性は現存在を、その本質からして負い目ある存在において理解する」。負い目ある存在を「実存すること」で引きうけるとは、「無‐性の被投的な根拠(geworfener Grund der Nichtigkeit)として存在している」ことであり、被投性を引きうけることはたほう、「みずからがそのつどすでに存在していたがままに *wie es je schon war*」現存在として本来的に「存在していること」(eigentlich *sein*)にほかならない。被投性を引きうけることはしかし、現存在がじぶんのもっとも固有な「既在」[†1]として存在することが可能である場合だけである。

現存在は「私は既在である」†2というかたちで「存在している」かぎりにおいて、じぶんが「回帰的に到来する *zurück*-kommt」というしかたで、「将来的にじぶん自身へと到来する」ことができる。「本来的に到来的に、現存在は本来的に既在して存在している Eigentlich zukünftig *ist* das Dasein eigentlich *gewesen*」。もっとも極端で固有な「可能性」つまり死へと「先駆すること」は、「本来的な既在へと理解しながら回帰的に到来すること das verstehende Zurück-kommen」である。現存在は本来的に「到来的」であり、既在であることはある意味で「将来から発現する entspringt」のである。

†1　Gewesen.　これもやがてあきらかになるように、通常の時間理解にあって「過去」と呼ばれるものがとらえかえされたありかた。Rの英訳は been, Mの仏訳は été, Vでは avoir été.

†2　ich *bin*-gewesen.「私は在ったところのものである」。

970　先駆的決意性が開示するのは、そのときどきの〈現〉の状況である。そのけっか実存は行為することで、事実的に周囲世界的に手もとにあるものを目くばりによって配慮的に気づかうことになる。状況にぞくする手もとにあるもののもとで決意して存在すること、すなわち周囲世界的に現存しているものを行為しながら出会わせることは、この存在者を現在化することにおいてのみ可能である。現在化するという意味での現在としてのみ、決意性はそれがあるところのものでありうる。つまりは、決意性が行為しながらつかみ取るものを、偽造することなく出会わせることでありうるのである。

971　将来的にみずからへと回帰的に到来することで、決意性は現在化しながらじぶんを状況のなかへともたらす。既在的なありかたは将来から発現する。それはしかも、既在した(より適切には、既在しつつある)将来が現在をじぶんのうちから退去させるというかたちで発現するのである。当の、既在しつつある現在化する将来としてこのように統一的な現象を、私たちは時間性と名づける。現存在が時間性として規定されているかぎりでのみ、現存在はじぶん自身に、さきにしるしづけられた、先駆的決意性という本来的な全体的存在可能を可能とすることになる。時間性は、本来的な気づかいの意味として露呈するのである。

注解(970—971)「先駆的決意性」が開示するのは、そのときどきの「〈現〉の状況 Situation des Da」である。かくて「実存」は「手もとにあるもの」を配慮的に気づかうことになる。手もとにあるもののもとで「決意して存在すること」、「周囲世界的に現存しているもの(das umweltlich *Anwesenden*)を行為しながら出会わせること」は、この存在者を「現在化すること」においてのみ可能である。「現在化するという意味での現在」[†1]としてのみ、決意性はそのものでありえ、決意性が行為しながら「つかみ取る ergreift」ものを出会わせることでありうるのである(970)。

「将来的にみずからへと回帰的に到来することで、決意性は現在化しながらじぶんを状況のなかへともたらす[†2]」。「既在した(より適切には、既在しつつある)将来[†3]」が現在を「じぶんのうちから退去させる aus sich entläßt」というかたちで、将来から発現する。この、「既在しつつある現在化する将来[†4]」という統一的な現象が「時間性」と呼ばれる。この時間性によってのみ「現存在」の「先駆的決意性」が、その「本来的な全体的存在可能」が可能となる。「時間性は、本来的な気づかいの意味として露呈するのである *Zeitlichkeit enthüllt sich als der Sinn der eigentlichen Sorge*」(971)。

†1 *Gegenwart* im Sinne des Gegenwärtigens. これもやがてあきらかになるように、通常の時間理解にあってたんに「現在」と呼ばれるものがとらえかえされたありかた。Rの英訳は *Present* [Gegenwart] in the sense of making present, Mの仏訳は *présent* au sens du présentifier, Vでは *présent* au sens actif d'apprésentation.

†2 Zukünftig auf sich zurückkommend, bringt sich die Entschlossenheit gegenwärtigend in die Situation. Rの英訳は Coming back to itself futurally, resoluteness brings itself into the Situation by making present, Mの仏訳は Re-venant à soi de manière a-venante, la résolution se transporte dans la situation en présentifiant, Vでは En un retour sur soi riche d'avenir, la résolution aborde la situation en s'y rendant présente.

†3 「既在した gewesen」に対して、「既在しつつある」は gewesend. Wの注記するとおり、

sein の過去分詞 gewesen をいわば現在分詞化したもので、すでに在ったものがなおも在る、というかたちで既在と現在とのつながりを強調したもの。R の英訳は gewesen を has been と訳し、gewesend を is in the process of having been と訳す。

†4　gewesend-gegenwärtigende Zukunft. R の英訳は a future which makes present in the process of having been, M の仏訳は avenir étant-été-présentifiant, V では avenir appré-sente en ayant été.

972　本来的な気づかいの意味が有する現象的な内実は、先駆的決意性という存在体制から汲みとられたものであり、その内実が時間性という術語の意義を充足している。時間性という表現を術語的に使用するさいには、通俗的な時間概念から押しつけられてくる「未来」「過去」および「現在」にぞくする意義は、さしあたりすべて遠ざけられなければならない。この件はまた、「主観的」ならびに「客観的」な「時間」、あるいは「内在的」ならびに「超越的」な「時間」といったさまざまな概念にかんしても妥当する。現存在自身が、さしあたりたいていはじぶんを非本来的に理解している。そのかぎりでは、通俗的な時間理解にもとづく「時間」がたしかに或る真正な現象を呈示するとはいえ、それは一箇の派生的現象にすぎないと推測されてよいだろう。この派生的な現象は非本来的な時間性から発現するのであり、非本来的時間性はそれに固有な根源を有している。「未来」「過去」および「現在」という概念は、非本来的な時間理解からさしあたりは生じたものなのである。これらに対応する、根源的で本来的な現象を術語的に限界づけることは、あらゆる存在論的術語法にまとわりついている困難とまったくおなじ困難と戦うことである。暴力的なものとなることは、こうした探究の領野にあっては一箇の恣意に由来するところではない。ことがらに基礎づけられた必然性なのだ。非本来的な時間性の根源を、根源的で本来的な時間性から余すところなく提示することができなければならない。そのために必要となるのは、しかしながら、ようやく粗雑なしかたでしるしづけられたにすぎない、根源的な現象を具体的に仕上げる作業なのである。

注解(972)　「本来的な気づかいの意味」の内実は、「先駆的決意性」から汲みとられ、そこから「時間性」という術語が劃定された。時間性という術語的表現は、「通俗的な時間概念 der vulgäre Zeitbegriff」に由来する「未来 Zukunft」「過去 Vergangenheit」および「現在 Gegenwart」から区別されなければならない。時間について「主観的」「客観的」、あるいは「内在的」「超越的」と形容されることについても同様である。通俗的な「時間」は、「一箇の派生的(abkünftig)現象」にすぎないことが見こまれる。当の派生的な現象は「非本来的な時間性」から発現するのである。通俗的な用法に対する「術語的」な限界づけが「暴力的なものとなる《ケヴァルトザーム》こと《カイト》」は、「ことがらに基礎づけられた必然性」をともなっている。「非本来的な時間性の根源」を、「根源的で本来的な時間性」から提示しなければならない、とハイデガーは以後の課題を呈示する。

973　決意性が本来的な気づかいの様態をかたちづくり、本来的な気づかいそのものはいっぽう時間性によってのみ可能である。そうであるとすれば、決意性に着目しながら獲得された現象自身が、そもそも気づかいそのものを可能とする時間性の一箇の様相だけを呈示しているはずである。気づかいとしての現存在の存在の全体性によって意味されているところは、(世界内部的に出会われる存在者)のもとでの存在として、じぶんに先だって(なんらかの世界)の内ですでに存在していることにほかならない。このように分肢した構造を最初に確定したさいに指示されていたのは、この分肢化にかんして存在論的な問いがさらにさかのぼって追求されて、この構造の多様なありかたが示す全体性の統一が発掘されなければならないしだいであった。*1 気づかいの構造の根源的な統一は、時間性のうちに存しているのである。

＊1　本書、第四一節、一九六頁参照。

注解(973)　「決意性」は「本来的な気づかいの様態」であり、気づかいは「時間性」の一箇の様相によってのみ可能である。気づかいとしての「現存在の存在の全体性 Seinsganzheit」

とは、「じぶんに先だって(なんらかの世界)の内ですでに存在していること」にほかならない。この「構造の多様なありかた Strukturmannigfaltigkeit」が示す全体性の統一が発掘されなければならない。「気づかいの構造の根源的な統一は、時間性のうちに存している *Die ursprüngliche Einheit der Sorgestruktur liegt in der Zeitlichkeit*」のである。

974 〈じぶんに先だって〉は将来にもとづいている。〜の内ですでに存在しているとは、それ自身のうちで既在的なありかたを告知するものである。〜のもとで存在していることは、現在化するはたらきのうちで可能とされる。そのさい、すでに語られたところからすれば、「先だって」における「先」、および「すでに」を、通俗的な時間了解からとらえることはおのずと禁じられている。「先」とは「まだ〈いま〉ではないが――しかし〈のちに〉は」という意味での「まえもって」を指してはいない。おなじように、「すでに」も「もはや〈いま〉ではないが――しかし〈まえに〉は」を意味していない。「先」と「すでに」という表現はこういった時間にそくした意義を有することもありうる。だがかりに〔ここで〕そういった意義をもっているとしたならば、気づかいの時間性をもって語られているところは、気づかいの時間性は「まえに」であるとともに「のちに」であり、「まだない」であるとともに「もはやない」であるようななにごとかである、ということになってしまう。気づかいはその場合、「時間のなかで」現前し経過する存在者として把握されているしだいとなるだろう。現存在という性格をともなう存在者の存在は、そこで一箇の目のまえにあるものとなりおおせる。そういったことが不可能であるかぎり、右に挙げた表現の時間にそくした意義は、またべつのものでなければならない。「先」と「先だって」は将来を暗示している。そのようなものとして将来がそもそもはじめて可能とするのは、現存在がつぎのように存在しうる、というしだいである。すなわち、現存在にとってはみずからの存在可能が問題である、ということだ。「じぶん自身のゆえに」へと向けてみずから投企することは、将来にもとづいている。この投企が実存的なありかたの本質的性格のひとつである。実存的なありかたの第一次的な意味は将来なのである。

注解(974)　「じぶんに先だって Sich-vorweg」は「将来」にもとづき、「～の内ですでに存在している」が告げるのは、「既在的なありかた」であって、「～のもとで存在していること」は「現在化するはたらき《ゲーゲンヴェルティゲン》」のうちで可能とされる。「先だって」における「先 Vor」ならびに「すでに Schon」を、「通俗的な時間了解」によってとらえてはならない。「先」とは「まだ〈いま〉ではないが——しかし〈のちに〉は Noch-nicht-jetzt — aber später」という意味での「まえもって Vorher」ではなく、「すでに」も「もはや〈いま〉ではないが——しかし〈まえに〉は Nicht-mehr-jetzt — aber früher」ではない。「先」と「すでに」はここでは、こうした「時間にそくした zeithaft」意義を有してはいない。「気づかい」はここで、「時間のなかで in der Zeit」経過するものではなく、「現存在」の「存在」は一箇の「目のまえあるもの」ではないからである。「「先」と「先だって」は将来を暗示している」。そのような将来が可能とするのは、「現存在にとってはみずからの存在可能が問題である」というしかたで現存在が存在可能である、というしだいである。「じぶん自身のゆえに Umwillen seiner selbst」へと「みずから投企すること Sichentwerfen」は「将来」にもとづく。この投企が「実存的なありかた」の本質的性格のひとつであって、「実存的なありかたの第一次的な意味は将来なのである *Ihr primärer Sinn ist die Zukunft*」。

975 おなじように、「すでに」は或る存在者の実存論的な時間的存在意味を示しているのであって、当の存在者はそれが存在しているかぎり、そのつどすでに被投的なものなのである。ひとり気づかいが既在的なありかたにもとづいているがゆえに、現存在は、じぶんがそれである被投的な存在者として実存することができる。現存在が事実的に実存している「かぎり」、現存在はだんじて過ぎ去ってしまっていることがない。たほうたしかに、「私は既在である」という意味ではつねにすでに既在しながら存在している。さらに現存在が既在しながら存在しうるのはただ、現存在が存在しているかぎりにおいてなのだ。過ぎ去ってしまっていると私たちが名ざすのは、これに対して、もはや目のまえに存在していない存在者にほかならない。だから現存在は実存しつつあるかぎり、けっして目のまえにある実際のありかたというかたちで劃定されることがありえない。目のまえにある実際のありかたなら「時間とともに」発生し消滅して、すこしずつすでに過ぎ去ってしまっている。現存在であるならば、つねにひたすら被投的な事実として「みずからを見いだす」。情態性において現存在は、なお存在しつつあるにもかかわらず、じぶんがすでにそれであった存在者として、つまり既在しながら不断にそれである存在者としてじぶん自身によって襲われる。事実性の第一次的な実存論的意味は既在的なありかたのうちに存している。気づかいの構造の定式化は、「先」と「すでに」という表現によって、実存的なありかたおよび事実性の時間的な意味を暗示しているのである。

注解(975)「すでに」は「それが存在しているかぎり、そのつどすでに被投的なもの」である存在者の「実存論的な時間的存在意味」を示している。「気づかい」が「既在的なありかた」にもとづいているがゆえに、「現存在」は「被投的」な存在者として実存しうる。「現存在が事実的に実存している」かぎりでは、「現存在はだんじて過ぎ去ってしまっていることが」なく(ist es nie vergangen)、「つねにすでに既在しながら immer schon *gewesen*」存在している。たほう「現存在が存在しているかぎりにおいて」のみ、現存在は既在しながら存在しうるのだ。

「過ぎ去ってしまっている」のは、「もはや目のまえに存在していない存在者」である。だから現存在はけっして「目のまえにある実際のありかた《タートザッヘ》」ではない。実際のありかたなら、「時間とともに mit der Zeit」「発生し消滅して」†1、すこしずつすでに「過ぎ去ってしまって《フェルガンゲン》」いる。現存在はこれに対して、つねに「被投的な事実《ファクトゥム》」として「みずからを見いだす findet sich」。「情態性」において現存在は、「なお存在しつつあるにもかかわらず noch seiend」、じぶんが「すでにそれであった schon war」存在者、「既在しながら不断にそれである gewesen ständig *ist*」存在者としてあらわれる。「事実性の第一次的な実存論的意味」は「既在的なありかた」である。「先」と「すでに」という表現は、「実存的なありかたおよび事実性の時間的な意味」を指示しているのである。

†1　entsteht und vergeht.「発生 entstehen」にあわせて、vergeht を「消滅して」と訳したが、過去分詞 vergangen(過ぎ去ってしまっている)の現在形が vergehen.

976　これに対してそうした暗示が、気づかいを構成する第三の契機には欠落している。第三の契機とはすなわち、～のもとで頽落しながら存在することにほかならない。この件は、頽落が時間性にもとづいてもいないことを意味するものではない。暗示されていることになるのはむしろ、配慮的に気づかわれる手もとにあるものや目のまえにあるものへの頽落が第一次的にもとづく現在化は、根源的な時間性の様態にあっては、将来と既在的なありかたのうちに鎖されたままであることなのである。決意しているさいに現存在は、頽落からまさに連れもどされており、それだけますます本来的に、開示された状況へと向けた「瞬視」のうちで「現にそこに」存在するにいたる。

注解(976)　実存的なありかたおよび事実性の時間的な意味への暗示が、「気づかい」の第三の契機である、「〜のもとで頽落しながら存在すること das verfallende Sein-bei …」には欠落している。そこで暗示されているのはむしろ、「配慮的に気づかわれる手もとにあるものや目のまえにあるものへの頽落」がもとづいている「現在化」が、「将来と既在的なありかたのうちに鎖されたままである」ことである。決意している場合なら「現《ダー》存在」は、頽落から連れもどされ、開示された「状況」へと向けた「瞬視」[†1]のうちで「現にそこに《ダー》」存在するにいたる。

†1　Augenblick. Augenblick は通常「瞬間」という意味。ここでは *blick* が(Blick で「見ること」「視線」)強調されることで「視」という意味をつよく持たされている。なお名詞 Augeは「眼」。R の英訳はここでは moment of *vision* と訳す。R は注を付して、Augenblick を他の箇所では多く moment とのみ訳すが、問題の語は、当面の箇所ならびに以後の多くの箇所で a glance of the eye という意味をふくみもっているしだいに注意する。M の仏訳は coup d'*œil* と訳してカッコ内に instant と補い、V は同様に訳しつつ原語 Augenblick をおなじくカッコ内に補っている。

977 時間性によって、実存、事実性および頽落の統一が可能となり、かくて根源的に気づかいの構造の全体性が構成される。気づかいの諸契機は、堆積してつなぎあわされているものではない。おなじようにまた時間性そのものも、将来、既在的なありかた、および現在から「時間とともに」はじめて合成されるわけではない。時間性はそもそも存在者で「ある」のではない。時間性は存在するのではない。時間化するのだ。私たちはどうして、それにもかかわらず、「時間性は気づかいの意味で――「ある」」とか「時間性はこれこれのように規定されて――「いる」」と語るのを余儀なくされるのか。それは、存在および「ある」一般の理念が明瞭にされることではじめて理解可能なものとされうるのである。時間性は時間化させ、しかも時間性そのものの可能な様式のさまざまを時間化させる。そうしたさまざまな様式によって、現存在の存在様態が有する多様なありかたが、なによりも本来的ならびに非本来的実存という根本的可能性が可能となるのである。

注解(977)　「時間性」が「実存、事実性および頽落の統一」を可能とし、「気づかいの構造の全体性」を構成する。「時間性はそもそも存在者で「ある」のではない Die Zeitlichkeit "ist" überhaupt kein *Seiendes*[†1]」。つまり「時間性は存在するのではない。時間化する Sie ist nicht, sondern *zeitigt* sich」。時間性は、時間性そのもののさまざまに「可能な様式」を「時間化させるzeitigt」。その諸様式によって、「現存在の存在様態」、なによりも「本来的ならびに非本来的実存という根本的可能性」が可能となるのである。

†1　sich zeitigen の訳については、本書、第六一節913の訳注参照。

978　将来、既在的なありかたおよび現在によって示されるのは、「じぶんへと向かって」「のほうへと回帰して」「を出会わせる」という現象的な性格である。〈〜へと向かって〉〈〜のほうへと〉〈〜のもとで〉という現象があらわにするのは、ἐκστατικόν〔脱自《エクスタティコン》〕としての時間性そのものにほかならない。時間性とは、根源的な「じぶんの外にあること」それ自体そのものなのである。私たちはだから、右に特徴づけられた現象、つまり将来、既在的なありかたおよび現在を、時間性の脱自的なありかたと名づける。時間性はまず一箇の存在者であって、その存在者が〔そののちに〕はじめてじぶんの外へと踏みだしてゆく、といったものではない。時間性の本質が、さまざまな脱自的なありかたの統一にさいしての時間化なのである。通俗的な了解にとって接近可能な「時間」について、特徴的なことがらがある。それはなにより、はじまりもおわりもない純然たる〈いま〉の連続であるそうした時間にあっては、根源的な時間性の脱自的な性格が水平化されてしまっていることである。そういった水平化そのものはたほう、その実存論的意味からすれば、或る特定の可能な時間化にもとづく。その時間化にしたがって時間性が、非本来的な時間性として、いま言及した〔通俗的な〕「時間」を時間化させるのである。それゆえに、現存在の分別にとって接近可能な「時間」は、根源的ではなく、かえって本来的な時間性から派生するものであるしだいが証示される。そうであるとすれば、*a potiori fit denominatio*〔より先なるものから命名はなされる〕という命題にしたがい、ここで発掘された時間性を根源的な時間と名づけることが正当化されることになる。

注解(978)　「将来、既在的なありかたおよび現在」が示すのは、「じぶんへと向かって Auf-sich-zu」「のほうへと回帰して Zurück auf」「を出会わせる Begegnenlassen von」という「現象的な性格」である。「〜へと向かって zu ...」「〜のほうへと auf ...」「〜のもとで bei ...」という現象があらわにするのは、「脱自《エクスタティコン》としての時間性」自身にほかならない[†1]。時間性とは「根源的な「じぶんの外にあること」それ自体そのもの *das ursprüngliche "Außer-sich"*[†2] *an und für sich selbst*」である。「将来、既在的なありかたおよび現在」は、こうして時間性の「脱自的なありかた *Ekstasen*」である。時間性の本質は、「さまざまな脱自的なありかたの統一にさいしての時間化」にある。通俗的な「時間」は、これに対して、「はじまりもおわりもない純然たる〈いま〉の連続 eine pure, anfangs- und endlose Jetzt-folge」であり、そこでは、根源的な時間性の「脱自的な性格」が「水平化 Nivellierung」されてしまうのだ。そういった水平化そのものも、なんらかの「時間化」にもとづく。通俗的な「時間」は、「本来的な時間性から派生するもの」であって、ここで発掘された時間性こそが「根源的な時間」[†3]と名づけられるにふさわしい、とハイデガーはいう。

†1　Rの整理によると、語形と内容の対応はつぎのとおり。

zu: *Zukunft*;　auf sich *zukommen*; Auf-sich-*zu*;　Sich-vorweg（じぶんに先だって＝将来）

auf: Gewesenheit; zurückkommen *auf*; Zurück *auf*;　Schon-sein-in（の内ですでに存在する＝既在）

bei: Gegenwart;　; Begegnenlassen von; Sein-*bei*（のもとで存在する＝現在）

†2　「じぶんの外にあること *Außer-sich*」のRによる英訳は *outside-of-itself*, MとVの仏訳はともに *hors-de-soi*.

†3　「根源的」の訳は、Rは primordial, Mは originaire, Vでは original.

979　脱自的なありかたを列挙するにあたって、私たちはつねに将来を最初に挙げておいた。この件が暗示しようとしているのは、根源的で本来的な時間性の脱自的な統一にあって、将来に優位があるということである。時間性は脱自的なありかたの堆積と継起によってはじめて発生するのではなく、そのつどさまざまな脱自的なありかたの等根源性において時間化するにしても、ことのしだいにかわりはない。たほう、さまざまな脱自的なありかたの内部で、時間化の様態はたがいにことなっている。さらにこの差異は、時間化がたがいにことなる脱自的なありかたにもとづいて第一次的に規定されうるという事情のうちに存しているのである。根源的で本来的な時間性は、本来的な将来から時間化する。それはしかも根源的で本来的な時間性が、将来的に既在しながら、そのことではじめて現在を喚起することによってである。根源的で本来的な時間性の第一次的現象は将来である。将来の優位は、非本来的な時間性そのものの変様された時間化に対応して、変位してゆくだろう。とはいえまた、派生的な「時間」のうちにもなお立ちあらわれることになることだろう。

注解(979)「脱自的なありかた」のうちでは、つねに「将来」が最初に挙げられる。それは、「根源的で本来的な時間性の脱自的な統一 die ekstatische Einheit der ursprünglichen und eigentlichen Zeitlichkeit」のなかで将来に優位があるからである。さまざまな「脱自的なありかた」にあって、「時間化」は脱自的なありかたの差異におうじて規定され、時間化の様態はたがいにことなってゆくにせよ、根源的で本来的な時間性は「本来的な将来から時間化する zeitigt sich aus der eigentlichen Zukunft」。根源的で本来的な時間性は「将来的に既在しながら、そのことではじめて現在を喚起する zukünftig gewesen allererst die Gegenwart weckt」からである。「根源的で本来的な時間性の第一次的現象は将来」なのである。将来の優位は「非本来的な時間性」のなかで変位してゆくにせよ、この件にかわりはないのである。

980　気づかいとは死へとかかわる存在である。先駆的決意性を私たちは、現存在の端的な不可能性という特徴づけられた可能性へとかかわる本来的存在と規定しておいた。じぶんのおわりへとかかわるそういった存在にあって、現存在は、みずからが「死のなかへと投げこまれながら」それでありうる存在者として、本来的に全体的に実存する。現存在は、そのきわでじぶんが終焉するほかはないような一箇のおわりを有しているのではない。現存在は有限的に実存するのである。本来的な将来が、先駆的決意性の意味をかたちづくる、当の時間性を第一次的に時間化させる。その本来的な将来は、かくてそれじしん有限的な将来として露呈されるのだ。だが、私自身がもやは現存在していない場合でも、それにもかかわらず「時間はさらに先に」「すすんでゆく」のではないだろうか。そして、際限もなく多くのことがらがなおも「将来のうちに」ふくまれていて、将来から到来してくることが可能なのではないか。

注解(980)　「気づかいとは死へとかかわる存在 Die Sorge ist Sein zum Tode」であり、「先駆的決意性」とは「不可能性」の「可能性」へとかかわる「本来的存在」であった。その本来的存在にあって現存在は、みずからが「死のなかへと投げこまれ geworfen in den Tod」た存在者として「本来的に全体的に実存」する。現存在は「そのきわでじぶんが終焉するほかはない an dem es nur aufhört」ようなおわりを有しているのではなく、「有限的に実存する *existiert endlich*」。本来的な将来が、先駆的決意性としての時間性を「時間化」させる。「本来的な将来」がそれじしん「有限的な将来として」露呈されるのである。それにしても、私が死んでも「時間はさらに先に」すすんでゆき、「将来」[†1]には際限がないのではないだろうか、とハイデガーはあらためて素朴な問いに立ちもどる。

†1　Zukunft.　ここではいわゆる通俗的な「時間」が問題であると考えれば、Wのようにたんに「未来」と訳すこともできる。

981　こういった問いは肯定されなければならない。にもかかわらずこれらの問いには――それはそもそもはや根源的な時間性について論じていないのだから――根源的な時間性の有限性に対するいかなる異議もふくまれていないのだ。問題は、「さらに先にすすんでゆく時間のなかで」なおもいったいなにが生起しうるのか、ではない。「このような時間から」じぶんへと到来させることに対して、なにが出会われることができるのか、でもない。問題は、じぶんへと到来させること自身がそのものとして、根源的にどのように規定されているのか、なのである。そうした到来の有限性は、第一次的には終焉を意味するのではない。時間化そのもののひとつの性格である。根源的で本来的な将来は〈じぶんへと向かって〉であり、〈じぶんへと〉というのは、無‐性という追いこしえない可能性として実存することで、じぶんへと向かっていることなのである。根源的な将来の脱自的な性格は、将来が存在可能を閉ざして、つまりそれじしん鎖されており、将来はそのような将来として、決意しながら実存的に無‐性を理解するしだいを可能とすることのうちに存するものにほかならない。根源的かつ本来的にじぶんへと到来することが、もっとも固有な無‐性のうちで実存することの意味である。時間性が根源的に有限であるというテーゼによって、「時間がさらに先にすすんでゆく」ことが論駁されているわけではない。このテーゼはひたすら、根源的な時間性の現象的な性格を確定しようとしているにすぎない。その性格は、現存在自身の根源的な実存論的投企によって投企されるもののうちで示されているのである。

注解（981）　右の問いにはそのとおりであると答えられなければならない、とハイデガーはいう。ただそれらの問いは、「根源的な時間性 ursprüngliche Zeitlichkeit」を問題とするものではないだけなのだ。ここで問題なのは、「じぶんへと到来させること」が根源的にどのように規定されているのか、にすぎない。そうした到来の「有限性 Endlichkeit」は第一次的には

「終焉」を意味するものではなく、「時間化」のひとつの性格である。「根源的で本来的な将来」とは、「無-性」という追いこしえない可能性として実存することで「じぶんへと向かって」いることなのである。「根源的な将来の脱自的な性格」は、将来が存在可能を「閉ざして schließt」、つまりそれじしん「鎖されて geschlossen」おり、無-性を「決意しながら《エントシュロッセン》」実存的に理解するのを可能とすることにある。「根源的かつ本来的にじぶんへと到来することが、もっとも固有な無-性のうちで実存することの意味である Das ursprüngliche und eigentliche Auf-sich-zukommen ist der Sinn des Existierens in der eigensten Nichtigkeit」。時間性が根源的に「有限である《エントリッヒカイト》」というテーゼはただ、「現存在自身の根源的な実存論的投企によって投企されるもののうちで示され」る、「根源的な時間性の現象的な性格」を確定するものであるにすぎない。

982　根源的で本来的な将来の、かくてまた時間性の有限性は見すごされ、あるいはその有限性は「ア・プリオリ」に不可能であると見なされもする。そのような誘惑は、通俗的な時間了解が不断に押しつけられるところから生じるものなのだ。通俗的な時間了解が、おわりのない時間を、しかもそれのみを知っていることが正当であるとして、そのことをもってしてもいまだ証示されていないのは、そうした時間了解がおわりのない時間と、その「無限性」をすでに理解もしているということである。時間が「さらに先にすすんで」ゆき、「さらに先に過ぎ去って」ゆくとは、なにを意味しているのか。一般に「時間のなかで」が、とりわけ「将来において」とか「将来から」が意味するところはなにか。どのような意味で「時間」にはおわりがないのか。根源的な時間の有限性に対する通俗的な異議が地盤を欠いたままであることを欲しないなら、そういったことがらの解明が要求される。その解明が実現するのは、とはいえひとり、有限性と非 - 有限性とにかんして、なんらかの適切な問題設定が獲得されている場合にかぎられる。当の問題設定はしかしながら、時間の根源的な現象に向けて理解しようとする視界から発現するものなのだ。問題は、「そのうちで」目のまえにあるものが生起し、消滅するというかたちをとらない。問題はむしろ、有限的で本来的な時間性から、どのようにして非本来的な時間性が発現するのか、である。さらに、非本来的な時間性が、非本来的な時間性として、いかにして有限的な時間性からなんらかの非 - 有限的な時間を時間化するのか、にあるのである。根源的時間が有限的であるがゆえにのみ、「派生的な」時間は非 - 有限的な時間として時間化することができる。理解し把捉する順序からいえば、時間の有限性がはじめて完全に見てとられることのできるのは、「おわりのない時間」がきわだたせられ、時間の有限性と対置されたあとのことなのである。

注解(982)　「将来」と「時間性」の有限性が見すごされるのは、「通俗的な時間了解」が不断に支配しているからである。そうした時間了解にしても、「おわりのない endlos」時間とその「無限性 Unendlichkeit」を理解しているわけではない。時間が「さらに先にすすんで」ゆき、「さらに先に過ぎ去って vergeht weiter」ゆくとはなんであり、どのような意味で「時間」にはおわりがないといわれるのか。そういったことがらが解明されるのはただ、有限性と「非‐有限性 Un-endlichkeit」にかんして、適切に問題が設定されている場合のみである。問題は、目のまえにあるものが「そのうちで」生起し、消滅する「「派生的 *abgeleitet*」で無限な時間」がどのようにして「根源的で有限的な時間性」になるのか、ではない。「有限的で本来的な時間性から、どのようにして非本来的な時間性が発現するのか wie entspringt aus der endlichen eigentlichen Zeitlichkeit die *un*eigentliche」、である。根源的時間が「有限的」であるからこそ、派生的な時間が「非‐有限的な」時間として「時間化」する。ただし把捉される順序からいえば、時間の有限性はその無限性との対置によってはじめて見てとられることになるだろう。

983　根源的時間性をめぐる以上の分析を、以下のテーゼにまとめておこう。時間は根源的には時間性の時間化として存在し、その時間化として時間は、気づかいの構造を構成することを可能とする。時間性は、その本質からして脱自的である。時間性が時間化するのは、根源的には将来からである。根源的時間は有限的なのである。

984　それでも、気づかいを時間性として解釈しようとするなら、これまで獲得されてきた狭隘な土台に制限されたままであることはできない。その解釈が、現存在の根源的で本来的な全体的存在へと向かう視界においては最初の数歩を踏みだすものであったとしても、そこにとどまることはかなわないのである。現存在の意味は時間性にあるとするテーゼが、現存在という存在者について、これまできわだたせられてきた根本体制がしめす、具体的ななりたちにそくして確証されなければならない。

注解（983―984）　本節を閉じるにあたってハイデガーは、「根源的時間は有限的」であるという認定へといたる、以上の分析をいくつかのテーゼにとりまとめる（983）。
そのうえでハイデガーは、「現存在の意味は時間性にある」[†1]とするテーゼを、さらに現存在の具体的な「根本体制」にそくして解釈《インテルプレタティオン》するという以後の分析の課題を示して、次節へとつないでゆく（984）。

†1　der Sinn des Daseins ist die Zeitlichkeit.　Vの仏訳は、その訳注においてフランス文学からの典拠を頻繁に挙げる傾向がある。ここでVが挙示するのは、クローデル『詩法』の一節。"Le temps est le *sens* de la vie."（時間は生の意味である）。

第六六節　現存在の時間性、ならびにその時間性から発現する、実存論的分析のより根源的な反復という課題

985　これまで発掘された時間性という現象が要求するのは、その現象が構成的に有する効力がさらにひろい範囲を覆うものである事情を確証することばかりではない。それを確証することではじめて、時間化の根本的な可能性のさまざまにかんして、時間性の現象そのものもそれじしん視界のうちに登場することになる。時間性にもとづいて現存在の存在体制の可能性を証示することを——ただ暫定的なものにすぎないとはいえ——私たちはかんたんに「時間的」な解釈と名づけておこう。

986　さしあたっての課題は、現存在の本来的な全体的存在可能を時間的に分析し、気づかいの時間性を一般的に特徴づけることを超えて、現存在の非本来性をその特種な時間性について見てとられうるようにすることである。時間性はまずは、先駆的決意性として示された。決意性は開示性の本来的様態であるけれども、この開示性はたいていは、〈ひと〉という頽落的な自己解釈の示す非本来性のうちにとどまっている。開示性一般の時間性を特徴づけることによって、もっとも身近に配慮的に気づかわれる世界内存在にぞくする時間的な了解と、かくてまた現存在の平均的な〈無差別〉の時間的な了解へとみ

ちびかれる。その平均的な〈無差別〉に実存論的分析論はまずその着手点をもとめたのである。[*1] 私たちは、現存在のこの平均的な存在のしかたを日常性と名づけた。現存在はその存在のしかたのうちに、さしあたりたいていは身を置いている。以前の分析を反復することで、日常性がその時間的な意味にあって露呈されなければならない。そのことで、時間性のうちに蔵されている問題系があかるみに出て、予備的な分析が示していた見かけ上の「自明性」がまったく消失するにいたるだろう。時間性はたしかに、現存在の根本的体制が有するいっさいの本質的構造にそくして確証されるべきである。そうすることによってしかし、にもかかわらずすでに遂行された分析は、それが叙述された順序にしたがって外面的かつ図式的に反復的に通覧されるというはこびとはならない。時間的分析というべつの方向をもったみちゆきは、以前の考察の連関をより明瞭にして、偶然性や、恣意の見かけをもったものを廃棄するはずである。こうした方法上の必然性を越えてしかしながら、時間性という現象自身のうちに存している動機のさまざまがすがたをあらわす。そうした動機が、反復される分析をべつのしかたで分肢化すべく強要するのである。

＊1　本書、第九節、四三頁参照。

注解(985—986)　「時間性という現象」が要求するのは、その現象が「構成的に有する効力 konstitutive Mächtigkeit」のひろがりを確証することだけではない。その確証をつうじて、「時間化の根本的な可能性」にかんして、時間性の現象そのものが明確になる。「時間性にもとづいて現存在の存在体制の可能性を証示することNachweisung der Möglichkeit der Seinsverfassung des Daseins」が、とりあえず「「時間的」な解釈《インテルプレタティオン》」と名づけられる(985)。

当面の課題は、「現存在の本来的な全体的存在可能」と「気づかいの時間性」を特徴づけることから、現存在の「非本来性」の「特種《シュペツィフィッシュ》な時間性」を問題とすることである。時間性は「先駆的決意性《エントシュロッセンハイト》」として示された。決意性とは「開示性《エアシュロッセンハイト》」の本来的様態であって、しかも当の開示性はたいてい「ひと《ダス・マン》」の「自己解釈《アウスレーグング》」のうちにとどまっている。かくて、もっとも身近な「世界内存在」の時間的な了解と、「現存在」の平均的な「無差別」†1の時間的な了解が問題となる。現存在の平均的な存在のしかたが「日常性」と呼ばれた。「日常性がその時間的な意味にあって露呈されなければならない」。そのことで、以前の分析が示していた「自明性」が問いなおされることになるだろう。「時間的分析」という、以前に遂行された分析とはべつの方向をもったみちゆきは、すでになされた考察から、「偶然性や、恣意の見かけをもったもの Zufälligkeit und scheinbare Willkür」を廃棄する。そこでは、時間性という現象のうちにふくまれる「動機のさまざまMotive」があらわれるはずである、とハイデガーは次章の進行を予示してゆく(986)。

†1　Indifferenz.「無差別」という表現については、本書、第九節128の訳注参照。

987 私がそのつど自身それである存在者が有する存在論的構造は、実存の自立性のうちで中心化されている。自己は実体としても主観としても把握されることができず、実存にもとづいているのだから、非本来的な自己つまり〈ひと〉の分析は、現存在の予備的な解釈の進行にそのまま任せられていた。[*1] いまや自己性が気づかいの構造のうちへ、かくてまた時間性の構造のなかへと明示的に取りもどされたからには、自己でありつづけることと不断に自己ではないこととをめぐる時間的な解釈が、固有の重みを獲得している。この時間的解釈が、格別に主題化されて遂行される必要がある。この時間的な解釈はたほう誤謬推理に対抗し、自我一般の存在への存在論的に不適切な問いに対抗して、そうしたものに陥らないようにする正当な保証をはじめて与えるのである。それればかりではない。そうした解釈によって同時に、その解釈の中心的な機能に応じるかたちで、時間性の時間化構造をより根源的にとらえる見とおしが提供されることになる。時間性の時間化構造は現存在の歴史性として露呈される。現存在は歴史的であるとする命題は、実存論的 - 存在論的に基礎的な言明であるしだいが確証されるのである。当の基礎的言明は、現存在が「世界史」のうちで現前するといった実際のありかたを、たんに存在的に確定することからははるかに距たっている。現存在の歴史性はたほう、ありうべき歴史学的理解に対する根拠である。歴史学的理解はそれ自身ふたたびまた、歴史学をとりわけて学ととらえて、それを形成する可能性をともなっているのである。

＊1　本書、第二五節以下、一一三頁以下参照。

注解(987)　現存在が有する「存在論的構造」は、実存の「自立性」[†1]を中心とするものである。「自己《ゼルプスト》」は「実体」でも「主観」でもなく「実存」にもとづく。いまや「自己性《ゼルプストハイト》」が「気づかい」と「時間性の構造」のなかで位置づけられたかぎり、「自己でありつづけることと不断に自己ではないこと」[†2]とをめぐる「時間的な解釈《インテルプレタティオン》」が重要なものとなっている。この時間的な解釈はたほう「誤謬推理」[†3]と、存在論的に不適切な問いに対抗する保証を与える。そればかりではなく、そうした解釈によって同時に、「時間性の時間化構造 *Zeitigungsstruktur* der Zeitlichkeit」を根源的にとらえる見とおしが提供される。時間性の時間化構造は「現存在の歴史性 *Geschichtlichkeit* des Daseins」として露呈される。「現存在は歴史的であるとする命題」は、たんに「現存在が「世界史」のうちで現前する das Dasein in einer “Weltgeschichte” vorkommt」しだいを指すだけではない。現存在の歴史性は「歴史学的理解」[†4]の根拠なのである。

†1　Selbständigkeit. 次注に挙げた箇所の本文ならびに注解参照。

†2　Selbst-ständigkeit und Unselbst-ständigkeit. この表現については、本書、第六四節959参照。

†3　Paralogismen. 本書、第六四節950以下で、カント『純粋理性批判』の「誤謬推理」論が

問題とされていたことに注意。

†4 「歴史的」と「歴史学的」の区別については後論参照。とりあえずは、本書、第三節27の訳注参照。

988 日常性と歴史性の時間的な解釈によって、根源的時間へと向かう視界がじゅうぶん確乎としたものとなる。そのけっか根源的時間そのものが、日常的な時間経験を可能とし、必然的なものとする条件として露呈されるのである。現存在は、その存在者にとってじぶんの存在が問題である存在者として、第一次的にじぶんをみずから自身に対して役だてる。その件は、明示的であるかどうかにかかわりがない。さしあたりたいていは、気づかいは目くばりによる配慮的な気づかいである。〈じぶん自身のために〉みずからを役だてながら、現存在はじぶんを「使用しつくす」。じぶんを使用しつくすことで現存在は、みずから自身を、すなわちじぶんの時間を使用する。時間を使用しながら現存在は、時間を計算するのである。目くばりによって計算する配慮的な気づかいによって、さしあたり時間が覆いをとって発見され、時間計算を形成することへとみちびかれる。時間を計算に入れることが、世界内存在にとってそれを構成するものなのである。目くばりは配慮的に気づかいながら覆いをとって発見するが、この発見がじぶんの時間を計算に入れつつ、覆いをとって発見された手もとにあるものや目のまえにあるものを時間のなかで出会わせる。世界内部的な存在者は、かくして「時間のなかで存在する」ものとして接近可能となる。世界内部的存在者が時間的に規定されたありかたを、時間内部性と名づけよう。時間内部性にそくしてさしあたり存在的に見いだされる「時間」が、通俗的で伝統的な時間概念が形成されるにあたって、その土台となるのだ。時間内部性としての時間はしかし、根源的時間性にぞくする、その本質にそくした時間化のしかたのひとつから発現する。この根源が語るところによれば、「そのなかで」目のまえにあるものが生起し消滅する時間は、一箇の真正な時間現象なのであって、「質的時間」が空間へと外面化したものではない。ベルクソンは時間を、存在論的にいえばかんぜんに未規定で不充分なかたちで解釈してしまったので、そうした時間を空間へと外面化されたものと信じさせようとしたのである。

注解(988)「日常性と歴史性の時間的な解釈《インテルプレタティオン》」が、「根源的時間へと向かう視界」を確保する。根源的時間(die ursprüngliche Zeit)そのものが、「日常的な時間経験」を可能とし、必然的とする条件なのである。「現存在」は、「じぶんをみずから自身に対して役だてる」。そのように役だてながら、現存在はじぶんを「使用しつくし」し、使用しつくすことで「みずから自身を、すなわちじぶんの時間を使用する」[†1]。「配慮的な気づかい」が「目くばり」によって計算し、さしあたり「時間」の覆いをとって発見し、「時間計算 Zeitrechnung」をかたちづくる。「時間を計算に入れること Rechnen mit der Zeit」が「世界内存在」を構成するのである。目くばりが配慮的に気づかいながら覆いをとって発見することで、時間が計算に入れられながら、「手もとにあるものや目のまえにあるもの」が、「時間のなかで」出会われる。世界内部的存在者が「時間的に規定されたありかた Zeitbestimmtheit」が、「時間内部性」[†2]と名づけられる。通俗的で伝統的な時間概念の土台となる「時間内部性としての時間」は、根源的時間性の「時間化のしかた」から発現するのであって、ベルクソンがそう語るように、「「質的時間」が空間へと外面化したもの」[†3]ではない、とハイデガーはいう。

†1　「役だてる」「使用しつくす」「使用する」は、それぞれ verwenden, verbrauchen, brauchen. Rの英訳は utilize, use up, use, Mの仏訳は s'employer, consommer, user, Vでは se dépenser, user, avoir besoin. 最後の avoir besoin は誤解だろう。

†2　*Innerzeitigkeit.* Rの英訳は *within-time-ness,* Mの仏訳は *intratemporalité,* Vでは *intratemporanéité.*

†3　Veräußerlichung einer "qualitativen Zeit". ベルクソン『意識に直接あたえられたものをめぐる試論』において、qualité(質)としての la durée pure(純粋持続)と対置される、quantité(量)としての le temps spatialisé(空間化された時間)。

989　現存在の時間性が、日常性、歴史性ならびに時間内部性として仕上げられなければならない。そうすることではじめて、現存在の根源的な存在論の錯綜したありかたに対して、余すところのない見とおしが与えられる。世界内存在として現存在は事実的に、世界内部的に出会われる存在者とともに、そのもとで実存している。現存在の存在が、だから、じぶんの包括的な存在論的見とおしのよさをはじめて手にするのは、現存在ではない存在者の存在を明瞭なものとする地平にあってのことなのだ。すなわち、目のまえにあるのでも手もとにあるのでもなく、たんに「存立する」存在者の存在さえも、ということである。私たちがそれについて存在すると語るいっさいのものの存在が示す、さまざまな変移を解釈するためには、いっぽう、存在一般の理念をあらかじめじゅうぶん照明することが必要である。この理念が獲得されていないかぎり、現存在の反復される時間的分析もまた――ことがらとしての困難のさまざまについては立ちいって語らないにしても――不完全で、いくつもの不明瞭さにつきまとわれたものであるほかはない。現存在の実存論的‐時間的分析が、そのものとして要求するところは、存在概念の原則的な討議という枠内における更新された反復なのである。

注解(989)　「現存在の時間性」が「日常性、歴史性ならびに時間内部性」として解明される必要がある。そうすることではじめて、現存在の根源的な存在論の「錯綜したありかた *Verwicklungen*」への「見とおし Einblick」が与えられる。現存在は「世界内部的に出会われる存在者」のもとで実存している。現存在の存在が包括的な存在論的「見とおしのよさ Durchsichtigkeit」を手にするのは、たんに「存立する besteht」ものもふくめて、現存在ではない存在者の存在をも明瞭なものとする地平にあってのことである。いっさいの存在者の存在が示す「さまざまな変移 Abwandlungen」を解釈《インテルプレタティオン》するには、たほう「存在一般の理念 Idee von Sein überhaupt」が解明されなければならない。現存在の「反復される時間的分析」は、「存在概念の原則的な討議」という枠内における、「更新された反復 eine erneute Wiederholung」なのである。

解　説――『存在と時間』への途上で――

著者、マルティン・ハイデガーは前世紀最高の哲学者のひとりであり、本書『存在と時間』はその主著である。一書は、出版後ほとんどただちに圧倒的な影響力を獲得して、哲学界の地形を一挙に変容させた。そのことの消息についてはよく知られているところだろう。

ハイデガーの生前に、いわば公認の入門書を著したO・ペゲラーは、その「序論」をつぎのように書きはじめている。引用しておく。

> マルティン・ハイデガーの思考の炎は、ひとつの問いから発している。その問いとは、一種独特の排他的な様式で西欧形而上学の主導的な問いとなるもので、τί τὸ ὄν という問いである。つまり存在者、その存在における存在者とはなにか、というものなのである。存在者としての存在者をその存在において把握することが、「第一の学」つまりは形而上学の課題にほかならない。
>
> (Pöggeler, S. 17)

ペゲラーは、つづけてアリストテレスの『形而上学』から引用する。「存在者は多様なしかたで語られるのである」。ペゲラー自身が注意しているように、このことばは、ブレンターノの学位論文にあって、そのモットーとして掲げられているものにほかならない。のちにふれるとおり、ハイデガーは当の論攷を手にすることで哲学への途を歩みはじめたのであった。

ハイデガーは本書の「序論」第一節を「存在への問いは、今日では忘却されている。私たちの時代が、「形而上学」をふたたび肯定することを進歩とみなしているにもかかわらず、忘却されているのである」(本書、第一節3)と書きはじめる。そのとき、著者がみずから誇っていたのは、じぶんの問いの新しさではない。むしろハイデガーは、プラトンやアリストテレスの問いと、たがいの深さを測りあうほどに古い問いをあらためて設定しているのである。そのしだいをこそ本書の著者は自覚し、また自負していたのであった。

問いに対する回答の方向についてじっさいハイデガーは書いていた。「答えが「新しい」かどうかはなんら重要ではなく、表面的なことがらにとどまる。答えについて積極的なものは、「古代人」がすでに準備していたさまざまな可能性を把握するのを学びうるほどに、その答えが十分に古いということに存していなければならない」(第五節57)。

ハイデガーが三八歳になる年に出版された本書は、こうして、世界の哲学界をたちまち席巻することになった。ただ過ぎ去ってゆくほかはない「新しさ」によってではなく、いつまでもとどまりつづける「古さ」によって圧倒的な影響力を手にすることになったのである。

本書の内容の大要にかんしては各分冊の冒頭に置いた「梗概」で概観している。ハイデガーはそれでは、本書の公刊に先だってどのようなみちゆきをたどり、『存在と時間』を世に問うにいたったのか。この「解説」では、近年さかんに取りざたされている思想形成史的な研究をも参照しながら、もっぱらこの件にのみ、すこしだけ立ちいっておくことにしたい。

一　出自――守旧派のむすこ――

マルティン・ハイデガーは、一八八九年九月二六日に、南ドイツにあるメスキルヒという ちいさな町で生を享けている。メスキルヒはそのころ人口二千人ほどの街であった。近隣の街々とメスキルヒとをつないでいた鉄道の路線も現在では廃線となり、町はそのぶん、今日でも豊かな田園風景をのこしている。

伝記作家のH・オットに拠りながら、メスキルヒという街のなりたちを点描しておく。

オットはがんらいは社会経済史家で、フライブルク大学で教えた。ハイデガーのいわば遠い同僚である。地の利をも活かしながら、ハイデガー哲学の形成史にまつわるいくつもの伝記的な事実を発掘したことで知られている。

メスキルヒは以前はバーデンの小行政都市であり、カトリックが支配的な地域にぞくしている。自然は「荒々しく過酷」であるとはいえ、街がたどってきた歴史は「多様で豊か」であった。とりわけツィマルン伯爵家の足跡がメスキルヒのいたるところに遺されている。なかでも目につくのは、ひとつには城館であり、いまひとつには聖マルティヌスを記念して後期ゴシック様式で建てられた教会である。一五二六年に完成したこの教会は三十年戦争のただなか、メスキルヒの支配を引きついだフュルステンベルク諸侯の庇護のもと、一八世紀の中葉にはバロック様式で建てなおされることになる。

街はかくて、宗教改革のその以前にさかのぼる、カトリックの町である。マルティンの父、フリードリッヒ・ハイデガーも一八五一年にメスキルヒで生まれた。もともとは桶職人頭で、一八八七年から教会の司祭館の堂守りをかねている。のちに哲学者となるむすこは、聖堂にちなんだなまえを与えられて(もっとも哲学者の祖父もおなじなまえをもっていたのだが)、伝統的なカトリックの小都市で、しかも教会を身近に感じざるをえない環境で育ってゆくことになった。ただし、カトリックとはいってもすでに一枚岩ではなく、なお継続していた社会と教会との軋轢を背景に、ことはすこし入りくんでいる。ここで簡単にふれておこう。

ヘーゲルが「ドイツ憲法論」の劈頭に「ドイツはもはや国家ではない Deutschland ist kein Staat mehr」(Hegel, S. 461)としるしたのは一八〇〇年のことである。ナポレオン戦争、普仏戦争とつづく戦火のはてに、ドイツがいわゆる国民国家としての統一をみるのは、ようやく一八七一年一月のことであった。プロイセン国王ヴィルヘルム一世が、ヴェルサイユ宮殿で、ドイツ皇帝として即位する。カトリック国家として統一を遂げていたフランスとの戦争に勝利したうえで、おなじくカトリック支配下のオーストリアを排除して成立した、ドイツ帝国は、プロテスタントの優位のもとで、近代強国への途を歩みはじめたことになるだろう。当時の政治的な争点を表現することばを使用するならば、プロイセン主導下の統一ドイツはとりあえず小ドイツ主義をえらんで出発し、新旧キリスト教にかんしては、新教に傾斜するかたちで帝国の理念を形成しはじめたことになる。宰相ビスマルクはじっさい一連の法律を制定し、ドイツ国内からのヴァチカンの影響力の排除を狙った。かくして、「文化闘争」と呼ばれ、一九世紀七〇年代のドイツにあって最大の政治的闘争が開始されたのである。

前後してヴァチカンでは、強硬な守旧派ともみなされていた教皇ピウス九世が、第一ヴァチカン公会議を召集した。公会議にさきだって、教皇には、「シラブス」(謬説表)を公開するこころづもりがあり、いくつかの曲折を経てシラブスは一八六四年末に各司教にあてて送付されることになる。多くのひとびとはこのシラブスを、近代文化全般へのヴァチカンの絶縁状とみなして、フランスではその公示すら見おくられた。この危機に直面してピウス九世は、公会議という非常手段に訴えることを画策する。最大の争点は「教皇の不可謬性」教理の是非にあった。教会史家イェディンの整理に依拠しながら、すこしだけ立ちいっておこう。

一八七〇年七月一一日の総会で、司教ガッセールは四時間にわたって不可謬性にかかわる議案第四章の説明をおこなう。二日後、参会した師父たちによる投票が実施され、四五一人が賛成票(placet)を投じ、八八人が反対票(non placet)を、六二人が条件つき賛成票(placet juxta modum)を投じた。修正案が検討されて、当該教義をめぐって最終テクストが確定する。教皇が「その聖座より ex cathedra」語り、「信仰または道徳にかんする特定の教説が、全教会によって固くまもらるべきものであるとの決定を下す」とき、教皇は「不可謬性」を有する、とするものである。一六日、総会はほとんど満場一致で最終文案を可決した。

プロテスタンティズムとのあいだで緊張状態にあったドイツでは、八月三〇日付けで司教たちによる教書が発布され、公会議決定への服従が呼びかけられた。圧倒的に多数の信徒はじぶんたちの司教にしたがったが、一部の富裕階級、知識階級にぞくする信者たちがこれに反抗する。指導者はJ・デリンガーであった。ミュンヘン大司教シェールが協同を呼びかけ、和解の手をさしのべたとき、デリンガーは「古い《アルト》教会のために！」と応じる。教会はただひとつだ、と司教が言うと、反対派の指導者は「ひとびとは新しい教会をつくり出してしまいました」と答えた。

「古《アルト》カトリック教会」派の独立宣言である。古カトリックを名のる者たちは、しかしかえって不可謬性教義に反対するばかりか、聖職者の独身義務の廃止や選挙による司教の選出等の革新的な主張を展開する。「古い」教会を名のる者たちは、じっさいには――のちの基準でいえば――むしろ近代主義《モダニズム》に傾斜していたのである。これに対して、教皇の不可謬性を信じ、古来のカトリック教会の諸制度を擁護する正統派は、ウルトラモンタンとも呼ばれた。アルプスのかなた、つまりヴァチカンの権威に忠実な者たち、「山向こう派《ウルトラモンタン》」というわけである。カトリック内の守旧派であり、のちに、教会内の反近代主義へと流れこむ潮流である。

南ドイツの中心地域である、バイエルンの文部大臣ルッツは、古カトリック派に好意的な態度をとった。ヴァチカンの影響力を排除するためである。メスキルヒも一時期、古カトリック運動の拠点となり、住人の半数ちかくが改革派に帰依したともいわれる。

マルティンの父、フリードリッヒは、しかしウルトラモンタンにぞくしている。ハイデガーが生まれたころ、父が堂守りをつとめる聖マルティン教会は古カトリックが使用していた。哲学者の誕生後、新興勢力はふたたび衰えて、一八九五年の年末に、教会は守旧派の手に落ちる。オットによれば、古カトリック派の堂守りは、カギを六歳の少年マルティンに手わたしたという。少年の父と顔をあわせるのを嫌ったせいだろう。将来の哲学者は、カトリック保守派の一員として、教会付属施設のカギを受けとったことになる。ことのこの消息は、本書の著者の思想形成に対して、微妙な影を落とすはこびになるはずである。

二 少年 ——都会生活の経験——

M・ヴェーバーの「プロテスタンティズムの倫理と資本制の精神」は、その冒頭部で「信仰と社会階層 Konfession und soziale Schichtung」を問題として、M・オッフェンバッハーの研究に言及している。オッフェンバッハーの依拠している統計資料によれば、たとえば、一八九五年のバーデンでは、プロテスタント、カトリック双方の人口千人につき、資本収益税の課税対象となる資本額は、九五万四〇六〇マルク対五八万九〇〇〇マルクであったよしである(Weber, S. 19 Anm.)。よく知られているように、ヴェーバーの研究は、こうした統計的事象にもとづいて、ドイツの近代的企業における経営者や上層の熟練労働者層が、顕著にプロテスタント的色彩を帯びていることの確認から開始されている。

おなじ時代、カトリック信者たちのあいだでも、とはいえ当然のことながら、すでに社会層の分化が不可逆的なかたちで進行しており、それがドイツ・カトリック教会内で一定の対立を生みだしていたしだいについては、右でふれておいた。本書の著者にかんしていえば、ハイデガーの生家は当時の極貧層にぞくするともいわれている。親族へのインタビュー等にもとづいた近年の研究によれば、マルティン少年が育った家は極貧とまではいえず、けれどもごくつつましい暮らしをいとなむ、下層カトリック信徒のそれであったとみるのがあたっていよう。

ふたたびオットの叙述に依拠しておく。一七世紀の前半にフュルステンベルクの諸侯の庇護下にはいったメスキルヒは、ホーエンツォーレルン家の所領に接していた。後者もまたカトリックの地域であり、教区としてはフライブルクの大司教区にぞくしている。

その中心には旧都コンスタンツが位置していた。コンスタンツでは高等教育の機会が開かれ、司教座ギムナジウム生(高等中学校の生徒)のための寮があった。生家の事情により高等教育から締めだされる蓋然性が高かった、つつましいカトリック信徒の子弟も、さいわい才能がみとめられるならば、教会の援助をえてそのチャンスに恵まれることも多い。マルティン少年もやがてその制度の恩恵に浴することになる。同時にこの件が、将来の哲学者の経歴に——カトリック守旧派の出自であることにくわえ——さらに微妙な陰影を投げかけることにもなるだろう。

マルティンが生まれたとき父は三八歳、母のヨハンナは三一歳になっていた。それでもマルティンには、マリーといういもうとがあり、そのしたにフリッツというおとうとも生まれる。メスキルヒ時代のハイデガーは夏に水泳を、冬にはスキーを楽しむ活発な少年であった。当時のメスキルヒでは、高等小学校（下級ギムナジウム）しか開校されておらず、能力ある子弟にとっても高等教育へとすすむみちすじは険しい。メスキルヒの司祭、ブラントフーバーはハイデガー少年にラテン語を教え、ギムナジウムに進学する途を開いた。教会組織からの奨学金を受けることを両親にすすめたのである。一九〇三年、才能の片鱗を示しつつあったハイデガー家の長男は、コンスタンツのギムナジウムの第四学年への編入を許されることになる。かつての活発な少年はすでに一四歳となり、内省的な傾向のいくらかもすがたをあらわしていたはずである。

コンスタンツのハインリッヒ・ズーゾ校は一六〇四年イエズス会によって設立され、

一七七三年に同会からはなれた。のちにさらに転学するフライブルクでも事情はおなじであって、したがって、ハイデガーがイエズス会系の高等教育を受けたとする記述は、正確にいえばあやまりであるようである。コンスタンツもそのころにはプロテスタント住民がふえ、街には自由主義的で享楽的な文化の香りが染みついている。ハイデガーが身を置いたカトリック学生寮、すなわちコンラート学寮と、その外部のコンスタンツの町とは、ほとんど別世界のようなものであった。それは少年がかつてメスキルヒで経験した、カトリック両派の対立以上の隠微な摩擦を生みだす対比であったことだろう。

伝記作家のザフランスキーが、すこし立ちいった推測を披瀝してみせている。引用しておこう。

神学寮と外部の陽気な町の生活とのあいだの、つまりカトリック世界と市民的なリベラルな環境のあいだの緊張関係のなかに、マルティン・ハイデガーは、すでに学生時代からふたつの世界についての観念をつくり上げていたともいえよう。こちらには、厳しく、重々しく、粘りづよく、ゆっくりとすすむ世界。あちらには、目まぐるしく変化し、表面的で、つかのまの刺戟に生きる世界。

ザフランスキーは付けくわえている。「こうした図式はのちに、ハイデガーの哲学における「本来性」と「非本来性」という概念としていわば成長を遂げることになる」。伝記作家の推測の当否は措いておく。けれどもハイデガーが「現存在の非本来的なありかたは、とはいえ、「よりすくない」存在とか、「より低い」存在の度合といったものを意味してはいない」としるしたそのあとで、「非本来的なありかたによって現存在は、そのもっとも充実した具体的なありようにしたがって、その多忙、活気、興味、享楽において規定されうる」(本書、第九節129)とつづけるとき、そこに皮肉な口ぶりとともに、暗黙の価値評価の響きを聞きとらないことは、むしろやや困難なほどである。

コンラート学寮でハイデガーは、年長の同郷人に出会っている。コンラート・グレーバー博士である。そのころ寮長をつとめていたグレーバーは、一八七二年にメスキルヒで生まれ、マルティン少年の両親をも知っていた。自身もハイデガーと似かよった階層の出身で、ローマのゲルマニア学院を卒えたあと、高位の聖職者となることを嘱望されている。ハイデガーにもおなじ途をあゆむことを期待していたのは想像にかたくない。

グレーバーは一九〇三年以来、ハイデガーを経済的な面でも間接的に援助している。さまざまな免除申請や奨学金の申請にあたって、同郷の、この才能ある生徒に目をかけ、便宜をはかったことは、ハイデガーそのひとの証言によって知られる。マルティン少年自身もすくなくとも当初は、司祭職をじぶんのありうべき将来として、さほど抵抗なく思いえがいていたことだろう。両親の経済的状態を想い、それまでの負担に応える方途を考えてみても、それはとりあえずもっとも自然に想定される進路であった。

転機が、やがておとずれる。転機はまた転地をもともなっていた。フライブルクへの転学がそれである。フライブルクはコンスタンツよりもなお大きな都会であった。ほとんど村落といってよいメスキルヒを出て、都会から、さらに大都会へと移りすんだハイデガーそのひとは少年期から青年期へとさしかかっている。その転機が「神学から哲学へ」と呼ぶべきものであるのかについては、いくつかの意味で微妙な点がある。この件にかんしては、やがてふれることになるだろう。

三　青年――フライブルクへ――

一九〇五年、グレーバーは寮長を辞している。コンスタンツの市司祭となったためである。その翌年、ハイデガーもまたフライブルクのベルトルト校へと転入するはこびとなって、学寮を退出している。ハイデガーは一七歳になっており、もはや少年とは呼びがたい歳まわりにさしかかっていた。

この転学の背後に、なんらかのとくべつな事情を想定しようとするファリアスの想像

(Farias, p. 31)は、オットを引く高田珠樹によっても否定されている。ハイデガーの転学は、クリストファー・エリナー奨学金を受けるためのものであった。奨学金の支給条件に、フライブルクの神学部、あるいはギムナジウムで学ぶことがふくまれていたためである。もっともこの件にファリアスもふれており、その前後の叙述に奇妙な齟齬を生みだしている。ファリアスの労作『ハイデガーとナチズム』にはときに結論をいそいで、論証を損ねている箇所があるが、これもそのひとつである。

ファリアスの著作は一九八七年に仏語訳されて、フランス語圏で多くの哲学者たちを巻きこむ論争を引きおこした。とはいえ、ジャニコーも指摘するとおり、三年後にフランス語にうつされた、オットの著作のほうが「より本質的でより根底的な」論点を提示することになる(Janicaud, p. 393)。それでも、「ハイデガーとナチズム」問題にかかわる厖大な決算書を提出した、中田光雄も指摘するとおり、一書を「酷評するのは正当ではない」。ファリアスの貢献を無視し、あるいは必要以上に貶めることは、この「哲学界の移民労働者」(西谷修)に対して、酷薄かつ傲慢にふるまうゆえんとなるだろう。

ともあれ高田もしるしているとおり、コンスタンツはメスキルヒの南方約四〇キロ、フライブルクはメスキルヒの西方ほぼ一〇〇キロに位置している。ハイデガーにとって故郷は「さらに遠のくことになった」わけである。

バーデン公国がナポレオンの後押しによって成立したのち、司教座は、コンスタンツからフライブルクへと移っている。町の中心部には大聖堂の威容がそびえるとともに、フライブルクはまた一五世紀以来の大学都市であった。マールブルク時代をのぞいて、ハイデガーは以来ながく、この都市の住民となる。

ハイデガーがあらためて入寮したのは、聖ゲオルク学寮である。寮長のシャンツェンバッハ教授は、ハイデガーに宗教論およびヘブライ語を教えていた。ハイデガーが神学を学ぶために退寮したさいにしたためられた寮長の「所見」には、在寮中の当該学生はドイツ文学にやや過剰なまでの関心を示していたが、現在では「修道士生活へと傾いており、おそらくイエズス会に入会を志願すると思われる」とある(オットの引用による)。

その当時ドイツ帝国領内にはイエズス会の組織がなく、ハイデガーはオーストリアのイエズス会修錬院の門をくぐった。一九〇九年九月末日のことである。にもかかわらず将来の哲学者は、翌月には退会を命じられた。健康上の理由であったようである。

決定を受けてハイデガーはフライブルクにもどり、ただちに神学寮(ボロメオ学院)への入寮を志願し、みとめられた。一九〇九年の冬学期には、のちに哲学者となる学生は、まずフライブルク大学でカトリック神学の勉強を開始することになる。ハイデガーは、しかしその二年まえには哲学そのものと決定的なしかたで出会っていた。じっさいボロメオ学院の勉強机のうえには、大学図書館から借りだされた、E・フッサール『論理学研究』が開かれていたといわれる。

フライブルク転学後の一九〇七年の夏、ハイデガーはメスキルヒに帰省した。やはり帰省中であったグレーバーは、ハイデガーに、F・ブレンターノの学位論文『アリストテレスにおける存在者の多様な意味について』(一八六二年)をおくる。この一書を繙読したことが、ハイデガーにとって決定的な意義をもったことは、哲学者自身がくりかえし回想している。ブレンターノはもともとカトリック司祭であって、いっときはヴュルツブルク大学教授であったが、教皇不可謬説をみとめず還俗し、一八七四年以来ウィーンで教えていた。ウィーン時代の教え子のひとりがフッサールである。ともあれ、哲学者自身の後年の回想によれば、ブレンターノが引用するギリシア語の原文は、初学者たるギムナジウム生にとってアリストテレスのテクストそのものの代用となり、また存在者において多様でしかも唯一的なものについての問いが、二十年後の主著へといたる最初のきっかけとなったのである。

ギムナジウム時代のハイデガーは、もう一冊の重要な書物と出会っている。C・ブライヒの『存在について　存在論綱要』(一八九六年)である。一書の資料篇には、アリストテレス、トマス、スアレス等からの抄録がふくまれていた。ブレンターノの学位論文とともに、『存在と時間』の著者が哲学への途を歩みはじめたさい最初の手引きとなったものである。ブライヒは当時フライブルク大学神学部教授、入学後のハイデガーはその講義にもこころ惹かれたといわれる。ハイデガーはブライヒ教授にいっとき親炙《しんしゃ》して、ときおりは連れだって散歩したとのことである。ちなみにグレーバーにしてもブライヒにしても、かつての基準でいうなら隠れもない「ウルトラモンタン」であり、当時いうところの反近代主義者であった。その両者が、ハイデガーに対して哲学へのみちすじをひらくきっかけを与えるにいたったしだいは、ブレンターノそのひとがむしろ改革派にぞくしていたことも考えあわせるならば、どこか皮肉なみちゆきであるといわなければならないだろう。

フライブルクでおとずれた転機を「神学から哲学へ」と呼ぶべきであるかについては、いくつかの意味で微妙である、とさきにしるしておいた。その理由のひとつは、あとでふれるように、決定的な転機はむしろ外的な要因をもきっかけとしていたと考える余地が存在することにある。いまひとつには、ハイデガーが修学時代の初期以来、トマスをはじめとするスコラの思考に親しんだことは、その哲学的思考そのものにとって決定的な意味をもちつづけるだろうからである。「ひとりの日本人との対話」のなかで、後年の哲学者はこう語った。「この神学的な由来(theologische Herkunft)がなかったなら、私はけっして思惟の途(Weg des Denkens)へ到達しなかったでしょう。由来はたほう不断に将来(Zukunft)でありつづけるのです」(GA., Bd. 12, S. 91)。ちなみに「ひとりの日本人」とは、ドイツ文学者の手塚富雄のことである。

神学生時代のハイデガーについて、ファリアスの研究がふたつの側面に注意している(Farias, p. 39ff.)。ひとつは小論「アーブラハム・A・ザンクタ・クラーラ　一九一〇年八月一五日のその記念碑の除幕式によせて」をめぐってである。大都会の生活を経験した、将来の『存在と時間』の著者がしるす一節を引く。

> 外的文化と目まぐるしさに彩られた私たちの時代は、過去に視線をふりむけながらも、あまりに先へさきへと目をそそいできた。基盤を破壊するにいたる改革衝動、生と芸術の深遠なたましいの内実(der tiefere seelische Gehalt)を跳びこえた愚かしい飛翔〔中略〕、これらがデカダンスを助長する契機なのであり、つまりは健康と、生の彼岸との価値を悲しむべくも低下させる契機なのである。　(GA., Bd. 13, S. 3)

ドイツ・バロック時代のカトリックの代表的な説教師アーブラハムは、ファリアスの描くところによれば、同時に排外主義と反ユダヤ主義の先駆者であった。アーブラハムによると、トルコ人とは「紛れもないアンチ・クリスト」、ヘブライ人には、そのころ流行したペストにさえも責任があるとのことなのだ。

テクストはハイデガー裁可版の全集にも収録された。これに対し、ファリアスが注目するもう一方のテクスト群、とりわけ当時の『アカデミカー』に掲載された八篇の論攷は全集にも収録されず、オットによっていわば発掘される。ファリアスのみるところでは、そこにみとめられるのは「カトリックの統合主義のもっとも反動的な立場の無条件な支持」であり、「近代主義、およびその神学的‐哲学的後裔に対する攻撃的な批判」にほかならない。外面的なことにかぎってしるしておくと、当時の『アカデミカー』がカトリックの排他的な機関誌のひとつであり、その主張はおおむね反近代主義、ピウス九世的な教皇権に対する全面的支持の色どりを帯びていたことはたしかなようである。もちろん、ふたたびイェディンを引くなら、ヴァチカン公会議そのものがそうであったように、その決定を支持した者たちも、主観的には、むしろ「新たにして古きもの nova et vetera」をもとめていたと見なければならないところだろう。ハイデガー自身も後年にいたるまでべつのかたちで nova et vetera を主張していたことは、この解説の冒頭でもかいま見ておいたとおりである。

そうした観点からいえば、ここでべつの側面を強調しておくこともできる。一九一〇年三月号の『アカデミカー』に掲載されたハイデガーの一文に、デンマークの作家ヨルゲンセンを論じる「死をとおして生へ」(per mortem ad vitam)と題された論考があった。そこにはおそらく批評の対象となった作家自身の思考をも超えたところで、死を介して高次の生へいたる発想がある。高田珠樹はここに後年の「先駆的決意性」の原型をみる。主著の語るところでは、こうである。「死へとかかわる存在としての可能性へとかかわる存在が、いっぽう死へとかかわる場合には、死がこの存在にあって、またその存在に対して可能性として露呈しなければならない。可能性へとかかわるそのような存在を、私たちは術語的に可能性への先駆することととらえることにする」(本書、第五三節785)。

四　転機(一)——フライブルクで——

一九〇九年のハイデガーがおそらくは健康上の理由によって、いったんは潜ったイエズス会修錬院の門から、ひと月たらずで出てくることになったしだいについては、すでにふれておいた。一九一〇／一一年の冬学期、つまり神学生にとって第二教程にあたる時期に将来の哲学者にふたたび健康上の問題がもち上がる。評伝をものした研究者たちがひとしくみとめるところ、この若き神学生はあまりに勉学に打ちこみすぎたのである。

神学科にはかなり多くの必修科目がある。ハイデガーは、そのうえさまざまな哲学の勉強をすすめ、ギリシアやスコラのテクストを読みつづけている。問題の冬学期が終了するまえ、二月すえには、この神学寮生は勉強を中断せざるをえなかった。医師の診断所見は「喘息性の神経性心臓障害」であったということである。修錬院のハイキングでも、このかつての修道士志願者は心臓の痛みを訴えたともいわれていた。前世紀最大の哲学者のひとりはその生涯の時間にわたって、この持病とともに生きなければならないことになるだろう。

学寮の医師は二月段階で、完全な休息と帰郷をすすめた。ハイデガーは一九一一年の夏学期も休学、メスキルヒで静養につとめる。その期間に、前途を嘱望されていたこの神学生は神学研究をあきらめ、司牧職への希望をみずから断つことになる。その転機はたんなる学問上の問題ではありえなかった。神学生ならびに神学寮生としての生活は、教会組織から支給される奨学金によって支えられていたからである。

そのころハイデガーは、神学の勉強をなお継続するみちすじのほか、数学を専攻して教員の資格を取得する途、哲学専攻へと転じて大学にのこる路のふたつを考えていた。両親はむすこが高位聖職者となることを希望している。友人もまたしばらくは神学研究をつづける方途をすすめたようである。ハイデガーはけっきょく一九一一／一二年の冬学期にフライブルクにもどり、数学の勉学を開始している。はやくもしかし一九一二年の春には哲学科に転じた。高田によれば、ドイツでは哲学科の新入生も「哲学者《フィロソーフ》」を名のるそうである。ハイデガーはかくて、名目的にも哲学者としての第一歩を踏みだしたことになる。同時にこの「哲学者」には、一九一二年の夏学期から大学当局の奨学金が給付されることになった。こうして将来の哲学者は、当面する経済的重圧からもすこしだけ解放されることになったのである。

ハイデガーは学生としてはキリスト教哲学の講座(第二講座)に所属していた。のちに学位論文の指導をも担当することになる、A・シュナイダーが正教授である。なお数学専攻を考えていた時期からハイデガーは、しかし第一講座のリッケルトの講義や演習にも参加している。リッケルトの演習でとり上げられていたのは、E・ラスクの『哲学の論理学』や『判断論』であった。茅野良男がこの間の消息に注意をうながしている。

のちにハイデガーが『存在と時間』のなかで、一方ではリッケルトと、他方ではおそらくN・ハルトマンとの暗闘を繰りひろげているしだいについては、訳注でいくたびか指摘しておいた。とりわけ本書の第一三節「或る基底づけられた様態による、内存在の範例化 世界認識」がその典型である(とりわけ同節170以下の本文、ならびに訳注を参照)。ラスクは晩期新カント派(西南学派)にぞくし、第一次大戦に志願して従軍し、若くして散った俊秀であった。ラスクの認識論はむしろカント的／新カント学派的な構成主義を徹底的に突きつめ、一種の存在論的定位へと転回させるものであったとも評価されよう。『純粋理性批判』中の有名な一文――「内容を欠いた思考は空虚(leer)であり、概念を欠いた直観は方向を見うしなっているblind」――を念頭に置きながらも、あえてやや焦点をずらしつつ『哲学の論理学』は書いていた。

> カントは有名な言明にあって、感官の、ふたつのたがいに孤立化させられた構成部分、つまりたんなる形式とたんなる素材を、空虚で方向を見うしなったものとして相互に対立させている。〔中略〕意味そのものへと視線を向けるなら、ひとはたしかにたんなる形式をおなじように空虚なものとしるしづけることができる。これに対してたんなる素材はそれが論理的なものによって見いだされておらず、輪郭づけられていないありかた、論理的なものを被せられていない、剝きだしのありようにあっては論理的に裸形(*logisch nackt*)なものとしるしづけられるべきなのである。
> (Lask, S. 73f.)

本書中でラスクの名はただ一箇所、フッサールとの関連で注記されているにすぎない

（第四四節a 635原注）。哲学への途を歩みはじめたハイデガーにとって、しかし、ラスクの存在は存外に大きなものであった可能性がある。ラスクはたんに、新カント学派最後の希望の星であったばかりではない。ラスクの思考のうちには、フッサールの影響の跡が刻みこまれている。リッケルト門下にありながらも現象学に接近したという意味では、ラスクはハイデガーにとって親しい先行者なのである。

ハイデガー自身がフッサールへと接近していった痕跡は、一九一二年の論文「論理学にかんする最近の研究」のなかに深くうかがわれる。問題の論文はいわばサーヴェイにぞくするものであるが、そこでもラスクへの言及がある(GA., Bd. 1, S. 35)。より注目すべきは、とはいえフレーゲやラッセルへの関心が散見されることだろう(*ibid.*, S. 20, 41f.)。いったんは数学専攻も考えたハイデガーは、それなりのしかたで新しい論理学の動向にも注目していたことがわかる。

大学にすすんでから数えるならば四年ののち、一九一三年の夏、つまり哲学へと転じてから一年と三カ月後に、ハイデガーは二三歳で博士号を取得する。学位論文は「心理主義における判断論　論理学への批判的 - 実証的寄与」と題されていた。論材からしても論調からいっても、神学研究を断念する前後以来の、若き哲学研究者の関心と勉強の方向とをよく示している。内容は、一九世紀以来さかんであった心理主義的判断論を、その代表者としてのW・ヴント、H・マイヤー、ブレンターノ、Th・リップス等にそくして批判して、論理学は純粋論理主義的に構築されなければならないしだいを主張するものであった。当該の学位論文の「底に潜むもの」を問題としている渡辺二郎もみとめているとおり、批判のおおすじは、むしろ「正統的」なものであって、新カント学派／現象学派的なものである。「確かにここにはハイデッガーはいない、ただ新カント学派的論理学者だけが存在している」と言ってもよい。

当該論文の末尾にちかく、ロッツェの名と「妥当」の思想への言及がみられる(*ibid.*, S. 170)。本書における批判的なメンション(本書、第三三節439)とはことなり、みずからの考察のすじみちを総括する視点としての、肯定的な引証である。ハイデガー自身は注で要約しているロッツェの所説を引いておく。ロッツェ『論理学』は「現実性 Wirklich-keit」という語が有する多義性に注意して、つぎのように書いていた。

というのも、私たちは、存在しない他の事物に対して、存在する事物を現実的と名づけ、生起するあるいは生起したできごとを、生起しないできごとに対して現実的と称して、存立しない関係に対し、存立する関係を現実的と呼ぶばかりではなく、最後に、その妥当がなお疑わしい命題に対して、私たちは、妥当する命題を現実的

に真であると名ざすからである。(Lotze, S. 511)

この論点をめぐって若きハイデガーに独創はない。そればかりではない。ロッツェはある意味ではここで、存在の多義性について問うている。学位論文を執筆する時点での本書の著者は、その間の経緯にかんして注意ぶかいとはいえないように思われる。

ただし論攷の最後で、ハイデガーが「意味の意味とはなにか Was ist der Sinn des Sinnes?」とみずから問い、さらに「そもそも意味の意味を問うことには意味があるか」と問いすすめて、「私たちが意味の意味を探しもとめるとき、私たちはやはり捜しもとめているものを、ほかならぬ意味を知っている」しだいに説きおよんでいることに注意しておいてよいかもしれない(GA., Bd. 1, S. 171)。それは、一方では問いの構造をめぐる『存在と時間』での考察へと接続してゆく論点となるだろう。答えをもとめてゆくすじみちは、「有意義性 Bedeutsamkeit」を問題とし、それを「世界の構造」、「現存在そのもの」が、そのつどすでにそのうちで存在するものの「構造」として規定する、本書の思考へと持ちこされてゆくことになるだろう(本書、第一八節246)。他方では判断論の問題設定とその地平そのものが、本書のパースペクティヴの内部で解体されてゆくはこびともなるはずである。ハイデガーは、「認識作用とは世界内存在としての現存在のひとつの存在様態であり、認識作用の存在的な基底づけは世界内存在という存在体制のうちにある」(第一三節171)、とする立場へと移っているからにほかならない。

学位論文にリッケルトの名はいくどか登場する。ハイデガーが所属していた第二講座正教授シュナイダーのなまえは挙げられていない。形式的な指導教官は後者であったとはいえ、ハイデガーの関心はシュナイダーのそれとはほとんど交わるところがなかったのである。ではなぜハイデガーは第二講座に身を置いたのだろう。ごく単純にいって、神学から転じた一学徒にとっては、神学部の講座ではないにもかかわらず教授資格者をカトリック信者に限定する、いわゆる「政教協約《コンコルダート》」にもとづく講座であった第二講座が、比較的うつりやすいという判断であったのであろう。ただし、この選択そのものにハイデガー自身のある種の「野心」の芽ばえをみとめるむきはある。

ともあれハイデガーは学位取得にさいして「最優秀 summa cum laude」という評価を受けている。シュナイダーとの関係も、たんに名目的なものであったわけではない。指導教官はフライブルクをはなれるに先だってハイデガーに、シェツラー財団から給付される奨学金を斡旋している。奨学金の給付には、しかし条件があった。財団そのものが「聖トマス・アクィナスの遺徳を顕彰する」ことを目的とするものであり、奨学生にもそれを要求するものだったからである。教授職につくための、博士学位論文につづく第二の関門である教授資格論文にさいしてハイデガーが、スコラ哲学から論材をえらんだことは、この若き哲学者の「神学的な由来」とかかわりが深いと見てまちがいがない。しかしたほうその選択が、経済的に余裕があるわけではない研究者に対して給付されていた奨学金の性格に大きく規定されたものであったことも、おなじく疑いの余地がありえないところである。

ハイデガーの教授資格論文は「ドゥンス・スコトゥスのカテゴリー理論と意義理論」と題されている。一九一五年の春には完成され、同年の夏学期にフライブルク大学哲学部に提出された。教職につくことを切望するなお年若い哲学徒はこの論文で、スコラに対する十二分な素養を示し、また歴史家としての片鱗をも示している。ただし当該論文は、けっきょく、スコトゥス研究の基本文献にはなりそこねた。主としてその第二部の素材となったテクストが、エルフルトのトマスの著作であることを、のちに中世哲学史研究の泰斗グラープマンがあきらかにしたからである。

教授資格論文はリッケルトに捧げられていた。ただし翌年の秋に出版された単行本版「結語」では、あきらかに異質な課題が、ヘーゲルとの「対決」という課題が掲げられている(GA., Bd. 1, S. 411)。「哲学は、そのほんらいの光学、つまり形而上学を欠いたままで永くいることはできない」(*ibid.*, S. 406)とする宣言を、『存在と時間』に十年さきだつ著書中のことばとして――強調も原文どおりに引用して――付けくわえておくことは、すこし結論を急ぎすぎるふるまいであるかもしれない。ただし、ハイデガーの教授資格論文のうちに、存在論的差異という視点の最初の芽ばえをみとめるレーヴィットの所説(Löwith, S. 139f. Anm.)は、やはりそれなりの卓見であろう。しかし、後年のハイデガーのいわゆる「転回 Kehre」をその神学的な「始原 Anfang」への還帰とのみみなすハイデガー最初の高弟の解釈に対しては、いくえもの留保が必要なところだろう。

五　転　機(二)――マールブルクへ――

ハイデガーが教授資格論文の準備をはじめたのは、一九一四年の春のことであった。同年の七月には第一次世界大戦がはじまる。トーマス・マンやM・シェーラーをも熱狂させたこの戦争について、ハイデガー自身がどのように考えていたのかはわからない。だが、戦争に対して批判的視点を持ちあわせてはいなかっただろうことは、おそらくはたしかなところであろう。ともあれ、ハイデガーそのひとも一四年には召集され、心臓疾患もあったせいか、入隊と除隊、再入隊を経て、じっさいには主としてフライブルクの郵便局での郵便検閲に携わっている。教授資格論文は、いずれにしても、そうとうに慌ただしい時間のなかで構想され、執筆されたことになる。

時期を前後して、ハイデガーにとってはひとつの偶然によって、決定的な転機が訪れた。一九一六年、リッケルトが師ヴィンデルバントの後を襲ってハイデルベルクに転出し、後任としてゲッティンゲンからフッサールが赴任する。フッサールはいわゆる改宗ユダヤ人で、熱心なプロテスタントであった。当初はこの宗教的な理由もあって、ハイデガーとの関係はむしろ冷淡なものだったといわれている。しかし、やがてこのふたりは強いきずなでむすばれ、だが、その関係はハイデガー自身の関心の変化と、さらには酷薄な時代の動向のなかでその性格を変容させてゆくことになるだろう。ともあれ三年後の一九一九年には、フッサールはハイデガーを第一講座の助手として採用することをバーデン州の文部省に申請し、二〇年の秋にはこれがみとめられている。

先行して、ハイデガーにもうひとつの転機が訪れている。一九一四年にヴァチカンの通達があり、トマスの『神学大全』が神学と哲学の唯一無比の基準であるしだいが宣言される。「聖トマス・アクィナスの遺徳を顕彰する」ことを目的とする奨学金を受給していた若き哲学徒は、この通達に対してひどく憤激した。

一六世紀、宗教改革運動のさなかに開催された、トリエント公会議――イェディィンのいう「嵐の」公会議――で、『神学大全』は聖書の傍らに置かれた。イエズス会の創始者イグナチオもまた、トマスの絶対的な権威をみとめている。このたびの通達は、とはいえ、いかにもアナクロニズムのきわみであったといわなければならない。

ほどなくハイデガーは、四歳年少の女性と婚約することになる。ハイデガーにとって生涯の伴侶となるエルフリーデ・ペトリはプロテスタントの家系に生まれ、当時としてはめずらしく経済学専攻の女子学生であった。この才女との結婚が、ハイデガーを教会から離叛させるきっかけのひとつとなったことはまちがいがない。ふたりは一九一七年の三月にフライブルクの大学礼拝堂で挙式した。哲学第二講座の担当者であった、E・クレプスが司式する、カトリックの様式にのっとった、ごく質素な結婚式である。新郎新婦は、しかしその後、花嫁の両親が住むヴィスバーデンでもういちど式を挙げることになる。こんどはプロテスタントの流儀にしたがった宣誓式であった。ハイデガーは、このことをカトリック関係者には通知しなかったようである。くわえて、ハイデガーはその子どもにカトリックの洗礼を受けさせていない。公式にはこれは、カトリック教会からの離脱を意味していた。――ちなみに研究者のなかには、エルフリーデが反ユダヤ的な傾向の持ちぬしであったことを強調するむきがある。ハイデガーそのひとの後年のナチスとのかかわりを、その家庭事情にむすびつけるとまではいわないまでも、暗黙のうちに哲学者自身の罪科をその配偶者に転嫁しようとする論調がみられることも多い。ハイデガー夫人の反ユダヤ人感情は、フッサール夫人(やはり「改宗ユダヤ人」だった)

が示したとレヴィナスがつたえる、当時としては平均的な小市民の偏見(Lévinas, 1994, p. 125f. note)にくらべて、それほど悪質なものでもなかったことだろう。

フライブルク大学助手としてのハイデガーは、一九二一年の夏学期には、「アウグスティヌスと新プラトン主義」という題目で講義していた。演習ではアリストテレスの『デ・アニマ』をとり上げている。冬学期の講義の標題は「アリストテレスの現象学的解釈」であり、そののちも演習ではアリストテレスの『ニコマコス倫理学』や『自然学』がテクストとして採用されていた。二〇年代のハイデガーの中心的関心がアリストテレスへと向けられていたことについては、疑いを容れない。ハイデガーはじっさい『アリストテレスの現象学的解釈』と題する著作を準備しつつあったのである。

一九二二年にマールブルク大学がハイデガーの招聘を検討している。マールブルクではナトルプが正教授としての地位を占め、かねてよりハイデガーに関心をいだいていたが、それまで数度にわたって実現を阻まれている。ハイデガーにとっては因縁の人事であった。マールブルクと同時にゲッティンゲンでもハイデガーの採用を検討しており、本書の著者はその両大学に、準備中の著作の「序論」とレジュメとを送る。研究者たちが「ナトルプ報告」と呼ぶことになる文書である。ナトルプが受領したものはガダマーが手に入れ、第二次大戦の戦火に燃えた。ミッシュが受けとったほうがJ・ケーニッヒの手にわたり、ハイデガーの死後、一九八九年にはじめて公表されることになる。

ちなみにゲッティンゲン大学には、ヤスパース『世界観の心理学』書評のタイプ原稿も送られている。ヤスパースとハイデガーは一九二〇年の四月にフッサール宅で出会っていた。その後ふたりは交流をふかめてゆくけれども、ハイデガーによるヤスパースの書評はついに公刊されることなくおわった。やがてナチズムをめぐって対立を余儀なくされる両名のあいだに走った最初の亀裂といえないこともない。ただし『世界観の心理学』にかんして、ハイデガーは本書で三度にわたって言及している。該当箇所については、本訳書第四分冊巻末の「文献索引」を見られたい。

木田元も指摘しているとおり、『存在と時間』の「第一稿」とみなしてもよい、「ナトルプ報告」の内容については、高田による翻訳と解説にゆずる。多層的な論点をふくむその報告をひとことで要約することはできないけれども、たとえばそこにはつぎのような一節がふくまれていた。高田珠樹訳の字句を一部かえて引用する。


アリストテレスにとってそもそも存在とはなにか。存在はどのようにして接近することができ、とらえられ、規定されることができるのか。根源的な存在の意味がそこから汲みとられている対象領域は、交渉において(umgänglich)使用される、制作された(*hergestellt*)対象の領域である。すなわち観想的に(*theoretisch*)事象のかたちでとらえられた対象の様態である事物の存在領域ではなく、制作したり用務を果たしたり、使用したりする交渉において出会われる世界が、根源的な世界経験の〈そこへ向かって Worauf〉である。制作(ポイエーシス)という交渉の動性にあって作られたもの、作られることによって、それを使用しようとする傾向にとって、利用できる状態となったもの、これが存在するものなのだ。存在するとは、制作されていることであって、制作されたものであるかぎりで、ある特定のかかわりあいの傾向からみて重要なもの、利用できるもののことにほかならない。

広義の「道具 Zeug」としての「手もとにあるもの Zuhandenes」をめぐる、本書の分析をみちびく視角が、すでにじゅうぶん明確なかたちで登場している。おなじ箇所を引く小野紀明なら、それをアリストテレスの「脱構築的受容」と呼ぶことだろう。問題は、けれどもそればかりではない。

ギリシア哲学研究者の神崎繁は、本書『存在と時間』に登場する「情態性」について、その原語 Befindlichkeit が動詞 sich befinden に由来し、後者が「〜の状態にある」「〜の目にあう」という意味を有することにあらためて注意して、「情態性」がギリシア語

の πάθος（パトス）の「ハイデガー語」訳であるしだいを指摘している。そのうえで、神崎が引用し、注意をもとめているのは、本書のたとえばつぎのような一節である。

道具として〈手もとにあるもの〉の存在の構造は、さまざまな指示によって規定されている。もっとも身近な「事物」が有する、特有の自明な「自体的なありかた」は、その事物を利用し、そのさい明示的には注意をはらっていない配慮的な気づかいのうちで出会われる。その配慮的な気づかいが、使用できないものに突きあたることもあるのである。ひとつの道具が利用できない――そこにふくまれているのは、〈のために〉を一定の〈そのために〉へと構成する指示が妨げられているということだ。さまざまな指示そのものは観察されていないのであって、配慮的に気づかいながら指示につき従っている「現にそこに」、指示が存在しているのである。指示が妨げられているときに――～のために利用できないことにあって――、だが指示が明示的なものとなる。たしかに、ここでもまだ存在論的な構造として明示的になるのではない。仕事の道具が破損していることに突きあたる目くばりに対して、存在的に明示的になるのである。（第一六節214）

この箇所にかぎらず、神崎は、ハイデガーの用語法のうちに、「われわれ人間の能動性をできるだけ切り詰めて、世界の方がわれわれにその姿を顕わにしているのであって、われわれはそれを受け止めるのだという考え」の具体化をもみとめる。そのうえで神崎が、サルトルの実存主義とともに、「先駆的決意性」といった語の使用にのみ注目する、一種の決断主義的な理解がハイデガーについても主流となったことに対し、つよい疑念を呈している。これもまた卓見といわなければならないだろう。

卓越した哲学史家である神崎は、この一節のうちにさらに、デカルト『省察』の一節が落とす影を見てとっている。「ちょうど、船のどこかが壊れていても水夫が目でそれを知覚するように」という一文である。他の箇所に訳注を付して注意しておいたように（本書、第二六節323）、訳者じしんはほかにハイデガーがマルクス『資本論』を繙読した跡をみとめている。それはさておき、本書『存在と時間』の分析のそこかしこに、座礁したアリストテレス研究の痕跡をたどることは、いまや比較的たやすいこころみであるともいってよいだろう。いずれにしても、ヴォルピの説くとおり、「アリストテレスは、ハイデガーの思考の地平において不断に現前している」(Thomä (Hrsg.), S. 27) のである。

おなじく「ナトルプ報告」を受けとったふたつの大学のうち、ゲッティンゲンはハイデガーを採用しなかった。学部長のミッシュはディルタイの娘婿である。本書でもそのディルタイ論がとくべつに言及されている(第七七節1160原注)。かわりに採用されたのは、当時ミュンヘンに在籍していた、M・ガイガーである。マールブルクのナトルプは、新カント学派の一員でありながらフッサールとも親交があり、以前からハイデガーを高く評価していた。本書の著者は、一九二三年の六月、マールブルクから「正教授の地位と権利を有する員外教授」として招聘されることになる。

マールブルクはプロテスタント神学の中心地である。かつては教会史家にして神学者のアドルフ・フォン・ハルナックが教鞭をとり、『聖なるもの』の著者、R・オットーが教えた。一九二一年には、危機神学の一方の雄、ブルトマンが正教授となっている。ブルトマンは一九三四年以降は告白教会にくわわって、反ナチズムのドイツ教会闘争にも参加したうえで、一九五一年までマールブルクにとどまることになる。ハイデガーはマールブルク赴任ののち、この『共観福音書伝承史』の著者といっときの親交をむすぶことになるだろう。カトリック教会の聖職者、神学者として立とうとした時間は、ハイデガーにとって、もはやほど遠い過去にぞくすることになったのである。

マールブルクはまた、その地のなまえを冠する、新カント学派の一支流の中心地でもあった。学祖H・コーヘンが当地で教授職をつとめ、カッシーラーがコーヘンのもとで学んだ。ハイデガーが赴任した当時は、ナトルプのほか、マールブルク学派の末裔、

N・ハルトマンも正教授職にある。

カッシーラーとハイデガーがそののち一九二九年にダヴォスの地でかわした論争は、哲学史的に有名である。一九二七年、つまり本書の公刊当時のドイツ哲学界でおそらくもっとも博識で、もっとも明敏であった哲学者は、カッシーラーである。そのカッシーラーが、『存在と時間』を読解するのに、当初ひどく困難をおぼえて、手こずっている。カッシーラー夫人の回想によれば、カッシーラーがやがて理解したところ、ハイデガーは「使いふるされた」哲学的ターミノロギーのかわりに「あらたな言語 neue Sprache」によってなにごとかを語りはじめていたのである(T. Cassirer, S. 181ff.)。ハイデガーの側は、本書執筆の当時からこの先達をつよく意識していたふしがある。よく知られた明示的な言及(本書、第一一節149原注)のほかに、この件をめぐっては、たとえば第一七節234に付した訳注で示しておいた、両者の用語法の照応関係を確認していただきたい。

マールブルクに赴任するにさいし、ハイデガーはヤスパースに宛てて手紙をしたためて、こう書いている。「私はハルトマンに対して——私の出現のしかたをはっきりさせることで——居心地の悪い思いをさせてやろうと思います。一六名からなる、特別攻撃部隊が、私とともにマールブルクへと移るのです」(一九二三年七月一四日付け)。じっさい、たとえばレーヴィットもハイデガーのあとを追って、フライブルクからマールブルクへと移籍した。いずれにしても、ハルトマンに対する対抗心は尋常なものではない。本書の冒頭で著者がいわば中途半端な形而上学復興についてふれたとき、その念頭にあった文献のひとつはハルトマン『認識形而上学綱要』(一九二一年)であったことだろう。

ハルトマンにかんしても、本書のなかでは二箇所にわたる言及が見られる。いずれも重要な意味をもちうる注記である。前者は「存在関係 Seinsverhältnis」としての認識という論点にかかわるもの(第四三節a 606原注)、後者は本書の末尾で主題化された、アリストテレス／ヘーゲル関係をめぐるもの(第八二節a 1236原注)だからである。両者ともに、『存在と時間』という一書の構想そのものと深くかかわる論点にほかならない。

六　講　義——『存在と時間』を準備したもの——

フライブルクのハイデガーは、じぶんは「哲学者 Philosoph」ではない、ましてニーチェやキルケゴールのような創造的な哲学者などではない、むしろひとりの「キリスト教神学者、Theologe」であり、そのうえ「学派や継承には向かない、一回かぎりの課題をもつ」神学者であると学生たちに語りかけていた。その課題とは、西欧の哲学と神学の、「伝承された概念的構成 Begrifflichkeit」を「批判的に破壊すること」なのである(Löwith, S. 228)。ハイデガーは、とはいえ現象学の学祖フッサールにもまして、哲学をこころざす若者たちを惹きつける。若きハイデガーはまさしく「メスキルヒのちいさな魔術師」なのであった。

一九二四年のマールブルクの秋には、ケーニヒスベルク出身のひとりの女子学生が、この教師のとりことなる。ハイデガーとハンナ・アーレントとの出会いは、古東哲明がそう指摘しているように、この地上における「異人《クセノス》」「エイリアン」どうしの邂逅ともいったおもむきのものであったことだろう。秘められたその婚外恋愛で、よりふかく傷ついたのはやはり女性の側であったとしても、である。アーレントは、おそらくはハイデガーのもとで着想をえたアウグスティヌス研究を、ハイデルベルクのヤスパース指導下に博士論文として仕上げることになる。

韜晦《とうかい》をこめて神学者を自称していたハイデガーは、たしかに、キリスト教史にかかわるいくつかの講義を展開していた。ここでは、『宗教の現象学入門』(一九二〇／二一年冬学期)におけるパウロ読解をとり上げておこう。それは、あるいは本書の着想とふかい関係を有するものであるとも念《おも》われるからである。

ハイデガーはパウロ書簡を問題とするにあたって、三つの「形式的な問い」を設定している。すなわち、「だれが宣教するのか、どのように宣教されるのか、なにが宣教されるのか」、がそれである(GA., Bd. 60, S. 80)。このうちで、第一の問いと第三の問いは、ハイデガーの関心を引くものではない。「だれ wer」が問題なら、パウロは当時のありふれた説教者のひとりでもありえ、「なに was」を問うとき、ひとは文献学的／伝承史的な迷路にまよいこむ。パウロそのひとによってまさに生きられた時間が問われなければならないとするならば、ひとり「どのように wie」のみが問題であることになる。

　パウロは、イエスの「再臨 *παρουσία*」が「いつ *χρόνος*」であり、どの「時 *καιρός*」なのかを知りたがる信徒たちに宛てて、「そのクロノスとカイロスとについて、あなたがたは書きおくってもらう必要がない」と言う(「テサロニケ人への手紙一」第五章第一節)。パウロはいつ、どの時であるかについて、なにごと《ヴァス》も語らない。パウロはまたなにもの《ヴェル》としても語らない。パウロは再臨というできごとが起こる「いつ？」に対して、内容的にはなにも応えず、ただ形式的に「どのように《ヴィー》」について語っているのみである。講義の手びかえによれば、「事実的な生の〈どのように〉Wie des faktischen Lebens」だけがここで問われている。「できごと Ereignis」として「到来するもの ein *kommendes*」であるパルーシアをまえにして、問われているのだ(*ibid.*, S. 149)。

　「いつ Wann」というかたちで問われるクロノスはいまだなお根源的ではない時間、「「客観的」な時間」にすぎない(S. 102)。これに対して、決定的な〈どのように〉が問われる時機であるカイロスこそが、すぐれて生の時間性であり、「瞬間 *Augenblick*」なのである(S. 150)。『存在と時間』のなかで展開される、かならずしもわかりやすいものではない、「瞬視《アウゲンブリック》」をめぐるハイデガーの所論にかんして、がんらいの背景のひとつがここにある。その主著のなかでは、以下のように語られることになるだろう。「決意性の先駆にはなんらかの現在がぞくしており、この現在にそくして決意が状況を開示する。決意性にあって現在は、もっとも身近に配慮的に気づかわれるものへの気晴らしから連れもどされているのである。それればかりではない。将来と既在的なありかたのうちに保持されているのだ。現在が本来的な時間性のうちで保持され、かくてまた本来的な現在である場合、それを瞬視と呼ぶことにしよう」(本書、第六八節a 999)。

フライブルク時代の宗教現象学研究にあって、その影がみとめられるのは、もちろんパウロのそればかりではない。一九二三年の夏学期の講義によれば、こうした「探究の同伴者は若きルターであり、模範はルターの嫌ったアリストテレス」であって、さらには「刺戟を与えたのはキルケゴール、眼を開かせてくれたのはフッサール」なのである(GA., Bd. 63, S. 5)。

ハイデガーを招こうとするさいに、ナトルプがもっとも気にかけていたのは、ハイデガーとカトリック教会との関係であった。さきだつ一九一七年に、ハイデガーにとって最初の機会がおとずれたとき、ナトルプは旧友のフッサールに宛てて手紙を書き、ハイデガーのひととなりについて尋ねている。フッサールはこのおりは、むしろハイデガーとカトリックとの密着を強調した返信を送った。さきにもしるしたとおり、両者の関係はまだ「冷淡」であったのである。五年後の二二年に、いまひとたびナトルプがハイデガーを招聘しようとしたとき、フッサールは書簡のなかで、こう書いた。ハイデガーの研究は「宗教の現象学を中心にして」いるけれど、かつてカトリックの哲学者であったハイデガーが「当地では自由に扱うことのかなわない主要テーマ」がある。「ルター」である。マールブルクが、かりにハイデガーを受けいれるなら、それはハイデガー自身にとってはその「発展にとって大きな意義をもつ」ことになり、マールブルクにとっては「哲学とプロテスタント神学との重要な架け橋」を手にするはこびとなることだろう(高田の引用による)。

かくてハイデガーは一九二三年秋、マールブルク大学へと着任する。待ちうけていた同僚のひとりが、新約学者のブルトマンであったことについてはすでにふれた。両者はハイデガーが母校に返りざくまで五年の月日をともに過ごすことになる。主著公刊前後にチュービンゲンとマールブルクでおこなわれた講演「現象学と神学」を一九七〇年に出版するにさいして、ハイデガーは、「ルドルフ・ブルトマンに捧ぐ。一九二三年から一九二八年にいたるマールブルクにおける友情にみちた想い出のために」という献辞をくわえた(vgl. GA., Bd. 9, S. 482)。ブルトマンの側は、それにさきだって『信仰と理解』第一巻(一九三三年)をハイデガーに捧げている。

ハイデガー研究者の側は一般に、この期間のブルトマンに対するハイデガーの影響、さらには以後の時期にいたるまでの持続的影響を、やや過大に評価する傾向があるようにも思われる。とはいえ新約聖書学者の土屋博によると、右に挙げたブルトマンの初期神学論文集の全体をつうじ、「明らかにハイデッガーからの借用とわかる表現は、後期神学論文と比べれば確かに目につくとはいえ、実はさほど多くない」よしである。たとえば世界内存在――ブルトマンは、In-der-Welt-sein ではなく In-der-Welt-Sein と表記する――という語は一九二六年と一九四〇年の論稿にそれぞれ一回ずつあらわれるが、「いずれもさほど重要な意味をこめて用いられたものとは思われない」。そのほかの語についてもほぼ同様であるとのことである。ちなみに Augenblick(瞬間／瞬視)と Jetzt(〈いま〉)については、ブルトマンの著作では、あらゆる時期にわたって使用されるとはいえ、これらの用語にかんしてはむしろその源泉(ルターやキルケゴール)が問題とされるべきだろう。土屋のこの主張に対し、訳者としては付けくわえるべきことがらはない。ハイデガー用語のパウロ的起源については、右でかんたんに確認したところであるが、ハイデガーの、いわばおそらくは素人じみた読解を『共観福音書伝承史』の著者がどのように見ていたのかは、詳らかにしない。

ハイデガー初期のキリスト教への関心を、最終的にはどのように位置づけるべきかをめぐってはなお議論がわかれるところである。とりあえず『存在と時間』へいたるみちすじのみを問題としている、当面の場面では、いちおう、M・ユングとともに、「事実的生へのカギとしての初期キリスト教」(Thomä(Hrsg.), S. 8ff.)という視角のみを確認しておけば充分なはずである。ただしI・シュミットとともに、事実的生をくりかえし語りだしていた時期のハイデガー、したがってまたディルタイの諸著作に親しんでいたハイデガーにとっては同時にまた、ベルクソンの「生の飛躍 élan vital」が時間性の原理であった事情を強調しておくことも必要であろう(Schmidt, S. 186ff.)。主著の末尾ちかくに付された長大な注のなかで、ややそっけなく「空間は時間で「ある」」というヘーゲルのテーゼとベルクソンの見解は、基礎づけにかんしてはあらゆる点でことなっているにもかかわらず、結果にあっては一致している。ベルクソンはたんに逆に、時間(temps)は空間であると語っているだけである」(本書、第八二節a 1236原注)とのみ語りだされている箇所をゆいいつの論拠として、ベルクソンとハイデガーとの関係を論じることはもはやかなわないのである。

主著にあっては「周囲世界」の基礎存在論的分析論として結実する、事実的生の分析という問題関心は、ハイデガーにあってかなり早くから芽生えている。アリストテレス解釈を経由したすじみちについては、「ナトルプ報告」の一節を引きながらさきに見ておいた。ここではさらにさかのぼって、いわゆる「戦時緊急学期」(一九一九年)の講義に立ちかえってみよう(『哲学の使命』)。

ハイデガーの講義がしばしばそういったかたちをとっていたように、かなり長い序論的な部分をおえて、講義のほんらいの主題は「第二部　前理論的な根源学としての現象学」の冒頭で語りだされる(GA., Bd. 56/57, S. 63)。第一の問いは、「或るものは在るか Gibt es etwas?」というものである。ここではこの問いをめぐって主著公刊に十年さきだって展開されたハイデガーの分析には立ちいらず、講義が「第二の体験」と呼ぶもの、周囲世界的な体験から見ておくことにする。

なお私講師であったハイデガーは、講義室へと入ってゆく体験そのものをとり上げている。引用しておく。

講義室に入ってゆくと私には教卓が見える。その体験を、ことばによって定式化することからいったん距離をとってみよう。なにを「私」は見ているのだろう? 直角に交わっている茶色の面だろうか。ちがう、私はべつの或るものを見ている。

箱なのか？　しかも、ちいさな箱のうえにすこし大きな箱が積みあがってできている箱を見ているのだろうか。まったくちがう。私が見ているのは教卓であり、そこで私は語ることになっているのだ。あなたたちが見ているのも教卓であって、そこからあなたたちは語りかけられ、すでに私はそこから語りかけている。純粋な体験のうちにはまた――言われるような――基底づけの連関(Fundierungszusammenhang)もまったく存していない。私はまず茶色の、交叉している表面を見て、その表面がつぎに私にとっては箱として、それから講壇として、さらには大学の演台として、教卓として与えられ、そのけっか私は箱に、いわば貼り札(Etikett)として教卓めいたものを貼りつける、などといったことはないのである。これらはすべて、いかにも拙い、あやまってなされた解釈(Interpretation)であって、体験のうちに純粋に入りこんで見てとるはたらきを捻じまげるものである。　(*ibid*., S. 71)

講師である「私」はなにを見るのか。私はいわばひと目で「教卓」を見てとっている。教卓はしかもそれだけで「孤立して isoliert」見られているのではない。私はまた演台が「じぶんにはちょっと高すぎる für mich zu hoch gestellt」ことすら「見て」いるのだ。「教卓を見るという体験のうちで私に**は**、或るものが直接的な周囲世界から与えられている」。この「周囲世界的なもの Umweltliche」には、教卓、本、黒板、講義ノート等々がふくまれている(S. 71f.)。八年後の主著のことばで語りなおすならば、「厳密に考えるなら、ひとつの道具はけっして「存在し」ない。道具の存在には、そのつどつねに一箇の道具全体がぞくしており、道具全体のなかで道具は、まさにその道具がそれである、当の道具でありうる」(本書、第一五節196)。そこでは、いっさいが意義を有して、「世界となっている *es weltet*」。ことばをかえるなら、すべてが「そのときどきに固有の私とともに響きあい」、そうすることではじめて「周囲世界的なもの」となっているのである(GA., Bd. 56/57, S. 73)。

思考のモチーフは、さきに見たアリストテレス解釈と共振している。さらに、ここでは一九二三年の夏学期の、やはりなおフライブルクでおこなわれた講義から、その一節を引いてみよう。講義題目は『存在論(事実性の解釈学)』である。

出会われるものは「のために役だつ」「に対して用いられる」「にとって重要な」という相で現に存在する。出会われるものは、そのために存在することや、それにとって存在することにもとづいて現に存在するものである。一定の〈そのために Dazu〉や、〈それにとって Dafür〉から、出会われるものは手もとに存在する。手もとに、随意に使用可能なしかたで、このように存在することが、それが目のまえにあるありかたをかたちづくっている。〈そのために〉や〈それにとって〉という、この規定されたありかたは、当の、さしあたりはそうした規定性を欠いて、現に存在するものに、〔あとから〕提供され、帰属されるようなものではない。逆である。そのように規定されたありかたは、まさに、出会われるものを第一次的に、なによりもその本来的な、出会われる〈現に〉存在することのうちに押しいれ、そこに封じこめて保持するものなのである。　(GA., Bd. 63, S. 97)

もっとも日常的な「日常」(かりにそういうものがあるとして)を考える。それはたとえば家に、部屋のなかにいることであって、たとえば机といったものが出会われることである。机とはなによりもまず身のまわりにあるものであり、そうしたものとして「私」の周囲世界にぞくしている。この「まわりに《ウム》」という性格はたんに空間的な近傍をさすものではない。いっぽう机とはたんなる空間的な事物、延長ではない。机は私がそこにおもむき《ウム・ゲーエン》、かかわり、「交渉《ウム・ガング》」するものである。日常的な世界、たとえば部屋のなかで、存在するものは、なによりもまず交渉する「手」とのかかわりで与えられている。つまり手もとにあること(Zuhandensein)こそが、その存在者が目のまえに存在することVorhandensein)にほかならない。ハイデガーは、なお術語的に確定されていない講義のなかでは、そう述べている。

そうした「日常的な〈現〉にそなわる、慣れしたしみの目立たない自明性」のなかで見知らぬもの、「異他的なもの」もまた出会われることになる。それはなじみのないものであり、「邪魔をする」ものであって、「手」で払いのけられるべきものだろう。見なれないものもまた、手とのかかわりで与えられている。それは慣れしたしみを背景として、それを揺りおこすかたちで目につき、手で取りのぞかれて、世界はそのかぎりで、熟知されたありかたのうちへとふたたび回収されるのだ(*ibid.*, S. 100)。「指示が妨げられているときに」こそ、指示が明示的なものとなるという指摘については、すでに「ナトルプ報告」にそくして見ておいた。「この机がそこに - 在ることDa-sein dieses Tisches」をめぐる錯綜したことの消息についてのハイデガーの分析は、先行する講義におけるそれのほうが主著よりもかえって肌理《きめ》こまかであると言ってもよいだろう。

日常的な周囲世界を分析する視角という意味では、ハイデガーの思考はすでにじゅうぶん成熟している。それにもかかわらず、その主著の公刊のためには、なおいくばくかの時間の流れさることが必要だった。『存在と時間』の発表を著者に強いたのは、さしあたりは人事をめぐる外的な事情にほかならない。

七　公刊――そして、ふたたびフライブルクへ――

ハイデガーがひそかにライヴァル意識をいだいていたハルトマンは、一九二五年にはケルンへと移ることが内定していた。マールブルク大学は、それを機に、ハイデガーを正教授としてベルリンの文部省に推薦しようとする。

文部省は、しかしこの人事を却下した。ハイデガーはすでにフライブルク時代から、その講義によって学生たちの支持を獲得し、学界の注目もあつめていたとはいえ、十年以上これといった論考を公刊していない。現在の基準でことを測ることはできないけれども、いわば昇任人事にあたっては、これはいかにも不備であったと言わなければならないだろう。

ハイデガーが『アリストテレスの現象学的解釈』と題する大きな著作を計画していたしだいについては、すでに見ておいた。現行の『存在と時間』(当初の標題でいえばその「前半」)は、懸案のアリストテレス研究書とはべつの構想から生まれたものではない。アリストテレス研究がそれなりに進展してゆくにつれ、アリストテレスから学んだものがやがて独立の思考となり、主として講義で展開された事象分析も積みかさなってゆくことで、私たちがこんにち目にするような主著の構想ができ上がってきたと見るのが、おそらくは妥当なところであろう。多くの研究者たちがそう想定しているように、その直接のきっかけとなったのはやはり例の「ナトルプ報告」、とくにアリストテレス論の「序論」にあたる部分を執筆したことにあったはずである。一九二三年七月一四日付けのヤスパース宛て書簡で、「序論が一冊の本となってしまった」、とハイデガーが書いているのは、高田も指摘するとおり、『存在と時間』のことであると見て、まちがいないところである。

ベルリンの文部省がハイデガーの昇任人事をしりぞけたのは、一九二六年一月のことである。学部長に要求されたこともあり、ハイデガーはいよいよ著作の刊行を迫られることになった。その当時、フッサールをいわば編集主幹とする叢書『哲学および現象学的研究のための年報』は、ニーマイヤー社から刊行されていた。本書でもハイデガーがいくたびか言及する、シェーラーの主著『倫理学における形式主義と実質的価値倫理学』が世に出たのも、このシリーズの一冊としてである。ハイデガーの人事についてはだれよりもフッサールそのひとがこころを砕いていたこともあり、ニーマイヤー社は、一九二六年の四月からハイデガーの草稿を印刷しはじめた。

出版社はまず、現行版『存在と時間』の、さらにその前半にあたる、およそ二四〇頁分を印刷する。見本刷りはマールブルク大学哲学部からベルリンへと送られる。文部省は、しかしこれをもってしてもなお業績としては不充分との判断をくだした。一九二七年の二月にようやく『存在と時間』が出版され、ベルリン文部省の裁定がくつがえる。同年の一〇月、ハイデガーは晴れてマールブルク大学の正教授となったのである。

右に述べた事情によって、本書は『年報』の第八巻として公刊された。本書の「一九五三年　第七版へのまえがき」にもあるとおり、「論稿は、同時に別刷としても刊行された」。両者は同一の組版を使用しており、内容上は同一のものである。二〇〇六年には第一九版が印刷されている。各版にすこしずつ異同があって、内容にかかわるものについては訳注でそのつどしるしたとおりである。重要な変更が、二回ある。ひとつは、フッサールへの「崇敬と友情 Verehrung und Freundschaft」をあらわした「献辞」が、第五版(一九四一年)で出版社の意向によって削除されていることであり、もうひとつは、ハイデガー全集の刊行を受け、全集版『存在と時間』に収録された、ハイデガーによる欄外注記が、単行本版でも一九七七年の第一四版から採りいれられていることである。

ちなみに、フッサールへの献辞に対して、「バーデン州シュヴァルツヴァルトのトートナウベルクにて　一九二六年四月八日」と添えがきがあるのは、その日がフッサール六七歳の誕生日で、ハイデガーが校正刷りを誕生祝いとして贈ったためであるという。また、ハイデガーはマールブルク大学着任直前にトートナウベルクに山小屋ふうの家を建て、本書のかなりの部分もその山荘で執筆されたといわれる件にかんしては、すでに注解にもしるしておいた。ただしひとこと付けくわえておくならば、ハイデガーは本書の公刊直前にヤスパースに宛てた手紙のなかでこう書いている。「あの論攷がだれかに「反対して」書かれたのだとすれば、フッサールに反対して書かれたのです」(一九二六年一二月二六日付け)。すくなくともハイデガーの側からみるなら、師弟の関係は学問的にはすでに決定的に変容し、ハイデガーはフッサールの現象学からは離叛していた。

それにもかかわらず、フッサールはかつての愛弟子をじぶんのあとに迎えることに、すこしの疑念もいだかなかったもようである。停年になったフッサールは、後任としてハイデガーをつよく推した。フライブルク大学は、この推薦をうけてハイデガーの招聘を決定する。かくて、いったんはフライブルクをはなれた少壮の哲学者は、一九二八年一〇月、フライブルク大学哲学第一講座の正教授として着任した。

その後のフッサールとの確執、ハイデガー自身のナチズムとのかかわりをふくめて、以後の物語はすべて、すでにいくとおりも出版されている入門書にゆずることにしよう。ハイデガーの思考におとずれたいわゆる「転回」にかんしても、この「解説」では立ちいることはしない。一九七六年の五月二六日にこの世を去るにいたるまで、この哲学者がたどった経歴をめぐっては、本書を理解するうえで必要なかぎりのことがらに限定してしるされた、この「解説」の範囲を超えているからである。ここではただ、ふたつのエピソードにふれて、むすびにかえることにしたい。

ハイデガーの思考は時代をとらえた。とりわけハイデガーの直接の学生たちをつよく魅了するものだった。たとえば『存在と時間』刊行の翌年、一九二八年にフライブルクに遊学したレヴィナスは、二年後にフッサール研究をまとめて博士論文として出版するが、その末尾にみられる問題提起はあきらかにハイデガーに学んだものである。レヴィナスはそこで、フッサールの思考のうちになおも残存している「主知主義的な性格」を乗りこえるためには、「意識の歴史性 historicité de la conscience」を問う必要がある、と説いていた(Lévinas, 2001, p. 221)。著作全体の流れのなかでは、あきらかに異質な問題提起であるといわなければならないだろう。だがこの歴史性こそが問題なのだ。

おなじころ、やはりハイデガーに学んだユダヤ系の哲学研究者、H・マルクーゼは、一九三二年に、『ヘーゲルの存在論と歴史性の理論』を出版する。その最終章で、若きヘーゲリアンにして、すでにマルクス研究書をも刊行していた哲学者は、ディルタイとヘーゲルを比較しながら「歴史性の次元 Dimension der Geschichtlichkeit」をめぐって語りだしていた(Marcuse, S. 363)。ふたたびしるせばやがてその歴史性がマルクーゼそのひとにとっても躓《つまず》きの石となる。——ここでは、一九七七年、ハイデガーの没後に哲学者の顕彰のために編まれた回想集に寄せられた小論を引く。マルクーゼのそっけなく、あまりにみじかい一文は、「幻滅」(Enttäuschung)と題されていた。

『存在と時間』は、ヴァイマール共和国が没落してゆく局面で世にあらわれた。ナチ体制はちかづいており、破滅が到来することは、いたるところで感じとられていた。それでも哲学の主要な潮流はそのころ、まったくどのようなしかたでも状況について反省するところがなかったのである。ハイデガーの作品は私にも私の友人たちにも、〈新たなはじまり neu-Beginnen〉のように思われた。私たちはかれの本を(また、いまもノートを持っているが、ハイデガーの講義を)けっきょくのところ、ひとつの具体的な哲学として体験したのである。そこでは実存について問題となっていた。私たちの実存をめぐって、不安にかんして、さらに気づかいや退屈等々について問題となっていたのだ。そのうえ私たちが体験したのは、さらにもうひとつの解放であった。すなわち「アカデミックな」解放(„akademische" Befreiung)である。ハイデガーの解釈するギリシア哲学とドイツ観念論は私たちにとって、ながらく硬直化していたテクストに新たな見とおしを与えるものだったのである。

(Neske (Hrsg.), S. 162)

一段落おいて筆者は書いている。「私は一九三三年一月にフライブルクをあとにした。私も私の友人たちも、ナチズムとのハイデガーのかかわりを一九三三年以前にはすこしも意識せず、また気づくこともなかったのである」。

一九三三年とは、ナチス政権が確立し、ハイデガーがフライブルク大学総長の地位についた年のことである。ただし、一九二七年に出版された主著にも、つぎのような一節が書きこまれていることが、こんにちでは注意されている。

現存在が先駆することで、死をみずからのなかで力強いものとするとき、現存在は死に対して開かれ自由でありながら、じぶんの有限的自由という固有の圧倒的な力においてみずからを理解する。その結果この有限的自由——それは選択をえらびとったということのうちに、そのつど「存在する」だけである——にあって、じぶん自身に引きわたされているという無力さを引きうけ、開示された状況のさまざまな偶然に対して透察を有するにいたる。しかし命運をともなう現存在は、世界内存在として本質からして他者たちとの共同存在において実存するかぎり、現存在の生起は共生起であって、運命として規定される。運命によって私たちがしるしづけるのは、共同体の、つまり民族の生起なのである。運命は個々の命運からは合成されない。それは、共同相互存在が複数の主体がともに現前することとしては把握されないのと同様である。同一の世界のうちで互いに共に存在することにあって、また特定の可能性に向かって決意していることにおいて、命運のさまざまはあらかじめすでにみちびかれている。伝達と闘争のうちで、運命の力ははじめて自由となる。みずからの「世代」のうちでの、またそれと共に在る現存在には命運的な運命がある。その運命が、現存在のかんぜんな本来的生起をかたちづくるのである。

（本書、第七四節1124）

本書『存在と時間』がきわめて魅力に富む「具体的な哲学」を展開していることは、まちがいのないところである。具体的なものと「実存」とをめぐるその思考は必然的に「運命」あるいは「共同体の、つまり民族の生起 das Geschehen der Gemeinschaft, des Volkes」へと向かう思考を呼びこむにいたるものであるのか。本書の読者は、やはり、ことのこのしだいを考えつづける義務を負うことになるだろう。

引用文献

H・イェディン『キリスト教会公会議史』(出崎澄男・梅津尚志訳)エンデルレ書店、一九六七年。

H・オット『マルティン・ハイデガー　伝記への途上で』(北川東子・藤澤賢一郎・忽那敬三訳)未来社、一九九五年。

小野紀明『ハイデガーの政治哲学』岩波書店、二〇一〇年。

茅野良男『初期ハイデガーの哲学形成』東京大学出版会、一九七二年。

神崎繁『魂(アニマ)への態度——古代から現代まで』岩波書店、二〇〇八年。

木田元『ハイデガーの思想』岩波新書、一九九三年。

古東哲明『ハイデガー＝存在神秘の哲学』講談社現代新書、二〇〇二年。

R・ザフランスキー『ハイデガー　ドイツの生んだ巨匠とその時代』(山本尤訳)法政大学出版局、一九九六年。

高田珠樹『ハイデガー　存在の歴史』講談社、一九九六年。

土屋博『教典になった宗教』北海道大学図書刊行会、二〇〇二年。

中田光雄『政治と哲学——〈ハイデガーとナチズム〉論争史の一決算』(下)岩波書店、二〇〇二年。

西谷修『不死のワンダーランド』青土社、一九九〇年。
渡辺二郎『ハイデッガーの実存思想　第二版』勁草書房、一九七四年。

＊

高田珠樹訳『ハイデガー　アリストテレスの現象学的解釈　『存在と時間』への道』平凡社、二〇〇八年。
渡辺二郎訳『ハイデッガー＝ヤスパース往復書簡　一九二〇―一九六三年』名古屋大学出版会、一九九四年。

Cassirer, T., *Mein Leben mit Ernst Cassirer*, Gerstenberg, 1981.
Farias, V., *Heidegger et le nazisme*, traduit de l'espagnol et de l'allemand par M. Benarroch et J.-B. Grasset, Verdier, 1987.
Hegel, G. W. F., *Werke in zwanzig Bänden*, Bd. 1, Suhrkamp, 1970.
Janicaud, D., *Heidegger en France*, I, Albin Michel, 2001.
Lask, E., *Gesammelte Schriften*, Bd. 2, Paul Siebeck, 1923.
Lévinas, E., *En découvrant l'existence avec Husserl et Heidegger*, Vrin, 1994.
Lévinas, E., *Théorie de l'intuition dans la phénoménologie de Husserl*, Vrin, 2001.

Lotze, H., *Logik*, 2. Aufl., Meiner, 1912.
Löwith, K., *Sämtliche Schriften*, Bd. 8, J. B. Metzler, 1984.
Marcuse, H., *Hegels Ontologie und die Theorie der Geschichtlichkeit*, 3. Aufl., Klostermann, 1975.
Neske, G., (Hrsg.), *Erinnerung an Martin Heidegger*, Neske, 1977.
Pöggeler, O., *Der Denkweg Martin Heideggers*, 3. erweiterte Aufl., Neske, 1990.
Schmidt, I., *Vom Leben zum Sein, Der frühe Martin Heidegger und die Lebensphilosophie*, Königshausen, 2005.
Thomä, D., (Hrsg.), *Heidegger-Handbuch*, J. B. Metzler, 2003.
Weber, M., *Gesammelte Aufsätze zur Religionssoziologie*, Bd. 1, J. C. B. Mohr, 1920.

*

Heidegger, M., *Gesamtausgabe*, Klostermann. = (GA.)

*　*　*

最後に本訳書について、いくつかのことがらを付記しておきたい。
訳出にさいしては、なるべく原文に忠実であることをこころがけたのはむろんのこと、いくつかの指針にしたがっている。ひとつは、訳語にかんして、ハイデガーが使用しているドイツ語のなりたちとニュアンスとをできるだけ活かすという方針である。全体にかかわることがらについていえば、たとえば zuhanden を「道具的な」等とは訳さず、つねに「手もとにある」と訳しておいた。vorhanden についても、やや熟さないことを自覚しながらも、「目のまえにある」と訳すことにした。その他、かえってやや煩瑣ではあるけれども、Um-zu は「のために」、Wozu は「なにのために」等々と訳している。ハイデガーが、固定された哲学用語ではない、ありふれたドイツ語表現を鋳なおしながら、思考をすすめてゆくさまを、可能なかぎり重視すべきであると考えたからである。どこまでこの国のことばに移しかえることに成功しているかは読者の判断にお任せするほかはないけれど、訳者は今回、現代哲学のこの古典にそなわっている、生まれでようとする思考が有する鮮やかな彩りと、ややぶっきらぼうで、ごつごつとした思考の文体を再現しようとしたつもりである。

本書は、これまで多くの言語に訳されており、邦訳もすでに数とおり存在している。岩波文庫でも、戦後しばらくして桑木務氏による翻訳が出版された。にもかかわらず、ここにあらたな邦訳を世に送ろうとするかぎり、ある程度の特色をそなえている必要があるとも思われた。

本訳書の特色のひとつは、各巻の冒頭に「梗概」を置き、また段落ごとに「注解」をしるしたことにある。『存在と時間』は、全体としてなにぶん大部な作品であって、各章で展開される議論も多岐にわたっている。はじめてこの一書にふれる読者にとっては、なにかしらの航海図があったほうが、理解の一助とはなるだろう。哲学書の翻訳としてはやや例外的なこころみであるけれども、簡略な「梗概」をしるした理由である。

また『存在と時間』の細部は、ドイツ語における単語のなりたちやニュアンスに相当ていど依存した、場所によってはかなり微細な論点を展開している。一方では、原語、あるいは原文との対応を示し、他方では主要な論点の所在をあきらかにする「注解」が、ドイツ語につうじている読者にとっても、そうではない読者に対しても有益であるように思われた。これも、例外的で、ある意味では不遜なくわだてであるけれど、あくまで本文を理解する手がかりとなることを目標として、本文の各段落あるいは数段落ごとに「注解」を置いたのも、そのような考えによっている。

「注解」につづけて、箇所によっては、ごく簡単な「訳注」をつけている場合がある。一見してかならずしも分明ではない哲学史的背景、同時代的な事情をめぐって説明するとともに、翻訳上の問題についてふれておいた。そのさい、すでに存在する英訳、仏訳、邦訳から大いに学ぶとともに、そのつどそのむねを注記している。また、ハイデガーの特殊な用語法、特徴的な構文等にかんしては、英訳、仏訳の訳出のしかたをも紹介しておいた。読者諸氏の参考ともなればさいわいである。

編集部の清水愛理さんには今回もお世話になった。校正にあたっていただいた林恵子さんにも、こころからの謝意を表する。また、じぶんの研究時間を割いて、訳稿の一部を検討していただいた、佐々木雄大さん、三重野清顕さん、宮村悠介さんに、この場を借りて御礼とおわびを申しあげる。関連するフランス語文献などの入手にかんしては、木元麻里さんにご面倒をおかけしている。感謝の微衷をしるしておきたい。

二〇一三年八月

熊野純彦

存在《そんざい》と時間《じかん》（三）〔全４冊〕
ハイデガー著

2013年9月18日　第1刷発行
2022年4月5日　第7刷発行

訳　者　熊野純彦《くまのすみひこ》

発行者　坂本政謙

発行所　株式会社　岩波書店
〒101-8002 東京都千代田区一ツ橋2-5-5

案内 03-5210-4000　営業部 03-5210-4111
文庫編集部 03-5210-4051
https://www.iwanami.co.jp/

印刷・精興社　製本・牧製本

ISBN 978-4-00-336516-8　Printed in Japan

読書子に寄す

——岩波文庫発刊に際して——

岩波茂雄

真理は万人によって求められることを自ら欲し、芸術は万人によって愛されることを自ら望む。かつては民を愚昧ならしめるために学芸が最も狭き堂宇に閉鎖されたことがあった。今や知識と美とを特権階級の独占より奪い返すことはつねに進取的なる民衆の切実なる要求である。岩波文庫はこの要求に応じそれに励まされて生まれた。それは生命ある不朽の書を少数者の書斎と研究室とより解放して街頭にくまなく立たしめ民衆に伍せしめるであろう。近時大量生産予約出版の流行を見る。その広告宣伝の狂態はしばらくおくも、後代にのこすと誇称する全集がその編集に万全の用意をなしたるか。千古の典籍の翻訳企図に敬虔の態度を欠かざりしか。さらに分売を許さず読者を繋縛して数十冊を強うるがごとき、はたしてその揚言する学芸解放のゆえんなりや。吾人は天下の名士の声に和してこれを推挙するに躊躇するものである。このときにあたって、岩波書店は自己の責務のいよいよ重大なるを思い、従来の方針の徹底を期するため、すでに十数年以前より志して来た計画を慎重審議この際断然実行することにした。吾人は範をかのレクラム文庫にとり、古今東西にわたって文芸・哲学・社会科学・自然科学等種類のいかんを問わず、いやしくも万人の必読すべき真に古典的価値ある書をきわめて簡易なる形式において逐次刊行し、あらゆる人間に須要なる生活向上の資料、生活批判の原理を提供せんと欲する。この文庫は予約出版の方法を排したるがゆえに、読者は自己の欲する時に自己の欲する書物を各個に自由に選択することができる。携帯に便にして価格の低きを最主とするがゆえに、外観を顧みざるも内容に至っては厳選最も力を尽くし、従来の岩波出版物の特色をますます発揮せしめようとする。この計画たるや世間の一時の投機的なるものと異なり、永遠の事業として吾人は微力を傾倒し、あらゆる犠牲を忍んで今後永久に継続発展せしめ、もって文庫の使命を遺憾なく果たさしめることを期する。芸術を愛し知識を求むる士の自ら進んでこの挙に参加し、希望と忠言とを寄せられることは吾人の熱望するところである。その性質上経済的には最も困難多きこの事業にあえて当たらんとする吾人の志を諒として、その達成のため世の読書子とのうるわしき共同を期待する。

昭和二年七月

《哲学・教育・宗教》〔青〕

ソクラテスの弁明・クリトン　プラトン　久保勉訳
ゴルギアス　プラトン　加来彰俊訳
饗宴　プラトン　久保勉訳
テアイテトス　プラトン　田中美知太郎訳
パイドロス　プラトン　藤沢令夫訳
メノン　プラトン　藤沢令夫訳
国家　全二冊　プラトン　藤沢令夫訳
プロタゴラス　—ソフィストたち　プラトン　藤沢令夫訳
パイドン　—魂の不死について　プラトン　岩田靖夫訳
アナバシス　—敵中横断六〇〇〇キロ　クセノポン　松平千秋訳
アリストテレス　ニコマコス倫理学　全二冊　高田三郎訳
アリストテレス　形而上学　全二冊　出隆訳
アリストテレス　弁論術　戸塚七郎訳
アリストテレース　詩学　ホラーティウス　詩論　松本仁助・岡道男訳
物の本質について　ルクレーティウス　樋口勝彦訳
エピクロス　—教説と手紙　出隆・岩崎允胤訳

生の短さについて　他二篇　セネカ　大西英文訳
怒りについて　他二篇　セネカ　兼利琢也訳
エピクテトス　人生談義　全二冊　國方栄二訳
マルクス・アウレーリウス　自省録　神谷美恵子訳
老年について　キケロー　中務哲郎訳
友情について　キケロー　中務哲郎訳
弁論家について　全二冊　キケロー　大西英文訳
キケロー書簡集　高橋宏幸編
方法序説　デカルト　谷川多佳子訳
哲学原理　デカルト　桂寿一訳
精神指導の規則　デカルト　野田又夫訳
情念論　デカルト　谷川多佳子訳
パンセ　全三冊　パスカル　塩川徹也訳
知性改善論　スピノザ　畠中尚志訳
スピノザ　エチカ（倫理学）　全二冊　畠中尚志訳
モナドロジー　他二篇　ライプニッツ　谷川多佳子・岡部英男訳
学問の進歩　ベーコン　服部英次郎・多田英次訳

ハイラスとフィロナスの三つの対話　バークリ　戸田剛文訳
市民の国について　全二冊　ヒューム　小松茂夫訳
自然宗教をめぐる対話　ヒューム　犬塚元訳
人間機械論　ド・ラ・メトリ　杉捷夫訳
聖トマス　形而上学叙説　—有と本質とに就いて　高桑純夫訳
エミール　全三冊　ルソー　今野一雄訳
ルソー　告白　全三冊　桑原武夫訳
孤独な散歩者の夢想　ルソー　今野一雄訳
人間不平等起原論　ルソー　本田喜代治・平岡昇訳
ルソー　社会契約論　桑原武夫・前川貞次郎訳
政治経済論　ルソー　河野健二訳
学問芸術論　ルソー　前川貞次郎訳
演劇について　—ダランベールへの手紙　ルソー　今野一雄訳
言語起源論　—旋律と音楽的模倣について　ルソー　増田真訳
ディドロ、ダランベール編　百科全書　—序論および代表項目　桑原武夫訳編
ディドロ　絵画について　佐々木健一訳
道徳形而上学原論　カント　篠田英雄訳

啓蒙とは何か 他四篇　カント　篠田英雄訳
純粋理性批判 全三冊　カント　篠田英雄訳
カント 実践理性批判　波多野精一・宮本和吉・篠田英雄訳
判断力批判 全二冊　カント　篠田英雄訳
永遠平和のために　カント　宇都宮芳明訳
プロレゴメナ　カント　篠田英雄訳
学者の使命・学者の本質　フィヒテ　宮崎洋三訳
シュライエルマッハー 独白　木場深定訳
哲学史序論 ―哲学と哲学史　ヘーゲル　武市健人訳
ヘーゲル 政治論文集 全二冊　金子武蔵訳
歴史哲学講義 全二冊　ヘーゲル　長谷川宏訳
法の哲学 ―自然法と国家学の要綱　ヘーゲル　上妻精・佐藤康邦・山田忠彰訳
人間的自由の本質　シェリング　西谷啓治訳
自殺について 他四篇　ショウペンハウエル　斎藤信治訳
読書について 他二篇　ショウペンハウエル　斎藤忍随訳
知性について 他四篇　ショーペンハウエル　細谷貞雄訳
将来の哲学の根本命題 他二篇　フォイエルバッハ　松村一人・和田楽訳

反復　キルケゴール　桝田啓三郎訳
不安の概念　キェルケゴール　斎藤信治訳
死に至る病　キェルケゴール　斎藤信治訳
体験と創作 全二冊　ディルタイ　柴田治三郎・小牧健夫訳
眠られぬ夜のために 全二冊　ヒルティ　草間平作・大和邦太郎訳
幸福論 全三冊　ヒルティ　草間平作・大和邦太郎訳
悲劇の誕生　ニーチェ　秋山英夫訳
ツァラトゥストラはこう言った 全二冊　ニーチェ　氷上英廣訳
道徳の系譜　ニーチェ　木場深定訳
善悪の彼岸　ニーチェ　木場深定訳
この人を見よ　ニーチェ　手塚富雄訳
プラグマティズム　W・ジェイムズ　桝田啓三郎訳
宗教的経験の諸相 全二冊　W・ジェイムズ　桝田啓三郎訳
純粋現象学及現象学的哲学考案 全二冊　フッセル　池上鎌三訳
デカルト的省察　フッサール　浜渦辰二訳
愛の断想・日々の断想　ジンメル　清水幾太郎訳
笑い　ベルクソン　林達夫訳

物質と記憶　ベルクソン　熊野純彦訳
時間と自由　ベルクソン　中村文郎訳
ラッセル教育論　安藤貞雄訳
ラッセル幸福論　安藤貞雄訳
存在と時間 全四冊　ハイデガー　熊野純彦訳
学校と社会　デューイ　宮原誠一訳
民主主義と教育 全二冊　デューイ　松野安男訳
歴史と自然科学・道徳の原理に就て・聖『プレルーディエン』より　ヴィンデルバント　篠田英雄訳
我と汝・対話　マルティン・ブーバー　植田重雄訳
アラン 幸福論　神谷幹夫訳
アラン 定義集　神谷幹夫訳
英語発達小史　H・ブラッドリ　寺澤芳雄訳
日本の弓術　オイゲン・ヘリゲル述　柴田治三郎訳
饒舌について 他五篇　プルタルコス　柳沼重剛訳
ことばのロマンス ―英語の語源　ウィークリー　寺澤芳雄・出淵博訳
天才・悪　ブレンターノ　篠田英雄訳
人間の頭脳活動の本質 他一篇　ディーツゲン　小松摂郎訳

岩波文庫の最新刊

バーリン著／川出良枝編
マキアヴェッリの独創性 他三篇

バーリンは、相容れない諸価値の併存を受け入れるべきという多元主義を擁護した。その思想史的起源をマキアヴェッリ、ヴィーコ、モンテスキューに求めた作品群。
〔青六八四-三〕 **定価九九〇円**

川合康三編訳
曹操・曹丕・曹植詩文選

『三国演義』で知られる魏の「三曹」は、揃ってすぐれた文人でもあった。真情あふれ出る詩文は、甲冑の内に秘められた魂を伝える。諸葛亮「出師の表」も収録。
〔赤四六-一〕 **定価一五八四円**

田中 裕編
北條民雄集

隔離された療養所で差別・偏見に抗しつつ、絶望の底から復活する生命への切望を表現した北條民雄。夭折した天才の文業を精選する。
〔緑二二七-一〕 **定価九三五円**

正岡子規著
病牀六尺

『墨汁一滴』に続いて、新聞『日本』に連載（明治三五年五月五日―九月一七日）し、病臥生活にありながら死の二日前まで綴った日記的随筆。（解説＝復本一郎）
〔緑一三-一〕 **定価六六〇円**

……今月の重版再開……

アンジェイェフスキ作／川上洸訳
灰とダイヤモンド(上)
〔赤七七八-一〕 **定価八五八円**

アンジェイェフスキ作／川上洸訳
灰とダイヤモンド(下)
〔赤七七八-二〕 **定価九二四円**